华东政法大学
课程和教材建设委员会

主　任	何勤华
副主任	杜志淳　顾功耘　刘晓红　林燕萍　唐　波
委　员	刘宪权　吴　弘　刘宁元　罗培新　杨正鸣
	沈贵明　余素青　范玉吉　张明军　高富平
	何明升　杨忠孝　丁绍宽　闵　辉　焦雅君
	陈代波　金其荣　贺小勇　徐永康
秘书长	唐　波（兼）

新编竞争法教程

徐士英 ⊙ 主 编

北京大学出版社
PEKING UNIVERSITY PRESS

图书在版编目(CIP)数据

新编竞争法教程/徐士英主编. —北京:北京大学出版社,2009.1
(高等学校法学系列教材)
ISBN 978 - 7 - 301 - 14394 - 0

Ⅰ.新… Ⅱ.徐… Ⅲ.①反不正当竞争法 - 中国 - 高等学校 - 教材 ②反托拉斯法 - 中国 - 高等学校 - 教材 Ⅳ.D922.29

中国版本图书馆 CIP 数据核字(2008)第 167215 号

书　　　名：新编竞争法教程
著作责任者：徐士英　主编
责 任 编 辑：丁传斌　王业龙
标 准 书 号：ISBN 978 - 7 - 301 - 14394 - 0/D · 2180
出 版 发 行：北京大学出版社
地　　　址：北京市海淀区成府路 205 号　100871
网　　　址：http://www.pup.cn
电　　　话：邮购部 62752015　发行部 62750672　编辑部 62752027
　　　　　　出版部 62754962
电 子 邮 箱：law@ pup.pku.edu.cn
印 刷 者：河北滦县鑫华书刊印刷厂
经 销 者：新华书店
　　　　　730 毫米 × 980 毫米　16 开本　18.5 印张　352 千字
　　　　　2009 年 1 月第 1 版　2012 年 8 月第 3 次印刷
定　　　价：30.00 元

未经许可,不得以任何方式复制或抄袭本书之部分或全部内容。
版权所有,侵权必究
举报电话：010 - 62752024　电子邮箱：fd@ pup.pku.edu.cn

前　言

伴随着科技革命的迅猛发展和国际贸易的日益开放，市场经济释放着越来越大的能量，从不同角度和方面影响着每一个人与社会整体。从整体上而言，市场经济比传统计划经济体制更能带来效益。市场经济体制的核心在于它是一个充满竞争的过程，市场竞争与市场中任何一个主体都有着密切的关系，不论是政府机关、企业事业、消费者个人，还是司法裁判、行政执法。只要进行与市场运行有关的行为，就会遇到国家在竞争问题上的政策与规则。在处理复杂的市场竞争问题时，都将与市场范围的界定、竞争力的确认以及对特定竞争行为所产生的影响分析有关，现代竞争法学正是提供这种分析准则的重要理论基础。

本书以竞争法的基本理论为基础。通过对以中国法律为主的竞争法体系的论述和实际案例的分析，读者可以在加强理论知识的基础上，加深对制度的理解和提高对实际问题的分析判断能力，从而较为深入系统地掌握市场竞争法的精髓。

本书采用较为翔实的资料对竞争法基础理论、反垄断法律制度、反不正当竞争法律制度、消费者权益保护制度以及产品质量法律制度作了阐述和分析。同时，本书结合当前世界竞争法领域中的前沿性研究成果，密切跟踪各国竞争法律制度的最新变化，及时反映了我国以及世界主要国家的发展现状和趋势，具有一定的前瞻性和开拓性。因而本书不仅可以作为本科教学用教材，还可以作为研究生和其他研究机构对竞争法教学研究时的参考用书。

本书编写过程中参考了国内外学者的著作和论文，还得到了华东政法大学教务处老师们的大力支持，在此一并致以诚挚的谢意。

由于作者的学习和研究水平有限，本书的编写难免存在错误，恳请读者指正。

作　者

2008 年 3 月

于上海松江大学城明德楼

目 录

第一编 竞争和竞争法基础理论

第一章 竞争理论概述 ·· 1
  第一节 竞争的性质和功能 ··· 1
  第二节 竞争机制发挥作用的前提条件 ······························· 6
第二章 竞争法基本理论 ·· 9
  第一节 竞争法的概念和特征 ·· 9
  第二节 竞争法的价值 ··· 15
  第三节 竞争法的基本原则 ··· 18

第二编 反垄断法律制度

第三章 反垄断法基础理论 ··· 22
  第一节 反垄断法概述 ··· 22
  第二节 反垄断法适用范围 ··· 32
  第三节 反垄断政策演变与经济学发展 ······························· 39
第四章 垄断行为法律规制制度 ··· 49
  第一节 滥用市场支配地位行为法律规制 ··························· 49
  第二节 限制竞争协议行为法律规制 ································· 59
  第三节 企业合并法律规制 ··· 67
  第四节 行政性垄断法律规制 ·· 77
  第五节 知识产权滥用行为法律规制 ································· 87
第五章 反垄断法实施机制 ··· 100
  第一节 反垄断法实施基本原则 ······································· 100
  第二节 反垄断法执法机制 ··· 103
  第三节 反垄断法民事诉讼机制 ······································· 112
  第四节 涉嫌企业权利救济机制 ······································· 116
  第五节 自然垄断行业与反垄断执法 ································· 119
  第六节 反垄断执法国际化合作 ······································· 124

第三编　反不正当竞争法律制度

第六章　反不正当竞争法理论概述 131
　　第一节　不正当竞争行为概述 131
　　第二节　反不正当竞争法概述 143
　　第三节　我国反不正当竞争法的发展 152
第七章　不正当竞争行为的法律规制 163
　　第一节　混淆行为及其法律规制 163
　　第二节　虚假广告宣传行为及其法律规制 177
　　第三节　侵犯商业秘密行为及其法律规制 184
　　第四节　不正当有奖销售及其法律规制 197
　　第五节　商业贿赂行为及其法律规制 203

第四编　消费者权益保护与产品质量法律制度

第八章　竞争法与消费者权益保护法的关系 224
　　第一节　消费者问题 224
　　第二节　消费者运动与消费者权益保护立法 226
　　第三节　竞争法与消费者权益保护法的互动 228
第九章　消费者权益保护法律制度 232
　　第一节　消费者的概念和特征 232
　　第二节　消费者权益保护法的基本原则 233
　　第三节　消费者的权利 236
　　第四节　格式合同与消费者权益保护 241
　　第五节　消费者权利的救济制度 244
第十章　产品质量法律制度 249
　　第一节　产品质量法概述 249
　　第二节　产品质量监督管理法律制度 253
　　第三节　产品责任制度 258
第十一章　产品召回法律制度 270
　　第一节　产品召回制度的性质和功能 270
　　第二节　产品召回制度中的法律关系 272
　　第三节　产品召回程序 279
　　第四节　我国产品召回制度建设 282

第一编 竞争和竞争法基础理论

第一章 竞争理论概述

【学习要点】
1. 掌握市场竞争的性质和基本功能
2. 了解完全竞争理论的基本内容和缺陷
3. 掌握竞争机制发挥作用所需要的环境

第一节 竞争的性质和功能

一、竞争的概念与性质

(一) 竞争的概念

竞争,常常意味着参与者通过博弈而成为胜者的情形。本书所讨论的竞争仅指发生在市场经济领域内的竞争,也称为"市场竞争"(以下简称为"竞争")。市场竞争大多在商品或服务的经营者之间进行,但现在越来越多的主体开始参与到市场活动中的事实,使得市场竞争的范围不断扩大,竞争的概念也就变得宽泛起来。一般来说,竞争是指各类市场主体之间为赢得有利的市场地位,实现自身既定的经济目标而进行较量的动态过程。

在一个具有充足的买者和卖者的市场中,没有一个市场参与者会对该市场中商品和服务的价格产生决定性的影响,这种客观的事实就是竞争。因此,竞争的存在必须具备三个重要条件:第一,市场上存在多个竞争的参与者,竞争者越多,竞争就越充分;第二,竞争参与者之间具有内在的利益制约关系,即一方利益的增加或减少对另一方具有直接的逆向影响;第三,竞争参与者的竞争利益最终能够在市场中得以实现,即必须具有能够实现竞争者利益盈亏的良好市场环境。所有这些条件构成了市场经济意义上的竞争。竞争是市场经济最基本的因素,没有竞争就没有市场经济。

(二) 竞争的性质

竞争对竞争者来说是一个动态的经济活动过程,对整个社会来讲又是一种资源配置的机制。

在市场经济条件下,经营者总是希望以最少的投入获取最大的利润,消费者也总想以最少的支出得到最大的消费效用。人类社会中市场主体对利益最大化的争取是市场竞争的内在动力。同时,对竞争中的优胜劣汰的残酷现实的惧怕是竞争的外在压力,适者生存的"丛林法则"促使竞争者不断进行"技术创新和组织创新"[1]。正如经济学家分析的那样,生产者一定要把自己的私人劳动转化为社会劳动,必须完成从产品到商品的"惊险跳跃"。如果不能完成这种转化,规避不了产品商品化的风险,就将在市场竞争中败下阵来。带头创新的竞争者将持续发展,其他企业会追踪这种创新和发展,一轮竞争结束又有新的一轮竞争开始,市场经济就在这循环往复的竞争过程中前进,而人类社会也就在不断创新中发展。

竞争不仅表现为一个经济运行的过程,同时也是市场资源配置的有效机制。经济学的研究显示,由于人类社会资源稀缺,提高资源配置的效率始终是各个国家经济运行中追求的终极目标。建立市场经济体制的目的就是要利用竞争机制的作用优化资源的配置效率,使生产成本低、产品质量好的企业能够因资源利用的高效率而获得扩大再生产的机会,让那些生产质次价高产品的企业因资源利用的低效率而逐步退出市场。因此,市场竞争从表面上看是企业和企业之间对市场的争夺,本质上却是通过资源利用效率的较量,使资源在不同生产经营者之间进行流动,从而促进社会资源的有效配置。从这一意义上讲,竞争构成了市场经济体制的内在要素,是市场经济最基本的制度原则。[2]

由此可见,作为"行为过程"的竞争(竞争行为)与作为"资源配置机制的竞争"(竞争机制),实际上是两个既相互联系又相互区别的概念。竞争行为是市场主体为了追求自身利益的最大化,采取各种手段和措施与竞争对手进行的市场利益的争夺,以及由这种争夺连接而成的经济过程。这种经济过程是自发的,可能导致的结果有两种:一种是在增进自身利益的同时增进社会整体利益,另一

---

[1] 胡汝银:《竞争与垄断——社会主义微观经济分析》,上海三联书店1989年版,第27页。
[2] 参见陈秀山:《现代竞争理论和竞争政策》,商务印书馆1997年版,第6页。

种则可能是在增进自身利益的同时使社会整体利益受到损害,比如垄断企业的垄断高价行为。而竞争机制则是一种通过诸多行为规范把竞争者的行为导向个人与社会整体利益同时增进目标的制度性动力。竞争机制是一种原理,是人们运用这一原理对个体利益与社会整体利益进行协调的基本准则,其结果只能是个体利益与社会整体利益的协调发展。在必要的时候,还会因增进社会总体利益而适当减损部分或短期的个体利益。我们还可以进一步这样理解,竞争机制是竞争行为作用的优越性体现;但竞争行为却有可能导致消极的后果,因为竞争过程可能产生偏离竞争机制的因素。这就不难理解传统经济学极力倡导的自由竞争反而会导致经济发展的停滞甚至倒退的原因了。

二、竞争的功能

竞争的功能主要体现为竞争对市场经济的影响。这种影响可能是积极的,也可能是消极的,它取决于市场中竞争与反竞争力量的对比程度。因此,我们可以从完全竞争的假设入手,考察在完全竞争的市场条件下竞争对市场的影响。虽然完全竞争市场只是一种理想的状态,在现实社会中基本不存在,但通过假设条件下对完全竞争市场的讨论,同时比较市场中另外一种状态即存在垄断的情况下,市场竞争状况对市场效率的影响,可以更加清晰地分析和理解竞争的功能。

(一) 完全竞争市场的效率

完全竞争市场的优点可以用最简单的话来描述,那就是商品价廉物美,消费者有更多选择,资源配置效率更高。根据自由经济学理论的分析,社会福利在完全竞争状态下会达到最大化。社会福利并不是一个模糊的概念,它意味着有更高的分配效率和生产效率,正是这种分配效率和生产效率,共同影响着社会整体财富的最大化。消费者的福利在完全竞争状态下也能得到最大化保障,因为市场竞争会迫使竞争者向消费者不断推出更新更好的产品和服务,推动社会技术进步和创新。

1. 竞争促进分配效率

经济学认为,竞争表现了生产和消费的社会性质。通过竞争,经济资源会在不同的商品和服务间进行合理有效的分配。生产者的理性往往促使其尽一切可能扩大产品利润,只要产品的价格始终高于成本,生产者就会不断扩大生产规模,一直到产品的市场成本超过市场售价时才会停止。这是因为竞争机制中价格是最活跃的因素,在完全竞争条件下,生产者在市场中仅能以市场价格售出其产品,它们只是价格的接受者(price taker),而不是价格的决定者(price maker),因为生产者个人的投资对市场整体的影响几乎可以忽略不计。真正决定价格的是"供求定律",因此,只有消费者才是最终的市场评判和主宰者。

竞争机制作用下产生的价格是最佳的市场信号。市场价格随着市场供求关系的变动而变动,这种变动对供求关系会产生反馈的作用,从而调节着资本的不断流动。正是通过资本在不同产业部门之间根据利润高低所进行的流动,社会的产业结构、总供给和总需求的平衡才能实现。因此,在市场充分竞争的条件下,生产者将在投入与产出之间的平衡点上作出决策,这就意味着资源分配的效率得到了实现。但在存在垄断的情况下,垄断者就可能通过限制投入,并以此提高其个别利润,从而影响市场价格。另一方面,从消费者的角度看,当消费者在付出自己愿意支付的价格后能获得他们需要的产品或服务时,资源也会根据消费者的意愿得到合理的分配。

但在存在垄断的市场条件下,价格的决定就与完全竞争条件下迥然不同,垄断者是市场价格的主宰者。由于垄断者的投资是市场整体的全部或大部,它们可以根据供求关系决定产出和价格。因此,垄断者就有能力通过降低产出或减少销售来提高或维持价格。① 如果它们发现限制产品的产出能使其得到最大限度的利润,它们就会使投入低于在完全竞争状态下的投入,消费者也会因此被剥夺按照竞争的市场价格购买产品和服务的权利。这就是低效率的分配结果,即社会资源在存在垄断的情况下没有被按照最高效的方式进行分配。不仅如此,这种低效还会被另外一个事实所强化,那就是消费者被剥夺了不购买垄断产品的权利,他们可能要把钱花在并不想要的产品上,比如搭售。更加严重的是,这样的社会经济水平一定是在其应有的实际水平之下的,因此整个社会福利也受到损害。

2. 竞争促进生产效率

在完全市场竞争下,产品和服务的生产成本是最低的,社会资源可以最大限度地得到节约。而那些不受竞争约束的垄断者则可能是高成本的生产者。所以,生产效率的获得是由于一个生产者不可能以高于合理价格的价格出售其产品(如果它这么做,消费者将很快离开它),也不可能以低于成本的价格出售产品(因为那样它将没有利润)。如果一个生产者能够获得超额利润,其他竞争者将会为了利润进入同样的市场,它们会尝试提高效率以获得更多的利润。从长期看,这个趋势将会迫使生产者尽可能降低成本以获取最大限度的利润,最终使产品价格和平均成本达到平衡。如果价格低于成本,那么资本会从这个产业撤出,投入将会减少,价格则会被保持在相应的竞争水平。

但在存在垄断的情况下,生产效率的降低是必然存在的。因为垄断者不受竞争力的约束,不需要降低成本至最低水平,相反,企业可能产生"X-低效"。资源可能被用于生产并不合适的产品,效率不高,管理者不经心管理企业,企业管

---

① 通过减少销售来提高价格可能发生在高附加值的高价产品上,如奢侈的香水等。

3. 竞争促进创新效率

竞争的另一个优越性就是生产者会不断创新。虽然这不易量化,但在争夺消费者的过程中,竞争者会不断推出新的产品和服务,从而促进科学研究的发展。

市场竞争带动价格发生变动,促使生产者努力使自己产品的劳动时间降低到社会平均劳动时间以下,以获得超额利润。因此,竞争会使同一生产部门的个别价值平均化为统一的社会价值,并"使同一个生产部门内的生产者以相等的价格出售他们的商品"①。那些率先进行技术创新和组织创新的生产者的个别价值低于社会平均生产价格,他们就会通过出售商品获得超额利润。② 市场主体获得超额利润的愿望是促进企业创新的重要原因,竞争迫使每一个参与者都必须按照最经济的原则行事,结果就使得生产的技术得到改进和推广,产品的成本得到下降,资源得到有效利用,从而带动整个社会的创造力。

但是垄断者不会认为有必要创新,因为它感受不到必须通过改善产品才能吸引客户的压力。对此,有经济学家不无讽刺地尖锐指出,成为一个垄断者最大的好处就是它可以尽情地享受安逸的生活。也有人认为,垄断者才是通过创新获得垄断地位从而获得垄断利润的。由于其他生产者也会以正当手段进入市场取而代之,长期的创新之风将足以保护市场竞争和公共利益,所以并不需要对短期的垄断力过多加以考虑。但深入分析后就可以发现,认为只有垄断者才会创新的主张是不正确的,由于垄断者可以提高价格树立进入壁垒,为在较长时间里封锁技术维持垄断地位,企业资源可能会被不正常地分配,这将会增加资源浪费,对社会造成损失。

(二) 对完全竞争理论的评析

对完全竞争的分析是建立在一系列假设的理论基础上的,因而其结论具有不确定性。

首先,完全竞争市场必须要符合四个方面的假设条件:一是在特定市场中有足够多的买家和卖家;二是在市场上的产品是单一同质的;三是消费者能够掌握市场完全的状况和信息;四是资源能够自由地从一个经济领域转向另外一个,即既不存在阻挡新的竞争者进入市场的"准入壁垒",也不存在阻碍企业离开该行业的"退出壁垒"。显然,现实中的市场结构是不可能完全满足上述条件的。比如,即使生产同一产品的企业,也会以与其他竞争者不同的方法销售产品,或者采取某种特殊手段营造企业或产品形象使之与众不同;消费者也不可能全面、及

---

① 《马克思恩格斯全集》第 25 卷,人民出版社 1975 年版,第 977 页。
② 参见胡汝银:《竞争与垄断——社会主义微观经济分析》,上海三联书店 1989 年版,第 17 页。

时地掌握市场变化的所有信息,当他们作购买决策时并不可能比较其他所有生产者的同类产品的价格信息,而这却是完全竞争市场所必需的条件。这就是法律常常要求生产者必须将重要经营信息(如价格条件等)公开告知消费者的原因。市场通常都会有一定的进入或退出壁垒,尤其当一个企业退出市场时不一定能够收回其成本(发生沉没成本)的情况下,就不会像完全竞争那样自由进出市场。

其次,根据完全竞争理论,所有的市场主体都被假设为是"理性人",都会因追求自身利润最大化而不断调整自己的行为。但事实并非完全符合这样的假设。比如,在企业(公司)存在内部人控制的情况下,企业的决策者(经营者)不一定认为为股东赚取利润是最重要的任务,他们可能更关注其业务的发展,或者享受垄断者安逸的生活。

最后,完全竞争理论的另一个假设是生产者成本最小化。事实上,生产者的成本会被控制在较低的水平是事实,但这种假设并没有将社会成本或者外部成本包括在内。例如工厂带来的空气污染,或者因使用无法避免使用廉价机器发生安全事故所带来的社会损失等。因此,在完全竞争条件下社会整体成本会被控制在最低水平的观点也是值得怀疑的。

竞争法学理论之所以要对一个不可能存在的完全竞争理论进行分析研究,目的是要进一步讨论在不完全竞争条件下市场是如何运作的,或应当如何运作才是最有效的。特别有必要决定如何对待垄断者或占有市场支配地位的企业,把其负面影响减低到最低程度。一个国家的竞争法制度就应当围绕这种分析进行设计。当社会资源由市场竞争进行配置出现缺陷时,政府体制就需要在经济系统的运行中发挥作用,而这种作用正是通过现代经济法体现出来的,尤其是竞争法律制度。因此,完全竞争的经济学理论应当得到重视并加以研究,使竞争这一"看不见的手"能够在最大限度上对社会资源有效分配发挥效用。

第二节 竞争机制发挥作用的前提条件

竞争作为一种资源配置的机制,要充分发挥作用必须具备一定的前提条件。这种前提条件归结为一点,就是要确立以市场为主导的经济体制,具体体现在以下四个方面:

一、市场主体的独立性

市场主体是指参与市场经营活动的一切组织和个人,包括生产者、经营者、消费者以及社会中介组织等,其中企业是市场主体的最主要形式。市场主体的这种独立性表现为利益的独立、决策的独立和责任的独立三个方面。市场主体必须具有独立的利益,明确企业的产权关系是实现市场主体独立的关键。市场主体只有具备独立的利益,才会为争取其自身利益的最大化而进行不间断的努力,进行技术和组织的创新。利益的独立使企业具有完整的生产经营决策权,在投资、生产、销售、资金、人事以及机构设置等方面进行独立的决策,并承担决策的责任。利益的驱动促使市场主体根据市场竞争不断调节自身的生产和经营活动,从而达到资源的有效利用。市场主体的独立性是竞争机制发挥作用的微观基础条件,我国经济体制改革首要的任务就是改变传统体制产权不清晰的弊端,塑造合乎市场竞争本质要求的市场主体。

二、市场体系的完整性

具有一个完整的市场体系是保障市场主体充分竞争的必要条件。市场体系包括市场的统一、开放和市场的结构完整两个方面。

首先,竞争机制作用的发挥在竞争充分展开的前提下才能显示出来,而只有在一个统一、开放的市场中才能实现这种竞争。如果市场上存在抑制竞争和排除竞争的力量,即存在垄断和其他限制竞争的力量,市场产生的信号就不可能准确及时地反映资源稀缺的真实情况。而市场主体追随这些信号对自身行为进行调整的结果,就可能导致企业乃至整个国民经济混乱。市场的统一开放主要表现为市场主体进入市场和退出市场的自由。当市场存在进入壁垒时,市场中的竞争者会减少,久而久之,竞争就不复存在;反之,当市场主体已经不具备竞争能力时,如果有某种力量阻止其退出,同样会使竞争机制无法发挥其应有的作用。

其次,竞争机制作用的发挥还依赖于市场结构的合理化。商品市场、金融市场、技术市场以及房地产市场等都应逐步完善,形成有机的要素市场体系。只有这样,资源才可能在各类市场的广阔空间内流动。市场结构不合理或者不完善,资源的流动同样会受到阻碍,甚至只能滞留和沉淀在已经没有效率的市场中,资源的效率不会提高,竞争机制对于经济的调节功能就难以体现。

三、政府干预的适度性

竞争作为资源配置的机制,具有激活市场运行的动力。但是,它并不能自动地维护和保持这种活力。市场主体之间完全放任的自由竞争会产生消极的后果,即会因经济力量的过度集中而形成垄断。另一方面,参与竞争的主体为争夺利益而产生的种种不正当行为,也会导致对其他经营者和消费者的损害,产生与增进社会公共利益相悖的结果。在市场经济条件下,不加规范的竞争会破坏经济的发展已经成为人们的共识。因此,政府对市场竞争的干预是竞争机制发挥作用的必要宏观政策条件。竞争必须有规范和引导,通过制定必要的竞争规则和法律制止垄断和不公正竞争行为,让竞争机制有效运行,市场秩序得以维护,这是市场经济持续发展必不可少的制度保障。但是，政府的干预应该是适度的，竞争规则的制定应该以有利于竞争充分展开为标准，而不是削弱竞争的激烈程度，更不是抑制或扼杀竞争机制，由政府管制替代市场机制的作用，否则就与竞争的宗旨背道而驰了。正如球场中的比赛一样，规则对于竞赛是十分必要的。但规则的制定应当有利于提高比赛的质量和精彩程度，而不能过度约束竞赛而降低其激烈的程度。

四、社会保障的完备性

弱肉强食的市场竞争会带来残酷的结果，弱小的市场主体可能被淘汰出局，经营效率低下的企业可能破产。同时，由于竞争机制的作用往往是滞后发生的，资源的流动和调整也需要一定的时间。如果缺乏有效的社会保障制度，竞争产生的不良后果会影响社会的安定。因此，作为现代市场经济体制中必不可少的社会保障制度，就成为市场竞争机制发挥作用的保障性条件。社会保障制度是国家解决社会经济发展问题的重要手段，是国家宏观经济政策体系中的重要组成部分。社会保障由社会保险、社会救济和社会福利三部分组成，市场竞争可能造成的后顾之忧，必须通过社会保障体系加以缓冲和过渡。只有建立完备的社会保障，才能真正实现资源在不同产业和部门之间的合理流动。

第二章　竞争法基本理论

【学习要点】
1. 掌握竞争法的调整对象
2. 掌握竞争法的价值
3. 掌握竞争法的基本原则
4. 了解竞争法的特征

第一节　竞争法的概念和特征

一、竞争法的概念

竞争法是指国家为维护竞争在经济运行中的基础性作用,对市场主体偏离竞争机制的行为进行纠正的法律规范的总称。

上述定义是从法的价值目标出发,以国家为法律关系的一方主体这一经济法的显著特征为基本模式进行界定的。竞争法的目标就是通过纠正市场主体偏离竞争机制的行为以恢复市场应有的秩序。国家作为监管市场秩序的主体,通过采取包括行政手段在内的措施可以迅速纠正市场主体的反竞争或不正当竞争的行为,防止市场效率的流失。这显然与通过民事主体自主诉讼保护自身利益,从而实现社会有序竞争目标的法律有着质的区别。

竞争法并非仅仅表现为一两个特定的法律,它是由一系列以维护自由公平的竞争秩序为目标的法律规范组成的法系统。从广义上讲,竞争法应当包括所有与规制竞争秩序有关的法规范。从狭义上讲,竞争法主要表现为确保市场自由竞争的反对垄断与限制竞争行为的法规范和确保市场公正竞争的反对不正当竞争法规范。由于维护消费者的利益是竞争法规制竞争行为的最终目标,因此,含有消费者利益保护的法规范也在竞争法体系中占有重要地位。竞争法的法律规范除了法典形式之外有不少分散在各项市场法律中,如《广告法》、《价格法》、《招标投标法》等,甚至在《劳动法》、《公司法》、《环境法》、《金融法》等法律中,也有与市场竞争直接或间接相关的条款。因为市场竞争无处不在,规范竞争行为的法律也就在各个领域的法律中普遍存在。从形式上看它们是分散的,但这些法律规范具有统一的立法价值,直接体现对竞争机制的维护,有明确的调整对象,把它们统一纳入竞争法有利于形成一个稳定的法律体系,有利于进行学理探讨。

二、竞争法的调整对象

(一)竞争法调整的社会关系

法学理论研究表明,法律是一种社会调控工具,是把原生的社会关系抽象化、模式化、类型化,从而达到简明、清晰地调整社会关系,整合利益冲突的一种手段。当然,这种抽象过程并不是随意的,它必须遵循一定的客观要求。第一,这种抽象要符合人们对法律的主观需要,也就是说要有助于人们相互之间利益的平衡,体现公平、正义、自由、效率等一些法律的基本价值;第二,这种抽象要有助于纠纷的解决,要将复杂的社会关系变得简单、明晰,易于对其进行判断、评价和处理。因而,在对原生社会关系进行抽象化处理的过程中,始终应该坚持便利、易行、可操作的原则。以这样的出发点讨论竞争法的调整对象,首先应分清竞争法以哪些原生社会关系为对象,其次再研究竞争法对之进行怎样的抽象,使之模式化、类型化,并形成一种特殊的法律关系。

原生的市场竞争关系在竞争法产生之前,就已大量地、长时间地存在。原生市场竞争关系分为两类:一类是符合竞争机制的,另一类是损害竞争机制的。只要市场主体在追求其利益时所选择的行为不构成对竞争机制的损害,就应该为竞争法的内在价值所认同,法律并不对这些竞争关系进行规制。事实上,经济竞争关系几乎牵涉到市场经济的一切领域和层次,竞争法所规范的只是其中的一部分。只有当市场主体追求个体利益时所选择的行为损害了竞争机制从而有违社会整体利益时,它才为竞争法的内在价值所否定,成为竞争法的调整对象。在这种情况下,即使其他部门法律对之未作出规定,或者并不否定这些竞争关系,比如经营者的价格协议关系,或者以排挤竞争对手为目的的低价销售关系等,但从竞争法的角度判断也要对之作出禁止性的规定。这些被竞争法规定为违法的行为,并不是一般意义上的损人牟利的民事违法行为,而是那些通过违反竞争机制追求个体利益,从而产生违背社会整体利益后果的行为。它们必须具备两个方面的特征:第一,不正当地追求个体利益。这是指市场主体运用不正当手段使市场利益从其他市场主体处移转到自己方面,这种行为构成对其他市场主体经济利益的直接侵害。第二,损害市场竞争机制。这是指市场主体破坏或扭曲竞争,使市场的竞争机制失去效用,从而不能起到促进社会持续发展的作用。只有同时具备这两个特征才能认为竞争法应当规制的行为已经出现,从而成为竞争法的规制对象。在这两个特征中,损害竞争机制是竞争法规制这些行为的主要理由。正是因为这一点,我们才可以理解为什么在已有完备的民事法律条件下会出现专门的竞争立法。

(二) 竞争法法律关系

竞争法法律关系的形成是根据竞争法自身价值，对所调整对象进行类型化整理的结果。

1. 竞争法法律关系的主体

竞争法法律关系的主体以市场主体为主，它是指在市场中利用自己所占有的资源，通过交易和竞争来实现自己利益最大化的自然人、法人和社会组织。另外，政府机构作为维护市场竞争秩序的力量，行业协会、中介机构等不以营利为目的的社会组织如消费者协会等，因为与维护竞争秩序密切相关也是竞争法法律关系的重要主体。概括来讲，竞争法主体[①]可以分为三类：第一类是竞争关系参与者，包括参与市场竞争的法人、自然人和其他经济组织；第二类是竞争秩序的维护者，主要是依法对市场竞争进行监督、管理的行政机关和经授权具有公共事务管理职能的社会组织；第三类是受到竞争行为影响的相关利益者，他们可能是消费者，也可能是其他经营者，可能是特定的受影响者，也可能是不特定的受影响者。正是因为存在众多不特定的相关利益者，竞争法才规定了一系列维护公共利益的法律规范。因此，竞争法也可以概括为是调整竞争者之间、竞争者与受竞争影响的相关利益者之间以及竞争者与竞争行为的监督者之间的社会关系的法律规范的总称。

2. 竞争法法律关系的客体

竞争法法律关系的客体就是市场竞争秩序。竞争秩序看似抽象，但实际上其内涵是很丰富的。市场主体在进行交易和竞争中会形成各种错综复杂而又紧密联系的关系，这些关系既处于形式多样的动态变化之中，又具有某种程度的一致性和反复性。这种兼具有反复性和变动性的市场关系就是秩序。竞争秩序是市场秩序的重要组成部分。

经济学家把市场秩序界定为"市场参与者按照特定的市场交易规则安排行为而产生的个人利益与公共利益的协调状态"[②]。这种协调状态是一种人人不可或缺的公共产品。每个市场参与者既是市场秩序的接受者，同时又是市场秩序的供应者。竞争秩序产生于市场主体的竞争行为，它包括市场主体可以自由进入市场、自主选择经营方式、平等进行互助合作、充分开展相互竞争等，但在行使这些自由权利时，不得损害交易对手和社会公众的利益，不能滥用优势力量与他人进行强制交易，也不能以不道德的行为夺取他人的竞争利益。总之，竞争秩序是竞争法主体权利义务所指向的对象，其核心就是市场主体行为的规则性和社会经济的稳定性。

---

① 为叙述方便，此处简称为"竞争法主体"，以下同。
② 王蓓根：《市场秩序论》，上海财经大学出版社1997年版，第37页。

3. 竞争法法律关系的内容

从法律的角度看,市场秩序是指在特定时空范围内形成的一系列法律制度和习俗惯例的总和,以公开、公正、公平为目标,旨在保障市场交易顺利进行的一种有条不紊的经济状态。① 良好的市场秩序取决于两个方面:一是市场内在的自我约束,二是市场外部的强制控制。当市场主体对自身利益的安排与社会利益达到基本和谐时,即在增进个体利益的同时增进社会利益时,无需市场外部的控制力量,这就是市场机制作用下的自然秩序。但是,社会经济发展的历史表明,只有市场机制自发形成的市场秩序并不能充分保证资源合理有效的配置,市场主体的逐利性和有限理性,导致常常会发生市场主体自身利益与社会利益的冲突,甚至会为了增进自身利益而损害社会公共利益。正如经济学家分析的,"鉴于各种原因,自生自发的发展过程有可能会陷入一种困境,而这种困境则是它仅凭自身的力量所不能摆脱的,或者说,至少不是它能够很快加以克服"②。因此,有必要通过外部控制力量对市场秩序施加影响,以加快和促进良好市场秩序的形成。对市场秩序的法律规制就是这样一种外在于市场的控制力量。竞争法法律关系的内容就是指通过制定一系列的竞争立法,规定市场主体的权利、应当承担的义务以及由此引起的法律责任。其中值得注意的是,竞争法中关于竞争行为的规定是以义务规范为主而非权利规范为主,是以禁止性规范为主而非任意性规范为主,是以行政责任为主而非民事责任为主。这些都是竞争法区别于其他市场法律的重要特征。

之所以采用"竞争法法律关系"的概念,目的是要区别于"竞争法律关系"。事实上这是两个既有区别又紧密联系的概念。两者的共同之处在于,它们都是为了构建市场竞争机制而对现实社会中的市场竞争关系进行抽象化。而它们的区别十分明显:竞争法律关系是指竞争者之间的竞争关系,主要是通过赋予竞争者权利、鼓励其实施合法行为以构建竞争机制;而竞争法法律关系则涉及众多的市场主体,主要通过规定竞争者义务,规制其违法行为来维护市场竞争机制。如上所述,在竞争法法律关系中,竞争者多为义务主体,消费者与社会公众多为权利主体,双方的权利义务并不完全对等。由此可见,竞争法法律关系不能等同于一般意义上的经济竞争关系,而是由法律明确规定竞争者义务内容的社会关系。当经济竞争关系在现实生活中遭到扭曲和损害时,国家可以通过行政、司法等多种救济手段,使行为实施者迅速停止行为并承担较为严厉的法律责任,使具体的经济竞争关系趋向于竞争法法律关系的基本要求。

总之,竞争法通过确立一个基本的法律关系模式,并以之为标准,禁止偏

---

① 参见李昌麒:《国家干预经济的基本法律形式》,四川人民出版社 1995 年版,第 333 页。
② 〔英〕冯·哈耶克:《法律、立法与自由》,邓正来译,中国大百科全书出版社 2000 年版,第 135 页。

离这一模式的竞争行为,调节、整合市场中现实的经济竞争关系,使之符合竞争机制的要求。

三、竞争法的特征

部门法的特征是指通过组成该部门的众多法律规范体现出来的实质上或者形式上的特殊之处。任何法律部门都有其独特的价值指向,它是部门法之间的本质区别。竞争法作为现代经济法的重要内容和典型,具有以下四个方面的特征:

(一) 法律关系的综合性

在传统的民法、行政法调整经济关系的模式中,民事法律被界定为调整平等主体之间人身关系和财产关系的法律部门,行政法则被界定为调整具有隶属关系的主体之间管理与被管理关系的法律部门,两者共同建立起一个调整现实中经济关系的法律框架。而其他类型的经济关系,或由于数量少、出现频率低,或由于对经济运行无关紧要而被排除在法律的调整范围之外。但随着经济的发展、市场运行的加快,大量新型的经济关系开始出现。这些关系既发生在平等主体之间因而具有横向性质,又需要行政机关加以管理、调节和控制,因而具有纵向性质。对于这些经济关系,无论民法还是行政法都无法单独对之进行快捷、有效的调整。由此产生了新的调整经济关系的法律部门,经济法就是这样一个典型的法律部门。经济法不再将经济关系划分为纵向和横向,而是将之视为一个整合的社会关系进行综合性调整,使这类新型经济关系符合社会持续发展的整体利益。

竞争法调整的社会关系本质上就带有这种综合性的特征,因而成为经济法的重要组成部分。一方面,它表现为竞争者之间开展竞争的横向经济关系;另一方面,它又是一国政府(甚至是国际社会)时刻关注并进行严厉规制的关乎市场秩序和效率的经济管理关系。竞争法正是应调整这种综合经济关系的需要而生的法律制度,其目的在于在瞬息万变的激烈市场竞争中,通过法律的实施使偏离竞争机制的主体行为迅速得以纠正,把损害市场机制的经济关系限制在一定范围内,甚至消灭在萌芽状态,而非通过纵向横向分割的法律模式进行调整。这不仅可以减少维护社会市场秩序的成本,实现社会的整体效率的提高,而且符合现代法律简明、规范、易操作的法治理念。

(二) 主体的多样性

竞争法法律关系的主体是一切与维护竞争机制有关的法人、非法人经济组织、公民个人、行政机构、社会组织等。从形式上看,它们是不同的,或为经济协作关系的参加人,或为竞争过程的受害人,或为负有管理经济职责的行政权力拥有者,或为承担一定社会职能的民间组织。无论是与民法,还是与行政法相比较,竞争法主体多样性的特征都十分突出。这些主体具有的共同特点就是与竞争过程或竞争秩序的维护有关。民商事法律调整的是平等主体之间的关系,行政法则要求主体是具有行政隶属关系性质,而竞争法不论其主体的形式如何,只要与竞争有关,皆可能成为竞争法的主体。

竞争法主体的多样性首先是由竞争法的目标所决定的。为了维护竞争机制有效发挥作用,必须把一切与竞争秩序相关的主体设定为竞争法上的主体,规定其权利、义务和责任,划定其行动范围。其次,这与竞争法法律关系的综合性有关,在竞争法法律关系中既存在平等主体之间的横向经济关系,也存在国家管理机构与市场主体之间的管理关系,这种交叉统一的经济关系一定涉及广泛、多样的法律主体。

（三）客体的唯一性

与同样调整经济关系的民商事法律关系客体相比,竞争法法律关系的客体具有"唯一性"的特征。无论竞争法律对其主体设定了怎样的义务、权利和责任,目的只有一个,即维护竞争机制的有效运作和竞争秩序的稳定。事实上,正是基于对竞争秩序的维护才派生出了竞争法主体的诸多义务。竞争法法律关系客体的唯一性也是由竞争法的价值目标决定的。竞争法并不以协调个体利益冲突为基本目标,而是通过对竞争机制的维护缓解社会资源稀缺所带来的矛盾,这就与以维护财产权利和人身权利为目的的民商事法律有很大区别。民商事法律关系的客体是个别的、具体的、丰富多样的,而竞争法法律关系的客体却显示了抽象的性质。竞争秩序是人们通过经济运行总结出来的一种理论抽象,但在不同的环境下,它又有许多不同的具体要求。这就要求人们在"竞争秩序"这一单一客体之下区别不同的具体环境,平衡竞争法主体的权利和义务。例如垄断行为,有时需要禁止,有时又需要容忍,甚至在特定情况下还要扶持。不管是禁止、容忍还是扶持,其目的都是为了激活市场竞争,维护竞争机制的作用。

（四）权利义务的不对等性

法律通过权利的赋予或义务的承担,使法律关系主体之间建立起各种联系,形成稳定的、平衡的社会关系。按照调整民商事关系的传统,一个主体享有权利,必然承担相应的义务;反之亦然。这种权利、义务的对等性体现了平等主体间利益冲突时的基本调整方法,它是静态的、形式意义上的公平的体现。在相当长的历史时期中,这种权利、义务的对等对应性成了调整竞争关系的占主导地位的准则。但在竞争法中同类主体的权利和义务往往并不对等。对于某些具备特殊地位和能力的竞争主体,竞争法往往对其规定了较多的义务,而没有相应的权利。例如独占者被规定负有不得利用独占地位限制其他主体进入市场的义务,而其他市场主体的这种竞争权则是不受限制的;在生产者与消费者之间关于产品质量的纠纷中,举证责任被设定在生产者一方而非主张权利的一方。这种权利义务的不对等性并非不公平,而是力图在一种动态的社会环境中实现实质意义上的公平和自由。

第二节 竞争法的价值

竞争法是现代经济法的典型,充分体现了经济法的基本价值和本质特征。讨论竞争法的概念和调整对象并在此基础上明确其价值,是竞争法要解决的首要理论问题。

一、法的价值概述

法的价值是指法律存在的合理性以及它对人们的有用性。法的价值体现了法之存在、属性、功能及内在机制与人们对法的需要之间的关系。这种关系正是通过人们的法律实践显示出来的。例如,"禁止不正当竞争行为"是现代市场经济普遍遵循的准则,当我们不仅对此作出描述,而且还要解释这一法律准则的原理时,这种解释就含有法律的价值判断。作出这一判断的理由就是:不正当竞争行为损害了经济竞争的秩序,为了维护社会的整体利益,必须禁止不正当竞争行为,这就是我们评判上述法律准则的标准。再从立法的角度看,人们为什么要通过立法来确立这一法律准则、这样的立法将产生什么结果、哪些主体应当受到限制而哪些则相反,这些都涉及法律的价值问题。竞争秩序的优劣是有客观要求的,经济发展规律表明,人们只有在一定的竞争秩序中才能实现自己的利益,经济只有在一定的竞争秩序中才能更快速地增长,这表明竞争秩序的维护能够满足人们增进自身利益并增长社会经济的需要,因而是有价值的。[①]

讨论法律价值的意义不仅在于解释社会经济"应该怎样",即"应然"的问题,而且更在于明确"如何做到这样",即"实然"的问题。"应然"是人们努力地实现自己需求的信念和要求,而"实然"则是推动人们投入到改变现状、追求更高目标的实践中去的动力。从这一意义看,法律的价值乃是推动法律向更合理、更完善的目标变迁与发展的根本动力。

二、竞争法的价值

竞争法的价值,即竞争法的存在、功能、属性和内在机制满足了人们的哪些需要;其存在的合理性是什么;竞争法努力维护的社会秩序是否有利于社会的发展,符合客观经济规律和其他规律的要求;推动竞争法变迁、发展的又是哪些因素等。只有明确了竞争法的价值,才能确立竞争法在整个法律体系中的地位,并

---

① 参见卢云主编:《法学基础理论》,中国政法大学出版社 1994 年版,第 191—197 页。

不断得到完善。

（一）竞争法价值形成的动因考察

从历史上看，竞争法的产生、发展与变迁与人们因追求经济效率而产生的保护竞争秩序的要求是紧密联系的。人类从事经济活动的最终目的是获得更多的物质财富，以满足无限增长的物质需要。然而人类掌握的可利用的资源是既定的、有限的。无限的需要与有限的资源构成了经济生活中最深刻的矛盾。于是，如何以更少的资源耗费取得更高的经济效率在经济生活中备受关注。人们通过经济学的研究和长期的社会实践发现，在生产力发展的不同阶段，需要不同的经济运行机制（即经济体制）与之相适应，一个适应生产力发展的经济体制能够使经济效率快速、持续地提高，而一个不适应生产力发展的经济体制则会阻碍经济效率的提高，甚至使之降低。此外，一个在上一个阶段能够促进经济效率提高的经济体制，随着生产力水平的不断变化，到下一个阶段也许会起到阻碍经济效率进一步提高的负面作用。

上述观点在近现代欧美经济发展史中得到了很好的证明。中世纪末期，商品经济发展较慢的西欧各国步入工场手工业时期，当时的市场规则和经济运行制度大多由各新兴城市制定，它对于打破封建自然经济的樊篱，促进经济发展有一定作用。但随后人们就发现，经济生活中存在的各种利益集团，往往为了各自的利益而破坏整体经济的和谐与经济秩序的稳定，从而削弱了经济扩展的潜力，而在市场中又没有相应的力量对之进行监察和制约。因此，在风行一时的宗教改革中，许多国家从教会的束缚下解脱出来，成立了强有力的中央政府，对市场运行进行控制。流行于15世纪到18世纪的重商主义思潮认为，只有凌驾于市场之上的政府才有权威和实力对各种利益加以调和，避免市场中各种力量在盲目的相互竞争与争夺中不断消耗，主张凭借国家政权直接塑造市场秩序，构建对社会整体有利的经济制度体系。重商主义为西欧各国的经济扩张、海外贸易和国内统一市场的建立奠定了基础，对市场经济体制在这些国家的逐步形成和完善立下了不可磨灭的功劳。

但是，随着这种新型体制的最终形成以及现代大工业的出现，重商主义却遇到了严重的困难。人们认为在新的历史条件下重商主义的理论和政策并不能继续取得提高经济效率的效果。亚当·斯密以他"看不见的手"理论严厉抨击了国家政权对市场的管制，极力主张国家仅需充当"守夜人"的角色，提供最基本的必不可少的管理和服务，剩余的一切经济问题应通过自由放任的市场竞争去协调和解决，"一个（自由的）竞争的经济会自动产生效益而不需要任何政府的干预"逐渐成为欧洲大陆的共识。这种自由放任的经济理论以及由它指导所形成的经济制度，给西方经济带来了一个多世纪的全面繁荣和进步。

然而，到了19世纪末期，情况又发生了变化。正是在自由竞争的经济体制下,自由放任的市场竞争中产生了竞争的异化物——市场垄断。西方各国面临着周期性的经济危机频繁发生、扩大,竞争无序,社会总供给失衡等严重困难。人们认识到市场的持续扩张有其极限,无限制的竞争本身会导致市场失效等问题。由此,主张政府干预经济以纠正市场缺陷的凯恩斯主义应运而生。与重商主义不同的是,凯恩斯主义是在对市场缺陷进行极为细致和深入的分析之后,把政府的作用视为保护市场机制效率的必要补充,力图在政府干预和市场竞争之间寻找一个平衡点,而并非把政府干预视为经济效率提高的初始动力。凯恩斯主义一度缓解了西方经济体制总体框架中由垄断、不正当竞争、市场优势滥用等因素造成的危机,带来了二战以后西方经济的再度繁荣。美、英、日、德等主要西方国家在政府干预、控制市场势力、重塑优良竞争秩序等方面形成了各具特色的经济体制类型。然而,进入20世纪70年代之后,经济停滞不前和通货膨胀并存的"滞胀"成为这些国家经济运行的通病,凯恩斯主义似乎对此也束手无策。此时,自由放任主义重新肯定了"看不见的手"在调节经济平衡中的作用,认为利用政府来干预经济以提高经济效率的做法也有缺陷,强调纠正市场缺陷的正确途径首先是完善市场机制本身。同时,也应当有限制地利用国家干预经济的某些优越性。

对西方经济发展史以及其中衍生出的经济理论的简要回顾表明,人们对经济绩效和效率的追求是经济体制创新、发展和变迁的根本动力。而在重商主义之后,无论是自由放任主义、凯恩斯主义还是新自由主义,均把塑造和维护经济体制中的竞争秩序、利用竞争的内在机制视为提高经济绩效和效率的最佳手段。

(二)竞争法的价值分析

维护竞争机制是竞争法价值的核心。围绕这一核心,在不同层次又形成了各种具体价值。

首先,从终极目标看,提高效率是人们创立竞争法的题中应有之义。竞争法的价值在于解决人们物质需要的无限性与资源的稀缺性之间的矛盾。其次,在经济制度层面上,人们创立竞争法的目的是构建一种与生产力发展水平相适应的经济体制,即竞争法的效果在于通过对既存体制的肯定或者否定、维护或者变更,来提高经济运行的效率。再次,在市场层面上,人们制定竞争法,是为了形成和维护市场中的竞争秩序。市场的有效运作依赖于一系列明确的市场规则,这套规则从整体上看必须是公正的,能够保证市场交易安全、顺利地完成,并保护处于市场中的主体的正当权益免遭侵害。此时,被遵循的市场规则就会有机地转化为一定的竞争秩序。对竞争秩序的构建与维护是市场体制能够运作并取得效果的关键。复次,在市场主体层面上,竞争法的目的和效果在于保护竞争者和其他市场主体的合法权益。不允许设置人为的障碍阻止进入市场或强行排挤现有竞争者;不允许通过特权或违反市场规则获得不正当的利益,并导致市场信号紊乱。同时,必须保护市场中消费者的正当权益,不允许通过损害消费者来获得不正当利益,否则,必将出现竞争者不思提高自己生产力,纷纷转向从消费者处谋夺暴利的现象。所以,竞争法在对生产者、销售者、消费者等一系列市场主体的保护中体现了其价值。最后,从单个市场主体层面看,竞争法的目的和作用是规范违反竞争机制的行为,使市场主体的行为符合社会整体利益的要求。如前所述,市场主体追求利益最大化的行为有两种指向,当其中具有负面价值的行为指向实现时,必将损害竞争机制,而竞争法的最直接的目的和效用,正是在于通过事先预防、事中控制、事后惩罚等手段,努力使这种行为的危害性尽可能降到最小。

竞争法的价值是一个统一的整体,是维护竞争机制这一核心价值在人们生活中的不同层面的具体体现。其中,经济效率的价值是在宏观背景下加以考虑时得出的。而竞争秩序、市场主体利益、反竞争行为的规制则是从微观角度入手,考察竞争法对市场关系和市场行为的影响时得出的。

第三节 竞争法的基本原则

一、法律原则概述

法律原则是对法律价值的反映和提炼。立法者在制定法律之初总带有一定目的,为了这些目的,人们必须为立法确定一个基本的依据、准则,以统摄具体的法规范,形成完整的法律体系。在执行过程中,人们会对法律的效果作出一定的评价,如果这些评价是积极的,原有的基本法律依据、准则就会得到加强。反之,如果人们对法律效果作出的评价是消极的,经过一定时间的积累之后,立法的基本依据和准则就会被改变或抛弃,形成新的依据、准则。法的基本准则和依据经过法律实践的提炼、概括,成为人们关于法律的共同理念,这就是法律的基本原则。法律原则对于法律的作用主要体现在以下几个方面:

首先,在制定法律时,法律原则作为对法律价值的反映和提炼,是其他具体法律规范的来源和依据,是法律整体的基础,具有不可动摇的地位。正是法律原则决定了具体法规范的结构、内容和功能。其次,在法律规范的体系中,法律原则起到了统摄具体法规范,并使之形成一个系统的作用,具有最高的贯穿始终的效力。再次,由于成文法规范是对原生社会关系的抽象化和模式化,需要稳定、明确的形式,而原生社会关系总是处于变化、发展之中,所以具体的成文法规范或多或少地带有某种局限性,难以顾及一切可能的情况,而法律原则作为一种根本性的准则,可以在一定程度上作为具体法规范的有益补充,克服具体法规范的局限性。

法律原则是法律价值与具体法规范之间的连结点,但它和法律价值及具体法规范之间又有区别。法律原则和法律价值的区别在于法律价值具有主观性,而法律原则一经形成,即脱离人们的主观评价,成为客观存在的法律。法律原则是一种基本理念,具有稳定性,不会经常变动。对法律价值的主观评价既可以是针对法律的整体和基本准则作出的,也可以是针对具体的法规范作出的,而法律原则的评价对象只能是法律整体及其基本准则。因此,人们对法律价值的评价的变化,并不必然导致法律的大规模变动,而法律原则的变化必然导致法律的整体变化。法律原则与具体规范的不同在于:法律原则决定了其根本准则的地位,而具体法规范是由法律原则衍生出来的,属于从属性的规则;法律原则的生效领域贯穿于法律的一切方面,而具体法规范的生效领域是有针对性的,有一定限制的;法律原则是非规范性的规定,并不具有明确的行为模式、评价和确定的后果模式,而具体法规范必有明确的行为模式、法对这种行为的评价以及法所确定的法律后果。

在长期的立法、执法和司法实践中,世界各国逐渐形成了竞争法的一些基本原则。这些原则是人们维护竞争机制、提高经济绩效和效率的愿望的反映和提炼。尽管我国在具体的经济水平和相应的制度设置方面与其他国家有很大不同,但实践证明,对于作为一种调节、整合经济竞争关系的工具和手段的竞争法,这些原则适用于一切市场经济国家。

二、竞争法的基本原则

(一) 适度自由原则

适度自由原则,即在竞争法的全部具体规范中共同体现出来的,以经济竞争规律的客观要求为"度",适当限制个体自由的原则。

适度自由原则是针对市场竞争中的"放任自由"而言的。19世纪中前期,亚当·斯密在与"重商主义"理论的论战中提出了"经济人"的假设,认为在理性的约束下,追求自身利益最大化的"经济人"行为,将带来个体利益和社会整体利益的同时增进。因此政府应退居经济运行的幕后,法律也应在保证基本公平、公正的前提下,赋予公民充分、全面的自由权利,让他们在自由行使权利的过程中带来整个经济的进步。

但是历史表明,放任自由并不总是带来个体利益与社会利益的和谐。在进入垄断资本主义阶段之后,经济中大量存在着通过不正当掠夺他人利益来实现自身利益的行为。例如1879年美孚石油公司成立之后,短时间内托拉斯在美国大量涌现,成为不受控制的经济势力,通过控制市场上商品投放量、抬高价格等手段牟取暴利。这不仅使消费者饱尝苦楚,而且使整体经济普遍失去活力,经济增长缓慢、停滞乃至倒退。究其原因,是因为相对于"经济人"假设,资源稀缺性是人们需要面对的一个重要的事实,一旦可能,经济主体总是乐于从别人处掠取更多的利益,脆弱的理性并不足以使他们因考虑社会整体利益而主动放弃这样的机会。这就要求对放任自由的原则加以扬弃,代之以适度自由原则,用法律的形式明确剥夺"经济人"那些可能或已经危及整体社会的"自由"。美国 1890 年颁布的《谢尔曼法》就是对托拉斯的这种自由作出限制的典型。

然而,适度自由原则并不意味着对市场主体的行动自由一概加以限制。它要求区分不同的情况,允许和鼓励那些有利于经济发展的自由,而对真正危及经济发展或不正当掠夺利益的自由进行限制。但是市场行为形式多样、错综复杂,这就使适度自由的"度"变得难以把握。各国政府都根据不同的具体历史情况和经济发展的目标,在培育市场、赋予经济主体充分自由的同时加以适当的约束,确立了一个可以灵活操作的,既能保持高速发展又不致引发大量危及社会整体利益的标准。

(二) 实质公平原则

实质公平原则是竞争法众多具体规范所共同体现出来的以维护市场主体之间实质意义上的公平为首要目标的原则。

公平含有"公正"、"平等"、"合理"等意思,是指人们追求社会生活公正合理、地位平等、不允许有特权凌驾于大众之上的要求、愿望和理想,其实质是人的相互需要、承认、共存和依赖。

从表面上看,法律应当以维护形式意义上的公平为目标,提供一个大致的框架,对每个市场主体都给予相同的法律地位,让他们自由地展开竞争,即赋予每个主体相同的权利,并使其承担相同的义务。但是,在现代市场经济中这种形式意义上的公平并不必然保证实质上的公平。例如,实力强大的企业长期通过压低价格,使竞争对手遭受损失,从而独占市场;同行企业联合起来控制商品价格,使消费者蒙受损失;拥有行政权力的机构可以限定购买者必须交易或不交易,等等。这些行为产生的原因,是法律仅规定了形式公平的大致框架,而未对其中某些特殊主体作出限制,其结果是使市场主体之间处于实质上的不平等地位。一些具有实质上的经济特权的主体任意施为,最终使竞争机制失效。因而,竞争法应以实质上的公平为目标,限制上述行为在市场中的泛滥,使市场主体在实质上处于相同的地位,展开有效的经济竞争。

实质公平原则主要体现在对具备某些特殊条件和能力的某些行为进行限制,对可能遭受经济特权侵害的主体进行倾斜保护。从形式上看,这些规定对于某些主体是不公平的。但是,法律的这种倾斜性保护有助于限制经营者的不正当行为,使其回复到竞争机制的框架中,这无疑体现了真正的　　和上义。这些限制和保护突破了传统民法以保护权利为本位,重形式而轻实质的倾向,确立了竞争法以保护社会利益为本位,达到实质公平、正义、合理的精神。

（三）整体效率优先原则

整体效率优先原则是指通过众多竞争法规范体现出来的在社会整体效率与其他法律目标发生冲突时,优先考虑整体效率的竞争法原则。

效率是法的价值目标之一。竞争机制的最大效用就在于通过对市场规则的建立顺利实现经济效率的提高。但是人们在从事经济生活的过程中,还形成了其他一些要求,诸如安全、正义、公平等。一般情况下,经济效率的提高意味着更多的物质产出,对大多数市场主体而言,也同时带来了公平、安全和正义。但是由于个体利益与社会利益并不总是一致,因而在另一些具体的情况下,为了提高经济效率,不得不牺牲某些市场主体的经济利益,有时甚至是非常合理的、从个体的角度来看绝不应该牺牲的利益,此时效率和公平就处于冲突状态。

产生效率和公平对立的根本原因在于,效率是一种客观的指数,它不随人们主观愿望的变化而变化,有一套具体的、公式化的衡量标准;而公平是一种主观的评价,即使是对同样的现象、同样的事物、同样的法律准则,不同的人也可能作出不同的评价,而没有一套具体的、客观的衡量标准。这就使得法律在顾全了社会的整体利益,即效率的提高时,很难顾及每一个市场主体对该法规范的主观评价。例如,一个市场主体经过长时间的不懈努力,终于通过优胜劣汰规则,击败了所有竞争对手,取得了市场独占或准独占的地位,并且也没有滥用这种地位,但是,该主体的这种独占地位在事实上影响了竞争的存在,从而影响了社会整体效率的进一步提高。当竞争法以效率为由对它的独占地位进行种种限制乃至取消时,就很难同时保证对它的公平,因为它通过长时间合理合法的努力所取得的独占地位,能够给个体带来许多经济利益,现在却被法律介入,轻而易举地取消了。然而,对于整体社会来说,这样的取消往往是必要的。

所以,解决效率与公平的冲突,在竞争法中只能是基于全社会的考虑,应当优先选择整体效率。但这也不是完全否认公平,而是说,当冲突发生时,在效率优先的原则下应当尽可能地兼顾公平。事实上,当一个社会的整体效率能够得到持续发展时,社会的公平也就有了物质基础的保障。

第二编 反垄断法律制度

第三章 反垄断法基础理论

【学习要点】
1. 基本了解反垄断法的概念与立法体例
2. 掌握反垄断法的规制对象与地位
3. 重点把握我国反垄断法立法宗旨
4. 理解反垄断法适用除外制度与豁免制度的区别
5. 掌握反垄断法域外适用制度的发展与存在的问题
6. 了解反垄断法与经济学的关系

第一节 反垄断法概述

现代经济学之父萨缪尔森曾形象地指出:"反托拉斯法像一个大森林那样,是由几粒种子发展起来的。"[1]反垄断法在经历了一个多世纪的发展历程后,已经从早年美国的一枝独秀发展到当今世界范围内的普遍繁荣阶段,至少有一百个以上的国家和地区制定了成文的反垄断法律。[2]

一、反垄断法发展简史

反垄断法诞生于19世纪中后叶,即自由资本主义向垄断资本主义过渡时

---

[1] 转引自孔祥俊:《反垄断法原理》,中国法制出版社2001年版,第52页。
[2] See Richard Whish, Competition Law, Fouth edition, Butterworths, Oxford University Press, 2005, p.17.

期。这是由这一历史时期的社会发展状况客观决定的:一方面,资产阶级代表着先进的生产力为人类社会进步作出了巨大的贡献。"资产阶级在它不到一百年的阶级统治中所创造的生产力,比过去一切世代所创造的全部生产力还要多,还要大"①;但另一方面,资本主义制度作为一种自由经济的集中代表,它所带来的灾难与它的贡献同步而行。随着科学技术的进步与大工业生产的迅速发展,资本越来越多地集中到少数大企业手中,资本主义从自由竞争阶段走向了垄断。美国在1870年至1879年间,仅洛克菲勒一家公司就兼并了14家石油公司,并控制了另外26家石油公司的多数股票,从而把美国石油生产的90%都集中到了自己的手中。在以后二十多年中,美国工业部门的托拉斯发展到300多个,占整个制造业总资本40%以上。除了美国以外,欧洲的卡特尔、辛迪加等也不断涌现,成为垄断的主要形式。因此,无论是从维护资产阶级的整体利益出发,还是从稳定社会经济秩序出发,政府都会考虑通过政策与法律的手段对过度的自由竞争进行强制性的干预,反垄断法就此应运而生。

1890年,美国颁布了《谢尔曼法》,它被认为是现代反垄断法的鼻祖。此后,美国先后颁布了《克莱顿法》、《联邦贸易委员会法》、《韦伯—波默斯法案》、《威尔逊海关法》、《反托拉斯民事诉讼法》、《罗宾逊—帕特曼法案》等,这些法律构建了美国反托拉斯法的基本制度框架。美国的反托拉斯法对世界各国产生的影响十分深远,在以后的几十年里各国相继制定了类似的法律。1923年魏玛共和国时期颁布了《卡特尔法》,旨在规制卡特尔的垄断行为。虽然由于希特勒的上台使该法变成一纸空文,但其诞生的社会经济条件与《谢尔曼法》大致相当。1957年,联邦德国制定了《反限制竞争法》,并先后进行了六次修改使之成为反对垄断和限制竞争行为(卡特尔行为)最有力的法律武器。日本在20世纪30年代以前极欲赶超西方国家,采取了扶助和救济垄断组织的政策。二战之后,美国占领军以强力为后盾,在日本大力推行政治和经济民主化,因而形成了1947年的《关于禁止私人垄断和确保公平交易的法律》和《经济力量过度集中排除法》等以反对作为军事力量后盾的市场力量的集中为宗旨的反垄断法。而后随着一系列旨在维护竞争、保护中小企业、创建经济民主和自由气氛的法律的颁布,日本形成了具有本土特点的反垄断法体系。

除发达国家外,20世纪60年代以来,许多发展中国家也纷纷制定了反垄断法和反限制竞争法。韩国于1980年制定了《限制垄断及公平交易法》,罗马尼亚1991年制定并实施了《制止不正当竞争法》,保加利亚1991年颁布了《保护竞争法》,波兰1987年制定并实施了《反国民经济垄断法》。我国台湾地区也于90年代初在吸取世界各国立法的基础上制定了集反垄断、反限制竞争和反不正

---

① 《马克思恩格斯选集》第1卷,人民出版社1995年版,第277页。

当竞争法律于一体的"公平交易法"。目前世界上共有一百多个国家和地区制定了反垄断法或与公平竞争有关的法律。[①]

世界范围内的反垄断立法风潮以及世界经济一体化趋势的推动使反垄断法逐渐由最初的单纯国内法走向国际化。早在1926年,当时的国际联盟所召开的国际经济会议上,就有国家试图提议制定法律控制国际卡特尔。二战后,由于多国公司、跨国公司的出现和发展,许多实力强大的企业在国际经营中频繁地利用其优势地位谋求高额利润,严重损害了他国的利益。为此,联合国第35届大会于1980年12月5日通过了《多国同意的控制限制性商业行为的公平原则和规则》。当时,在各国反垄断法中都作出了这些法律不适用于出口卡特尔的规定,加上美国和欧共体在反垄断法的域外适用、法院域外管辖权等方面的法律原则、判例及法规的差别,导致了严重的法律冲突和对抗。因此,冲突各方经过多次谈判,形成了一系列双边协定,以促进相互之间实施反垄断法时的合作。WTO的众多协议中其实就包含了国际竞争的基本规则。此外,联合国贸发会议(UNCTAD)、经济合作组织(OECD)以及国际竞争网(ICN)等每年都有关于国际竞争政策的重要会议,从政府和民间两个层面推进竞争立法的国际化。

二、反垄断法的概念与立法体例

(一) 反垄断法的概念

反垄断法在不同的国家和地区有不同的称谓,美国称为"反托拉斯法"(Anti-trust Law),欧盟称为"竞争法"(Competition Law),我国台湾地区称为"公平交易法"(Fair Trade Law)。尽管如此,它们表达的要义是基本一致的,本书通称为"反垄断法"(Anti-monopoly Law)。反垄断法是调整国家在规制市场主体和其他相关组织以控制市场为目的而实施的反竞争行为过程中所发生的社会关系的实体法和程序法的总和。理解反垄断法概念时要注意以下三个方面内容:

1. 反垄断法规制的主体是市场主体

垄断一般是企业或者联合组织的行为,因此这里所称的"市场主体"包括企业、企业联合组织以及其他社会组织和机构。如日本和我国台湾地区的反垄断法中明确规定该法的适用对象为"事业者和事业者团体";德国的法律中规定,反垄断法规制"企业和企业的联合组织";英国和美国等国家的反垄断法也都对"私人或公司、企业"的垄断行为进行规制。在各国实践中,某些非市场主体也实施了垄断行为,如政府机构或社会组织(行业协会等)在经济生活中对市场资源的垄断和限制竞争的行为。从对市场机制的破坏作用和影响来说,这些垄断和市场垄断一样,都对统一市场的形成和资源的有效配置产生障碍,因而也应该

[①] 参见孔祥俊:《中国现行反垄断法理解与适用》,人民法院出版社2001年版,第225页。

成为反垄断法规制的主体范围。在这种情况下，政府机构和社会组织的行为不是被作为行政行为看待，而是被视为"企业"的市场行为。①

2. 反垄断法规制的行为是反竞争的行为

现代反垄断法理论认为，市场主体占有市场垄断地位本身并不当然违法，不属于反垄断法的规制对象。但是如果市场主体凭借自身的市场优势地位，实施限制竞争或排挤竞争的行为，则将受到反垄断法的制约。反垄断法律规制的行为不仅包括独家垄断和寡头垄断，而且还包括以企业合并方式谋求垄断的行为、以联合方式限制竞争的行为以及以其他形式（如政府滥用行政权力）进行限制竞争的行为等。这些行为的共同特征就是"以控制市场为目的排斥或限制竞争"，因此，只要符合这一特征的行为都应当纳入反垄断法的范围。

3. 反垄断法是结合实体规定和程序规定的法规范总和

在大多数国家，反垄断法都是由一个基本法和若干特别法以及众多的行政法规构成的一个法规范群，包含了实体规范和程序规范。如美国在《谢尔曼法》之外，还专门针对滥用垄断地位和不正当竞争行为颁布《克莱顿法》和《联邦贸易委员会法》以及《反托拉斯民事诉讼法》等。众多的行政法规范对具体的法律实施具有重要的意义。因为垄断案件的审理需要复杂的调查过程，既涉及公法领域，又涉及私法领域，因此多数国家规定了专门的行政执法机构，对垄断行为的规制一般都通过行政法规进行，并对案件的调查审理作了特别的程序规定。如美国的《横向兼并指南》、《知识产权许可反托拉斯指南》等；日本除了《禁止私人垄断及确保公平交易法》之外，还有《关于审查公司合并事务处理基准》等行政法规。

（二）反垄断法的立法体例

反垄断法作为制度抽象概括，在各国具体立法中的形式是多样化的。了解反垄断法在立法实践的具体存在形式是学习反垄断法的重要组成部分。考察当前世界各国的立法情况，反垄断立法体例总体上可以分为三种基本类型，即一元化模式、二元化模式和英美法系模式。

一元化立法模式是指将反垄断法与反不正当竞争法或者反限制竞争行为的法律规范都纳入统一的法律文件中的竞争立法体例，如南斯拉夫的《防止不正当竞争和垄断协议法》就是典型。20世纪80年代以来，一元化的立法体例成为世界各国和地区竞争法的主流趋势，具有代表性的有加拿大1985年制定的《竞争法》、法国1986年制定的《公平交易法》、匈牙利1990年制定的《禁止不正当竞争法》、俄罗斯1995年颁布的《关于竞争和在商品市场中限制垄断活动的法

---

① 参见王晓晔：《反垄断法中的政府行为》，载《第四届竞争法与竞争政策国际研讨会论文集》，2004年10月。

律》、爱沙尼亚1998年通过的《竞争法》等。这些国家的竞争立法有的以实体法为主,如法国、匈牙利和俄罗斯;有的以救济程序规则为主,如加拿大。但总的趋势是竞争实体法和程序法融合,单纯规定实体内容的竞争立法已经鲜见了。[①]

二元化立法体例是将反不正当竞争法与反垄断法分别立法的模式,如德国1909年颁布了《反不正当竞争法》,1957年又制定了《反限制竞争法》。日本1934年公布了《不正当竞争防止法》,1947年又公布了《禁止私人垄断及确保公正交易法》;韩国1980年制定了《限制垄断及公平交易法》,1986年制定了《反不正当竞争法》。根据反垄断法法律文件的集中度标准,二元化的立法体例可以分为松散型与法典型。目前世界上绝大多数国家的反垄断立法是属于松散型的,几乎没有国家制定了完善的反垄断法法典。

英美法系模式是相对于前面两种模式而言的。它是指反垄断法以制定法与判例法并存的立法体例,这主要存在英美法系国家。美国反托拉斯法包含两个部分,即制定法和判例法。美国广义上的反垄断制定法除了包含如《谢尔曼法》等外,还包括联邦贸易委员会和司法部发布的指南,如1992年的《合并指南》、1995年的《知识产权许可反托拉斯指南》、2000年的《关于竞争者之间合谋的反托拉斯指南》等。在美国存在大量的反垄断判例,例如布朗鞋案件的判例、美国烟草公司案件判例、美国标准石油公司案判例等。这些反托拉斯判例极大地丰富和完善了美国反垄断法。从各国反垄断法实施情况看,判例和指南的比重也在增加,成为反垄断立法的重要补充。

三、反垄断法的立法宗旨

反垄断法的立法宗旨是反垄断法的精神所在,它是整个法律制度设计的根本指导思想,深入领会和把握反垄断法的立法宗旨对于研习反垄断法具有非常重要的作用。

(一)关于立法宗旨的争论

有关反垄断法的立法宗旨,仁者见仁,智者见智。美国总统弗兰克林·罗斯福主张反托拉斯法的目标在于维护经济民主、经济公平等,他在1938年向美国国会提交的咨文中曾主张:"对经济力量的过度集中置之不顾是对美国民主传统的破坏,是走向法西斯道路。为了确保政治与经济两个方面的民主,必将被少数人拥有的操纵国家经济生活的权力分散给多数人。垄断力量以及垄断力量的滥用部分或者全部地取消了经济机会均等,是违反经济民主的。所以担负着保障经济民主任务的国家应该以法律为手段,对垄断力量予以有效的控制。"[②]

[①] 参见王艳林主编:《竞争法评论》,中国政法大学出版社2005年版,第32页。
[②] 《罗斯福选集》,关在汉编译,商务印书馆1982年版,第186—188页。

美国大法官沃伦(Warren)在1962年的布朗鞋案中认为,"我们不能认为国会通过保护能够生存下来的、小的、地方性企业而促进竞争的愿望失败了。国会预期到暂时的高成本和高价格可能是保护已经分散的产业和市场的结果。它通过支持分散决定了这些竞争的原因。我们必须作出一个有效的判决。"①但美国的经济学派之一的芝加哥学派则认为,效率是反托拉斯政策唯一的目标。②"在适者生存法则下效率高的企业的市场占有率的不断扩大才是导致高集中度的出现,打破这些行业结构所造成的效率损失会超过由此带来的任何绩效改进,并且破坏市场机制的有效作用。"③只有在经济学理性的指导下才能避免将保护竞争和保护竞争者混为一谈,才能使"反托拉斯法退出政治舞台而被纳入科学进程"④。而以Sullivan和Fox为代表的杰斐逊主义激进派则认为:美国反托拉斯的两个重心是政治和社会经济,资源配置效率从来不是反托拉斯法的规范目标,也不是执法的先决条件,只要证明竞争过程受到损害即可。⑤以Hovenkamp为代表的杰斐逊主义温和派则认为:美国反托拉斯的政策目的并不仅仅局限在单一的经济效率范畴,还包括很多非经济效率的政策目标,如保护中小企业。⑥

美国关于反垄断法宗旨的争论对于各国的立法产生了较大的影响。从发展的趋势来看,各国反垄断法的宗旨趋于多元化。

（二）我国反垄断法的立法宗旨

根据我国《反垄断法》第1条,我国的反垄断立法宗旨包括保护市场公平竞争、提高经济运行效率、维护消费者利益和维护社会公共利益四个内容。

1. 保护市场公平竞争

在经济学中,帕累托最优是衡量社会资源配置状态的核心标准,而帕累托最优的实现机制主要依赖于竞争。古典经济学和新古典经济学认为,只有完全竞争市场才能实现资源配置效率的最大化,只有在长期竞争性均衡中才能实现资源的最优配置。在这种均衡下,生产者的边际收益等于边际成本,这时生产者实现了利润最大化,消费者的福利也实现了最大化,社会总福利也实现了最大化。尽管现代经济学对完全竞争理论提出了不少批评,指出完全竞争只存在于理论假设中,但是,"任何对完全竞争市场的偏离都会导致效率损失,偏离的程度越

---

① Brown Shoe Co. v. U.S., 370 U.S.294 (1962).
② 芝加哥学派将反垄断法的目标表述为:通过经济效率的最大化来实现消费者福利最大化。
③ Yale Brozen, Significance of Profit Data for Antitrust Policy, Antitrust Bulletin, 1969, Vol.14, pp. 119—139.
④ Richard A. Posner, The Economics of Justice, Harvard University Press, 1981, pp.92—94.
⑤ See Fox & Sullivan, Antitrust—Retrospective and Prospective: Where Are We Coming from? Where Are We Going? N.Y.U.L. Rev.936(1987).
⑥ See Herbert Hovenkamp, Economics and Federal Antitrust Law, West Pub., 1985, p.80.

强,经济效率的损失程度也就越强"①。因此,维护市场公平竞争是我国反垄断法的重要目标之一。

2. 提高经济运行效率

早期的反垄断法呈现出很强的结构主义特征,反映在实践上就是法律主要对垄断影响市场结构的行为进行规制。然而随着社会的发展与技术进步,结构主义理论越来越遭到更多人的质疑。因为人们发现,很多产业虽然呈现出高度集中状态,但竞争依然十分激烈。在这一背景下,芝加哥学派把垄断放在效率的标准下进行研究,证明了资本集中未必反竞争,而可能是高效率的结果,影响市场竞争的市场进入壁垒关键是是否存在人为障碍。"在适者生存法则下,效率高的企业的市场占有率的不断扩大才是导致高集中度的出现,打破这些行业结构所造成的效率损失会超过由此带来的任何绩效改进,并且破坏市场机制的有效作用。"②目前,我国经济活动效率还比较低,通过市场有效竞争提升经济运行效率是我国必然的选择。因此,提高经济运行效率成为我国反垄断法的重要目标之一。

3. 维护消费者利益

"由于反垄断法在消费者方面的贡献符合了社会要求,同时消费者目标的实现又促进了消费者在实施反垄断法上的特殊作用。这促使各国在长期的反垄断法实践中,逐渐认识和肯定了保护消费者目标的重要地位。"③"竞争对消费者的处境会产生两种效果。第一,直接后果:给消费者提供了选择。第一种效果是源于竞争赋予消费者的选择。它使消费者免予面对一个唯一的企业,从而拥有寻求多个交易者的可能,这些交易者在市场上多多少少还是有一些的。从他们中间,消费者可以选出所提供的商品或服务最合乎自己需要的那个。第二,间接后果:改善供应。按照传统表述,竞争不仅对消费者有直接影响,还对消费者产生间接作用。这种间接作用也和竞争所带来的选择相关。由于选择机制,某个供应者会被消费者选中,其他企业则会被淘汰。于是为了避免被淘汰掉,企业就会试图改进其供应。因此市场上的供应就会逐步改善。"④我国《反垄断法》通过对竞争的维护来实现消费者的基本利益,同时通过强调经营者必须与消费者共同分享豁免制度所产生的好处来更好地保护消费者利益。

---

① 胡甲庆:《反垄断法的经济逻辑》,厦门大学出版社2007年版,第45页。
② Yale Brozen, Significance of Profit Data for Antitrust Policy, Antitrust Bulletin, 1969, Vol. 14, pp. 119—139.
③ 王利军:《消费者视野下的反垄断法研究》,载吴志攀主编:《经济法学家》,北京大学出版社2006年版,第386页。
④ 〔比〕保罗·纽尔:《竞争与法律:权力机构、企业和消费者所处的地位》,刘利译,法律出版社2004年版,第12—13页。

4. 维护社会公共利益

"公共利益观念对于现代反垄断法的产生同样具有十分重要的意义,是现代反垄断法产生的观念基础和前提。"①"反垄断法从中国实际出发,将维护社会公共利益作为立法的目标之一,在具体规定上体现了对社会公共利益的保护。比如,规定为实现节约能源、保护环境、救灾救助以及为保障对外贸易和对外经济合作中的正当利益的垄断协议可以得到豁免;对具有或者可能具有排除、限制竞争效果,应予禁止的经营者集中,如果经营者能够证明该集中符合社会公共利益的,可以不予禁止。反垄断法中所涉及的社会公共利益目标包括促进国民经济发展、提高国内企业的国际竞争力、保护对外贸易、社会就业、环境和资源保护及救灾、救助等。"②

四、反垄断法的规制对象

反垄断法的规制对象是反垄断具体法律制度所指向的目标。它们本身并不是静止不变的,而是伴随着社会发展和经济理论的变化而不断变化的。

（一）反垄断理论的发展变化

早期的反垄断理论研究开始于对市场结构(Market Structure)的分析,即市场自由竞争的结果会导致市场力量的集中,形成垄断,而过度的垄断将有损竞争从而影响市场的资源配置效率。有效的市场竞争取决于三个衡量标准,即市场结构、市场行为和市场绩效。为了达到理想的市场绩效,就必须控制市场结构和市场行为,而其中市场结构是最主要的,政府的公共政策与法律应该集中于优化市场结构和规范市场行为。这种被称为"结构主义"的理论成为反垄断法的基础,至今仍然是分析垄断危害、控制企业集中的主要理论依据。20世纪后期的经济学研究对上述研究框架提出了质疑,以美国芝加哥大学的经济学教授为代表的现代产业组织理论的研究成果表明,有效的竞争不仅仅依靠"合理的市场结构"来维持,还有一些内在的诱因促使企业不断地努力向前,人们对经济效率的追求是经济体制创新、发展和变迁的根本动力。正是这种对效率的不懈追求才导致了垄断地位的产生,经济垄断正是这种高效率的体现。因此,市场力量的高集中度未必一定导致垄断,也未必一定影响市场效率。因为高集中度只表明企业拥有了实施垄断的优势力量,而真正构成市场垄断,对市场经济的发展产生影响的是企业滥用市场控制地位、构筑市场进入壁垒的行为。这种被称为"行为主义"理论的出现使得反垄断法有关规制对象的指导思想发生了巨大变化。

---

① 李国海:《反垄断法公共利益理念研究——兼论我国〈反垄断法〉（草案）中的公共利益条款》,载《法商研究》2007年第4期。
② 全国人大常委会法制工作委员会经济法室编:《〈中华人民共和国反垄断法〉条文说明、立法理由及其相关规定》,北京大学出版社2007年版,第1页。

有关反垄断法规制对象的经济学理论变迁在本质上反映了人们对"垄断"概念认识的深化。按照美国《布莱克法律词典》的解释,垄断是指"一个或几个私人或公司享有特权或市场优势,对某一特定的市场或贸易实施的排他性控制,或对某一特定产品的生产、销售、供应的全部控制",同时,"垄断还表现为一个或少数几个企业支配产品或服务的销售的市场结构状态"[1]。日本的《禁止私人垄断及确保公平竞争法》中称垄断是事业者不论单独或利用与其他事业者的结合、通谋及以其他任何方法,排除或控制其他事业者的事业活动,违反公共利益,实际上限制一定交易领域内的竞争的行为。由此可见,法律上关于垄断的基本含义是指各国反垄断法律中规定的,垄断主体对市场的经济运行过程进行排他性控制或对市场竞争进行实质性的限制、妨碍公平竞争秩序的行为或状态。法律上关于垄断的概念要比经济学上的宽泛,不仅包括独占垄断和少数企业寡占垄断的市场结构状态,包括滥用市场优势地位的行为,还包括滥用行政权力实施垄断等妨碍市场竞争机制的一切行为。

(二) 反垄断法的规制对象

在现代反垄断理论指导下,现代反垄断法规制的对象主要集中在以下五个方面:

1. 滥用市场支配地位行为(Abuse Dominant Position)

滥用市场支配地位是指企业凭借已经获得的市场支配地位,排挤或限制市场其他主体的不公平竞争的行为。现代反垄断法理论认为,企业通过正常的工业发展途径获得优势地位行为本身并不会引起反垄断法的关注,但是企业在获得这些优势地位以后滥用自身经济力量实施垄断的行为则将受到法律的惩罚。滥用市场支配地位行为在具体实践中的表现包括垄断定价、强制交易等多种形式。

2. 限制竞争协议行为(Restraint Agreements)

限制竞争协议,也称为"卡特尔协议"(Cartel),是指两个或者两个以上具有竞争关系的企业之间达成旨在排除、限制竞争的协议。这种协议不仅仅是指企业间达成的正式书面协议,也包括非书面的联合行动合意。限制竞争协议行为导致市场竞争受到人为的抑制,因此各国反垄断法原则上对之加以禁止;但是考虑到其在某些特殊情况下的积极效果,各国反垄断法又毫无例外地规定了豁免制度。

3. 企业合并行为(Merge)

控制企业合并的目的是防止市场力量过度集中,因此,企业合并不仅包含商法上的资产转移型的合并,还扩大到一个企业能够对另一个企业发生支配性影

---

[1] Black's Law Dictionary, West Publishing Co., 1990, p.1006.

响的所有方式,包括持有其他公司的股份、取得其他企业的资产、受让或承租其他企业全部或主要部分的营业或财产,以及与其他企业共同经营或受其他企业委托经营、干部兼任、直接或间接地控制其他企业的人事任免等实现市场力量集中之目的的行为。虽然现代反垄断法并不当然认为企业获得垄断地位行为本身是违法的,但是出于对垄断势力的防范,各国反垄断法都规定了企业合并控制制度。企业合并控制制度的存在表明现代反垄断法并未完全脱离结构主义的色彩。

4. 行政性垄断(Administrative Monopoly)

行政性垄断是相对于市场垄断而言的,它是指行政机关和政府授权的公共组织滥用行政权力,排除或者限制竞争而形成的市场垄断。行政性垄断是行政权力在市场经济中的异化,对市场经济的健康发展产生巨大的危害性。由于经济体制转型的国家在行政性垄断方面的现象较为严重,以俄罗斯、乌克兰等国家为典型的反垄断立法都对政府行政权力导致的限制竞争行为和垄断行为加以规制。我国的反垄断法更是以专章形式加以规制。

5. 知识产权滥用行为(Intellectual Property Abuse)

滥用知识产权是相对知识产权的正当行使而言的,它是指知识产权的权利人在行使其权利时超出法律所允许的范围或者正当行使的界限,导致对该权利的不正当利用损害他人利益和社会公共利益的情形。① 知识产权本身是知识专有权和知识共享权相互制约的统一体和平衡体。在打破对知识产品的专有与共享的利益平衡的情况下,知识产权就存在被滥用的危险。伴随着知识产权滥用实践引发的纠纷日益增多,越来越多的国家反垄断法开始关注知识产权滥用行为,美国、日本等国还专门颁布了相关的法规。

五、反垄断法的地位

反垄断法是现代市场经济国家的基本法律制度,在市场经济国家的法律体系中占有十分重要的地位。虽然各国描绘反垄断法在经济制度与法律制度中地位的用语不尽相同,但它们所表达的实质内容是基本一致的,即反垄断法是市场经济国家的"经济宪法"。美国联邦最高法院在1972年的一项判决中指出:"反托拉斯法……是自由企业的大宪章,它们对维护经济自由和我们企业制度的重要性,就像权利法案对于保护我们的基本权利的重要性那样。"联邦德国《反限制竞争法》被称为规范联邦德国社会市场经济制度的"基本法",是经济法的核心部分,是促进和维护市场经济最重要的基础之一。日本的经济法学者一致认为禁止垄断法在日本经济法体系中占有基本的或核心的地位,是经济法体系中

---

① 参见王先林:《知识产权与反垄断法》,法律出版社2001年版,第92页。

的原则法与一般法,是日本的"经济宪法"。有的国家宪法还直接规定了反垄断条款,如菲律宾1987年宪法规定:"在公共利益需要时,国家应当管制或禁止垄断。禁止任何限制贸易的联合或者不公平竞争。"有的国家直接根据宪法制定反垄断法,如墨西哥根据其宪法第28条制定了反垄断法。

反垄断法的"经济宪法"地位是由其性质决定的。反垄断法属于经济法范畴,具有典型的公法性质。尽管反垄断法主要针对市场上出现的非法垄断行为,但是它在对企业规模和市场结构的规制方面还往往涉及市场主体、国家对经济的宏观调控等内容;在对消费者利益的最终保护方面,还在某种程度上具有社会保障法的性质。根据目前实行市场经济国家的立法看,经济法律规范主要是由市场主体法、市场行为法、宏观调控法和社会保障法构成。而反垄断法律制度几乎涉及所有经济领域和所有经济活动,它为经济的各个部门和各个方面的立法提供了一般性的依据,又以其原则规定弥补了各个部门和各个方面立法可能存在的不足,从而从整体上保证了现代市场经济的健康发展。

第二节 反垄断法适用范围

反垄断法适用范围是研究反垄断法实施的领域与空间维度,它在遵循传统的法律适用规则同时还有很多本身的特色。从各国的反垄断相关立法看,反垄断法适用范围是由一系列制度共同划定的。

一、适用对象

反垄断法适用对象在世界各国的立法中并不完全一致。总体看来,大多数国家的反垄断法适用对象涵盖四类主体,即经营者、政府、事业单位和行业协会。

(一) 经营者

反垄断法作为"经济宪法",它所关注的基本内容是社会经济生活秩序。经营者是市场经济活动的最普遍的主体,是直接影响市场经济秩序的庞大社会群体。因此,反垄断法的适用对象首先是经营者,这也成为世界各国的共识。但是有关经营者的表述,各国反垄断法则有所不同。日本《禁止私人垄断及确保公平交易法》称之为"事业者",即从事商业、工业、金融业及其他事业者,为事业者的利益进行活动的干部、从业人员、代理人及其他人员在适用相关事业团体规定时视为事业者。德国《反对限制竞争法》则使用"企业"概念,但是法律并没有对"企业"作出解释。德国政府在公布该法律时明确指出,"企业"不一定与工商管理法中"企业"相一致,因为这里的"企业"在概念上只是服务于《反限制竞争法》的目的。① 德国联邦法院在判决中发展了一个"功能性企业"的概念。一个组织是否可被称为企业,起决定性作用的不是该组织的人员,也不是该组织的法律形式,而是组织的活动类型,即它是否参与经济活动。② 美国和英国则仅使用"person"来概括其适用对象,欧共体《罗马条约》使用"undertakings"(有人将之翻译成"工商业者")。我国《反垄断法》采用"经营者"这个概念,它是指从事商品生产、经营或者提供服务的自然人、法人和其他组织。

(二)行业协会

行业协会是一种非营利性组织,它由同业中的竞争者构成,其目的在于促进和提高该行业中的一项或多项经济利益或者该领域所覆盖成员的经济利益。③ 反垄断法与行业协会之间有着密切的关系。一方面,行业协会在实现自己职能的过程中,为了行业发展和全体会员的共同利益,会约束会员企业的活动,使其遵守竞争规则并运用行业协会的自治权对违反竞争规则的行为进行规范,这些行为的结果与反垄断法维护自由、公平竞争的目的是不谋而合的;但另一方面,行业协会为了实现会员企业利益的最大化会倡导会员企业从事所谓的行业"自律"行为,限制会员企业之间激烈的竞争,如签订价格同盟等协议等。行业协会的这些行为实际上是损害、限制竞争的行为,而这些使竞争无法正常进行的行为正是反垄断法所要制约的对象。④ 目前,很多国家的反垄断法明确将行业协会纳入其适用对象范围。例如日本《禁止私人垄断及确保公平交易法》第8条明确规定禁止商会对任何特定领域的商业竞争实施限制竞争;美国也通过判例如"硬木生产商协会案"⑤禁止行业协会实施限制竞争案件;《欧共体条约》第81条规定也对行业协会作了相关规定。我国《反垄断法》明确禁止行业协会实施垄断行为,并规定了比较严厉的法律责任。

(三)政府

在反垄断法发展过程中,由于受国家主权主义理论的影响,反垄断法基本不适用政府行为。美国最高法院在1943年的"帕克诉布朗案"⑥中确认了这一原则,最高法院在这个案件的判决中指出:"国会不要求国家服从《谢尔曼法》,因此,国家可以自己的名义,以私人不被允许的反竞争方式从事管理或者行为。"但是伴随着政府对市场竞争秩序的影响不断增加以及行政权力滥用现象日益突出,各国反垄断法逐步放弃传统理论而开始关注政府行为对市场竞争制度的影

---

① See BT-Drucks. 2/1158, S.31.
② See BGH 19.9.1974 WuW/E BGH 1325-Schreibvollautomat.
③ 参见鲁篱:《行业协会经济自治权研究》,法律出版社2003年版,第4页。
④ 参见孟燕北:《反垄断法视野中的行业协会》,载《云南大学学报法学版》2004年第4期。
⑤ America Column & Lumber Co. v. United Stated, 257 U.S. 377(1921).
⑥ Parker v. Brown, 317 U.S. 341,350—351(1943).

响。1991年,在美国和欧盟同时出现了法院依据反垄断法判决政府行为违反相关反垄断法规定的案件。在1991年"哥伦比亚特区诉Omni户外广告公司"①一案中,美国最高法院拒绝了一个地方政府提出的豁免要求。法院指出,《谢尔曼法》只是不适用于体现国家主权的政府管理中的限制竞争行为。因为政府官员常常允诺给这个或者给那个私人集团好处,这样的共谋行为既不可能避免,又被某些人所渴望。如果本案中仅仅因为有共谋者的存在就可使政府机构从反托拉斯法中得到豁免,这样的特例最终就会损害帕克一案中发展出来的原则,因为事实上任何一个限制竞争的管理行为都可能受到"共谋"的指控。欧共体法院在其1991年Höfner案②的判决指出,政府及其机构在参与经济活动时可以视为企业而适用反垄断法规定。我国《反垄断法》专门对行政机关滥用权力限制或排除竞争作出了禁止性规定。③

二、适用除外制度

反垄断法的适用除外是指国家为了保护整个国民经济的发展,在反垄断法中规定的对特定行业或企业的特定行为不适用反垄断法内容的法律制度。反垄断法适用除外是各国反垄断共有的一项法律制度,但因各国国情的差异,其立法形式并不完全一样。有的国家直接在反垄断法中作出规定,如德国;有的国家则单独制定单行豁免法律,如美国;还有的国家采取混合模式,如日本。

(一)适用除外的理论基础

反垄断法适用除外制度具有深厚的理论基础:第一,经济学基础。虽然竞争是市场的灵魂,适度的竞争固然能促进市场的发展,但如果竞争超过一定限度,则可能导致非效率和恶性市场竞争秩序的出现。垄断虽然在通常情况会损害消费者福利,侵害社会民主,但是在特定的领域和时间也有其积极的一面,例如它能带来规模经济等。竞争与垄断的两面性决定了反垄断法适用除外制度的必要性。第二,政策基础。竞争法的制定、修订和执行与竞争政策密切相关,竞争政策又必须与产业政策、社会政策和其他政策目标相协调。适用除外制度就是对一国当前诸种利害关系进行协调,选择优先政策目标的结果,通过规定适用除外的范围、标准和时限等保障既定优先政策目标的实现,维护国家整体经济利益和社会公共利益。④ 第三,法学基础。法的价值是多元的,不同层次、不同地位的法律价值虽相互联系和渗透,但也经常发生矛盾和冲突,从而构成一个复杂的价值体系。而对多元法律价值的评价、协调和选择,是立法和司法的核心内容,作

---

① City of Columbia v. Omni Outdoor Advertising, Inc., 499 U.S. 365, 111 S. Ct. 1351 (1991).
② Case C-41/90 (1991), ECR I-1979.
③ 参见《中华人民共和国反垄断法》第8条及第5章的内容。
④ 参见史际春、杨子蛟:《反垄断法适用除外制度的理论和实践依据》,载《学海》2006年第1期。

为反垄断法有机组成部分的适用除外制度正体现了反垄断法对多元价值的追求与协调,反垄断法除外制度与反垄断法终极价值目标的一致性是其存在的法学基础。① 第四,道德基础。反垄断法应该注重对社会道德的维护,正是基于这种法律理性的考量,人们认为律师、医生、会计等从事的工作具有崇高性,他们应有自己的道德规则和职业操守,不能片面地追求利润,他们之间的竞争有时与其职业道德相悖,不利于服务质量和职业道德的维护,只会导致社会道德的沦丧和社会公共利益的损害。② 因此,许多国家的反垄断立法都将自由职业者及其合理的限制竞争纳入反垄断法适用除外的范围。

(二) 反垄断法适用除外的范围

综观世界各国的反垄断立法,反垄断法适用除外的范围一般有以下几个主要方面:

1. 国家垄断

国家垄断是指国家凭借政治权力对某些产业领域或经营活动实施独占控制而形成的垄断。国家垄断一般是为了国家利益或社会公共利益,通过国家权力的正当安排实现的,受国家的法律保护。从大多数国家的情况看,国家垄断的范围呈现出日趋缩小的趋势,主要在某些特定行业如邮政、烟草等通过专营的形式实行,这些行业不适用反垄断法。

2. 自然垄断

自然垄断是指由于某些产业的自然性质所形成的垄断,这些产业内的企业如果实行市场竞争则可能导致社会资源的浪费,如电信、电力、供水、供气等行业一般都获国家特许实行垄断经营,在反垄断法适用的范围之外,由国家监管。但随着科学技术的发展和经营效率的提高及保护消费者利益的需要,自然垄断行业逐渐实行改革,适度引入了市场竞争机制。因此,自然垄断行业受政府监管和反垄断法的双重规制。

3. 知识产权

知识产权是国家通过知识产权法直接规定的赋予权利人独占权利,列入反垄断法适用除外范围的垄断,如专利、商标等。给予知识产权权利人垄断权的目的是激励和保护发明创造人的积极性,推动社会生产力的发展。但是,如果权利人在行使知识产权时凭借独占权从事限制或者排除市场竞争的行为,也要受到反垄断法的规制。

4. 农业

农业是各国的基础产业,本身具有增值幅度小和深受自然条件影响等特点。

---

① 参见史际春、杨子蛟:《反垄断法适用除外制度的理论和实践依据》,载《学海》2006 年第 1 期。
② 参见吴汉洪:《关于中国反垄断法的适用除外》,载《中国改革》1999 年第 1 期。

为了保证农业的稳定发展,世界上很多国家反垄断法都明确不适用于这一领域的相关行为。例如欧共体为了避免农业生产者之间进行毁灭性竞争,对农产品行业不适用欧共体竞争法。① 我国农业还比较落后,需要保护程度远远超过西方国家社会。鉴于此,我国《反垄断法》对农业生产者及农村经济组织在农产品生产、加工、销售、运输、储存等经营活动中实施的联合或者协同行为实行适用除外制度。

三、豁免制度

反垄断法豁免制度是指对于违反垄断法的行为,由于其满足一定的要件而不受反垄断法禁止与归责的制度,它是世界各国反垄断法普遍采用的制度。

(一) 与适用除外制度比较

反垄断法豁免制度与适用除外制度在理论基础上有很多共同之处,有些学者甚至因此将两者混同起来,作为合法垄断的两种基本表现形式。但是,它们还是存在很多不同之处。②

第一,反垄断法上的规制方式不同。对适用除外领域所发生的行为,在一定的范围内,反垄断法原则上不予规制,只有当事人的行为超出许可限度时才有可能成为反垄断法适用的对象。而豁免制度属于反垄断法的适用范围之内,即依据反垄断法对有关行为进行审查后,认为其产生的积极效果大于其限制竞争所造成的消极效果,因而不予禁止。豁免是在确认某些行为违法性的前提下授予的,而适用除外情形则属于合法行为。

第二,自由裁量权不同。适用除外制度的主要意义在于使某种绝非自由竞争的市场结构或市场状态受到保护,具有法定性。哪些领域适用除外制度,哪些领域不适用除外制度,法官没有自由裁量权。而豁免的标准则可以通过司法实践形成,即使在法律中有明确规定,但是这些标准在具体实践操作中法官也是有很大的自由裁量权的。美国的实践表明,法官自由裁量在豁免制度发展过程中起着很大的作用。

第三,效力范围不同。在反垄断法的主要构成中,只有限制竞争协议领域存在豁免的问题,滥用市场支配地位的行为只要符合违法要件就不予豁免;而企业申报因为实行事前申报制度,基本谈不上豁免问题。适用除外领域则完全摆脱反垄断法,只要其不超出规定范围就不适用反垄断法。另外,适用除外制度是基于更长期起作用的原因,因而期限较长;而豁免通常针对具体行为,一般期限较

---

① 参见王晓晔:《企业合并中的反垄断问题》,法律出版社 1998 年版,第 293 页。
② 参见许光耀:《合法垄断、适用除外与豁免》,载王艳林主编:《竞争法评论》,中国政法大学出版社 2005 年版,第 44—58 页。

短,而且常常附加一定的条件。

(二) 豁免制度类型

根据不同标准,反垄断法豁免制度可以分为不同类型。以下两种分类对于理解与把握反垄法豁免制度比较具有现实意义。

1. 部门豁免与行为豁免

部门豁免是指将某个行业或者某个部门从反垄断法中豁免。例如,1998年修订前的德国《反限制竞争法》将能源经济、银行业、保险业、交通运输业和农业从禁止卡特尔中豁免。行为豁免是指根据一定的事由将一些具有反竞争效果的行为从反垄断法禁止规定中排除,例如企业之间为提高产品质量、降低成本、增进效率,统一产品规格、标准而达成的协议。大多数国家的反垄断立法采取行为豁免的方式,并规定了严格的条件。我国《反垄断法》同样采取了行为豁免的模式,较为具有科学性与可操作性。

2. 类型豁免与个案豁免

欧盟及其许多成员的竞争法在限制竞争协议的豁免制度上采取类型豁免与个案豁免的制度结构。类型豁免是指欧盟理事会或者欧盟委员会通过立法将特定类型的限制竞争协议从《罗马条约》第85条禁止的事项中豁免的做法。目前这种豁免无论是在数量上还是范围上都有所增加。个案豁免是指欧盟委员会对不适于类型豁免范围的限制竞争协议,根据该协议的个案情况认定其符合《罗马条约》第85条相关规定而予以核准豁免的做法。[①]

(三) 豁免的一般要件

经营者及其相关主体实施的垄断行为要获得反垄断法豁免,通常需要满足一定条件。欧盟的《罗马条约》第85条第3项规定,个案豁免必须同时符合下列四项标准:(1) 有助于改进商品的生产或者流通,或者促进技术或者经济进步;(2) 使消费者公平分享由此产生的利益;(3) 除非为实现这些目标所必需者外,对有关行为人不强加限制;(4) 对于所涉及的产品的重要部分,不给予此种行为人排除竞争的可能性。美国有关豁免制度的规定既有成文法,但更多的是在判例法中作出规定。有关豁免制度的标准,美国反垄断法制度并不十分明确,主要取决于执法机关与法官的自由裁量,总体上遵循行为效果原则。

我国《反垄断法》基本上采取了欧盟的方法,第15条规定:"经营者能够证明所达成的协议属于下列情形之一的,不适用本法第十三条、第十四条的规定:(一) 为改进技术、研究开发新产品的;(二) 为提高产品质量、降低成本、增进效率,统一产品规格、标准或者实行专业化分工的;(三) 为提高中小经营者经营效率,增强中小经营者竞争力的;(四) 为实现节约能源、保护环境、救灾救助等社

---

① 参见孔祥俊:《反垄断法原理》,中国法制出版社2001年版,第660—667页。

会公共利益的;(五)因经济不景气,为缓解销售量严重下降或者生产明显过剩的;(六)为保障对外贸易和对外经济合作中的正当利益的;(七)法律和国务院规定的其他情形。属于前款第一项至第五项情形,不适用本法第十三条、第十四条规定的,经营者还应当证明所达成的协议不会严重限制相关市场的竞争,并且能够使消费者分享由此产生的利益。"

四、域外适用制度

反垄断法的域外适用制度是指一国的反垄断法对发生在国外但是影响到本国国内市场竞争制度的行为进行反垄断管辖的制度,它是市场经济向全球化发展的必然产物。

(一)反垄断法域外适用制度的产生与发展

随着国际经济的发展,跨国企业的活动对本国的市场产生了巨大的影响,国家为了维护本国的经济利益作出域外适用规定是势在必行的。美国是世界上最早实行反垄断法域外适用的国家,早在1911年,美国最高法院在审理"美国烟草公司案"时就确立了其反托拉斯法的域外适用。1945年,美国最高法院在审理"美国铝公司案"时正式确立了反垄断法域外适用的效果原则(Effects Doctrine)。汉德法官指出,《谢尔曼法》也适用于外国企业在美国境内订立的协议,只要"其意图是影响美国出口,且事实上也影响了美国出口"。汉德法官当时依据的是习惯法,即"任何一个国家都有权规定,即使对于那些不属于本国的臣民,也不得在其国家领域外从事被这个国家谴责的且对其境内能够产生不良后果的行为"。[①] 这就确立了美国反垄断法域外适用的效果原则。效果原则在扩大美国反垄断法域外适用效力的同时,也给其他各国的立法提供了借鉴,即为母国和东道国监管跨国公司并购活动提供了基本的法理依据。以效果原则为基础确立的反垄断法的域外适用制度对其他国家产生了巨大影响,欧共体、德国、澳大利亚等国家和地区相继在其反垄断法中建立了反垄断法域外适用制度;有的国家如日本等,虽然没有在其反垄断法中明确规定这一原则,但通过立法解释和法院判决确认了反垄断法的域外适用原则。在域外适用理论中还有欧洲法院创设的"单一体理论",即将母公与子公司视为一体,并据此对相关企业进行反垄断法管辖。

(二)反垄断法域外适用的冲突

1. 域外适用有悖国家主权原则

根据国际法的基本规定,一个主权国家享有对本国领土的专有管辖权,而大多数国家反垄断法的规定则超出了固有的本国领土范围,这必然造成主权国家

---

① United States v. Aluminum Co. of America,148F.2d 416,427(2d Cir.1945).

之间的冲突。所以,许多国家纷纷以国内法阻却外国的反垄断法对本国的域外效力。例如,英国1980年的《商业利益保护法》不仅阻碍美国反托拉斯法的执行,而且适用于任何美国法适用所造成的对英国商业利益构成影响的请求。

2. 域外适用带来各国法律上的冲突

各国产业政策和法律的差异必然会导致对于同一行为在各国的反垄断法中有不同规定的法律冲突现象。在一国属于法律明文禁止的行为,在其他国家则可能是合法的,甚至是受到国家产业政策鼓励的。如果依据本国的反垄断法对发生在他国的垄断行为进行规制,往往会造成不公平的情况,加剧主权国家之间的摩擦,容易引发经济报复行为,甚至引发政治纠纷。

3. 域外适用的法律实施困难

即使他国承认了反垄断法的域外效力,但在实际中也存在着执行难的问题。为此,有些国家就与其他国家签订竞争执法的合作协议。如美国与加拿大、巴西、澳大利亚、日本、德国以及欧共体委员会之间就竞争法的实施问题达成相互合作的协议,德国与法国之间、加拿大和欧共体之间也有关于适用竞争法的合作协议等。① 这些协议对于缓解跨国界的执法起到了重要的作用。

尽管反垄断法的域外适用存在上述问题,但是在经济全球化的环境下,主权国家建立反垄断法的域外适用制度,使之具有法律效力仍然是有必要的。正如德国反垄断法学术权威麦斯麦克教授指出的:"放弃域外适用,国家就不能对企业的行为制定一个有效的规则。"②因此,我国《反垄断法》第2条规定:"中华人民共和国境内经济活动中的垄断行为,适用本法;中华人民共和国境外的垄断行为,对境内市场竞争产生排除、限制影响的,适用本法。"

第三节 反垄断政策演变与经济学发展

反垄断法的具体制度设计及其执法都有深厚的经济学理论基础。在这些经济学理论中,产业组织理论对反垄断政策的演变影响最大。其中,美国哈佛学派、芝加哥学派和新产业组织理论的理论对竞争政策和竞争立法产生了明显的作用。

一、哈佛学派与反垄断政策

(一)产业组织理论

20世纪40年代,美国经济学家克拉克在熊彼特的创新与动态竞争观点影

---

① 参见尚明主编:《主要国家(地区)反垄断法律汇编》,法律出版社2004年版,第746页。
② 转引自王晓晔:《竞争法研究》,中国法制出版社1999年版,第443页。

响下,提出了有效竞争理论。梅森在综合克拉克的学说基础上进一步指出,有效竞争就是能够保证和促进经济增长与技术进步的竞争,则这种竞争的基本特征就是偏离完全的均衡模式。50 年代,贝恩运用经验研究的方法对梅森的思想作了进一步发展,建立了市场结构决定市场绩效的理论假设,即"结构—绩效"两端论。60 年代谢勒又在贝恩两端论基础上进一步揭示了市场行为与市场绩效的关系,建立起"结构—行为—绩效"三段论范式(Structure—Conduct—Performance Paradigm,简称 SCP 范式)。① 按照 SCP 范式,市场结构决定市场行为,而在一个确定的市场结构中的市场行为又决定市场绩效,它们只具有单向因果关系。因此,市场结构在市场的有效运行中起着非常重要的作用。为了很好地控制市场运行效率,政府只要重点关注可以观测的结构变量即可,无须探究其中难以处理的并在很大程度上不易观察的市场行为。

(二)哈佛学派反垄断政策

受先前的产业组织理论的影响,哈佛学派有关反垄断政策的主要观点包括:(1)在一个部门内过高的生产集中程度会导致糟糕的市场结果,但规模效益显著的部门除外;适度集中的寡头市场和带有某些原子型市场的市场结构,可以实现按照竞争要求所期望的市场结果;因此,具有决定性的结构的边界不是位于原子市场和寡头市场之间,而是位于较高集中的寡头市场和适度集中的寡头市场以及某些原子式结构的市场之间。(2)过高的产品差异程度通常并不会带来很好的市场结果,因为消费者常常只有在两个十分近似的产品之间进行选择,所以可供消费者选择的产品数量并不会随产品差异程度的扩大而相应地扩大;有效竞争所要求的并不是特别高的产品差异程度,而只是要求适度的产品差异。(3)高度的市场进入限制,与中等的和较低的市场进入限制相比,对市场结果更具有负面影响;通过高度市场进入限制得到保护的高度集中的生产部门比带有中等程度市场进入限制的高度集中生产部门,一般来说会导致更为糟糕的市场结果。因此,要获得有效的市场结果就必须消除市场进入的限制,其中主要是人为的市场进入限制。② 基于以上认识,哈佛学派主张保持有效竞争,获得令人满意的市场结果,必须运用竞争政策对市场结构和市场行为进行干预、调节。这些主张曾在二战后至 70 年代相当长的时间主导着美国反垄断政策。

(三)哈佛学派反垄断政策的实施

哈佛学派有关反垄断政策的经济学理论对二战后至 70 年代的美国反托拉斯执法产生了巨大的影响,这一时期的美国反垄断法实施被称为"结构主义时

---

① 谢勒(Scherer)和贝恩(Bain)均为哈佛大学的产业经济学教授。
② 参见王忠宏:《哈佛学派、芝加哥学派竞争理论比较及其对我国反垄断的启示》,载《经济评论》2003 年第 1 期。

代"。这可以从这一时期的美国反垄断相关立法、执法与司法三个方面得到证实。

1. 反托拉斯立法

结构主义对美国反托拉斯立法的影响集中表现在有关中小企业保护立法和企业合并控制立法两个方面。第二次世界大战后,美国政府认识到小企业在增加就业、稳定经济和技术创新上的重要作用,便在继续对大企业垄断进行限制的同时,更强调对小企业的扶持和帮助,逐步推行对小企业的扶持政策。1945年12月,小企业问题研究特别委员会发表了《维持自由竞争企业》的报告书,指出经济力量集中化是维持自由竞争制度的根本障碍,进一步强调保护和扶持小企业的重要性。1950年杜鲁门总统发表了《小企业对策特别咨文》,1953年国会通过了《小企业法》,将上述政策思想上升为法律。此后,美国国会先后通过了《小企业预算平衡和贷款调整改进法》、《小企业发展中心法》、《小企业经济政策法》、《小企业投资法》、《机会均等法》等。这些有关小企业的立法到目前为止共19部,一般通称为"美国小企业法"。① 20世纪50年代初至70年代,伴随着结构主义在美国的盛行,反垄断法对企业合并控制日益严格。这反映在立法上主要表现在《塞勒—凯弗维尔法》、《哈特—斯科特—罗迪诺反托拉斯改进法》与《反托拉斯程序修订法》三部法律上,其中《塞勒—凯弗维尔法》影响最大。

2. 反托拉斯执法

结构主义对美国反托拉斯执法的影响突出表现在这一时期对大企业的分拆上,特别是AT&T案。AT&T是美国电话电报公司的简称,它曾经是全球通信服务行业的龙头老大。虽然早在1912年美国司法部部长维克沙姆曾宣布将采取旨在使AT&T解体的行动,但是经过AT&T的游说,AT&T以放弃其在西部联合电报公司的股份,并放弃吞并该公司以及停止接管一些中西部地区电话公司的计划为条件躲过了这次反垄断风暴。AT&T在以后的近八十年的时间中一直保持行业霸主地位。从1982年起,美国司法部连续不断地对AT&T提出反垄断诉讼,为了避免更多的麻烦(如私人反托拉斯损害诉讼),AT&T主动与司法部协商,寻求一个满意的解决方法。双方最终达成和解,条件是分拆贝尔系统。1984年1月1日,AT&T正式解体。针对该案件,很多学者指出,翻开美国乃至整个世界的反垄断史,美国电话电报公司分拆的经典案例无意会占据醒目的一章。②

3. 反托拉斯司法

结构主义对这一时期美国司法的影响表现在很多反垄断案件的判决上,最

---

① 参见机械工业部科学技术情报研究所编译:《美国小企业法》,机械工业出版社1987年版,第3页。
② 参见李成刚:《从AT&T到微软——美国反垄断透视》,经济日报出版社2004年版,第1页。

为典型的是"美国铝公司案"的判决。如果说1920年的"美国钢铁公司案"奠定了行为主义标准的基石,那么可以说,1945年的"美国铝公司案"则首开结构主义标准的先河。① 初审法院驳回了政府的指控,认为被告的垄断是通过正当方式取得有关铝制品的专利权而取得的,而专利权是法定的独占权,本身具有排他的合法垄断性。虽然美国铝公司取得市场支配地位本身并不违法,也未滥用这种市场优势,但上诉法院根据调查结果(被告在铝铸市场上的份额已超过90%),还是否定了被告的"企业具有大型规模并非违法"的辩护观点。法官汉德一方面认为被告基本上是一个"好的托拉斯",另一方面却又认为"国会并不会宽恕好的垄断而只谴责那些坏的,法律禁止所有的垄断"。他指出,一个垄断者即使没有向其竞争者实施任何积极行为,也有可能违反《谢尔曼法》,因为90%的市场占有率足以构成垄断。这种十分严厉的结构主义标准对1946年的"美利坚烟草公司案"和1953年的"美国制鞋机器公司案"产生了巨大影响,并在1962年的"勃朗公司案"再次达到顶峰。

二、芝加哥学派与反垄断政策

在结构主义反托拉斯政策达到顶峰的60年代,芝加哥大学兴起了一场抨击哈佛学派干预主义的风潮。芝加哥学派由此形成并迅速崛起,很快取代了哈佛学派在反托拉斯政策中的主导地位,被称为"芝加哥学派效率革命"。② 芝加哥学派不仅颠覆了哈佛学派SCP范式,而且积极的改革主张也使得美国反托拉斯政策无论在政策倾向、理论基础、分析方法还是政策目标上都发生了深刻的变化。

(一)芝加哥学派产业组织理论

芝加哥学派崇尚新古典经济学分析理论,他们坚持认为产业组织及其反托拉斯问题应该以价格理论为核心来研究,效率是反托拉斯政策的唯一目标,竞争只是实现效率最大化的手段而不是反托拉斯政策的最终目的。芝加哥学派彻底抛弃了结构主义时代带有浓厚的政治色彩的政策目标,提倡通过价格理论对企业行为进行效率权衡,从而建立一条"超越政治的"连续一致且简单明确的反托拉斯政策。芝加哥学派认为,结构主义理论是以保护"公平竞争过程"的名义保护弱小竞争者,既妨碍了企业提高生产效率,也牺牲了消费者的利益。只有在经济学理性的指导下才能避免将保护竞争和保护竞争者混为一谈,才能使"反托拉斯法退出政治舞台而被纳入科学进程"③。芝加哥学派坚决反对为了追求某种理想

---

① 参见陈燕玲:《论衡量垄断的一对标准》,载《哈尔滨工业大学学报(社会科学版)》2004年第4期。
② 参见辜海笑:《美国反托拉斯理论与政策》,中国经济出版社2005年版,第21—28页。
③ Richard A. Posner, The Economics of Justice, Harvard University Press, 1981, pp.92—94.

的市场结构而对长期存在的大企业采取分割政策,因此反对政府以各种形式对市场结构进行干预。他们认为,分拆大企业不能达到保护竞争的预期效果,或者即使不是毫无效果,也会因为很高的直接成本而代价高昂。企业如果能够通过内部增长实现规模扩大,无非表明这些企业具有超越竞争对手的生产效率,如果对这样一种通过内部增长形成的大企业进行分割,就等于破坏效率增长的源泉。由于芝加哥学派十分注重效率标准,因为也被称为"效率学派"。

(二) 芝加哥学派反垄断政策

芝加哥学派认为:从长期看,在没有人为的市场进入限制的条件下,市场竞争过程是有效的,市场不完美可以自我纠正,国家应该尽量减少对市场竞争过程的干预。[1] 反托拉斯政策的重点应该放在对企业行为进行干预上,其中主要是对卡特尔等企业间价格协调行为和分配市场的行为予以禁止,因为这些市场行为限制了产出,而未能提高生产效率,从而损害了消费者福利。而垂直限制是对市场不完善如外部效应、搭便车、不确定等所作出的反应,不论是排他性交易、捆绑销售、地区限制还是转售价格维持等,通常都具有增进效率的作用。因此,除非在极端的情况下,垂直限制一般应该允许存在。在芝加哥学派看来,最好的反托拉斯政策就是最低限度的政府干预。即使市场是不完善的,过多的政府干预也只会比市场更加不完善。政府和法院并不能先验地知道市场的最优结构是什么,企业行为的复杂性更令其有限的知识捉襟见肘,政府和法院的裁决很可能不但不会改进效率状况反而使其变得更糟。

对于企业的横向合并,芝加哥学派认为,它不仅是实现规模经济的重要途径,而且可以通过将社会资源从经营不善、效率低下的企业向具有生存能力、效率高的企业转移,实现生产的合理化。另外,合并本身也是减少企业内部 X 无效率的竞争机制,只要不存在人为的市场进入限制,潜在竞争压力就会迫使合并后的大企业仍然采取竞争性定价。所以,一般情况下合并会提高企业的市场力量。对于企业的垂直合并,芝加哥学派完全持肯定态度,因为垂直合并相当于企业内部交易替代市场交易,可以减少机会主义行为,节约企业的交易成本,提高效率。混合合并也有积极效应,它既不会减少产出,也不会使价格提高到边际成本之上。所以,除了个别情况(如高度集中的市场上的横向合并)以外,政府一般不应该干预企业的合并行为。

(三) 芝加哥学派反垄断政策的影响

芝加哥学派和"法律经济学分析"的发展在 70 年代中期以后深刻影响着政府的总体经济政策。1981 年,奉行新自由主义的里根总统上台后,他先后任命了芝加哥学派的学者为反垄断法执法机构主要负责人,使该学派占据了美国反

---

[1] 参见陈秀山:《现代竞争理论与竞争政策》,商务印书馆 1997 年版,第 84—87 页。

托拉斯政策的重要决策部门,直接推动了执法政策的变化。

反托拉斯局巴克斯特说:"经济效率提供了唯一可行的标准,由此可以发展出可操作的规则,并且这些规则的有效性也能由此得到评判。兼并产生的效率和损失至少从理论上说是可以计算的,经济理论提供了一个事先决定哪些情况下兼并可能会减损效率的基础。而那些社会的和政治的标准就不是这样,没有客观的方式可以评价社会或政治的成本与价值。"①他的继任者鲁尔宣称,芝加哥学派是主流经济学,他对强调效率的原因作了如下解释:"消费者福利是这一届政府执行反托拉斯政策的指导原则",这种"消费者福利标准"的目标是有效率地分配资源,"最大化社会福利",也就是"最大化总剩余"。他还呼应了关于在反垄断法中同时追求社会和政治性目标有违宪法精神的观点:"反垄断法的语言中没有要保护小商业或原子式分散工业的要求,没有要求对特定的公民群体进行财富再分配,没有要求实现其他确定的政治和社会目标……在模糊的平民主义观念基础上倡导一种减损消费者福利的执行方案,从根本上是违背分权原则的。"②

1984 年,反托拉斯法主要行政执法机构联邦贸易委员会的主席詹姆士·米勒承认,联邦贸易委员会执行反垄断的效率目标源自芝加哥学派,并认为芝加哥学派才是经济学的主流学派。他还承认联邦贸易委员会强调的是效率和消费者(整体)福利,而不是公正和保护小企业。③ 1986 年联邦贸易委员会主席奥利弗在美国律师协会的一次演讲很贴切地反映了执行机构的政策基调。奥利弗对律师们说,公共政策的敌人是政府干预,尤其是州和地方政府的干预;而私人商业活动不是政策的敌人。他发誓要为限制政府的权力而工作,减少他任期前的反垄断执行对商业活动造成的损害。④

自 1982 年司法部颁布《兼并方针》,采用 HHI 指数确定市场垄断度以来,几乎所有的兼并案件都在联邦检察机构审查阶段便有了结果,没有案件进入司法程序,以致许多新进入联邦反托拉斯机构的律师们开玩笑说自己从未见过法庭是什么样,一些原来从事此业的律师也开始改行,法院则在反托拉斯案件的审判方面几乎失了业。⑤

---

① William Baxster, Responding to the Reaction: The Draftsman's Review, in M. Fox and James Halversoned, Antitrust Policy in Transition: The Convergence of Law and Economics, America Bar Association, 1984, pp. 308—321.

② Charles F. Rule, Antitrust, Consumers and Small Business, Speech before the 21st New England Antitrust Conference, 1987.

③ 参见王源扩:《我国竞争法的政策目标》,载《法学研究》1996 年第 5 期。

④ See Daniel Oliver, Anticompetitive Government Regulation: FTC Chairmans Views, Trade Regulation Report, Aug. 1986, Vol. 50, pp. 481—485.

⑤ 参见胡国成:《论当前美国企业兼并潮》,载《美国研究》1998 年第 1 期。

三、新产业组织理论与反垄断政策

20世纪90年代,当芝加哥学派的影响在美国达到顶峰的时期,博弈论和信息经济学的引入使得产业组织理论发生了革命性的变化,学术界通常也把这些采用了新方法的研究统称为"新产业组织理论",其代表人物有泰勒尔(Tirole)、奥多瓦(Ordover)等。新产业组织理论不仅推翻了哈佛学派的SCP范式,而且也对芝加哥学派的正统观念及其所提倡的反托拉斯政策提出了挑战。

(一) 新产业组织理论

新产业组织理论认为:市场结构不是外生的,企业也不是被动地对给定的外部条件作出反应,而是试图以策略行为去改变市场环境、影响竞争对手的预期,从而排挤竞争对手或阻止新对手进入市场;市场结构和绩效都应看做是企业博弈的结果,并取决于企业间博弈的类型。作为对SCP范式的批判,鲍莫尔(W. J. Baumol)、伯恩查(J. C. Panzar)和韦利格(R. D. Willig)等人在借鉴芝加哥学派的产业组织理论的基础上于1982年合作出版的《可竞争市场与市场结构理论》一书中系统提出了可竞争市场理论。该理论以沉没成本、完全可竞争市场、自由进入—退出、可维持性等几个重要的基本概念为中心,推导可持续的、有效率的产业组织的基本态势及其内生的形成过程。可竞争的市场就是自由进入—退出的市场,意味着沉没成本为零,即使具有垄断性,由于受到潜在竞争的威胁,垄断企业也不可能获得超额利润,市场就会稳定在与竞争均衡相同的价格水平上。①这样,哈佛学派SCP范式的单向关系就被复杂的双向或多重关系所取代。

新产业组织理论也对芝加哥学派静态的"价格+产出"框架提出了挑战。芝加哥学派的研究对象主要是企业的价格行为。芝加哥学派认为:由于存在信息不对称,企业在没有与同伙协定的条件下不可能通过单方面的行为获得市场能力,因此否认了单个企业实施阻碍竞争对手的策略的可能。② 因此,依据芝加哥学派的观点,企业的一些单方面行为如排他性专营、规定商品转售价格等都能提高效率。新产业组织理论批评了芝加哥学派所坚持的无视策略行为的狭隘方法,认为这种缺陷必然导致其理论和政策主张的片面性。因此,"需要某种新的效率推理形式以及更为严谨的关于策略行为的经济学,为诸如掠夺性定价的评价提供一个更为可靠的经济学基础"③。新产业组织理论运用非合作博弈模型实现了对阻止进入定价、各种合谋与默契、广告、产品差异化、产品扩散、技术创新、设置进入壁垒等策略行为的动态分析,使人们对各种复杂交易现象的动机和

---

① See F. M. Scherer and D. Ross, Industrial Market Structure and Economic Performance, Houghton Mifflin, 1990.
② 参见陈秀山:《现代竞争理论与竞争政策》,商务印书馆1997年版,第86—91页。
③ Williamson, O. E., Predatory Pricing: A Strategic and Welfare Analysis, Yale Law Journal, Vol. 87, 1997, pp.284—340.

效果的理解达到了新的高度。一些在芝加哥学派看来非理性的或者有利于提高效率的价格或非价格行为，在引入博弈论和不完全信息后得出了不同的结论，典型的例子有掠夺性定价和排他性交易。因此，新产业组织理论反对将反托拉斯政策仅仅局限于禁止横向的价格联盟，提倡加强对大企业行为的反托拉斯管制。

(二) 新产业组织理论的反垄断政策

虽然目前新产业组织理论尚未形成一个很完整的体系，但是新模型的出现意味着经济学家开始找到对处理市场行为的方法，使得现行的产业组织理论更加具体化、复杂化并贴近市场现实。相对于传统产业组织理论的反垄断政策，新产业组织理论的反垄断政策方面发生了明显的变化：首先，从注重反垄断结构到注重反垄断行为的变化。新产业组织理论认为，垄断结构不一定导致垄断行为，从而也就不一定损害消费者利益。因此，反垄断实施机构开始把调查的重点从商业行为的结构效应转移到商业行为对经济效益和消费者福利的影响上，这就增加了反垄断的难度，反垄断的程序也变得更加繁琐。其次，反垄断政策目标的变化。20世纪80年代以来，西方国家反垄断政策主要目标由过去的保护消费者利益，逐渐转移到提高市场效率上，在效率优先的前提下兼顾保护消费者利益。最后，反垄断政策有了明显松动。按照可竞争市场理论，只要市场是可竞争的，少数几家大企业纵向或横向兼并，并不损害市场效率和消费者利益，政府的竞争政策应该重视是否存在充分的潜在竞争压力，而不必匆忙进行反垄断起诉。确保潜在竞争压力存在的关键是要尽可能降低沉没成本，因而，他们主张一方面积极研究能够减少沉没成本的新技术和新工艺，另一方面要排除一切人为的不必要的进入和退出壁垒。① 新产业组织理论的这一政策主张对近20年来英美等西方国家的反垄断政策的放松产生了重要的影响。

(三) 新产业组织理论的应用

进入20世纪90年代，美国经济环境的变化为新产业组织理论在反托拉斯实践中的运用创造了条件。这一时期美国迎来了历史上第五次企业合并浪潮，企业合并的规模和范围达到空前水平。以寡头厂商为主导的市场结构日益成为整个经济的主流。同时，随着信息革命的蓬勃发展，一些高科技企业在较短时期内在全球市场上获得了支配地位。新市场条件下的厂商行为无法从芝加哥学派的比较静态分析中得到解释，这给擅长分析寡头市场和动态竞争的新产业组织理论提供了发挥空间。

与此同时，一批支持新产业组织理论的经济学家和法律界人士在司法部反托拉斯局和联邦贸易委员会担任了关键职务，这给新产业组织理论的应用提供了政治环境和法律环境。在1992年的"柯达案"中，最高法院首次大篇幅地引

---

① 参见〔美〕威廉姆森：《反托拉斯经济学》，张群群等译，经济科学出版社1999年版，第371—414页。

用了新产业组织理论的分析,驳斥了下级法院判案时所采用的芝加哥学派的观点,同时还强调,用简单的经济学理论来代替对"市场现实"的细致分析是危险的。"柯达案"表明最高法院对芝加哥学派的分析方法和观点产生了质疑,并且确立了一个新的原则,即在法庭的审判中必须对策略行为加以详细分析。此后,企业的策略行为开始受到反托拉斯当局的认真对待,新产业组织理论的分析和概念在为数不少的案例以及政策条文的修订中为反托拉斯行政机构或法院所采用,美国的反托拉斯政策也从前一时期的过于宽松逐步转向温和的干预。美国较为分散的反托拉斯权力结构使新观点可以从某个局部向整个反托拉斯体系渗透。这使新产业组织理论能够在芝加哥学派占据绝对优势的情况下仍然对美国反托拉斯政策产生影响,从而"将被芝加哥学派关上了的反托拉斯大门重新开启"[①]。

思考题

1. 反垄断法的经济宪法地位表现在哪些方面?
2. 反垄断法的宗旨包含哪些基本内容?它们关系如何?
3. 反垄断法豁免制度与适用除外制度存在哪些区别?
4. 反垄断法域外适用存在哪些不足?
5. 简述哈佛学派有关反垄断政策的核心主张。
6. 简述芝加哥学派有关反垄断政策的核心主张。
7. 新产业组织理论相对于传统产业组织理论就反垄断政策作了哪些修正?
8. 简述反垄断法适用的对象范围。
9. 如何理解反垄断法中的垄断概念?
10. 试论述我国反垄断法的宗旨。

案例分析

【案例1】 美国政府诉美国铝公司垄断案[②]

原告:美国政府

被告:美国铝公司

案情摘要:

美国铝公司是于1888年9月18日根据宾夕法尼亚州法律成立的公司,原名为Pittsburgh Reduction Company,1907年1月1日更名为美国铝公司。起初它

[①] 周茂荣、辜海笑:《新兴产业组织理论的兴起对美国反托拉斯政策的影响》,载《国外社会科学》2003年第4期。

[②] 参见黄勇、董灵:《反垄断法经典案例解析》,人民法院出版社2002年版,第101—148页。

从事原铝的生产和销售,1985年开始从事金属成品和半成品的制造。这家公司通过非掠夺性的巧妙手段,在市场扩大之前增加设备,使其产量占到市场的90%。1945年,美国政府对美国铝公司提起反托拉斯诉讼,指控美国铝公司与境外相关企业实施共谋垄断市场,请求法院宣判被告垄断州际和国外商业,解散被告并根据《谢尔曼法》第4条提供相应救济。在案件初审阶段,美国纽约联邦南区地方法院作出了有利于被告的判决。原告不服,依法提起上诉。此判决在上诉审中部分被维持,部分被撤销并发回重审。巡回法官汉德最终对此案件作了判决,判决围绕两个核心要点展开阐述,即90%以上市场份额的性质与美国反垄断法的适用范围。

  问题:本案执法反映了何种反托拉斯政策倾向?其影响是什么?

第四章 垄断行为法律规制制度

【学习要点】
1. 重点掌握滥用市场支配地位的行为
2. 重点掌握限制竞争协议行为的内容
3. 重点掌握企业合并控制制度的标准
4. 重点把握行政性垄断的相关内容
5. 重点把握知识产权滥用的内容

第一节 滥用市场支配地位行为法律规制

德国学者西格费里德·克劳(Siegfried Klaue)指出:"按照竞争法的理论,具有市场支配地位的企业应该承担特别的义务。譬如,在没有正当理由的前提下不允许不平等对待其他企业。……国家对具有市场支配地位的企业掌握着特别的干预权。"[①]因此,规制企业滥用市场支配地位行为是各国反垄断法的核心内容。

一、滥用市场支配地位行为概述

滥用市场支配地位是经营者在参与相关市场竞争过程中实施垄断行为的重要表现,它不仅直接影响了市场竞争机制的健康发展,还严重损害了消费者福利。因此各国反垄断法对之加以严厉规制,对行为实施者适用本身违法原则加以惩罚。

(一)滥用市场支配地位行为的概念

滥用市场支配地位(Abuse Dominant Position),是指企业凭借已经获得的市场支配地位,对市场的其他主体进行不公平的交易或者排挤竞争对手的行为。有的学者称其为"企业滥用经济优势","指在竞争的市场中,经济上处于支配地位的经营者,凭借自己的优势地位对其他竞争者,特别是中小企业所采取的排挤和限制的行为"[②]。也有学者称其为"企业滥用控制地位","指少数大企业滥用

---
① 转引自曹士兵:《反垄断法研究:从制度到一般理论》,法律出版社1996年版,第140页。
② 包锡妹:《反垄断法的经济分析》,中国社会科学出版社2003年版,第160页。

其优势地位,对其他企业施加影响和控制,从而限制有效竞争的行为"①。虽然这些概念的形式存在一定的差异,但是它们有关滥用市场支配地位行为的本质表述是一致的,都涵盖了"市场支配地位滥用"与"损害竞争"的基本要义。

反垄断法对具有市场支配地位的企业的规制经历了一个由结构主义向行为主义转变的过程。结构主义理论认为,市场结构的不同必然造成经济运行的差异,企业一旦具有了市场支配地位,通常会滥用这种优势地位,扼杀创造力,限制或者排除竞争。因此主张政府应重点控制市场结构,对越来越大的企业原则上加以禁止,并及时分解市场上出现的具有独占地位的企业,消除对市场竞争潜在的威胁。但随着经济学对市场垄断与效率之间关系的分析,以美国芝加哥法学经济学家为代表的学者认为,反垄断法的目标是促进经济效率的提高②,具有市场支配地位的企业往往是市场竞争的幸存者,它们是有效率的表现。因此规模大和市场份额高的企业本身并不必然违法,政府和法律的控制重点应放在具有市场支配地位企业的经营行为上,以防止这些经营者滥用优势限制市场竞争,这就是反垄断法的行为主义理论。只有当企业滥用市场支配地位行为时,反垄断法才对其加以惩罚。

(二)规制滥用市场支配地位行为理论的发展

在行为主义的反垄断政策指导下,有关滥用市场支配地位行为的理论在近年来有了长足的发展。考察世界各国传统的反垄断立法及其理论研究可以看出,传统反垄断法有关滥用市场支配地位行为的观点一般将"市场支配地位"界定在绝对市场份额基础之上。这种做法在工业化时代完全符合逻辑思维,因为没有足够市场份额的企业是无法实施相应垄断行为的。但是随着科学技术的飞速发展和市场分工的细化,人们逐步发现利用某些特殊的优势损害市场竞争机制的行为主体并不一定完全是具有"绝对市场支配地位"的企业,有的甚至是市场份额微不足道的小企业。在传统理论受到社会实践挑战的情况下,有的国家反垄断立法及其执法开始引入相对优势地位理论,以弥补与完善传统滥用市场支配地位理论的不足,例如美国、德国等,我国台湾地区也引入了该理论并作为实务判决上的依据。③

相对市场优势地位的形成通常是以供求依赖关系为基础的。所谓供求依赖,即甲企业如果拒绝乙企业的供给或者需求条件,或者乙企业拒绝对甲企业供给或者需求时,甲企业就无法从该市场上找到合理的出路,这时候甲企业就是经济上的依赖者,而乙企业则是被依赖者。德国《反不正当竞争法》第26条规定,

---

① 倪振峰编著:《竞争与竞争法》,华东师范大学出版社1996年版,第173页。
② See Herbert Hovenkamp, Antitrust Policy after Chicago, 84 Mich. L. Rev. 213, 1985, p.227.
③ 参见何之迈:《公平交易法专论》,三民书局1993年版,第548页。

因供求关系倾斜而拥有相对市场支配力的企业即为在交易中占有优势地位的企业。对于供求关系倾斜,法国竞争法学家贝达蒙(M. Pedamon)在《德国对自由竞争的保护》一文中曾给出了判断标准。他认为,如果一个企业拒绝与另一个企业进行交易,而致使后一个企业在另行选择交易对象时缺乏足够的和合理的选择性,那么前一个企业就具有交易中的优势地位。① 相对优势地位在社会现实中通常表现为以下三种形式:一是品牌依赖。由于消费者的偏好,企业必须在其所提供的商品中纳入某些特定品牌的商品,如果无法供应该种品牌的商品,则与其他竞争者相较之下将会使竞争力受到影响。二是企业依赖。此种依赖的产生是基于双方有长期的商业往来,相对方由于这种商业往来关系而在资本、设备购买或者人才的培训及其技术的发展上产生紧密的依赖关系。三是短缺依赖。此种依赖情形是受供应者一直都是依赖于某特定供应者,特别是生产原料。② 因此,相对优势地位的滥用也纳入了反垄断法的范围。

二、滥用市场支配地位行为的表现形式

综观现代各国反垄断法中所禁止的滥用市场支配地位行为,主要有以下几种:

(一)垄断价格行为(Monopolistic Pricing)

垄断价格是指具有市场支配地位的经营者在一定时期内以超高价格销售产品或者以超低价格购买商品的行为。在存在竞争的市场条件下,商品的价格是市场竞争的结果,每个企业只能是价格的接受者(price taker),而不可能是价格的决定者(price maker)。但是占有市场支配地位的企业为了获取超额的垄断利润,通常会利用其自身的优势,以不合理的价格销售或购买其产品,使得交易相对人的利益转移到垄断厂商的手里,严重损害了消费者的利益,实际上这是一种对购买者的剥削行为。因此,直接损害消费者利益的优势地位企业的垄断定价行为应受到反垄断法的规制。如欧盟法律对垄断高价的判定依据两个方面的因素,首先进行产品的成本/价格分析,对实际收取的价格与实际发生的成本之差进行比较,如果发现这一比例是超高的,再看该价格与其他竞争产品价格相比是否超高。由此看来,垄断高价的确定具有较大的不确定性。

(二)掠夺性定价行为(Predatory Pricing)

掠夺性定价行为是指处于市场支配地位的企业以牺牲短期利益(低于成本的价格)的手段销售商品,在竞争对手被排挤出市场后将产品价格提高到边际

---

① 转引自曹士兵:《反垄断法研究》,法律出版社1996年版,第149页。
② 参见李剑:《相对优势地位理论质疑》,载《现代法学》2005年第3期。

成本以上的垄断行为。掠夺性定价是一种有危害正当竞争之虞的行为,①实施该行为的企业一般具有相对的市场竞争优势,通常资产雄厚、生产规模大,能够承担因低价销售所造成的暂时损失,"而其他实力较弱的竞争者因承受不了交易机会减少的损失而不得不被驱逐出市场。"②之所以称为"掠夺性"定价,是基于优势企业在达到目的之后会提高价格以获取超额利润,不仅补偿其先前降价销售的损失,还会凭借独占地位掠夺更多的利益。这种行为开始看上去是低价销售,似乎在一定时期内还有利于消费者,但从其动机看,牺牲短期利益的做法正是为了排挤竞争对手,达到独占市场的长期目的,损害消费者的长远利益。不仅如此,在短期内的低价销售损害竞争者合法利益,妨碍市场竞争机制功能的发挥,因此,掠夺性定价行为受到各国反垄断法的禁止。美国通过价格歧视的法律对之进行规制,而欧盟则将它认定为一种不公平的销售价格,是滥用市场优势地位的行为。

（三）差别待遇行为(Discrimination Treatment)

差别待遇是指处于市场支配地位的企业在没有正当理由的情况下,对条件相同的交易对象,就其提供的商品的价格或者其他条件给予明显区别对待的行为。差别待遇行为的形式多样,日本法律中规定差别待遇包括价格歧视、交易条件的差别待遇和与事业团体相关的差别待遇三种,其中,最为常见并且危害最严重的形式是价格歧视。差别定价包括对不同地区的顾客以不同价格销售、对不同地区顾客以不同价格购买、对特别顾客以特别价格供应以及以不同价格接受不同顾客的产品等多种类型。对于占有市场支配地位的企业来说,差别待遇是一种有效的市场经营策略,可以通过亲疏不一的交易政策,排挤进入市场的潜在竞争对手。从反垄断法角度看,差别待遇不仅对市场的竞争秩序产生明显的不利影响,而且还会因歧视交易对手从而影响最终消费者的利益。③ 这种影响表现在从三个层面造成不良后果。④ 第一层面是生产者之间的竞争,即对处于同一层次上实行价格歧视的企业与未实行价格歧视的企业之间产生影响。第二层面是经销商之间的竞争,即商品供应商的歧视行为会对经销商之间的公平竞争产生不利影响。第三层面是对消费者的影响。价格歧视行为会涉及无辜的消费者,对同一商品的价格,由于供应商的价格歧视,殃及零售商的价格差异,使消费者遭受不公平待遇。

（四）拒绝交易行为(Refuse to Deal)

拒绝交易行为在欧盟竞争法中又被称为"拒绝供货",它是指具有市场支配

---

① 参见孔祥俊:《反不正当竞争法的适用与完善》,法律出版社1998年版,第572页。
② 邵建东编著:《竞争法教程》,知识产权出版社2003年版,第254页。
③ 参见王晓晔:《欧共体竞争法》,中国法制出版社2001年版,第256页。
④ 参见《欧洲共同体竞争法中企业滥用优势地位研究》,载《公平交易委刊》第4卷第4期。

地位的经营者无正当理由，拒绝向其他经营者销售商品的行为。虽然根据合同自由原则企业有权选择自己的交易伙伴，但对于具有优势地位的企业而言，却具有向所有具备资格的购买者提供货物的义务，因为"它们无权决定下一个经济阶段市场上的竞争关系"①。如果允许具有市场支配地位的企业或者拥有关键设施的经营者随意拒绝交易，则必然扩大具有市场支配地位企业现有的垄断范围，使其从原始市场扩张到附属市场，这有悖于反垄断法本身的宗旨。美国联邦最高法院在1985年的一个判决中指出："拒绝进行继续合作不仅损害了竞争对手，而且损害了消费者的利益，被告提不出合法的理由为中断合作的拒绝交易行为辩护，这就使得对竞争对手造成的损失成为不必要的，降低了竞争效率，符合排挤竞争对手的要件。"②拒绝交易的形式有：拒绝供应产品或服务、拒绝提供信息、拒绝提供其他企业已经产生依赖性的必要配件、拒绝知识产权的许可使用等。但是并非所有的拒绝交易都是违法的，要确认其违法性，必须认定该拒绝交易行为使得相关市场的竞争受到或可能受到损害。

（五）强制交易行为（Force to Deal）

强制交易行为是指处于市场支配地位的企业采取利诱、胁迫或者其他手段，迫使其他企业违背自己的意愿与之进行交易或者促使其他企业从事限制竞争的行为。它包括强迫他人与自己交易、强迫他人不与自己的竞争对手进行交易、迫使竞争对手放弃或回避与自己竞争等。强制交易行为不仅违背交易相对人的真实意愿，给其造成直接物质损失或精神损害，而且有悖公平竞争、平等自愿等交易规则，破坏正常的市场交易秩序，具有较大的社会危害性。强制交易大多发生在公用企业，公用企业一般都属于"自然垄断"行业，特殊的垄断地位是它们实施强制性交易的基础。为了防止这类企业滥用自然垄断的市场优势，规制公用企业的强制性交易行为，各国一般采取两种手段进行管理：一是实行行业国有化，维持国家独立垄断的局面，以保证公众享有最低的价格，如瑞典、日本的电话行业，西欧的国有铁路等；另一种则是让这种自然垄断行业私有化经营，由政府运用行业管制的法律手段，其中主要是采取价格管制和限制新企业加入的办法对其监督管理。

（六）搭售和附加不合理交易条件的行为（Tying and unfair condition）

搭售行为也称为"捆绑销售行为"，它是指在相关产品市场上拥有优势地位的企业在出售产品或服务时，强迫买方接受与该产品或服务无关的产品或服务的行为，或者要求买方签订接受与该产品或服务无关的产品与服务的协议。③

---

① 〔德〕P. 贝伦斯：《对于占市场支配地位企业的滥用监督》，载王晓晔主编：《反垄断法与市场经济》，法律出版社1998年版，第215页。
② 转引自黄勇、董灵：《反垄断法：经典判例解析》，人民法院出版社2002年版，第176页。
③ 参见许光耀：《欧共体竞争法》，法律出版社2002年版，第211页。

也有人认为,搭售作为出售产品的条件,是卖主要求买主向他购买另一种产品的协议。① 搭售是强迫交易相对人违背自己的意志进行交易,不仅限制了交易自由,侵害了自由竞争的根基,而且由于搭售是将优势企业的市场优势不正当地延伸到被搭售产品的市场,使之免于竞争的淘汰,对其他生产被搭售产品的企业而言是提高了市场进入障碍,这显然是违反公平竞争原则的。因此,基于维护市场参与者的进入自由和保护有效竞争机制的目的,必须对搭售行为进行有效规制。

(七) 排他性交易行为(Exclusive Dealing)

排他性交易又称为"独家交易行为",是指处于市场支配地位的企业要求经营伙伴在特定的市场内只能与其交易而不得与其他的竞争对手进行交易的行为。在现实社会中,排他性交易主要表现为专营专卖、独家经销等。发达国家对排他性交易的规范大致有两种做法:一种是欧盟的立法例,事先通过法律法规对某些行为的适法性明确规定,使一些合理的排他性经营得以存在和发展,如单纯的独家经销而不及于其他限制者,或者排他性交易经销商直接向消费者销售商品,且在限定区域内没有其他可供消费者选择的来源。其他的行为则通过具体考察其效果后再作出判断。另一种做法是事先并未具体规定行为的适法性,而是在案件审理过程中,通过实际考察其行为效果而确定。这以美国司法部垂直交易限制原则和美国法院的判例原则为典范。以表示厂商市场占有率的垂直限制指数②和市场覆盖率等要素确定一系列反映与垂直交易限制有关的市场结构状况的标准。只有达到司法部确立的标准的垂直交易限制行为,才有违法嫌疑而要受到进一步的考察。

三、滥用市场支配地位行为的认定

根据西方发达国家实施反垄断法的经验,对滥用市场支配地位行为的认定通常有以下三个步骤:界定涉嫌对象的市场范围、确定涉嫌对象的市场支配地位、认定涉嫌对象的行为性质。

(一) 相关市场的界定

相关市场是指经营者在一定期间内就某种商品或服务经营所涉及的区域和范围,它分为产品相关市场、地域相关市场和时间相关市场。因此,在界定相关市场时必须兼顾产品、地理和时间三方面的因素。

1. 相关产品市场

相关产品市场是指可相互替代的产品所构成的特定市场。产品的替代性与

---

① 参见〔美〕理查德·A.波斯纳:《反托拉斯法》,孙秋宁译,中国政法大学出版社2003年版,第230页。
② 垂直限制指数是指同一市场中所有实施垂直交易限制的厂商的市场占有率的平方之和,缩写为VRI。

产品的竞争关系十分密切。①正如美国法院在审理"布朗鞋诉美国"一案中所认为的,"一个产品的相关市场范围取决于对合理的可交换性的应用,或者对产品的本身和其替代品之间的交叉弹性的需求"②。反垄断法实践表明,产品相关市场界定得越小,被认定垄断的可能性就越大。对相关产品市场的界定可以从两个方面入手:

(1) 消费者需求的可替代性。这是以消费者对产品的需求弹性为判断标准的界定方法。欧盟委员会将相关产品定义为:如果消费者对两种产品就其价格、品质和用途都认为是可替代的,则该两种产品应属于同一市场。需求弹性(D)= 产品需求数量的变动(A)/产品价格的变动(B)。如果需求弹性 D 是正数,A 产品和 B 产品就具有替代关系(substitute);如果 D 是负数,则两者是互补关系(complement)。在实践中,这种可替代的标准以及最终的判断一般都是由法院掌握,因此法院的分析和认定在其中起着决定性的作用。当然,在判断中,一些非价格因素如广告、销售策略等也会成为参考的因素。

(2) 生产者供给的可替代性。生产者供给替代性的理论基础是供给弹性理论③。若供给弹性较高,则表示其他厂商容易转换生产,厂商价格的抬高可能不易维持;反之,若供给弹性很低,则表示厂商抬高价格后,可能由于高进入障碍或高转换成本,阻碍其他厂商增加相同产品的供给量。生产供给的可替代性是以市场内存在的"潜在竞争"考虑的,如当产品的价格足够高时,有可能诱发其他潜在生产者转换生产,从而使市场的供给增多,形成对产品价格的抑制。

2. 相关地域市场

在确定了相关产品市场以后,还应该确定产品的相关地域市场。所谓地域市场是指消费者能够有效地选择各类竞争产品,供应商能够有效地供应产品的一定地理区域。一家拥有既定市场力量的厂商,不可能在任何地方都具有相同的市场力量,生产不同产品的企业在市场上相互之间固然不具有竞争性,但在不同地区生产销售相同产品的企业,由于空间的距离,也不一定具有竞争性。地理空间上产生的障碍将使产品的相互替代性受到限制。因此,必须重视地域市场的界定。

在确定相关地理市场上应当考虑下面两个主要因素:

(1) 区域间交易的障碍。包括:交易成本的障碍(最重要的影响因素是产品的运输成本)和法律上的障碍(某些行业受限于政府的管制,必须由政府审批

---

① 参见阮方民:《欧盟竞争法》,中国政法大学出版社 1998 年版,第 115 页。
② 〔美〕马歇尔·爱华德:《美国反托拉斯法与贸易法规》,孙南申译,中国社会科学出版社 1991 年版,第 24 页。
③ 供给弹性是指当厂商将产品价格抬高某一百分数时,市场上相同产品的供给量相应增加的比例。

或特许才能营业,厂商可能因此限制进入市场,如对某一地区某种矿产所授予的采矿特许权)。

(2) 产品的特有性质。有些产品可长期保存,适合长途运输,或运输成本相对于产品价值微不足道,其市场范围就可以扩大到全国,如药品、汽车、音响设备、电器等。相反,有些产品原本就以地域市场为销售目标,如地方报纸;有些产品不适合长途运送,如鲜奶;有些产品如长途运送则运费占产品价格比例太高,如水泥、沙石等。

3. 时间相关市场

在市场竞争过程中,时间对于相关市场的确定具有十分重要的影响,因为过了时令或者适当的机遇,市场竞争的格局将会发生变化。尤其是知识产权等具有时间限制的交易和使用寿命比较有限的产品都必须考虑时间对市场界定的相关性。因此,必须把"在一定时间内"的因素放在重要位置,同时把地域相关市场与产品相关市场结合考虑,才能正确界定相关市场。

(二) 市场支配地位的确定

市场支配地位是指企业在市场中对交易价格和交易条件处于独立决策而无须考虑其他经营者,具有足以影响市场竞争的地位。确定企业是否拥有市场支配地位是确定滥用行为的前提条件。

1. 传统反垄断立法对市场支配地位的界定

对于市场支配地位的界定,存在两种立法模式:一种是通过立法明文规定,以德国为典型代表;另一种是在案件审理中进行推定,以美国为典型代表。我国《反垄断法》对市场支配地位采取综合认定的立法模式:首先,法律对市场支配地位作了基本界定,即经营者在相关市场内具有能够控制商品价格、数量或者其他交易条件,或者能够阻碍、影响其他经营者进入相关市场能力的市场地位。其次,立法对执法机关在认定经营者具有市场支配地位时应当考虑的因素作了明确规定,即(1) 该经营者在相关市场的市场份额,以及相关市场的竞争状况;(2) 该经营者控制销售市场或者原材料采购市场的能力;(3) 该经营者的财力和技术条件;(4) 其他经营者对该经营者在交易上的依赖程度;(5) 其他经营者进入相关市场的难易程度;(6) 与认定该经营者市场支配地位有关的其他因素。再次,法律规定了可以推定为具有市场支配地位的情形,即(1) 一个经营者在相关市场的市场份额达到1/2 的;(2) 两个经营者在相关市场的市场份额合计达到2/3 的;(3) 三个经营者在相关市场的市场份额合计达到3/4 的。最后,法律对不应当被推定为具有市场支配地位的情形作了规定,即有前两点规定的情形,其中有的经营者市场份额不足 1/10 的,不应当推定该经营者具有市场支配地位;被推定具有市场支配地位的经营者,如有证据证明不具有市场支配地位的,不应当认定其具有市场支配地位。

2. 相对市场优势地位的认定

由于相对市场优势地位是由交易相对方的依赖性产生的,因此有关依赖性的判断是市场优势地位认定的关键。判断一方对另一方是否有依赖性的核心要件是"可合理期待的可能性转向",具体包括以下两方面内容:第一,相对人转向其他交易渠道的可能性。如果企业即便在被断绝交易关系后,还仍然有其他供给或者需求的途径,则具备转向的可能性;否则,反之。① 转向可能性一般发生于拒绝供应企业的竞争者或者进口商品、服务的交易渠道中,同时也可能发生于受到不合理待遇的弱势企业。第二,相对人转向其他交易渠道的合理性。即使存在交易转向的可能性,有关依赖性还要考虑这种转向的合理性问题,因为这种转向可能存在高额的交易成本而使这种转向的可能性变得不现实。因此,转向的可能性是否合理,不仅要看市场上是否存在其他交易渠道,还要看这种渠道与原来的供给方式对于交易相对人来说是否具有功能上的可替代性。

(三) 滥用市场支配地位行为的认定

根据行为主义理论,企业获得市场支配地位本身并不违反法律;只有当特定的企业滥用这种市场优势地位时,法律才对其加以限制或者禁止。因此,在确定经营者的市场支配地位后,就可以考虑该企业是否滥用了这种市场控制力,在相关市场领域内从事了限制市场竞争的行为。

从目前世界各国的反垄断立法看,大多数国家和地区在反垄断法中明确规定了滥用市场支配地位的具体情形。德国《反限制竞争法》第19条第4款规定:"滥用,即如一个具有市场支配地位的企业作为某种商品或服务的供应者或需求者,(a)以对市场上的竞争产生重大影响的方式,并无实质上合理的理由,损害其他企业的竞争可能性;(b)提出与在有效竞争条件下理应存在的报酬和其他条件相悖的报酬或其他条件;在此,特别应当考虑企业在存在有效竞争的类似市场上的行为方式;(c)提出的报酬或其他交易条件差于该支配市场的企业本身在类似市场上向同类购买人所要求的报酬或其他交易条件,但该差异在实质上是合理的除外;(d)拒绝另一个企业以适当报酬进入自己的网络或其他基础设施,但以该另一个企业出于法律上或事实上的理由,非使用他人网络或其他基础设施无法在前置或后置市场上作为支配市场企业的竞争者从事活动为限;如支配市场的企业证明这种使用因企业经营方面或其他方面的事由是不可能的或不能合理期待的,不在此限。"欧共体法院在"霍夫曼—拉罗赫案"中,将滥用解释为:"滥用是一种关于优势地位企业行为的客观概念,滥用行为系指能影响市场结构,使市场中之竞争程度为之减弱的一切行为与措施;并通过与商业运营

---

① 参见吴秀明:《从依赖性理论探讨相对市场优势地位》,载吴秀明:《竞争法制之发轫与展开》,元照出版公司2004年版,第477页。

中产品与服务正常竞争状况下比较,认为会对现有市场竞争程度之维持或成长造成影响。"① 这些规定与解释为判定经营者的行为是否属于反垄断法所禁止的滥用市场支配地位行为奠定了基础,对我国具有一定借鉴意义。

四、滥用市场支配地位的法律制裁

滥用市场支配地位对市场竞争的损害一般都是相当严重的,因此受到各国反垄断法的严厉制裁。根据制裁内容的差异性,这些制裁可以分为三类,即约束性制裁、救济性制裁与惩罚性制裁。②

(一) 约束性制裁

约束性制裁有三种具体方式:第一,和解协议。美国司法部与违法当事人通过谈判达成和解协议,经联邦法院审查后签发"同意令"。根据协议,涉嫌对象停止涉嫌行为,修正自己的行为以达到符合执法机关的要求。第二,"停止令"。美国联邦贸易委员会有权签发"停止令"责令当事人停止违法行为或者修正正在实施的行为。对于违反"停止令"的,联邦贸易委员会可以处以每日一万美元的程序性罚款。第三,行政劝告。日本公正交易委员会在行为人违反日本反垄断法时,可以劝告涉嫌对象采取适当措施加以矫正。接受劝告的人必须立即向公正交易委员会通知是否承诺接受该劝告。我国反垄断法也规定了约束性的制裁方式。③

(二) 救济性制裁

救济性制裁在具体实施上也有三种方法:第一,分拆大企业。反垄断执法机关可以根据具体情况将涉嫌具有市场支配地位的企业分拆成为若干个小企业,使分拆后的企业没有能力实施滥用市场支配地位行为,这种方法在反垄断法早期使用较多。第二,没收违法所得。如美国通过司法判例确立的规则。第三,损害赔偿。很多国家反垄断法规定,由市场支配地位企业的垄断行为造成损害的当事人可以提起损害赔偿诉讼。有的国家还规定了三倍或两倍损害赔偿。

(三) 惩罚性制裁

惩罚性制裁也有三种具体实施方式:第一,行政罚款。对于滥用市场支配地位的行为,德国联邦卡特尔局有权作出罚款的处罚决定,意大利竞争局可以处以上一财政年度营业额1%—10%的罚款,日本公正交易委员会可以责令违法企业按照一定比例向国库缴纳罚金。第二,形式罚金和判处徒刑。美国法律规定,对实施垄断和限制贸易行为的构成犯罪的企业可处以100万美元以下的罚金,

---

① 转引自文学国:《滥用与规制——反垄断法对企业滥用市场优势地位行为之规制》,法律出版社2003年版,第146页。
② 参见王磊:《试论对滥用市场支配地位行为的法律制裁方式》,载《学术交流》2005年第6期。
③ 参见《中华人民共和国反垄断法》第45条。

个人参与者将被处以10万美元以下罚金以及三年以下监禁。德国法规定,对违法企业处以高达100万德国马克或相对于非法所得三倍的罚金。

我国《反垄断法》对滥用市场支配地位行为确立了行政责任与民事责任,即经营者违反该法规定,滥用市场支配地位的,由反垄断执法机构责令停止违法行为,没收违法所得,并处上一年度销售额1%以上10%以下的罚款。经营者实施垄断行为,给他人造成损失的,依法承担民事责任。

第二节　限制竞争协议行为法律规制

亚当·斯密在《国民财富的性质和原因的研究》中指出:"进行同一种贸易活动的人们甚至为了娱乐或消遣也很少聚集在一起,但他们聚会的结果,往往不是阴谋对付公众便是筹划抬高价格。"[1]禁止限制竞争协议是世界各国反垄断法的重要内容。

一、限制竞争协议行为概述

限制竞争协议是对相关市场现象的抽象概括,认清其基本定义及性质是学习与研究限制竞争协议的基础。

(一) 限制竞争协议的定义

限制竞争协议(Restraint Agreements),也称为"卡特尔"(Cartel)或者"垄断协议",是指两个或者两个以上具有竞争关系的企业之间达成旨在排除、限制竞争的协议。这种协议包括一切联合行动的合意。企业之间的反竞争协议,既可以是书面协议,也可以是口头协议(君子协议);既可以是正式签署的规范性文件,也可以是相互传递的电报、传真和信件;既可以是横向的协议,也可是纵向的协议。[2] 此外,有些国家和地区还把非通过意思交流而是自觉跟从他人的协同行为也作为限制竞争的行为,例如欧盟、美国等。

限制竞争协议与滥用市场支配地位行为联系密切。在市场竞争中,限制竞争协议既可以是占有市场支配地位的企业所为,也可以是普通的企业所为。但是许多限制竞争的手段如价格维持、限制转售价格等,一旦作为占有市场支配地位的企业攫取垄断利润的手段时,就转化滥用市场支配地位行为。两者的区别在于滥用市场支配地位是占有市场支配地位的企业凭借自身优势单独就可以实施的限制性行为,而限制竞争协议行为则必须是两个或者两个以上的经营者共

---

[1] 〔英〕亚当·斯密:《国民财富的性质和原因的研究》(上卷),郭大力等译,商务印书馆1981年版,第122页。
[2] 参见阮方民:《欧盟竞争法》,中国政法大学出版社1998年版,第141—142页。

同实施的行为。①

限制竞争协议与不正当竞争行为也有密切的联系。这两种行为同属于竞争法的范畴,都是对平等竞争、公平竞争原则的违背。广义上的不正当竞争行为也包括限制竞争协议,但限制竞争协议更多的是剥夺市场主体参与竞争的机会,限制其他企业的市场经营自主权。从这一意义上说,限制竞争协议是不平等的竞争。而不正当竞争事实上具有参与竞争的资格,只不过采取与正当商业做法格格不入的违法行为参与竞争,是不公平的竞争行为。两种行为实施的手段有明显区别。

(二) 限制竞争协议行为双重性分析

虽然限制竞争行为并不直接对市场结构产生影响,但由于它在经济生活中更为普遍,对市场的影响以及对竞争机制的破坏作用一点也不亚于垄断。② 这主要表现在:第一,限制竞争协议直接损害未参与共谋协议企业的利益。限制竞争协议可使已进入市场的非"联合"者的经营活动严重受挫,或使其业务的发展受到直接或间接的威胁,尤其是那些遭受联合抵制的经营者,往往损失惨重,甚至遭受灭顶之灾。联合行为还可排挤小企业的发展,限制"联合"成员以外的竞争者进入市场,使其丧失参与公平竞争的机会。③ 第二,限制竞争协议严重损害消费者的利益,使消费者不能在购买产品时自由地比较和选择,被迫接受具有竞争关系企业的一致定价或一样的交易条件,极有可能形成不合理、不公平的交易。第三,限制竞争协议妨碍竞争机制发挥功能。市场竞争机制的一个重要功能就是准确反映市场供求关系,优化资源配置,引导企业正确决策。但是由于限制竞争行为的存在,使商品价格在"协议"力量的强制下难以准确反映市场供求关系,误导生产和消费。由此产生的错误信息还将降低通过市场竞争实现优胜劣汰的效率,造成社会资源的浪费。

限制竞争协议行为虽然在主体上对经济生活具有负面影响,但是它本身也并不是没有任何存在的合理价值的。有些限制竞争协议在一定程度上限制了市场竞争,但它能够有效地避免因市场过度竞争而导致资源浪费局面的发生,从而促进社会整体经济发展。例如经营者为降低生产成本,提高生产质量,增加经济效益而共同研究开发商品、开拓市场;企业为提高技术标准,促进生产经营,而联合专业化协作生产;在经济特别困难时期,商品的市场价格低于平均生产成本,导致该行业的企业难以继续维持或生产过剩,为了有计划适应需求而对产量、销量、设备或价格进行统一协调等。所以世界各国的反垄断法在原则上禁止企业

---

① 参见曹天玷主编:《现代竞争法的理论与实践》,法律出版社 1993 年版,第 238 页。
② 参见国家工商行政管理局:《现代竞争法的理论与实践》,法律出版社 1993 年版,第 20 页。
③ 参见吕明瑜:《限制竞争协议及立法思考》,载《经济师》2003 年第 6 期。

限制竞争协议的同时,往往通过豁免制度对具体的限制竞争协议进行合理分析。

二、限制市场竞争协议的表现形式

根据各国的立法实践,限制市场竞争协议可以分为横向限制竞争协议和纵向限制竞争协议两类。横向限制竞争协议与纵向限制竞争协议在社会实践中的具体表现形式存在很多差异。

(一) 横向限制竞争协议

横向限制竞争协议又称"水平限制竞争协议",是指生产或者销售过程中处于同一层次的经营者之间的限制竞争协议。固定价格、划分市场、产量控制、联合抵制等是横向限制竞争协议的常见形式。

1. 固定价格协议

固定价格协议是指具有竞争关系的行为人通过协议、决议或者协同行为确定、维持或者改变价格的行为,在我国也称为"价格联盟行为"。[1] 价格竞争是市场竞争的最基本方式,在一个相关市场中,如果没有可以替代的产品,消费者或用户面对着的只有一个价格或一种交易条件,没有选择的余地。那么,实行价格固定的企业就很容易获取垄断利润。由于其明显的反竞争性质,价格固定行为受到各国法律的严格规制,适用自身违法原则。企业在招投标过程中投标者之间的恶意串通行为也属于这种价格固定行为。

2. 市场划分协议

市场价格的控制不仅可以通过固定价格的协议实现,而且还可以通过企业间相互承诺不开展竞争的间接协议进行,如划分各自经营的市场。市场划分协议也是限制竞争协议的重要表现方式,包括划分地理市场和划分用户(消费者)市场等不同类型。划分市场最大的危害就是在一个划定的市场内消除了竞争者,成为唯一的经营者。这不仅造成产品的单调和价格上的不合理,而且在质量、服务等方面也损害消费者和客户的利益。因此应受到反垄断法的严格规制。

3. 控制生产或销售数量的协议

这是企业之间为了维持相关商品价格高位状态以保障企业的超高利润而采用的限制生产数量的协议。参加协议的企业不得随意提高产量,压价销售,这就人为地造成市场始终处于"不饱和"状态。在市场供求关系影响的价格规律作用下,相关参与企业能够获得相对超高的经济利益。控制生产的行为往往与固定价格行为结合,各国法律对此都予以禁止,并适用自身违法原则。

4. 联合抵制协议

它是指经营者通过联合共同不与其他竞争者(供应商或者客户)交易,排挤

---

[1] 参见孔祥俊:《反垄断法原理》,中国法制出版社 2001 年版,第 404 页。

竞争对手的协议。联合抵制行为在主体上涉及三方当事人,即号召者、抵制者和被抵制者。在内容上,以损害特定的竞争对手为目的,促使抵制者对被抵制者断绝供应、购买或其他交易的行为。一般来说,联合抵制行为并无正当理由,因为其联合他人加害第三人的反商业道德性质十分明显。美国法律对联合抵制的行为认为是当然违法的行为,一般适用本身违法原则。

5. 其他横向限制市场竞争行为

其他横向限制竞争的行为还包括限制购买新技术、新设备或者开发新技术、新产品的协议,相互交换价格情报的行为,提供建议的行为,统一标准、以排挤其他竞争者的行为等。这些行为一般通过行业协会或非正式组织进行。行业协会的限制竞争行为是以一个法律主体的名义但在形式背后却是团体成员复数意思表示的,在性质和后果上与企业协议是一致的。通常表现为对会员职能和活动的限制以及和其他协会联合限制竞争等行为。如交换关于价格、产量、收益以及其他相关因素的信息,然后将其发布给成员的情形。这种信息交换由于成员企业相互之间公布了其成本的构成,因而容易导致价格的趋同,产生实质上的价格同盟。① 情报交换如果成为某种契约义务或者将价格差距与今后价格发展趋势密切联系起来的话,当事人订立的协议就具有了非法干预产品价格的性质。提供建议行为是一种默契协议行为,是一方向另一方暗示某种东西对他有益并劝告其接受的一种表示。建议虽不具有约束力,但它可能对被建议人施加影响,表达共谋的意图。再如以标准化为借口,拒绝给对标准产品具有强大竞争威胁的革新产品予以认证而妨碍市场竞争。通过设置标准建立了市场壁垒,进而不适当地提高了市场新进入者的竞争成本,同时也增加了消费者购买标准产品所支付的成本。鉴于标准化在给社会带来诸多积极效用的同时又产生了一系列消极的后果,故各国反垄断法均以合理原则规制标准化中的限制竞争行为。我国反垄断法还规定了国务院反垄断执法机构有权认定其他垄断协议。

(二) 纵向限制竞争协议

纵向限制竞争协议与滥用市场支配地位行为有密切联系,它是指占有市场支配地位的企业强制性地要求与其有供应关系的经营者签署强制性的限制竞争协议的行为,其主要形式为维持转售价格(Resale Price Maintaining)。维持转售价格也称为"转售价格限制",在美国法中被称为"纵向固定价格",在德国法中被称为"纵向价格约束"②,在日本法中被称为"维持再销售价格"。它是指供货商对批发商转售商品的价格作出规定,包括限制最低销售价格或者最高销售价

---

① 参见鲁篱:《行业协会经济自治权研究》,法律出版社2003年版,第258页。
② 参见邵建东:《论纵向限制竞争行为》,载南京大学中德经济法研究所编:《中德经济法研究所年刊》,中国大百科全书出版社1991年版,第25页。

格。① 我国《反垄断法》目前明确禁止两类纵向价格约束行为,即固定向第三人转售商品的价格与限定向第三人转售商品的最低价格。

1. 维持转售价格行为的动因分析

维持转售价格的产生是因为上游制造商与下游销售商之间的利益并不总是一致,可能是以制造商为导向的,也可能是以销售商为导向的,还可能是双方为了共同利益协同、合谋的。销售商可能想厚利少销,从而阻碍了制造商通过市场需求带动生产规模的扩大,形成规模效益,以增加市场份额意图的实现,这时制造商可能会限定最高转售价格。同样,销售商可能想压低商品价格,拓宽销售渠道,而这又阻碍了制造商维持其商品"高价位"、"高品质"的公众形象,这时制造商可能会限定最低转售价格。在现实经济生活中,销售商要求制造商限定转售价格的情况也并不少见。这是因为,一旦制造商对商品的转售价格进行限制,便可以削弱商品在零售环节上的价格竞争,避免销售商之间的价格比拼,保证它们获取稳定的利润。20世纪60年代一些国家的官方调查资料显示,"控制转售价格现象主要是由零售商们发起的",而且"一些零售商协会也采取各种措施积极配合和协助制造商控制转售价格"②。

2. 维持转售价格对市场竞争的影响

依据对价格限制的差异,维持转售价格行为可以具体分为维持最低转售价格行为和维持最高转售价格行为。两者对竞争制度的影响存在一定的差异。

(1) 维持最低转售价格行为的影响

如果一个制造商限制其销售商的最低转售价格,同一商品的销售商就不能根据各自面临的竞争状况和成本结构开展价格竞争,实际上使销售商层面无形中订下以相同价格出售商品的协议,在销售商之间建立起一个价格卡特尔,会推动商品的高价。同时,由于制造商的监督和"违反协议即停止供货"等威胁,各销售商都能执行该协议。尤其是当制造商之间订有卡特尔协议时,销售商也不能通过改变供货方式增强自己在定价上的自由度,因此十分有利于限制销售商之间的有效竞争。由于价格固定在一个水平上,阻碍了品牌内的竞争,将一部分销售量从低成本销售商转移到高成本销售商,经营效率低下的销售商得以保存,巩固其市场地位而不会被淘汰。经营更有效率的销售商不能将自己的高效率带来的好处扩展至消费者,自然不利于消费者。在这种情况下消费者将不得不支付更高的平均价格,社会整体利益也受到损失。

(2) 维持最高转售价格行为的影响

相对于维持最低转售价格对市场竞争影响的复杂性,关于维持最高转售价

---

① 参见王晓晔:《纵向限制竞争协议的经济分析》,载《月旦民商法杂志》2004年第3期。
② 孙微山:《略论限制转售价格行为》,载《北京物价》2001年第8期。

格,理论界普遍认为,维持最高转售价格虽然在一定程度上限制了纵向企业所在经济层次上的竞争,但对于遏制价格飞涨和提升消费者的利益却大有帮助。如果制造商要求销售商在销售中不能超过一定的价格水平,这种纵向的价格约束有利于稳定价格,遏制价格的飞涨。因为在不存在价格约束的情况下,不管是制造商还是销售商,只要它们在市场上有一定的势力,它们除了索取正常的生产或者销售成本之外,还会索取额外的费用,即一个加价。而且,在市场势力存在的情况下,制造商或者销售商在决定商品价格的时候,一般不考虑这个加价对其交易对手的影响,即制造商不考虑这个加价对销售商的影响,销售商不考虑这个加价对消费者的影响,其结果就是制造商和销售商对它们之间交易的商品进行两次加价。下游销售商之间处于竞争不充分的状态,销售商为了获得更多的利润,会抬高最终销售价格,这将使得该商品的总销售量减少,损害上游制造商的利益。上游制造商通过维持最高转售价格介入下游销售商之间的竞争,影响销售商的定价权,这种举措不仅增加了总销售量,有利于制造商,同时消费者也会因为有最高价格限制而获利。

三、限制竞争协议的认定

限制竞争协议的认定是反垄断执法的关键,具体包含限制竞争协议行为构成要件认定与豁免适用条件的认定两个方面基本内容。

(一) 限制竞争协议的构成要件

1. 主体的认定

限制竞争行为的主体是指在同一经济层次中的有竞争关系的企业(横向限制竞争),或者具有供销关系的企业(纵向限制竞争)。"企业"这一概念,包括进行生产、销售以及提供服务的各种经济实体,如合伙组织、合作组织、社团、有限责任公司、股份公司等。对于国家或地方的公共企业,只要从事经营业务,同样被认为是企业。

2. 具有限制竞争的共同目的

主体之间具有限制竞争的"合意"是认定横向限制竞争行为的主观要件。这种合意包括有法律拘束力的意思表示和并不具有法律效力的其他合意表示。很多国家的执法实践表明,参与限制竞争协议的主体为逃避法律规制往往掩盖或消灭证据。很多国家为此建立了反推规则,即如果其他事实证据能够证实限制竞争的协议确实存在,就推定这种协议主观具有故意性。[①] 企业团体的决定是各国反垄断法所禁止的限制竞争协议的形式之一。企业团体的决定是由同行业的企业联合组成或者同职业的人士共同成立的联合组织,包括各种形式的企

---

① 参见戴奎生等:《竞争法研究》,中国大百科全书出版社1993年版,第91—92页。

业行会、商会、协会、企业联合体、专业联合会等所作出的反映协会成员意愿的决定。根据欧盟委员会的决定和欧洲法院的判例,企业团体的决定可以包括由这类组织制定的规则(如章程、纪律等)、对协会成员具有约束力的规定以及没有约束力的建议。①

3. 实施了限制竞争的行为

这是从客观方面认定限制竞争行为的条件。企业之间不管有没有以书面形式订立协议或者口头的非正式协议,只要通过协调行为共谋,采取了限制竞争的实际行动,就属于法律所规制的内容。所以一旦企业实施了"可觉察的相同行为",就应被认定为实施了限制竞争协议行为。所谓可觉察的相同行为,"它是指:假设没有明显的证据表明,厂商确实聚集在一起制定了串谋价格的公开协议,但是厂商又的确通过索取相同的价格而表现出来了相同的行为方式"②。

4. 导致限制竞争的后果

这是指企业间的协议、决议或其他安排与限制竞争市场后果之间存在某种关联。对这种协议与实施后果的关联性,在各国法院的审判实践中是十分关注的。如《欧盟条约》第81条规定:凡是以影响成员国之间贸易,并以阻碍、限制或妨害共同市场内部竞争为目的或具有这种效果的,所有企业间的协议、企业联合一致的决议和联合一致的做法……应该予以禁止。在考虑此项要素时,多数国家都认为对市场的影响不一定要实际发生,只要能证明对市场的影响在一定程度上有发生的可能性及这种影响的严重性,就足以推断这种影响的存在。

上述主要是横向限制竞争协议的构成要件。纵向竞争协议的主要表现形式限制转售价格有着严格的构成条件。第一,限制转售价格必须有两个以上的交易关系存在,即"初次销售"(制造商与经销商的交易关系)与"转售"(经销商与零售商的交易关系)是两个独立的销售关系。如果经销商与制造商之间属代理关系,则不存在转售价格的控制问题。第二,从事交易者非母子公司关系或丧失独立地位的企业。经销商不具有独立人格就不能认定转售的价格控制,而只视为公司"内部"关系。第三,限制转售价格必须是带有"强制性"的。限制转售价格是上游厂商对下游经销商构成有拘束力的限制行为,而不包括单纯的"建议价格"行为。凡订有罚则或以拒绝交易相要挟等内容的契约,即属"强制性"价格限制。

(二)限制竞争协议的豁免

限制竞争协议的豁免制度是指对于违反法律规定的企业之间的协议或者联合行为,由于具有某些有益的作用,并且足以抵消其限制竞争所造成的危害,经

---

① 参见阮方民:《欧盟竞争法》,中国政法大学出版社1998年版,第142—143页。
② 〔美〕维斯库斯:《反垄断与管制经济学》,陈甬军等译,机械工业出版社2004年版,第76页。

审批机关批准予以豁免其违法责任的制度。它对限制竞争协议行为的法律归责将产生深远影响。

1. 豁免的条件

限制竞争协议原则上应该受到法律追究,只有那些符合豁免条件的才不会被反垄断法归责。限制竞争协议豁免标准的考察方式就是比较竞争可以实现的利益与一定程度的限制竞争而实现的利益,如果后者大于前者,则属于反垄断法的适用除外范围。很多国家和地区在法律中规定了豁免的具体要件(参见第三章第二节内容)。

从反垄断法的发展趋势看,虽然行业性限制竞争协议豁免逐步减少,但是,大多数国家一般都对出版物的维持转售价格进行豁免。[①] 允许对出版物维持转售价格,主要出于文化政策和教育政策的考虑,以利于保证文学作品的多样性,保证科学和学术著作的出版,保证书店经营品种的多样化,以及保证中小书店在地域分布上的合理性等。德国学者普遍认为,出版物不仅是经营性的产品,而且也是文化产品,对这种产品在纵向限价方面给予特权不违反德国宪法。[②]

2. 限制竞争协议的申报与批准

即使企业之间签订的限制竞争协议符合反垄断法规定的豁免情形,但仍然需要履行一定的法定程序,即进行申报并获得执法机关的批准。经营者在签订协议之日起的法定期限内,应向反垄断主管机关进行申报,并依法提交相关资料。反垄断主管机关在收到申请后,应该在法定期限内作出是否予以禁止的审查决定。逾期未作出决定的,视为对协议不予禁止。各国在实践中原则上适用合理原则,对于有利于整体经济发展与社会公共利益,且实质上不损害竞争的协议予以无条件的批准或者附加一定的条件批准。对于那些可能导致垄断或者本身含有固定、维持或者不正当改变商品价格等内容的协议通常予以禁止。被禁止的限制竞争协议自始无效。日本是世界上最先在反垄断法中采取限制竞争协议申报制度的国家。它被证明是有效的政策工具,并在七八十年代先后被美、德、法、等国家和欧盟采用。

(三) 限制竞争协议的法律责任

由于限制竞争协议对市场竞争的严重影响,各国反垄断法对其加以格外关注。如果经营者之间的限制竞争协议得不到反垄断法的豁免,则将面临反垄断法的严厉惩罚。根据各国的立法及其实践,限制竞争协议的法律责任主要有以下几种:

(1) 依法宣告协议无效。法院根据法律规定直接宣告各类限制竞争的协议

---

① 出版物包括书籍、杂志、报纸、乐谱、艺术复制品、日历、明信片和地图等。
② See BVerfG 26. 11. 1986 NJW1987, 1397.

决议自始无效。

(2) 行政制裁。行政机关发布禁止协议、废止禁止的命令,对行为人处以罚金和课征金等。如韩国《规制垄断与公平交易法》第22条规定:"对于实施不正当共同行为的事业者,公平交易委员会可以命令其缴纳不超过总统令规定的销售额的5%的课征金,无销售额的缴纳不超过10亿韩元的课征金。"

(3) 刑事制裁。对于价格固定协议、市场划分协议以及联合抵制等行为适用本身违法原则,实施刑事制裁,包括监禁和罚金。如美国法院对限制竞争行为的犯罪企业可处以100万美元以下的罚金,个人处以10万美元以下的罚金或三年以下监禁。

(4) 民事制裁。多数国家规定,因限制竞争协议受到损害的主体可以提出损害排除的诉讼。如美国《谢尔曼法》第7条规定:任何因反托拉斯法所禁止的事项而遭受损失的人,不论损失大小,都可提起三倍损失赔偿的诉讼。日本《禁止私人垄断及确保公平交易法》第25条对实施垄断行为的事业者规定,即使没有过错或过失,也应该对受害人承担赔偿责任。

(5) 鼓励检举揭发。企业之间达成协议的手段越来越隐蔽,给查处带来很大的困难。美国、日本、韩国等国家执法机构利用协议本身具有的不稳定性,鼓励参与协议的成员背叛协议,检举揭发限制竞争的行为。对那些向反垄断法机关举报并提供重要证据的成员,可以得到法律的豁免或者减免处罚的宽大处理。但是对参与协议的主谋成员规定不可免除责任。

我国《反垄断法》对限制竞争协议行为规定了如下责任:"经营者违反本法规定,达成并实施垄断协议的,由反垄断执法机构责令停止违法行为,没收违法所得,并处上一年度销售额百分之一以上百分之十以下的罚款;尚未实施所达成的垄断协议的,可以处五十万元以下的罚款。经营者主动向反垄断执法机构报告达成垄断协议的有关情况并提供重要证据的,反垄断执法机构可以酌情减轻或者免除对该经营者的处罚。行业协会违反本法规定,组织本行业的经营者达成垄断协议的,反垄断执法机构可以处五十万元以下的罚款;情节严重的,社会团体登记管理机关可以依法撤销登记。"

第三节 企业合并法律规制

虽然企业合并本身存在很多内在经济驱动因素,但是由于企业合并会导致经济力量过度集中,从而影响影响市场结构和市场竞争程度,因此,自1890年美国颁布《谢尔曼法》以来,控制企业合并一直是各国反垄断法的重要任务。伴随着经济全球化和跨国兼并浪潮的兴起,企业合并控制制度越来越凸现其社会综合价值。

一、企业合并概述

企业合并是经济力量集中的抽象概括,准确界定它在竞争法范畴内的基本含义与外延及其基本分类是研究企业合并控制制度的基础。

(一)企业合并的概念

企业合并在各国法律中有多种提法,如"结合"(Merge)、"联合"(Combination)、"兼并"或"收购"(Acquisition)、"接管"(Take over)等,这些概念都在不同形式和意义上使用。① 随着国际并购浪潮的不断兴起,Merge & Acquisition (M&A)业已成为各国企业超速发展的最重要手段的通用名称。但是根据国际会计准则第 22 号(IAS22)的解释,"企业合并是指一个企业获得对另一个或若干个企业控制权的结果,或指两个或若干个企业实行股权联合的结果"②。可以看出,对于企业合并的定义,从会计角度看更偏向于合并是通过各种手段达到结成一个会计主体这一结果状态,不管是否通过购买,对方或双方是否解体,只要达到共同经营、共担风险、共享利益这一事实,就视为结成了同一会计主体,从而有必要统一核算。

竞争法(反垄断法)意义上所称的企业合并与商法意义上的概念是不同的。商法意义上的合并是指两个或两个以上的独立的企业,通过取得财产或股份等形式导致两个或者更多的各自独立的企业被一个新的企业所取代或者合并成一个新企业的法律行为,这被认为是对企业合并的狭义理解。而竞争法上所指的合并则广泛得多,它不仅包含上述资产转移型的合并,还扩大到一个企业能够对另一个企业发生支配性影响的所有方式,包括持有其他公司的股份、取得其他企业的资产、受让或承租其他企业全部或主要部分的营业或财产,与其他企业共同经营或受其他企业委托经营、干部兼任、直接或间接地控制其他企业的人事任免等实现市场力量集中之目的的行为,包含了一个或者多个企业对其他企业全部或者部分获得控制,从而导致持久的相互关系的一切可能性行为。

由此可见,竞争法关于企业合并概念的重点并不在于被合并的企业的法律人格的变化,而在于企业合并产生或可能产生的市场经济力量的集中和合并对市场竞争的影响,关注合并后是否创设或强化了市场支配地位。因此,竞争法上的企业合并除了规制能产生企业主体资格消灭或变更效果的行为外,还包括多种企业经营权实质性转移的其他行为。例如,美国《克莱顿法》第 7 条规定,企业合并是指从事商业或从事影响商业活动的任何人取得他人所持有的股票或其

---

① 我国立法采用的是"经营者集中"这个概念,本书沿袭传统理论上比较通用的概念"企业合并"。
② 转引自刘继华、文建秀:《企业合并概念辨析》,载《冶金财会》1997 年第 7 期。

他股份或者资产行为、合并行为、合营行为、兼任管理职务的行为。① 德国《反限制竞争法》第 37 条第 1 款规定,该法上的企业合并不仅包括一个企业取得另一企业的财产或者股份,还包括"一个或者若干企业可以直接或者间接对另一企业的市场竞争施加重大影响的所有联合方式",包括企业间组建合营企业、建立康采恩、订立委托合同或者企业间的人事联合等。日本《禁止私人垄断及确保公平交易法》没有关于企业合并的明确定义,而是采取了"列举式"的定义方式。在规定了限制垄断状态的措施的前提下,分别对合并、股份持有、干部兼任、合并、营业受让等行为作了规定。根据这些规定,如果前述行为的结果将实质性地限制一定交易领域内的竞争,以及行为人所采取的方法被认为是不正当的交易方法时,该种合并行为将被禁止,②并对其规制的基准和尺度分别规定。

(二) 企业合并的类型

根据企业合并计划实施参与者原所在市场领域,企业合并可以分为横向合并、纵向合并与混合合并三类。

横向合并是指相同产品的生产者和销售者之间的合并,其显著的经济效果是由于市场经营规模扩大而带来的规模经济。横向合并被认为是最有可能引起垄断和破坏市场竞争,因为横向合并直接影响市场结构,它提高了合并企业的市场占有率,市场集中度也因此提高。生产者出于利润最大化的考虑,往往会减少产出而提高价格,造成消费者剩余减少,社会整体福利也因总产品供给减少而下降。③ 不仅如此,横向合并可使相关市场上的竞争者更加容易、更加全面地进行危害消费者的相互协调,从而减少竞争。因此横向合并一直是各国反垄断法严格管制的企业竞争行为。

纵向合并是指处于不同生产或销售环节的企业之间的合并,其实质是将原来的市场交易关系内化成企业内部的管理关系。纵向合并能够减少信息收集、谈判、签约等交易成本,也不直接导致企业市场占有率的提高和市场势力的增强,但合并后的企业会增强对上、下游市场的控制力量,而导致影响市场竞争力量的对比。特别是强势企业可能采取掠夺性定价的方式排挤竞争对手。正如美国司法部 1968 年《有关合并的指南》中规定的,如果纵向合并对市场上的生产者或销售者可能会构成进入市场的障碍,从而使未参与或者未完全参与联合的企业处于不利的竞争地位,且这种做法又不利于提高企业经济效益,这种合并就应视为严重损害竞争的违法行为。正因为纵向合并存在对市场竞争的潜在威胁,它也成为反垄断法规制的对象。

---

① 参见王为农:《企业集中规制的基本法理——美国、日本及欧盟的反垄断法比较研究》,法律出版社 2001 年版,第 12—19 页。
② 参见《日本禁止垄断法》,王长河、周永胜、刘风景译,法律出版社 1999 年版,第 102 页。
③ 参见〔美〕萨缪尔森:《经济学》,高宏业等译,中国发展出版社 1992 年版,第 686、858 页。

混合合并是指分属不同产业领域的企业的合并,如信息产业和保健食品行业的合并、金融企业与制造业的合并等,在当今各国合并案例中,混合合并已成为一种趋势。由于混合合并各方之间并不存在竞争关系,对市场竞争不会产生直接的消极影响。但合并能增强企业的经济力量,除了加强对合并企业主要产品市场的控制外,还可能使原来不同市场的产品产生优势地位。如将两种产品的定价都提高,由此形成对消费者选择的限制,消费者将会处于不利的地位。此外,不同部门资本的集中有可能导致少数大型混合企业对国民经济的垄断性影响,从而有悖于经济自由与经济民主原则。当这种合并成为市场集中的主要途径时,其影响竞争的潜在威胁不容忽视。

二、企业合并控制制度的价值

企业合并控制制度是反垄断执法机关根据实体标准和法定程序对具体企业合并案件进行审查并作出是否准许的机制。企业合并控制制度是世界各国反垄断法共有的一项制度,它对各国的市场竞争秩序维持及其国家安全保障等都具有非常重要的作用。

(一) 维护市场竞争

虽然反垄断法并不反对企业通过正当的工业化途径获得市场支配地位,企业可以通过市场竞争机制兼并相关竞争者,但是,各国反垄断法出于以下两个方面的考虑都建立了企业合并控制制度来对企业兼并行为进行适度调整:一是考虑企业合并会导致市场集中力量过度集中,从而导致市场竞争状态受到抑制;二是考虑企业在获得市场支配地位后往往会滥用这种经济优势,从而扰乱经济秩序。直到20世纪80年代,包括美国在内的一些国家还采取结构主义标准处理企业合并案件。这种立法仅要求审查市场集中度和参与企业合并的市场份额,如果市场集中度迅速上升或者参与企业合并的市场份额过大,就会被认为是垄断性合并而被禁止,单纯的结构主义立法对企业合并的控制是相当严厉的,不仅禁止一些大的企业合并,而且对一些中小企业的企业合并以及一些大企业仅提高一点市场份额的企业合并也坚决予以制止。① 在美国这种局面直到里根政府才有所改变,它反映了美国社会对市场经济力量过度集中的警惕。

(二) 提高经济运行效率

在很长一段时期内,人们通常认为垄断者为追求垄断利润,在使用相关生产要素时的效率是最大化的。因此,每一产量水平都是以最小的成本实现的。② 既然如此,反垄断执法机构对于企业合并的控制就变得没有必要了。

---

① 参见吕明瑜:《美国企业合并制度的研究与借鉴》,载《河南师范大学学报》2003年第5期。
② 参见〔美〕维斯库斯:《反垄断与管制经济学》,陈甬军等译,机械工业出版社2004年版,第49页。

这种看法在20世纪70年代后得到纠正。在经济学家看来,在企业生产中决定产出的不仅是企业的投入和技术状况,还有一个未知的因数,即X因素,并将由这种X因素引起的效率称为"X效率"(X-Efficiency)。由于经济单位(包括企业和家庭)内部的原因,没有充分利用现有资源或获利机会以获得利益的状况,就被称为"X非效率"(X-Inefficiency)。在完全竞争的状态下,"X非效率"一般不可能存在。因为,如果一企业的效率低于其他企业,那么它在这个市场中不可能长久生存。但是在其他类型的市场结构中,比如在垄断的状态下,"X非效率"是可能存在的,因为缺乏竞争使得无效率的生产和技术能够在这个市场生存。因此,"X低效率"并不是经济不效率的唯一形式,因为"X非效率"仅仅考虑在既定投入中的产出,它既不考虑投入是否最优,也不考虑产出是否最优这一可被称为"分配效率"的问题。此外,社会学家还确定了除垄断之外的其他许多市场能够被组织内化的方式,如企业合并(包括资产转移性的合并和经营控制型的合并)、联合经营等,企业的行为都可能偏离市场。1966年,著名经济学家H. 莱宾斯坦(Harvy Leibenstein)在《分配效率与非效率》中很好地回答了企业合并控制制度的价值。他指出,缺乏竞争会使得垄断者的无效率成为可能,因为垄断者可以在高于它的理论成本曲线的某一点运行。[①] 显然,这无论对于企业本身还是对于全社会都是不效率的。因此,企业合并控制制度是在不完全竞争的市场结构中政府维护和提升经济效率的有效工具。

(三)保障国家安全

伴随着经济全球化的发展,企业跨国兼并浪潮方兴未艾。根据汤姆森金融证券数据公司(Thomson Financial Securities Data)的统计,2000年全球并购交易额达到3.409万亿美元。与此同时,跨国公司并购的规模也变得越来越大,从1988年"金融买家"KKR以近250亿美元收购美国食品寡头RJRNabisco,到1997—1998年间世界十大并购案中金额最高的埃克森并购美孚达860亿美元,再到2000年美国在线以1550亿美元收购时代华纳、沃达丰以1850亿美元收购曼内斯曼,每一次并购的交易额都可以达到一个中小国家的国民生产总值。[②] 虽然跨国兼并可以提高效率,但是它也极大地增加了跨国企业在东道国的影响。跨国企业合并不仅直接影响到相关国家的市场与经济结构,还往往涉及国家的政治安全与社会其他方面的问题。因此企业合并控制制度在现代社会不仅成为政府维护市场竞争机制与经济效率的工具,也日益成为各国应付跨国合并的工具。我国作为世界上最大的发展中国家,同样面临着跨国兼并带来的负面影响

---

① See H. Leibenstein, Allocative Efficiency vs. X-Efficiency, American Economic Review, June 1966.
② 参见王晓晔:《竞争法研究》,中国法制出版社1999年版,第234—250页。

威胁。反垄断法有助于政府对相关方面风险的控制。

从世界各国反垄断法的立法实际来看,"控制企业合并都是反垄断法的核心内容"[①]。这表明:虽然大部分国家的反垄断法并不当然地反对企业合并,但对企业合并的法律控制至少在很大程度上带有结构主义的色彩。"由于芝加哥学派自20世纪70年代后的影响力,结构主义对反垄断政策制定者的影响逐渐衰落,但是,结构主义的模式对反垄断仍然具有影响力,尤其是在司法决策和政府反垄断执行机关对竞争企业之间的合并指南中表现最为明显。"[②]因此,现代社会并不存在纯粹意义上的行为主义反垄断立法模式。

三、企业合并控制实体制度

虽然对企业合并进行反垄断控制的最终标准应当是社会的整体效益是否得到增进,但是由于社会效益的增长概念是抽象的,还必须通过具体的标准来体现。从各国反垄断法对企业合并控制实行的标准看,总体上有三类标准。

(一) 实质减少竞争标准

实质减少竞争标准(Substantial Lessening of Competition Test)以美国为典型。它是指以是否减少市场竞争、对竞争产生实质性限制为标准对企业合并进行控制。美国1914年颁布的《克莱顿法》中规定:如果可能实质上削弱竞争或造成垄断,那么一个公司通过购买另一竞争性公司的全部或大部分股票而吞并该公司的做法是法律禁止的。按照美国有关合并指南的规定,企业合并导致的相关市场产品价格如果显著高于没有合并情况下的价格,而且这种价格的差异难以在两年内消除的,就可以认定是实质减少竞争的情形而被禁止。至于什么样的价格差异是显著的,要根据行业的不同而定。一般以高于相关市场内产品价格的5%作为标准。目前采用"实质减少竞争标准"的国家还有日本、韩国、加拿大、澳大利亚等。如日本《禁止私人垄断及确保公平交易法》中明确规定:因该合并将实质性限制一定交易领域里竞争的不得合并。韩国《规制垄断与公平交易法》中也规定:企业结合不得在一定的交易领域内实施实质性地限制竞争。

(二) 市场支配力标准

市场支配力标准(Market Dominance Test)是以合并是否加强了市场支配地位、影响竞争为控制企业合并的标准。该标准以竞争作为观察合并是否应被允许的唯一视点,是否对企业合并进行干预的重要标准就是合并是否产生或加强

[①] 王晓晔:《我国反垄断立法的框架》,载《经济法论文选萃》,中国法制出版社2004年版,第274页。

[②] 文学国:《滥用与规制——反垄断法对企业滥用市场优势地位行为之规制》,法律出版社2003版,第26页。

了市场支配地位。欧盟及其成员国对企业合并控制就是采用这种标准的。[①] 根据欧盟的《合并条例》，如果一项合并创设或者加强了市场支配地位，从而使得共同市场或共同市场的一大部分的有效竞争受到严重妨碍，该合并得宣布与共同市场不一致而不被批准。所谓市场支配地位，在欧盟法院的判例中解释为：一个企业所拥有的经济实力使得它有能力在很大程度上独立于它的竞争者、客户，并最终独立于它的消费者以排除相关市场上的竞争。如果合并后的相关市场没有了竞争者或者消除了实质竞争，或者企业在与其竞争者的关系上具有突出的市场地位，就被认为是加强了市场控制力。市场控制力的认定以在相关市场中的份额为主要依据，而市场份额又是以营业额和销售额具体体现的，因此，欧盟法院在合并的实际判例中通过对量化标准的确定进行控制，如50%的市场份额就足以认定市场支配地位。但欧盟十分强调必须要结合市场本身的特征（如是否急速发展的市场）、市场中竞争的属性（如是否寡头竞争）等因素综合考虑市场支配地位的认定，即使只占有20%—30%的市场份额，如果公司对研发大规模地投入也可能创设市场支配地位。因此，"只有在市场份额既能反映企业的当前情况也能反映企业的未来状态的情况下，市场份额才可以成为确定市场支配地位的一项重要指标"[②]。同时，该条例还对占有一定市场份额的企业具有控制市场地位、大型企业参与的企业合并强化突出地位、寡头企业参与合并具有控制市场地位的法定推定（推定事实）也作了规定。

（三）合并控制标准的效率化趋势

随着反垄断法转向对效率目标的追求，对企业合并的控制逐渐转移到以"效率"为标准，这被称为"合并控制标准的效率化趋势"。20世纪80年代以来，美国司法部在其颁布的多个合并指南中，对实质性减少竞争的标准作了调整。除了增加对企业合并可能产生的潜在的反竞争影响的考虑之外，[③]更加重要的是将是否损害市场效率，尤其是相关市场上消费者福利作为对合并进行控制的主要考虑因素。如1992年司法部和联邦贸易委员会联合发布的合并指南中明确提出，企业合并能够提高效率，但是也会产生反竞争的影响。当竞争法主管机关控制合并时，企业可以提出"效率抗辩"。当局只考虑那些具有"合并特有的效率"（Merger-specific Efficiencies）的合并，即在没有合并的情况下不能产生的效率。而"合并特有的效率"必须是可以认知的效率，反垄断当局对可认知的效率的认定是：如果一项合并导致的收益可能大到足以超过该合并损害相关市场上消费者利益的坏处时才可以得到反托拉斯机关的批准。欧盟也在其"市

---

① 参见王晓晔：《竞争法研究》，中国法制出版社1999年版，第180页。
② 卫新江：《欧盟美国企业合并反垄断法规制比较研究》，北京大学出版社2005年版，第74页。
③ 参见王晓晔：《企业合并中反垄断问题》，法律出版社1996年版，第35页。

场支配地位"标准的基础上对之加以修正,以突出效率在控制合并中的重要性。一方面,通过成文法明确规定了企业在合并审批中的"效率抗辩"权的行使,如对市场份额不超过30%的纵向合并,当事人可以合并的效率增强大于合并中的反竞争效果为由进行抗辩,欧盟委员会可授权对之加以豁免;另一方面,通过对于效率的内涵的界定明确了竞争机关可以以效率为标准对合并进行评价,即只有在"对消费者有利而且不构成对竞争的妨碍"的条件下才可以被欧盟委员会所考虑。

在实践中,很多国家将上述标准综合起来,多方面考虑企业合并对市场的影响来控制合并。这也体现了反垄断法的政策性和灵活性:首先,规定了对于合并达到一定金额标准的重大合并是要事先进行控制的,企业合并必须要向主管机关申报,得到批准后才能合并;其次,规定了准许合并时应当考虑的一些因素,其中包括合并后可能排除或限制竞争的可能性、合并后对技术进步和市场准入的影响、对消费者和上下游企业的影响、合并对经济效率的促进作用、合并对规模经济发展和社会公共利益的影响等;最后,规定了关于合并控制的量化标准。

我国采取的标准是:具有或者可能具有排除、限制竞争效果的,国务院反垄断执法机构应当作出禁止经营者集中的决定;但是经营者能够证明该集中对竞争产生的有利影响明显大于不利影响,或者符合社会公共利益的,国务院反垄断执法机构可以作出对经营者集中不予禁止的决定。①

四、企业合并控制程序制度

企业合并的控制程序可以分为事先申报制度、行政调查制度以及司法审查制度。

(一)事先申报制度

事先申报制度是指各国反垄断法规定的对市场竞争具有重大影响的合并事项企业必须事先向主管机关进行申报的强制性制度。美国法律规定,除非根据《哈克—斯科特—罗迪诺法》获得豁免,符合法律规定条件的合并当事人必须在合并前通知主管机关,协议达成后30天内(现金收购的条件下为15天)向联邦贸易委员会或司法部反托拉斯局申报。申报后交易停止,只有在合并主管机关未提出异议的情况下合并方可实行。如果违反该规定实施了合并,将受到处罚。欧盟法律规定,合并当事人负有向欧盟委员会事先申报的强制性义务,必须在合并协议达成或发出公开市场收购要约的7天之内申报,如果疏于申报或虚假申报将被处以5万欧元以下的罚款。

至于什么是重大的合并事项,各国都规定了一些具体的数额,如美国的《哈

---

① 参见《中华人民共和国反垄断法》第28条。

克—斯科特—罗迪诺法》规定,任何收购交易额在 1000 万美元及以上的合并行为,或收购的结果是收购人将持有被收购人 15% 以上股权的涉及合并企业的股权或资产价值达到 1500 万美元的合并行为,必须在合并前向联邦贸易委员会或者司法部反托拉斯局申报,只有在合并主管机关未提出异议的情况下,合并方可实施,如果违反规定将受到处罚。2001 年的法律有了变化,上述 1500 万美元的金额提高为 5000 万美元,放弃了 15% 的股权收购的要求,对 1000 万美元及以上交易的任何合并也提高为 2000 万美元。

欧盟对于具有重大影响的合并规定申报的条件为:所有当事人的全球累计营业额超过 50 亿欧元;至少有两家当事人在欧盟范围内的累计营业额均超过 2.5 亿欧元必须申报(但参与合并的单个当事人的 2/3 的欧盟营业额来自同一个成员国的除外);在三个成员国的每一个国家的营业额超过 2500 万欧元的、全球累计营业额超过 25 亿欧元,或者在三个成员国的每一个国家的累计营业额超过 1 亿欧元、至少两家当事人的每一个的欧盟营业额超过 1 亿欧元,都属于重大的合并事项,也必须要向欧盟委员会申报。

我国反垄断法规定,经营者集中达到国务院规定的申报标准的,经营者应当事先向国务院反垄断执法机构申报,未申报的不得实施集中。2008 年 8 月,国务院在《反垄断法》实施之时颁布了《国务院关于经营者集中申报标准的规定》,其中对于申报标准作出了明确的规定:(1) 参与集中的所有经营者上一会计年度在全球范围内的营业额合计超过 100 亿元人民币,并且其中至少两个经营者上一会计年度在中国境内的营业额均超过 4 亿元人民币;(2) 参与集中的所有经营者上一会计年度在中国境内的营业额合计超过 20 亿元人民币,并且其中至少两个经营者上一会计年度在中国境内的营业额均超过 4 亿元人民币。至于营业额的计算,根据银行、保险、证券、期货等特殊行业、领域的实际情况,由国务院商务主管部门会同国务院有关部门进行具体制定。同时又规定,经营者集中未达到上述规定的申报标准,但按照规定程序收集的事实和证据表明该经营者集中具有或者可能具有排除、限制竞争效果的,国务院商务主管部门应当依法进行调查。但是经营者集中有下列情形之一的,可以不向国务院反垄断执法机构申报:(1) 参与集中的一个经营者拥有其他每个经营者 50% 以上有表决权的股份或者资产的;(2) 参与集中的每个经营者 50% 以上有表决权的股份或者资产被同一个未参与集中的经营者拥有的。

(二) 行政调查制度

行政调查程序包括合并控制机关对必要信息的调查取证、对于当事人表达意愿的听证等。美国联邦贸易委员会有权签发调查令和自行获得书证和证言,司法部反托拉斯局也可以组织调查获取相关证据。欧盟的《合并条例》赋予欧盟委员会广泛的调查权力,包括进入任何场所和运输工具内检查文字记录和商业记录、要求当事人现场解释调查中的问题等。

除了调查以外,听证制度也是控制企业合并中的一项重要制度。听证一般由主管机关组织,美国由行政法官组织,欧盟由专门的听证官组织。听证的内容包括程序和实体两方面的问题。听证在美国的合并控制中起着重要的作用,居于中心地位,以确保当事人受到法律公平公正的对待。在美国,如果听证后当事人不提起上诉,反垄断机关就以此作出是否禁止合并的正式决定。欧盟虽然把听证结果作为参考,但是在程序方面对保护当事人的抗辩权和知情权有着决定性的作用。

(三) 司法审查制度

司法审查制度是对行政主管机关控制企业合并所作决定的司法救济制度。欧盟的相关规定比较完善。《欧盟条约》中明确规定了欧盟法院有权对欧盟委员会所作行政决定进行合法性审查,如果企业合并的当事人以及与欧盟委员会的决定相关的第三人对欧盟委员会的决定表示不服,有权向欧盟法院提起诉讼。

五、企业合并的法律责任

企业合并行为如果得不到反垄断执法机关以及司法当局认可,相关企业将面临惩罚。从世界各国反垄断立法看,企业合并的法律责任主要有:

(1) 禁止结合。德国法律规定,如果可以预见因企业合并将出现控制市场的地位或加强控制市场的地位的情形,反垄断当局就可以禁止此合并。一旦作出禁止合并的决定,企业就不得完成该合并,其他人也不得参与完成合并。美国的联邦贸易委员会和司法部有权对违反合并法律规定的企业发布禁制令终止合并。

(2) 资产剥离。企业合并中业务的结合使得原来拥有优势的企业增强了市场支配地位,因此,剥离优势企业的某些强势业务就成为反垄断的法律救济方式之一。美国的企业合并中以资产剥离方式解决的比例高达30%,美国电话电报公司(AT&T公司)于1982年由于美国司法部的起诉,被处以放弃其控股的地方性电话营业公司的处罚就是一例。欧盟在所有申报合并的案件中,除了无条件批准的以外,其他案件77%通过资产剥离的方式结案。①

(3) 解散已合并企业。对于合并后有损市场竞争的企业,反垄断主管机关可下令解散已经结合的企业团体。如德国法律规定,如果联邦卡特尔局下令禁止的合并已经完成,则必须进行解散。

(4) 赔偿损失。当企业结合已经对社会造成危害时,需给予必要的惩戒。

---

① 参见卫新江:《欧盟美国企业合并反垄断法规制比较研究》,北京大学出版社2005年版,第100页。

如合并损害了其他经营者或消费者的权益,合并者应承担相应的损害赔偿责任。

(5) 其他方式。对于人事兼任、合资经营、委托经营等形式的企业合并,还可采用解除职务、宣告合同无效等方式进行处罚。严重的还有刑事责任,如在美国,对不经申报擅自合并的企业,法院可处以违反期内每天高达1万美元的罚金。

我国《反垄断法》规定,经营者违反规定实施集中的,由国务院反垄断执法机构责令停止实施集中、限期处分股份或者资产、限期转让营业以及采取其他必要措施恢复到集中前的状态,可以处50万元以下的罚款。给他人造成损害的,依法承担相应的民事责任。

第四节 行政性垄断法律规制

一、行政性垄断概述

利用行政权力排除和限制市场竞争的现象被称为"行政性垄断"。行政性垄断在市场经济国家普遍存在,但在经济体制转型的国家和地区表现得尤其明显。美国、欧盟等国家和地区的反垄断法中都包含了对行政性垄断的管辖,大部分经济转型国家更是在反垄断法中直接规定对行政垄断的禁止。如俄罗斯在《关于在商品市场中竞争和限制垄断活动的法律》中规定,联邦行政权力机构、联邦各部门的行政权力机构和各市政府当局所从事的与反垄断法规相抵触的行为,以及会趋向阻止、限制和排除竞争的行为都适用该法律。匈牙利的《禁止不正当竞争法》也明确规定:如国家行政机构的决议损害了竞争的自由,竞争监督机构可以作为一方当事人请求法律救济。因此,以反垄断法对行政性垄断行为加以规制是市场经济国家的共同任务。

(一) 行政性垄断的概念及表现形式

行政性垄断是指行政机关或授权具有公共事务管理职能的组织滥用行政权力排除或者限制竞争而形成的市场垄断。行政垄断既包含具体的行政行为,也包括抽象的行政行为,而且以后者为主要表现形式,即通过政府制定和发布不公平的、带有普遍约束力的规范性文件,实施对市场的分割、对经营者的歧视以及其他限制竞争的行为。比如以设定歧视性资质要求、评审标准或者不依法发布信息等方式,排斥或者限制外地经营者参加本地的经营活动;采取与本地经营者不平等待遇等方式,排斥或者限制外地经营者在本地投资或者设立分支机构;强制经营者从事法律规定的其他垄断行为。

行政性垄断主要的表现形式为:

1. 地区垄断

地区垄断是指地方政府或政府授权机构通过行政权力设置市场壁垒，人为地削弱地区外经营者竞争能力的行为。具体表现为禁止一个区域的经济实体到另一个区域进行交易，或者在其他方面限制区域间交易，以保护本区域企业免受竞争的压力，维护本区域资源和利益。为达到此目的，政府及其所属部门往往采用各种手段禁止外地产品流入本地市场，如利用税收、价格、信贷、工商管制、质量监督等手段，对外地商品设定歧视性收费项目、歧视性收费标准和技术措施，或在道路、车站、港口、航空港或者行政区域边界设置关卡或者采取其他手段，阻碍外地商品进入或者本地商品运出。通过这些手段对商品流通的地域、资金、技术、人员的流动和企业跨地区联合进行限制，以提高对方的经营成本。地区垄断在各国的行政性垄断中都是一种最严重的形式。

2. 部门垄断

部门垄断是政府行政部门，特别是行业主管部门利用其合法拥有的权力资源，如行政许可、生产要素的分配、投资审批等限制企业竞争的行为。部门垄断还表现为把行政职能与经济实体结合起来，将行政权力和职能无法律依据地授予企业形成行政性公司。行政性公司采用了公司的形式，但兼具行政权和经营权。这些公司政企不分，官商合体，享有诸多特权，在市场竞争中处于绝对优势地位，极易产生控制、限制市场竞争的行为。

3. 行政性强制交易

行政强制交易行为指行政垄断的主体直接以行政权力为根据而发生的经营行为，包括政府及其所属部门通过限定他人与其指定的市场主体进行交易，或者使得这些经济实体在同一市场中与其他经济实体相比处于更加优越的特权地位。这种指定没有任何法律依据。利用行政权力强制交易还包括没有法律依据地通过行政命令要求对特定买方优先供应商品或优先签订合同的行为。

4. 行政性限制竞争协议

行政性限制竞争协议是指政府及其所属部门或者授权的公共组织与其他的行政机关或者经营实体签订控制价格、划分市场范围、限制其他经济实体进入市场或将其排除在市场之外的任何形式的协议，或者政府行政部门通过行政手段强制经济实体签订限制竞争的协议。由于采用了行政的方法，该种协议要比企业自身确定的协议更加稳固，对市场竞争的危害也就更加严重。

政府行政权力大量进入市场层面，使得原本并不利于企业自主经营的行政干预这时却成了本地企业的保护神。政府机关以合法拥有的投资权、资源权、财政权限制外地经营者的活动，使其支持的企业得以垄断经营，并获取高额利润。① 这给社会经济秩序和消费者带来的损害与市场垄断并没有区别。

(二) 行政性垄断的性质

行政性垄断是市场经济体制下公权力异化和蜕变的产物,它本质上是一种公权力与私利益结合,并共通谋取不正当利益的反竞争行为。② 行政性垄断以保护某些特定的竞争者的利益为目的而动用公权力对市场竞争加以干预,不仅直接损害了市场中的其他竞争者的合法权益,更严重损害了市场竞争机制的功能,使市场失去应有的竞争,从而降低市场资源配置和利用的效率。从这一意义上讲,行政性垄断实际上仍然是一种市场性垄断,只是产生这种垄断的力量来自于行政权力而已。由此可见,行政性垄断其实并不是传统意义上的行政行为,而是一种与一地区或一部门的经济利益紧密相连的、以行政权力为依靠的市场行为。观察那些滥用行政权力限制排除竞争的现象就可以看出,凡是存在行政性垄断的地方和部门,就一定存在政府庇护下的利益集团私利的膨胀。表面上是政府的行政行为,但该种公权力的行使带有明显的经济目的,为了实现一定利益团体(地方或部门)的私的利益,政府的行政权力超越了其应有的界限。向市场进行政性垄断实质上是政府不当干预市场经济的典型表现,因而是一种异化了的行政行为。私权获取垄断利益的需要,借助了公权的力量得以实现。在"形式合法"、"程序正当"的掩盖下所出台的具有限制竞争和排除竞争效力的政府法规、行政命令或措施,使市场竞争机制受到了远比经济性垄断更严重的损害,对于这些看似行政又非行政的垄断行为,人们没有理由不怀疑隐藏其形式背后的真实目的。经济学关于"经济人"有限理性的理论告诉我们,在争取利益的过程中企业会不择手段,包括俘获政府行政机关的公权力。

上述情况表明,政府滥用行政权力实施市场垄断的行为并不能通过简单的行政命令方式制止,但又非依靠市场竞争的机制可以自行消除。正由于它兼有公权力和市场力量的双重性,才必须以维护市场竞争机制为宗旨的法律——现代竞争法对其进行规制才最为有效,也最具实际意义。③

(三) 行政性垄断的危害

行政性垄断行为的危害具体有以下几个方面:

---

① 两个典型的例子就是:1998 年电信行业引入竞争后,由一家垄断变为多家企业相互竞争的局面。但垄断仍然存在。电信服务的定价权、市场分配权、消费方式指定权等仍由一两家国有独资的超大型公司决定,切断了进入市场的可能。这些权力是政府赋予它们的。尽管技术问题早就解决,单项收费的套餐已经比比皆是,但是该部门还是表示,单项收费要两年之后才能完成。2001 年,中石化和中石油两大成品油集团垄断了全国的石油产品零售专营权也是一例。

② 参见徐士英:《政府干预与市场运行之间的防火墙》,载《华东政法大学学报》2008 年第 2 期。

③ 参加徐士英:《反垄断法规制行政性垄断是我国的必然选择》,载《中国工商行政管理》2007 年第 6 期。

1. 行政性垄断扭曲市场机制

行政性垄断大多是为了本地区、本部门的利益运用行政权力,人为地设置障碍,肢解和割裂市场,无法形成开放统一的市场体系。这种行为必将扭曲市场机制的有效运转,使市场失去应有的资源调节功能,降低资源配置的效率。

2. 行政性垄断违背公平竞争原则

行政性垄断是通过不正当行使行政权力,在市场上人为制造出地位不平等的竞争者,对企业的经营或加以特别保护,或进行强制干预,或滥用行政命令强制企业从事限制竞争的行为。这不仅与公平竞争理念相悖,从本质上抹杀了市场竞争的精神,也使企业的利益受到侵害。

3. 行政性垄断削弱企业竞争能力

行政性垄断从表面上看似乎可以维护局部的利益,但这种做法恰恰忽视了利益产生的根源——企业竞争机制的培育。它是以牺牲整体利益、长远利益作为代价的。有了政府的保护或者压制,企业在市场上失去了竞争的动力和压力,创新机制减弱,腐朽力量增添,影响社会经济的发展。

4. 行政性垄断背离 WTO 规则

行政性垄断是直接违背 WTO 基本原则的。通过政府行为实施的地方保护、差别对待等做法与 WTO 规定的"国民待遇原则"、"透明度原则"、"公开原则"是完全相背离的,随着我国加入世界贸易组织,遵守 WTO 的原则、减少国家对经济活动的行政干预和保护已经成为一项重要的义务。破除地方保护主义,建立社会主义统一市场正是我国实施 WTO 基本原则的具体表现。

二、行政性垄断的成因分析

(一) 政府干预主义

虽然行政性垄断产生的直接原因是行政权力的滥用,但是最根本的原因在于现代市场经济中国家公权力干预市场经济运行中出现的政府失败。反对行政性垄断之所以是世界性共同的话题,原因在于现代国家职能转变过程中出现的"政府失灵",即政府不当干预经济造成的后果。在资本主义市场经济中出现了"市场失灵"之后,人们看到政府可以成为一种调节经济的力量。但政府职能的全面转变造成的另外一个后果就是直接导致行政权力有机会全面进入市场。一旦政府的公权力普遍且深度介入市场,政府(或其授权的组织)就有足够的能力去夸大和促进与它有着利益关系的经济单位的发展。[①] 这就"潜在地存在着严

---

① 不管这种利益是经济还是政治的,政治利益最终也将转换为经济利益。

重扰乱经济生活和扭曲资源配置的可能性,造成市场经济的效率降低"[1]。经济转型国家如我国源于传统计划经济体制下政府大包大揽,对经济过度干预的结果使得行政性垄断的产生具有十分顽固的现实基础,不仅政府的干预已成惯性,即便企业也往往愿意从政府的经济干预中得到利益。当双方的利益互相吸引并达成一致时,就会出现地方保护主义等行政性垄断的现象。

(二) 利益多元化

市场经济体制是一种既有国家宏观调控,又有地方、部门和企业自主运行的多元化体制,这种体制形成了利益多元化。企业利益又与地方、部门利益息息相关,这与市场经济要求的统一性和流通性在客观上具有矛盾。尤其是在我国经济转型过程中,在财政税制改革以后,地区或部门的财政收入往往成为衡量地方经济发展的重要指标。而地方企业是地方政府财政收入的重要来源,政府竖起羽翼将地方企业置于行政权力的保护之下,采取种种"优惠"政策,帮助本地企业占领市场,限制外地企业和商品进入的现象是十分普遍的。[2] 当然,利益多元化是形成行政性垄断的重要原因,但并不是必然原因。它是某些行政机关片面追求局部利益的结果。

(三) 权力寻租

"寻租"一词最初是在经济学分析政府运用限额来控制本国进口和外汇供给产生垄断利益时所提出来的,后来公共选择学派扩大了"寻租"一词的含义。其代表人物布坎南和布洛克认为政府运用法律或行政手段对财富进行再分配或对经济活动实施管制时,就会人为地造成"权力"稀缺而形成"租金",寻租就是寻求这种租金的活动。如前所述,现代市场经济中政府对经济生活的干预成为权力寻租产生的一个基础条件。政府对产品价格管制和对市场进入的限制,往往成为寻租的根源。在我国经济体制转轨时期,体制内部本身存在着矛盾,行政权力广泛存在于微观经济运行层面。政府对产权的分配还是大量依行政手段进行,行政机关的行为带有很大的随意性。[3] 为了谋取自身利益,行政机关和官员就会利用自己所控制的权力进行产权安排以谋求比较狭隘的局部利益。经济学理论证明,政府决策(公共选择)也与私人选择一样,在决策过程中具有被俘获的可能,并向利益集团靠拢。

---

[1] U. S. Supreme Court Columbia v. Omni Outdoor Advertising Inc., 499 U. S. 365 (1999). Certiorari to United State Court of Appeals for the Fourth Circuit No. 89-1671.
[2] 参见李黎:《行政性垄断的成因及其规制研究》,载《新闻月刊》2003年第6期。
[3] 参见周书会:《行政垄断之成因分析》,载《湖北社会科学》2004年第2期。

三、行政性垄断行为的法律规则

(一) 反垄断法规制行政性垄断的意义

曾经有人主张,行政性垄断只是经济转型国家在经济转轨过程中特有的现象,以此质疑反垄断法规定"行政性垄断"的必要性。研究表明,政府公权力和市场力量在限制竞争方面相互结合的现象是所有市场经济国家所共有的。即使是市场经济相当成熟的国家,也同样不可避免出现这种公权与私权结合产生的政府限制竞争行为。日本在地方建筑项目的招投标中频频出现政府指定招标,或者政府与某些投标者勾结的事件,遭到公平交易委员会(JFTC)的制裁已经不是偶尔的现象。由于政府官员的行为被认为构成了"在操纵投标过程中的限制或防止行为"定义下的操纵投标行为。JFTC要求地方政府依据《独占禁止法》的规定,采取必要措施确定并防止所涉限制竞争的行为。[1] 美国在反托拉斯法诉讼中概括了公权力和市场力量结合限制竞争的几种类型,如私人引诱政府作出的限制竞争的行为、政府部门制定限制竞争的政策和制度的行为以及经政府批准同意的由私人实施的限制竞争行为,它们都被纳入了反托拉斯法的规制范围。[2] 欧共体对政府权力滥用的规制更加凸显,在欧盟竞争法(《罗马条约》第86条)的规定中,成员国不得对其国有企业以及其他享有特权或者专有权的企业采取背离欧共体条约,特别是背离欧共体竞争政策的任何措施。从国际竞争的角度来看,国家的公权力和私人垄断结合的垄断行为更是受到密切的关注,私人企业游说政府通过有利于少数利益集团的政策就是这种权力结合的典型。[3] 目前国际社会出现以竞争法律约束公权和私权结合限制竞争的发展趋势,[4] 在WTO谈判中对于在世界贸易组织的框架下建立竞争规则的提议,正是对这种趋势的回应。

因此,只要一个国家的政府对经济进行干预和调节,就有可能存在政府失灵。而当这种"政府失灵"与"市场失灵"一样严重影响市场的竞争秩序时,政府机关、国有企业以及各种授权承担管理职能的公共组织就应当顺理成章地成为竞争法的调整对象。这是政府干预经济造成的行政行为经济化对法制的客观需

---

[1] 日本公平交易委员会关于参与Iwamizawa City建筑合同的招投标者以及应Iwamizawa City市长请求采取的纠正措施的建议,参见"第五届竞争法与竞争政策国际研讨会"资料。

[2] See Ernest Gellhorn & William E. Kovacic, Antitrust Law and Economics in a Nutshell, West Group, p.481.

[3] 如为了抵制美国产品进入日本,日本政府赋予富士胶卷垄断国内市场的权利。参见王欣新、王斐民:《论政府滥用权力限制竞争的反垄断法规制模式》,http://www.civillaw.com.cn/article/default.asp?id=21425。

[4] 欧洲制药工业对于政府制定在药品专利到期之前不允许测试的立法施加压力和游说就是典型的例子。

求。在政府干预和市场运行之间砌起一道防火墙是必不可少的。关键问题是如何有效规制行政性垄断。事实证明,反垄断法是规制行政性垄断的有效途径。把这种公权与私权结合的垄断方式规定进去,直接明确行政主体滥用公权力限制市场竞争的法律责任,而不必仅因关注行政行为程序和形式的合法性导致难以确定其限制竞争性质的违法性,这是具有时代性意义的必然选择,绝非权宜之计。俄罗斯、匈牙利、乌克兰等国家的反垄断法把联邦政府和部门都纳入了法律规制的范围,表明这不仅是深化体制改革的需要,更是顺应时代发展趋势的需要。因此,我国在《反垄断法》中专章规制行政性垄断无疑是必然的选择,也是明智和正确的选择。[1]

（二）行政性垄断的构成要件

1. 主体要件

行政垄断主体表述为行政机关及被行政授权的其他组织是科学的,[2]这里的行政机关是指地方政府和政府部门。中央政府的垄断行为不属于行政性垄断,而属于国家垄断。国家垄断在世界各国都不同程度地存在,并且都受法律保护。但是这种垄断行为由于特定的目的仅限于重要的行业和产品,并且根据不同时期的实际情况,垄断的范围也会作相应的调整。值得指出的是,行政性垄断的主体是行政机关,不能笼统称为国家机关。因为国家机关除了行政机关,还包括权力机关（立法机关）和司法机关,它们不属于反垄断法规制范畴。

2. 主观要件

行政性垄断的主观要件是行政权力的滥用,即行政性垄断行为的违法性。构成此要件需要注意以下两方面的内容:第一,滥用行政权力的行为,既包括行政机关的不当行政行为,也包括越权行为。第二,行政权力的滥用方式多种多样,主要表现在三个方面:一是排除性,即在一定经济领域里,使某些市场主体的经营活动难以继续进行,包括现实的排除和有发生排除后果的可能性;二是支配性,即对市场主体的经营活动进行制约,直接或间接剥夺市场主体的经营自主权;三是妨碍性,即对公正平等的竞争秩序的妨碍,指存在着给竞争带来不良影响的危险性,而不必已经发生了结果。

我国《反垄断法》对行政性垄断的界定使用了《反不正当竞争法》中已经运用的"滥用行政权力"的同样概念。从语义上理解,"滥用"就是不正当地、超出合理边界地行使行政权力。至于是否是非法的,学术界和实务界则有着不同的

---

[1] 正如著名竞争法专家、美国纽约州立大学 Fox 教授所评价的,"反垄断法规制行政性垄断体现了法律发展的趋势,中国规制行政性垄断的立法算得上是真正意义上的现代反垄断法"。Eleanor M. Fox, An Anti-Monopoly Law for China—Scaling the Walls of Protectionist Administrative Restraints, Peking L. Rev., July 11, 2006.

[2] 参见沈菊生:《简论行政垄断构成要件》,载《中共银川市委党校学报》2005 年第 3 期。

理解。大多数人认为行政性垄断既然是一种滥用行政权力的行为,应该是非法的。① 但也有人质疑,行政性垄断只是表明政府凭借公共权力排除或限制竞争的社会现象,并不一定产生消极的市场后果,政府的行政行为(只要形式和程序并无不当)即使限制竞争行为,也不能一概界定为非法性质。关键的问题是如何正确理解"滥用"(行政权力),认定"滥用"的边界和标准是什么?是仅指超越行政权限?还是指违反行政程序?抑或两者均无不当,只是行使权力的目的有错、后果严重?② 笔者认为,行政性限制竞争行为可以从广义上理解,包含一切利用行政权力进行的限制竞争的行为,自然涵盖合法垄断与非法垄断;但"滥用行政权力排除限制竞争",是特指这种行政权力的行使导致了严重的市场混乱,故为"滥用",应该是非法的垄断。在《反垄断法》中需要规制的是狭义的"滥用"行为,这些行为既不属于政府为实现对国民经济的宏观调控而采取的产业政策和社会政策,也不是政府为维护社会经济秩序进行的正常管理活动,而是出于一地区一部门的利益而限制和排除市场竞争的目的,③ 或者是为了实现某一利益主体的私利,对竞争进行行政干预。但由于政府正当的管理行为与限制竞争的行政性垄断联系甚为密切,且有着不少相似之处,如政府的经济调控行为、政府实施产业政策的行为、政府在经济转型过程中的改革行为等,这些行政行为往往有着"为社会公共利益考虑"的名义,很难把它们绝对区分开来。因此,判断行政性垄断的标准就不应该是表象的东西,而应该是关注其是否具有以获得竞争优势为目的,是否造成严重影响市场竞争秩序的后果。美国联邦最高法院的观点也许可以给我们提供参考:针对某州政府关于"反垄断法只适用于保护公众利益不受私人企业垄断的危害,而并不适用为公众服务而存在的政府行为"的观点,法院表明了其立场:"虽然由政府拥有的公共企业经营的目标是为大众服务的,但就其经营运作的商业性质而言,最终目的的选择依然是为一个范围之内的利益者全体获取最大利润。从这一点看,它与私营企业为其自身和股东的利益为最高准则的经营方式没有什么差别","如果市政府在某起商业活动中任意以其单方面地区利益为中心,而不考虑其行为的反竞争结果,必然会造成严重违反国会为国家利益所设立的反垄断法"。④ 由此可见,反垄断法在判断行

---

① 参见郑鹏程:《行政性垄断的法律控制研究》,北京大学出版社2002年版。
② 参见杨品兰:《行政性垄断问题研究述评》,载《经济评论》2005年第6期。
③ 公共选择理论研究成果表明,政府是由人组成的,政治决策者与市场决策者一样也是理性的、自利的经济人,政府的公共选择与私人选择并没有实质性的差别,政府官员同样会运用他们的权力谋求自身利益最大化,传统经济学把政府及其官员视为完美无缺的假设是错误的。事实上,政府在决策过程中也会向某些利益集团靠拢。当双方的利益互相吸引并达成一致的意愿时,就会出现我们最不愿意看到的地方保护主义等行政性垄断现象。
④ Cited from Eleanor M. Fox, An Anti-Monopoly Law for China—Scaling the Walls of Protectionist Administrative Restraints, Peking L. Rev., July 11, 2006.

政行为是否构成限制竞争行为时,应以是否"以限制和排除竞争为目的"并实际产生了这样的后果为判断的标准。

3. 客观要件

行政性垄断的客观要件是对竞争的实质性限制和损害,即行为的危害性。确定行政性垄断的危害性可以从两个方面认定:一是相关市场主体的竞争受到实质性限制。比如,地方政府采取优惠政策扶植本地弱小企业,对外地企业采取歧视政策限制外地商品进入本地市场。二是相关市场主体的经济利益受到损害。比如,政府和有关部门对享有销售权的全民所有制工业企业的产品采取封锁、限制和其他歧视措施,致使该企业的产品销售受阻,产品积压,资金周转不灵,预期的经济效益未能实现,濒临破产。只有具备以上两方面的因素,同时证明行政机关滥施的行政行为与以上两个方面存在因果关系时,垄断行为的危害性要件才能成立。

以上三个要件是判断行政性垄断的根本标准,缺一不可。如果政府行为具备上述基本构成要件,那么则可以依法认定为行政性垄断行为并依法给予相关主体法律处罚。

(三) 行政性垄断的法律责任

规制行政性垄断的关键在于对行为主体法律责任和具体处罚的规定。行政性垄断行为有的是通过具体的行政行为实施的,如强制性交易、设置关卡等,但更多的则是通过抽象行政行为实施,如政府通过行政程序制定含有排除或者限制竞争内容的政府令和行政规章,妨碍市场公平竞争。因此,对行政性垄断的法律责任也就分为对具体行政行为的规制和对抽象行政行为的规制。

1. 具体行政行为的法律责任

这类行为的法律责任一般和市场垄断主体行为的责任相同。如俄罗斯反垄断法规定,不论是商业性组织还是联邦行政权力机构、俄联邦各部门的行政权力机构、市政当局以及公民,只要违反反垄断法的规定,都应当根据联邦反垄断法当局的处理意见,承担相应的法律责任。这些责任包括行政责任、刑事责任和民事责任。如反垄断当局可以作出停止违法行为、责令改正、消除影响、上缴非法所得、宣告限制竞争的协议无效、以分解的方式重组等决定[①]。根据法律规定通过程序强行征收罚金或发出警告,对于限制竞争行为的直接责任人员,情节严重的还可以追究其刑事责任,并规定直接责任人员的罚金。行政性垄断的受害方可以向受益方要求经济赔偿。匈牙利《禁止不正当竞争法》规定,如国家行政机构的决议损害了竞争的自由,竞争监督机构可以作为一方当事人请求法律救济。我国《反垄断法》规定,行政机关和法律、法规授权的具有管理公共事务职能的

---

① 参见尚明主编:《主要国家(地区)反垄断法律汇编》,法律出版社2004年版,第146页。

组织滥用行政权力,实施排除、限制竞争行为的,由上级机关责令改正;对直接负责的主管人员和其他直接责任人员依法给予处分。反垄断执法机构可以向有关上级机关提出依法处理的建议。法律、行政法规对行政机关和法律、法规授权的具有管理公共事务职能的组织滥用行政权力实施排除、限制竞争行为的处理另有规定的,依照其规定。

2. 抽象行政行为的法律责任

对于政府颁布限制竞争的法令和决议等,造成市场竞争受损害的,各国反垄断法通过设定特别的规定加以规范。如俄罗斯反垄断法规定,联邦行政权力机构、联邦各部门的行政权力机构、各市政当局限制竞争的法令和行为,与反垄断法规相抵触或者因这类机构不履行或不恰当履行其职责而使经济实体或个人受到损害时,应该通过民事法规消除这类损害。这类机构的行为包括:采取专门针对外地商品的审批、许可等手段,限制外地商品进入本地市场;在市场准入方面采取同本地经营者不平等待遇等方式,排斥或者限制外地经营者在本地投资等。我国虽然在立法上禁止行政机关滥用行政权力制定含有排除、限制竞争内容的规定,但是没有具体规定此类行为的法律责任。

3. 我国反垄断法对于行政性垄断法律责任的规定

与《反垄断法》中对行政性垄断行为的界定相比较,其法律责任的规定显得微弱。《反垄断法》第51条规定,违法者将被"上级机关责令改正"、对"直接负责的主管人员和其他直接责任人员依法给予处分"。这表明法律并没有将行政性垄断的处罚权力赋予反垄断法执法部门,而采用由行政系统内自我监督的责任形态。我国《反不正当竞争法》的实施已经表明该种规定作用十分有限。不少行政行为就是在上级机关的旨意或默许下实施的。建议在《反垄断法》实施中加以补充和细化。

第一,借鉴俄罗斯的经验,赋予反垄断法执法机构直接提起诉讼的权利。[①]即通过司法纠正行政行为。尤其是对于政府抽象行政行为的撤销更为重要,因为行政垄断"赋予"某些经营者的"市场地位"是通过行政程序进行的,具有永久(至少是长久)性和不可替代性,它无法随市场机制的成熟而消除。因此,必须在行政性垄断诉讼中,通过司法审查制度加以消除,才能有效制止和防范。

第二,应采用《反不正当竞争法》中关于"处罚受惠者"的规定,使依傍行政权力指定交易获取高额利润的经营者受到阻却。设定对"受益者"的罚没违法所得和行政罚款的责任,有利于使那些已经或者企图依傍行政权力的庇护或指

---

① 俄罗斯新修订的反垄断法设专章对政府部门行政行为及其诉讼程序作了规定,对行政机构对经济活动的不当干预,反垄断法机构有权将地方政府领导告上法庭。参见桑林:《行政性垄断的表现形式及其法律规制》,载《中国工商管理研究》2007年第6期。

定交易进行不公平交易,从而获取高额利润的经营者受到足够的阻却,起到制止行政性垄断的效果。①

第三,明确反垄断法执法机构的处罚建议权。《反垄断法》规定:"反垄断执法机构可以向有关上级机关提出依法处理的建议。"这显然是对行政措施难以奏效的一种弥补。但需要明确的是,反垄断执法机构认定对市场竞争进行排除和限制的违法行政行为的具体权限和程序,必须可以进行市场调查,从而提出处理意见和救济措施的建议。在认定限制竞争后果时,建议应根据受惠方与受害方之间的损益进行。对后果的消除方式应以撤销行政规定为主。

第四,建立抽象行政行为的司法审查制度。行政垄断源于滥用行政权力特别"给予"某些经营者进入市场和维持垄断地位的"特殊优惠",其他经营者失去通过竞争进入市场的机会。获得"优惠"的企业在市场中的优势来自权力,因而是通过行政程序所赋予的,这种地位具有稳定性和不可替代性。因此,建立常规的司法审查制度是十分必要的,在宪法法庭缺位的情况下,可以设立专门的市场法庭(如瑞典),进行消费者保护、反垄断审查等。② 日本、欧盟也有不少经验值得借鉴。

第五,建立受害者的民事赔偿制度。依照《反垄断法》第50条的规定,"经营者实施垄断行为,给他人造成损失的,依法承担民事责任"。这当然可以理解为同样适用于行政权力滥用限制竞争的行为。实施细则应当就此作出明确解释。这样,消费者和被排挤的经营者就有动力检举违法行为,并且诉诸《反垄断法》的保护,从而大大提高法律救济的效率,也会对行政性垄断起到制约作用。

第五节 知识产权滥用行为法律规制

伴随着市场竞争的日趋激烈,知识产权在传统的法律保护框架内逐步出现滥用倾向。知识产权滥用不仅打破了传统法律的权利保护与权利制约均衡局面,也严重影响了市场竞争秩序。因此,世界上很多国家开始建立相关法律制度对知识产权滥用行为加以适度规制。

一、知识产权滥用概述

知识产权本身是知识专有权和知识共享权的相互制约的统一体和平衡体。在打破对知识产品的专有与共享的利益平衡的情况下,知识产权就难免被滥用。

(一) 知识产权滥用行为的概念

知识产权源自个人的创造性智力劳动,虽然它也担负着促进整个社会科学

---

① 参见桑林:《行政性垄断的表现形式及其法律规制》,载《中国工商管理研究》2007年第6期。
② 参见王晓晔:《竞争法学》,社会科学文献出版社2006年版。

技术发展和文学艺术繁荣的使命,但本质上是一种私权,在立法方式上是通过赋予一定的专有垄断权来保护私有的智力劳动成果。随着现代科技文化的飞速发展,市场竞争的日趋激烈,知识产权被不恰当地使用,超出合理、合法的限度,成为限制竞争的工具,在法律适用的过程中,知识产权保护与维护竞争秩序的冲突就凸现出来。举世瞩目的微软垄断案就是一例。微软公司曾面临"滥用计算机软件知识产权"、"用反竞争的手段维持在操作系统市场的垄断地位"、"将网络浏览器与视窗捆绑销售"等多项指控。滥用知识产权是相对于知识产权的正当行使而言的,它是指知识产权的权利人在行使其权利时超出法律所允许的范围或者正当行使的界限,导致对该权利的不正当利用损害他人利益和社会公共利益的情形。①

（二）知识产权滥用的危害性

随着市场竞争的日趋激烈,知识产权滥用现象开始出现并有继续蔓延与加剧的趋势。一些掌握核心知识产权的跨国公司,将两种或两种以上产品捆绑成一种产品进行销售,消费者或者其他经营者为了得到自己想要的产品就必须同时购买其他产品或者接受附加不合理的条件。② 有的知识产权权利人利用自己所拥有的专有权,拒绝在合理的条件下将相关技术授予许可给其他竞争对手使用,从而达到排除竞争对手、巩固和加强自身垄断地位的目的,例如思科利用其优势地位设置了相当数量的"私有协议"而且是不开放的,拒绝授权任何第三方使用。这与作为通讯产品应该互联互通的基本要求是相冲突的。这实际上是对技术标准的滥用。还有的知识产权权利人进行交叉许可限制竞争,例如6C指控我国DVD厂家专利侵权事件。这些知识产权滥用行为不仅严重影响了市场竞争制度,更是严重制约了技术的创新与发展。

（三）知识产权保护与规制价值的一致性

效率是知识产权保护和反垄断法的共同价值目标,不论是知识产权法在赋予垄断权和对垄断权进行内部限制的制度安排中,还是作为维护自由竞争的反垄断法在对垄断行为进行外部调整的规制中,两类分属不同法律部门的法律规范实现着一个共同的目标——效率。知识产权作为特定的知识财产创造者依法获得的一定的垄断权,实际上是国家通过相应的法律制度来避免出现无偿利用他人智力成果的"搭便车"行为。因为,没有知识产权保护,科技文化的创造与

---

① 参见王先林:《知识产权与反垄断法》,法律出版社2001年版,第92页。
② 例如微软在与全球经销商签署排他性协议时,条款中明文规定关于实施权的取得,是以被授权人向授权人或其指定的第三人购买实施著作权所必要的原料、零件或其他不在著作权授权范围内的无著作权或有著作权保护的物品为条件的,尤其是利用视窗95的授权契约,要求个人计算机制造厂商必须附加安装微软的IE浏览器,作为微软继续供应视窗95的条件。同时微软公司利用其产业和技术优势,捆绑销售浏览器、杀毒软件等。

革新就成为一种公共产品。知识产权保护就是将公共产品转变为私人物品，"搭便车"不再可能，从而增加创造与革新，提高社会效率。正如美国经济学家波斯纳认为的，如果生产厂商预见到无法补偿其发明成本，他就不会从事发明；如果他不能收获，他就不会播种。① 可见，知识产权法要维护的就是这样的社会整体效率。

但是任何垄断总会影响市场经济自由竞争的格局，阻碍其他企业的进入，知识产权垄断也不例外。过度的垄断会抑制垄断企业和其他相关企业进一步开发研究的动力，从而在整体上造成了社会效益下降。"即使是对知识产权完全合法的使用也会限制竞争，至少在短期如此，因而要保持一种在增加竞争的获益和未来革新的所得之间的平衡。"② 这种平衡，就是法律对保护知识产权的"度"和"效率"进行比较、权衡和取舍的结果。为了总体效率，有时不得不牺牲某些市场主体的经济利益，而这些经济利益从个体的角度看是合理的。因此，垄断法正是以保护自由公平的竞争并以此来促进和推动社会整体经济效益的提高作为要达到和实现的目标。一个有效的反垄断机制，可以通过减少市场的障碍促进竞争，推动经济发展；而一个富有活力的竞争机制，又可以激发创新能力，进而推动技术创新，引发新一轮的经济发展。

二、知识产权滥用的表现形式

知识产权滥用行为在社会实践中的表现形式是多样化的，总体上可以分为三大类型。

（一）不正当维持独占行为

知识产权人不正当维持其知识产权的独占行为是滥用知识产权的主要表现形式，它是指知识产权人自己不利用独占的技术，也不允许他人使用，以不合理的条件拒绝他人使用或者许可他人使用的条件过于苛刻。许可或者不许可他人使用其权利，是知识产权人的专有权，通常情况下，拒绝他人使用其权利并不违法。就如五十多年前美国联邦最高法院指出的：专利权所有人并不是站在公众利益的受托人的地位上，也不承担检查公众是否有权获得使用发明的义务。它既没有义务使用发明也没有义务保证发明被其他人使用。③ 但从维护社会整体利益和公平竞争的角度看，由于知识产权人的独占维持行为，致使知识产权的权利标的长期闲置，妨碍其他人采用同样技术实施竞争，这不仅限制甚至消除了竞

---

① 参见〔美〕理查德·A.波斯纳：《法律的经济分析》（上），蒋兆康译，中国大百科全书出版社1997年版，第47页。
② The Executive Summary in OECD, Competition Policy and Intellectual Property Right, 1998 (supra, n.1), p.7.
③ 参见徐士英、孙湘蕾：《知识产权领域中的反垄断问题》，载《当代法学》2000年第23期。

争,更为严重的是将阻碍社会进步和损害消费者可以从中分享的利益。

(二) 滥用知识产权限制竞争行为

(1) 交叉许可。交叉许可是权利人将各自拥有的知识产权相互授予对方实施,这类协议容易促进技术之间的优势配合,减少交易成本,增强技术的传播和应用,通常是有利于竞争的。但是许可方禁止被许可方向任何第三方发放许可证,则构成封闭式的交叉许可,具有排斥其他竞争者或者潜在竞争者的性质。

(2) 联营协议。联营协议主要是指多个专利权人为共享专利技术之目的所形成的联合体。由于参加联合体的成员经常是彼此间具有竞争关系的竞争者,具有共同的目的,如果该协议对参加者施加了关于技术研究开发领域、授予许可当事人或者可以使用的技术的共同限制,或者对关于专利产品的销售价格、生产量、销售渠道的共同限制,将实质地限制特定产品市场上的竞争。

(3) 回授要求。回授是指要求被许可方在对合同标的技术有所改进或取得新的知识产权时向许可方报告、让与或授权使用。这种回授如果是排他性的,就剥夺了被许可方向第三方转让新技术的自由,其目的在于确保许可方对新技术的垄断优势,会影响被许可方从事技术改进的积极性,削弱创新市场中的竞争。

(4) 限制地域。限制地域是指在知识产权许可时,限制被许可方只能在特定的地区使用授权的知识产权。地域限制本身是知识产权效力的一部分,只要是在某一知识产权的有效范围内的限制不会违反竞争法。但是,如果知识产权人企图瓜分市场,或者许可人将这种限制延伸到不受知识产权保护的范围,则明显限制了竞争。

(5) 限制使用范围。是指许可人对被许可人依其知识产权的产品用途、范围和消费者进行限制。如果使用范围由当事人独占使用、也没有其他较少限制的方法可代替而导致分割市场,则严重限制了竞争。

(6) 限制数量。是指被许可人被要求在生产某些产品时限制产量,包括最低数量限制和最高数量限制。知识产权的许可就是希望被许可人能善加利用,如果产量少,就不符合许可人的经济利益要求。最低数量限制不构成违法,而最高数量限制一般具有限制被许可人参与竞争的效果。

(7) 不质疑条款。不质疑是禁止被许可方对知识产权的有效性提出质疑。被许可方在实施知识产权过程中容易了解该技术是否具有知识产权所要求具备的条件,因而最可能成功地提出异议。限制被许可方任意提出异议,有促进权利人许可他人实施知识产权积极性的作用。但该条款有可能被许可方利用,将失效的或有重大瑕疵的知识产权许可给他人使用,借以垄断市场,获取非法竞争优势之嫌。

(8) 不竞争条款。即规定被许可方不得从其他来源获得与合同标的类似的技术或与之相竞争的同类技术,或者限制被许可人与相关企业就相互竞争的产品在研究、开发和生产上的竞争。该条款能促进许可技术的实施和进一步发展，但亦会封闭互相竞争技术的使用和改进，限制被许可企业的自由，阻碍这些技术之间的正当竞争。

（9）搭售。即要求被许可方在接受其所需标的许可的同时，亦须接受其他标的使用许可。搭售的本质是将某个市场支配地位扩大到被搭售的产品市场上，从而不公平地限制这些产品或服务的竞争，使其他企业无法进入某一市场或者无法凭借竞争实力扩大其业务。

（三）滥用知识产权加剧市场力量集中

市场力量集中直接导致市场竞争者的减少，有利于少数企业形成市场支配力，影响有效的市场结构。在企业合并中，知识产权作为一种重要的资产在不同主体之间发生转移或重新组合，如果参与合并的一方或各自拥有某项知识产权或独占性许可，其他企业进入该市场无疑要受到合并后企业的限制。[①]因此，拥有关键知识产权的企业之间的合并可能提高其他企业进入市场的障碍，从而限制相关市场上的竞争。在美国"瑟巴—格基（Ciba-Geigy）与桑多兹（Sandoz）合并案"[②]中，合并双方控制了使基因治疗产品商业化所必需的关键知识产权，联邦委员会认为潜在挽救生命的疗法的竞争性发展因企业合并而受到了阻碍。在合并方同意将基因治疗技术、技术秘密和专利权一揽子许可给第三方，使其他企业能够与合并企业进行竞争的前提下才批准了该合并。由此可见，知识产权的取得往往是形成市场支配力的重要因素，如果不加以控制，对市场竞争会造成重大的影响。

三、法律对滥用知识产权行为的规制

知识产权滥用现象早已引起各国法律的关注，很多国家通过相关途径建立了知识产权滥用规制的法律制度。

（一）传统法律资源对滥用知识产权行为的规制

1．民法对知识产权滥用行为的规制

虽然《与贸易有关的知识产权协议》在前言明确提出"承认知识产权为私权"的原则，但作为一种民事权利，"个体知识产权的行使，不仅与有效竞争的理念存在冲突，而且也极易与民法上的公平、诚信和公序良俗等基本原则发生背离"[③]。所以，知识产权的滥用也受到民法的规制。民法上对权利滥用的规制，重点是考虑权利人与相对人双方的利益衡量，它"要求民事活动的当事人在行

---

① 参见王先林：《知识产权与反垄断法》，法律出版社2001年版，第325页。
② See Robert Pitofsky, Antitrust and Intellectual Property: Unresolved Issues at the Heart of the New Economy, 34 Intell. Prop. L. Rev. 643(2002).
③ 丁茂中：《中国规制知识产权滥用的法律研究》，载《河北法学》2005年增刊。

使权利及履行义务的过程中,实现个人利益与社会利益的平衡"①。实际上,在私法领域,为了实现个人权利与社会公共利益的平衡,特别是实现公益性目标,禁止权利滥用原则很早就被确立了。至今大多数国家的私法都确立了限制所有权的权利不得滥用的原则。虽然在知识产权法中很少明文规定这一原则,民法上的权利不得滥用原则对知识产权的行使同样具有约束力。

2. 知识产权法对权利滥用的规制

知识产权法本身在赋予垄断权的同时,又对知识产权垄断权的适度使用提出了相应的制约措施,从法律自身内部对知识产权的垄断权进行了限制,以期建立私人收益率与社会收益率同步的制度,从而实现以技术进步为基础的社会经济的高效发展。

(1) 时间限制原则。在赋予知识财产垄断权的基础上,考虑知识财产的历史延续性和后续利用的成本效率,知识产权法特别规定了知识产权的保护期限,使知识产权拥有的垄断权成为相对的、有限制的、在一定时间限期内的垄断权。"没有合法的垄断就不会有足够的信息生产出来,但是有了合法的垄断又不会有太多的信息被使用。"②各国的知识产权法对专利权、商标权和著作权都规定了一定的保护期限,在法定保护期间届满之后,原权利人就丧失了对其专利、商标和著作的专有权利(除商标权利人依法申请续展外),该专利、商标或著作就进入公共领域,任何人都可以在不经原权利人许可的情况下使用、改进该专利、商标或著作。对知识产权保护的时间性限定,降低了知识财产对权利人的价值预期,迫使权利人在获得现有知识财产的垄断利润的同时加快对知识财产的进一步研究更新,以创造更先进的技术提高自身生产的效率。

(2) 强制许可原则。知识产权只有用于实际的生产和生活才能推动技术进步,促进经济发展。为了防范知识产权人不适当地不使用知识产权,知识产权法安排了强制许可制度。如在专利法中多数国家都采用强制许可的原则,即国家主管机关在一定条件下,未经专利权人同意,依法准许其他单位或他人实施专利人的专利权的制度。

(3) 合理使用原则。合理使用原则是指知识产权权利人以外的第三人在符合某些条件的前提下,可以在未经知识产权权利人同意的情况下,直接使用知识产权,而不受知识产权人的追索。这样可以防止知识产权人无条件地制止他人利用知识财产,减慢知识的传播和利用速度,从而损害社会公共利益,使权利人在某些特定的条件下对其拥有垄断权的知识财产不具有绝对的垄断权。合理使

---

① 徐国栋:《民法基本原则解释——成文法局限性之克服》,中国政法大学出版社1992年版,第90页。

② 〔美〕罗伯特·考特、托马斯·尤伦:《法和经济学》,张军等译,上海三联书店、上海人民出版社1994年版,第185页。

用原则可解决公共利益和私人利益之间的矛盾,在既不损害公共利益又不影响私人利益的基础上实现有效分配资源的最理想状态。

(二)现代反垄断法对滥用知识产权行为的规制

1. 反垄断法规制知识产权滥用行为的意义

反垄断法对知识产权滥用行为的规制与传统法律不同,它主要是从维护公平交易秩序的目的出发,而不是从权利滥用本身出发。对滥用权利行为是否进行规范考虑的是该种行为是否损害了市场竞争的机制。其实,知识产权领域存在垄断的事实本身就表明知识产权与反垄断法之间是存在着冲突的,因为知识产权的行使就是对竞争和市场的一种限制,这是一种合法的垄断。但是,当知识产权人行使这种权利将导致新的市场主体进入受到不正当限制,阻碍社会的创新机制继续发挥作用时,也就是说,知识产权人利用知识产权法定的垄断属性,图谋限制正当竞争的利益而损害社会利益时,知识产权即从法定的垄断权转化为反垄断法所规制的不合法的垄断行为。虽然知识产权法本身也含有重要的公共利益目标,但鉴于其私法性质和调整方式的局限,对该领域的公共利益的维护程度是比较弱的,还需借助于公法的介入。反垄断法作为一种以实现公共利益为目标的公法,从维护社会整体的公共利益目标出发,对超出知识产权合法垄断范围的行为加以禁止,显示出其在规制知识产权滥用行为方面特别的功效和作用。

2. 反垄断法对知识产权滥用行为的规制

为防止知识产权的滥用,一些国家和地区采取了包括反垄断法在内的控制措施。其中,美国司法部和联邦贸易委员会于1995年联合发布的《知识产权许可的反托拉斯指南》(以下简称《指南》)、欧共体委员会于1996年颁布的《技术转让规章》等最具代表性。

(1)美国反托拉斯法对知识产权滥用行为的规制

美国的《指南》集中反映了该领域的法律原则。《指南》就知识产权许可行为可能引起的反托拉斯法问题,系统地说明了其在执法中将采取的一般态度、分析方法和法律适用原则,《指南》总结了执法部门和判例在这一领域积累的丰富经验,阐释了对知识产权许可合同方面的违法行为的追究原则,为公众判断其许可合同行为是否会触犯反托拉斯法提供了指导。[1]

《指南》首先明确界定了知识产权法和反垄断法的关系,指出知识产权法和反垄断法具有共同的目的,即促进创新、增进消费者福利。《指南》提出了处理两者关系的三个一般原则:第一,在确认是否触犯反托拉斯法时,反托拉斯部门

---

[1] 参见王先林:《若干国家和地区对知识产权滥用的反垄断控制》,载《武汉大学学报(社会科学版)》2003年第2期。

将知识产权与其他财产同样对待;第二,反托拉斯部门并不首先假定知识产权产生反托拉斯意义上的市场支配力,即知识产权作为垄断权本身并不直接导致权利人具有市场支配力的结论;第三,反托拉斯部门承认知识产权的许可行为可让企业将各种生产要素整合起来,因而一般是有利于竞争的。鉴于这些一般原则的前提规定,如果一项许可合同有可能对现有的或者潜在的商品或者服务的价格、质量、数量、多样性产生不利影响,就存在是否触犯反托拉斯法的问题,会受到美国反托拉斯部门的关注。在判断知识产权许可合同是否违反反托拉斯法规定时,美国反托拉斯部门一般要进行如下的分析和评估才能得出是否进行规制的结论:第一,分析和评估许可合同可能影响的市场领域;第二,分析和评估许可合同当事人之间关系的性质;第三,分析和评估许可合同限制条款的原则架构。

与美国对于其他限制竞争行为适用的法律原则一样,在对待知识产权滥用行为的规制中,也区别不同的行为适用不同的司法原则。那些通过许可合同限定价格、分配市场或者顾客、维持转售价格、在合同中规定不质疑条款和许可人在知识产权过期或无效后仍要求对方支付提成费等比较严重的滥用行为,原则上适用本身违法原则;而对于其他不正当运用知识产权的行为则适用合理原则。不过在适用合理原则时,《指南》指出了反托拉斯部门应对知识产权许可合同进行分析和评估时的一般因素,包括市场的结构状况、协调和排斥,涉及排他性的许可合同,效率与正当理由,反托拉斯的"安全区"等。同时,对许可合同中常会遇到的一些限制性条款进行具体分析与说明,主要涉及横向限制、维持转售价格、搭售协议、排他性交易、交叉许可与联营协议、回授以及知识产权的取得等条款。

(2)欧盟竞争法对知识产权滥用行为的规制

欧盟竞争法在长期的实践中,确立和发展了关于运用知识产权的基本规则。欧洲法院通过判例在竞争法与知识产权法之间的交界地带划分出三个法律范畴:第一类是"存在"形式,它是成员国当局法律确定授予的知识产权;第二类是得到允许的知识产权的行使形式;第三类是受到禁止的知识产权的行使形式。[①]欧洲法院在判例中指出,《欧共体条约》第 36 条所保护的只是知识产权所有权的"存在"形式,而对所有权的"使用",则应受到条约有关禁止性规范的约束。[②]

欧盟的《技术转让规章》以列举方式明确了欧盟竞争法对知识产权有关的各种技术转让合同几种常见的行为,称为"黑色清单"、"白色清单"和"灰色清单",即原则上违反竞争法、不违反竞争法以及可能违反之虞三种,分别适用禁止、限制和豁免的规定。欧盟《技术转让规章》首先规定了集体豁免适用的条件

---

① See Steven Danderman, EU Competition Law and Intellectual Property Rights, Clarendo Press Oxford, 1998, p.11.
② 参见阮方民:《欧盟竞争法》,中国政法大学出版社 1998 年版,第 282—283 页。

和基本范围,即凡是符合规定条件并在豁免范围内的技术许可协议,不受《欧共体条约》第85条第(1)项的禁止;《技术转让规章》第2条作为"白色清单"条款,列举了一般不影响竞争的许可合同的条款,这些条款的合同可获得豁免;第3条为"黑色清单"条款,规定凡是包含了该条所列举的限制性条款的技术授权许可合同都不予豁免,而且不适用合同无效的可分性规则,以防当事人规避法律;第4条为"灰色清单",规定了那些既不在基本豁免和白色清单范围之内,又不在黑色清单范围之内的限制性许可合同条件,当事人应将该许可合同通知欧盟委员会,并规定如委员会在四个月内未提出异议的,即被认为已获得豁免。

除了以上专门针对专利和技术秘密的许可协议的集体豁免规定外,欧盟还有关于其他方面知识产权如商标权和著作权转让的规范,尤其是欧洲两级法院在这方面的判例法。如欧盟在知识产权运用中还确立了"同源原则",即如果两个或者两个以上位于不同成员国的企业合法地持有商标专有权,而且这些商标均来自同一渊源,任何一个企业都不得利用其商标阻止另一家企业的产品进入本国市场。这方面的一个重要判决是1994年的Ideal-Standard商标案①。

目前,我国对知识产权保护的立法水平基本达到发达国家水平,但有关知识产权滥用的规制立法还比较落后。正因为如此,在美国微软案件判决后,微软在中国地区的代理人在对记者新闻发布会上很明确地指出"微软案件对中国没影响"。② 这种知识产权保护与反垄断法规制失衡的局面对我国的经济发展尤其不利,应引起全社会的高度重视。因此,我国《反垄断法》明确规定,经营者依照有关知识产权的法律、行政法规规定行使知识产权的行为,不适用该法;但是,经营者滥用知识产权,排除、限制竞争的行为,适用该法。

思考题

1. 简述滥用市场支配地位的表现形式。
2. 简述相对市场优势地位理论的主要内容。
3. 简述限制竞争协议的影响及其相关法律制度。
4. 简述企业合并控制标准。
5. 简述行政性垄断的危害。
6. 试论述反垄断法在治理行政性垄断中的作用。
7. 简述知识产权保护与知识产权规制两者之间的关系。
8. 简述知识产权滥用的表现形式。
9. 简述我国规制知识产权滥用的法律资源。

---

① 参见王晓晔:《欧共体竞争法中的知识产权》,载《环球法律评论》2001年第2期。
② 参见段永朝:《微软判决对中国的影响》,载《光明日报》2000年5月17日。

10. 简述跨国并购对我国经济的影响及对策。

案例分析

【案例2】 美国微软垄断诉讼案件①

原告：美国联邦政府、部分州政府

被告：美国微软公司

案情摘要：

1994年7月，美国司法部向哥伦比亚特区联邦地区法院提起反托拉斯民事诉讼，指控微软违反了《谢尔曼法》第1条和第2条，要求法院防止和限制微软以排他性的和反竞争性的合同销售其个人电脑操作系统。1994年7月，微软与司法部在法庭上达成了一项和解协议，即微软改变一系列商业做法，包括修改与个人电脑制造商所签授权协议的许多关键条款。地区法院法官杰克逊于1995年8月批准了该协议，并据此作出了同意令。但微软于1995年推出视窗95和因特网浏览器2.0并把两者的使用权捆绑在一起，又把网景等对手置于不利地位；1997年微软推出浏览器4.0后，情况更为糟糕。1997年10月20日，美国司法部针对微软违反了1995年的协议以不正当手法垄断市场的行为向哥伦比亚特区联邦地区法院提起民事诉讼，要求微软停止搭售浏览器的行为，否则将每天处以100万美金的罚款。随后，得克萨斯等州政府也对微软提起诉讼。1997年12月11日，杰克逊法官作出预先禁止令，要求微软把IE从视窗中分离出来。1998年5月12日哥伦比亚特区联邦上诉法院判决微软发行视窗98的计划不受正在被上诉的地区法院的预先禁令的影响后，联邦司法部和20个州司法部于1998年5月18日正式向联邦地区法院对微软提起反垄断诉讼。司法部对微软的指控包括：试图与网景瓜分浏览器市场，引诱网景不与其竞争；与因特网服务商和内容服务商等签订排他性协议；在合同中限制电脑制造商修改和自定义电脑启动顺序和电脑屏幕；与视窗95和视窗98捆绑销售因特网浏览器软件等。针对司法部的指控，微软提出了多方面的辩护理由，其中包括政府与20个州的诉讼侵犯了联邦法律所保护的公司的知识产权，其视窗95和视窗98受到联邦知识产权法的保护。

法院判决：

2000年6月7日，法官杰克逊作出了最后判决，将微软分割为两家独立公司，分别经营"视窗"操作系统和"办公室"等应用软件以及包括IE浏览器在内的网络业务。2000年6月13日，微软公司向美国哥伦比亚特区联邦巡回法院

---

① 参见王先林：《知识产权与反垄断—知识产权滥用的反垄断问题》，法律出版社2001年版。

递交了上诉请求。2001 年 6 月 28 日，美国哥伦比亚特区联邦上诉法院 7 名法官以 7∶0 的票数一致作出裁决，驳回联邦地区法院 2000 年 6 月作出的将微软一分为二的判决，但对有关微软违反托拉斯法的大部分事实予以认定，并要求地区法院任命一名新法官重新审理此案件。2001 年 8 月 24 日，美国最高法院通过抓阄的办法选出了科特里女法官审理微软垄断案件。

微软案件从 1998 年 10 月 19 日正式启动审判程序，直到 2002 年年底才基本结束。此案虽然在将近三年的审理过程中一波三折，但最终基本是以微软失败而告终。2002 年 11 月 1 日，美国华盛顿地区联邦法院科特里法官正式作出裁决，对微软公司与美国政府及九个州达成的和解协议的主要内容表示认可，同时驳回另外九个州要求对微软进行更严厉处罚的要求。根据和解协议，微软将面对至少为期五年的惩罚性措施，以削弱其垄断地位，增加行业竞争性。这些措施包括微软不能达成有害于其他竞争者的垄断交易，应允许电脑制造商自由选择视窗桌面，向其他软件开发商开放部分内核技术，使微软的竞争者也能在视窗操作系统上编写应用程序等。时任美国司法部长的阿什克罗夫特对裁决表示赞同，称裁决结果是"消费者和商界的重大胜利"。截至 2002 年 12 月，这场旷日持久的世纪诉讼基本画上句号。

问题：如果你是法官，你会如何判决？理由是什么？

【案例 3】 SGI 收购 Alias/Wavefront 案[①]

执法机关：联邦贸易委员会

执法对象：SGI 公司与 Alias/Wavefront 公司

案情背景：

SGI（Silicon Graphics）公司成立于 1982 年，是一个生产高性能计算机系统的跨国公司，总部设在美国加州旧金山硅谷。SGI 公司是业界高性能计算系统、复杂数据管理及可视化产品的重要提供商。它提供世界上最优秀的服务器系列以及具有超级计算能力的可视化工作站。SGI 公司是美国 Fortune 杂志所列美国最大 500 家公司/生产企业之一，年产值超过 40 亿美元。它是一个具有各档工作站、服务器、超巨型机、Internet/Intranet 等全线产品的大型计算机公司，1996 年收购了世界最尖端的巨型机公司——克雷公司（CRAY）之后，SGI 在超级计算领域更是取得了世界上 500 台最大超级计算机中半数以上的市场份额。Alias 和 Wavefront 原来并不是一个公司，它们曾是工作站三维动画制作业极负盛名的两大招牌。它们生产的软件用于在电影中产生各种特殊的效果，例如电影《侏罗纪公园》中的恐龙图像等，同时也可以用于电子游戏、互动程序和其他的视频

[①] 参见辜海笑：《美国反托拉斯理论与政策》，中国经济出版社 2005 年版。

媒体。后来，Wavefront 公司被 Alias 公司所收购，合并成为 Alias/Wavefront 公司。Alias/Wavefront 与 Softimage（被微软收购）实际上是娱乐制图软件行业的标准，SGI 则在运行这些娱乐制图软件的工作站市场上占据了 90% 的市场份额，其他一些可以用来处理图像的工作站的生产上主要是为工业或者科研用途提供产品。因此，娱乐制图软件几乎只用于 SGI 的工作站。SGI 为自己的工作站留有一个开放的软件界面，通过这个界面独立的软件开发商可以获得关于 SGI 的工作站的规范信息，从而确保其产品可以在 SGI 的工作站上运行。

处理结果：

SGI 收购 Alias/Wavefront 开始就受到联邦贸易委员会的关注，并最终介入了调查。联邦贸易委员会认为：SGI 收购 Alias/Wavefront 可能产生多个方面的反竞争效果：第一，娱乐制图软件工作站市场的竞争将受到损害。合并后的企业会使其娱乐制图软件与 SGI 以外的其他工作站不兼容。由于 Alias/Wavefront 开发的软件实质上被视为行业标准，其他工作站因此就被置于不利的地位甚至完全被排除在这个市场之外。第二，娱乐制图软件市场上的竞争也或受到损害。合并后的企业可能会终止其工作站的开放性构造政策，从而提高独立娱乐制图软件开发商的成本。第三，两种排挤竞争效果结合在一起，这项垂直合并将使新竞争者不得不同时进入工作站和娱乐制图软件两个市场，市场进入壁垒也大大提高。为了解决该合并带来的问题，同时又能够实现合并带来的效率改进，联邦贸易委员会与合并当事人达成了和解协议。在该协议中，联邦贸易委员会提出了几个附加条件：(1) 要求 Alias 的两个主要娱乐制图软件与其他工作站生产商的产品兼容，这是为了保证娱乐制图软件工作站市场上的竞争。(2) 由于 SGI 的工作站操作系统是具有安装基础的行业标准，联邦贸易委员会要求它保持其开放式的构建政策并公布其运行程序界面以使除了 Alias/Wavefront 之外的软件开发商能够使用 SGI 的工作站。

问题： 为什么 SGI 收购 Alias/Wavefront 会对市场产生限制性影响？

【案例4】 福鼎市人民政府行政性垄断案[①]

原告：福建省福鼎市点头隆胜石材厂

被告：福鼎市人民政府

案情摘要：

2001 年 3 月 13 日，被告福鼎市人民政府为了促进福鼎市的玄武岩企业提高规模，由其下属的办公室作出鼎政办 (2001) 14 号文件，批准下发《福鼎市工业领导小组办公室关于 2001 年玄武岩石板材加工企业扶优扶强的意见》。其中确

---

① 参见郭克莎主编：《2003 年度中国企业典型案例法律事务》，商务印书馆 2003 年版。

定2001年在全市扶持具有一定生产规模的31家石板材企业。该文件中规定，福建玄武石材有限公司要为年销售收入1000万以上的10家企业，每家全年增加供应玄武岩石荒料500立方米；为年销售收入500万元以上的21家企业，每年全年增加供应玄武岩石荒料300立方米。该文件以通知的形式下发到福鼎市各乡（镇）人民政府、街道办事处、市直有关单位和龙安开发区管理委员会。

福建省福鼎市点头隆胜石材厂是一家专门加工玄武岩石材的企业，其原料依靠玄武石材有限公司供应。如果执行福鼎市政府的规定，其原料供应必然会受到影响，无法正常经营。无奈之下，该厂以福鼎市人民政府为被告，向福建省福鼎市人民法院提起了行政诉讼。

原告认为，强劲、优势的企业只能通过公平竞争显露出来，不能通过行政手段扶植，福鼎市人民政府的做法制造了不平等，破坏了公平竞争的社会经济秩序，损害了其合法经营权益，属于违法行政。其理由是：矿山每年开采的玄武岩荒料仅有9万立方米，都由第三人福建玄武石材有限公司负责向本市的920余家石材加工企业供应，平均每个加工企业只能得到不足98方。2000年，被告曾通过下达鼎政办（2000）59号和60号文件，从全市玄武岩荒料总量中提留8000方，指定供应给22家所谓的扶优企业。2001年3月13日，被告又下达鼎政办（2001）14号文件，规定对31家企业要用倾斜增加供应荒料的办法扶优扶强。照这样计算，今年需要从玄武岩荒料总量中提留11300方去供应那些所谓的扶优扶强企业，平均到每家企业头上就要被提留12.28方荒料。而且被告确定的这31家所谓的扶优扶强企业中，有26家产值低于500万元，根本达不到被告自己制定的扶优扶强条件。被告这种逐年提高扶优荒料提留量的做法，迫使原告逐年减产。

被告答辩则对原告的主体资格提出疑问，同时认为该文件是一个指导性文件，不具有可诉性。理由是：鼎政办（2001）14号文件，只是在取得行政相对方、本案第三人福建玄武石材有限公司同意后，对其业务所作的非强制性、不直接产生法律后果的行政指导性文件。对原告来说，该文件既没有给它设定权利，也没有对它科以义务，与它的利益没有直接的关系，不属于《中华人民共和国行政诉讼法》第2条规定的具体行政行为，不是行政诉讼可诉的对象。法院受理案件后，追加福建玄武石材有限公司作为第三人参加诉讼，开庭前，第三人书面申请不参加庭审活动。

法院判决：

福鼎市人民法院于2001年7月19日作出判决，确认被告福建省福鼎市人民政府2001年3月13日作出的鼎政办（2001）14号文件违法。一审宣判后，双方当事人均未上诉。

问题： 请结合本案谈谈你对如何治理行政性垄断的看法。

第五章 反垄断法实施机制

【学习要点】
1. 掌握反垄断法实施基本原则
2. 重点把握反垄断法执法机构设置
3. 重点把握反垄断法私人诉讼机制内容
4. 简要了解有关企业在反垄断执法中救济制度的价值
5. 重点把握有关自然垄断行业的反垄断法适用
6. 了解反垄断执法国际合作的发展动向

第一节 反垄断法实施基本原则

反垄断法实施基本原则是指反垄断法在实施过程所应该遵循的基本指导思想,它对反垄断执法与司法具有根本性影响。从世界各国和相关地区的反垄断法实施情况看,反垄断法实施有三个基本原则。

一、本身违法原则

本身违法原则(the doctrine of *per se*)是反垄断规制限制竞争行为的两大基本原则之一,它是指法院在司法实践中根据市场结构或行为本身判断是否违法,而无须考虑该行为对市场是否造成实质性的损害。本身违法原则起源于英国18世纪中期的判例法。1414年,英国发生了一起著名案件,即"染匠案"(Dyers Case)。在染匠案中,作为被告的染匠与该案的原告签订了一项合同。合同中有条款规定,染匠保证在半年内不在镇子里运用其手艺从事印染活动,否则将赔偿原告。染匠事后违背了竞业禁止条款,原告遂将其告上法庭,并要求法院按照合同的约定责令被告赔偿原告。审理此案的英国法院认定,涉案的竞业禁止条款违反了普通法,宣布其为无效。在这个判例中,英国法院所采取的立场被后人归结为"本身违法原则"。19世纪末在"美国诉艾迪斯顿管材和钢铁公司案"(U. S. v. Addiston Pipe and Steel Co.)中正式确认了这一原则。法院认定被告的行为非法,其恶意串通的事实"本身"(未调查该事实对竞争的影响)就足以追究公司的责任。据此,形成了"本身违法"的审判原则。① 随后,本身违法原则得到了广泛的运用,并在最高法院于1927年"美国诉特伦顿陶瓷公司案"(U. S. v. Trenton Potteries Co.)的判决中得到了更详尽、更清楚的阐释。

由于本身违法原则简化了判断标准,仅要求法官从事实本身角度出发裁决是否违法,因此,法官可以绕开大量后果考察与分析,从而提高了司法效率、降低了司法成本。但是它也存在明显的缺陷:(1)依本身违法原则确定违法性,可能带来不公正的判决。因为与竞争相关的市场因素是多样的,市场份额或行为本身只是其中的一个因素,单单适用本身违法原则使问题过于简单,事实上也存在这种情况:一个市场力量集中的企业往往具有潜在的、促进效率的经济机制,最终使消费者受益。(2)美国及其他国家的法院从未对本身违法的范围作出界定,对本身违法的解释带有很大的不确定性。(3)本身违法原则的基础是假设,假设与事实之间不一定吻合。由于本身违法原则的缺陷,因此,其适用范围是被严格控制的,通常仅适用于固定价格、限制产量或市场划分协议等严重限制市场竞争的垄断行为。② 20世纪70至80年代以来,该原则受到广泛的批评,美国法院对该原则进行了一定的修正,同时对市场占有份额小的卡特尔不使用本身违法原则,而适用合理性原则。

二、合理原则

虽然合理原则(the rule of reason)在美国法上没有一个完整的概念,但是在具体案件中,其法律含义却是清楚的。理论研究表明,合理原则的基本要义是:限制竞争行为有合理与不合理之分,在判断某种行为合理与否时要全面考察与限制行为有关的企业所特有的事实,如行为意图、行为方式、行为后果等;只有在企业存在谋求垄断的意图,并且通过不属于"工业发展的正常方法"实行了目的,造成了对竞争对手的实质性限制的情况下,其行为才构成违法。该原则由美国最高法院在1911年的"美国诉新泽西标准石油公司案"的判决书中首次提出。该案完全取代了"环密苏里案"的字面解释,逐渐在宽泛范围和合理原则框架内认定被指控的协议和行为。根据合理原则,在解散垄断公司时,必须采取谨慎态度,认真权衡利弊得失,尽量减少《谢尔曼法》第2条所包含的直接禁止市场垄断的消极影响。

合理原则要求法院在审理反垄断案件时应考虑下列两大因素:一是良性的目的,二是合同的反竞争后果。如果现在和将来来自协议的促进竞争的好处超

---

① 参见〔美〕辛格尔顿·R.C.:《工业组织和反托拉斯》,哥伦比亚(俄亥俄)1986年版,第93页。
② 参见国家工商行政管理总局条法司编:《现代竞争法的理论与实践》,法律出版社1993年版,第42—43页。

过了现在或者将来反竞争的后果,该协议将被认为是合理的贸易限制,因而根据《谢尔曼法》第1条是合法的;如果反竞争的后果超过了其带来的好处,该协议将被认为是不合理地限制贸易而被认定非法。合同当事人的市场力量或者经济力量是法院在衡量现在或者将来反竞争后果时所考虑的重要事实。确定纯粹的竞争后果常常是推测的,并常常涉及表明过去、现在和将来的市场条件和所涉及的协议与各人的关系的大量证据。一般而言,适用合理分析规则的合同类型主要有三种,即附属限制竞争、市场完善协议与联营协议。①

与本身违法原则相比,合理原则更具有灵活性,它规定原则上只有"不合理"、"不适当"的限制竞争行为才属于反垄断法禁止的范围,这就意味着限制竞争并不必然违法,需要综合其他因素,例如被指控的限制行为对竞争所具有的正反两方面的影响、该行业中的竞争结构、被指控企业的市场份额及市场力量、被指控企业的限制竞争行为的历史情况及时间长短等。因而,合理原则得到了更多的认同,特别是在企业合并控制中得到广泛运用。但是合理原则也具有不确定性。因为合理原则所考虑的因素众多,造成判断的复杂性,而且对法官的能力也提出较高的要求,从而使企业面对众多标准的不确定性。并且,依合理原则进行彻底调查费用很高,这使得使用合理原则的案子耗时较久,可操作性较差。

三、惩罚性赔偿原则

反垄断法的惩罚性赔偿原则肇始于美国,它的基本内容是指因垄断行为而受到损害的个人或者企业不仅有权要求法院发布作为或者不作为的命令,要求对自己受到的损害给予赔偿,而且还有权要求三倍损害赔偿。美国《谢尔曼法》第7条规定,任何因违反反托拉斯法所禁止的事项而遭受财产或者营业损害的人,可以向法院提起诉讼,不论损害数额大小,一律给予其损害额的三倍损害赔偿及诉讼费和合理的律师费。三倍损害赔偿之诉是美国反托拉斯法诉讼的一个重要制度,它不是一般民法意义上的损害赔偿,更具有维护社会公共利益的目的。② 这种私人三倍损害赔偿诉讼的规定带有一定惩罚性,既可以使企业感到巨大的威慑力,又能使受害者的损失(包括有形和无形的、直接和间接的)得到比较充分的补偿,在维护市场竞争秩序和保护消费者合法权益方面发挥着巨大的作用。据统计,美国绝大多数反垄断案件是由私人提起诉讼的,政府提起的诉讼只是很小一部分。值得指出的是,根据美国《联邦民事诉讼规则》第23条(a)的规定,在某些情况下,美国的私人原告还可以作为所有与自己处于相同地位的

---

① 参见孔祥俊:《反垄断法原理》,中国法制出版社2001年版,第390页。
② 参见王晓晔:《紧盯国际卡特尔——美国反托拉斯法及其新发展》,载《国际贸易》2002年第3期。

其他人的代理人,以集团的名义提起诉讼。此外,美国任何州都可以作为该州居民的"父母官"以其辖区内居民的名义提起三倍损害赔偿之诉,为他们因违反反垄断法的行为而受到的损害要求三倍损害赔偿。

通过反托拉斯的私人诉讼获得的三倍损害赔偿的威慑力是比较大的,但是过高的损害赔偿额同样会产生上述高额罚款的问题。基于这种考虑,现在除美国和我国台湾地区实行了三倍损害赔偿制度外,其他国家和地区的反垄断立法基本上都没有规定这种制度。① 我国台湾地区公平交易法第32条规定,法院对被害人的请求,如果是事业故意行为,可依侵害情节,酌定损害额以上的赔偿,但是不得超过证明损害额的三倍。我国《反垄断法》没有采取这种做法,只是规定了损害赔偿原则。

第二节 反垄断法执法机制

反垄断执法有广义和狭义之分,狭义上的反垄断执法仅指行政性执法,广义上的反垄断执法还包括反垄断司法。本书中的反垄断执法机制采取狭义,它是指行政性机关依照法定权限和程序实施反垄断法的途径与方法的综合,具体由执法机关、执法权限、执法程序三大系统要素组成。行政性执法是各国反垄断法实施的中坚力量。

一、反垄断法执法机构设置

反垄断执法机构的设置是该法实施机制的核心,设置是否科学直接关系到法律在社会实践中能否得到实施及其有效程度。

(一)反垄断法执法机构设置立法考察

因为国情的差异,各国的反垄断法执法机构设置也存在很多不同。整体上看,当前世界各国的反垄断法执法机构设置可以分为三种基本类型,即二元行政主管型、行政主管机关与顾问机构型、专门单一机关型。

1. 二元行政主管型

二元主管型是指反垄断法行政执法存在两个行政执法机关的模式。根据两个行政主体之间关系,这种模式又可以分为平行式与从属式。平行式以美国为典型,美国反托拉斯执法主体是司法部反托拉斯局和联邦贸易委员会。司法部反托拉斯局成立于1903年,联邦贸易委员会是根据1914年《联邦贸易委员会法》设立的一个独立执法机构。司法部反托拉斯局和联邦贸易委员会是相互平

---

① 参见王建:《威慑理念下的反垄断法刑事制裁制度——兼评〈中华人民共和国反垄断法(修改稿)〉的相关规定》,载《法商研究》2006年第1期。

行的两个机构,共同负责执行反托拉斯法,具体职责有明确分工。从属式以法国为典型,法国反垄断法执法体系包括法国经济财政工业部和竞争委员会。经济财政工业部负责反垄断案件的调查,并将案件提交竞争委员会。竞争委员会是根据1986年《价格与竞争自由法》设立的独立的反垄断执法机关,负责反垄断案件的裁决。

2. 行政主管与顾问机构型

行政主管与顾问机构型是指反垄断执法除了存在一个确定职权的行政机构外还存在一个顾问机构的模式。这种模式依据顾问机构职权性质又可以分为纯顾问型和非纯顾问型。纯顾问型以德国最为典型,德国反垄断执法体系包括联邦经济部、联邦卡特尔局、州卡特尔局和反垄断委员会。经济部是联邦政府中负责宏观经济管理的部门,其主要职责之一是制定包括反垄断政策在内的竞争政策,它是根据1957年《反限制竞争法》设立的独立的联邦机关,隶属于联邦经济部长。卡特尔局局长和副局长由经济部长提名,经内阁决议后由总统任命。卡特尔局按行业分类,内设九个审议处、一个基础处和一个欧洲处。卡特尔局享有执法权、处罚权、批准权、监督权等。州卡特尔局隶属于州政府,负责州内卡特尔事务。反垄断委员会是独立的咨询机构。[①] 非纯粹顾问型以英国为典型,英国的反垄断执法机构体系包括公平贸易局和垄断与兼并委员会。公平贸易局属于政府范围,领导者是公平贸易总局长。垄断与兼并委员会具有报告职能和上诉职能,限制性行为法院的主要职责是根据总局长的报告审理限制性贸易协议和零售价格维持案件,以决定这些行为是否与公众利益一致。1998年的英国《竞争法》设置竞争委员会取代垄断与兼并委员会,并继续行使相关职权。

3. 专门单一机关型

专门单一机关型是指反垄断行政执法机关是唯一的模式,日本和韩国是典型。日本公正交易委员会是根据1947年《禁止垄断法》设立的反垄断执法机关。公正交易委员会隶属于首相,独立行使职权。在实施反垄断法的过程中,具有准立法和司法机关的性质。公正交易委员会采取委员会制,由主席和四个委员组成。公正交易委员会事务总局负责公正交易委员会的日常事务。公正交易委员会事务总局在秘书处的领导下,下设办公厅、经济事务局和调查局。韩国公平交易委员会是根据1980年《限制垄断及公平交易法》设立的反垄断执法机关,它隶属于国务院总理,独立处理事务。公平交易委员会由委员长一人、副委员长一人及委员等七人组成。公平交易委员会享有执法权、协调权等。

---

① 参见覃有土:《论中国反垄断执法机构的设置》,载《法学论坛》2004年第1期。

(二) 国外立法考察总结

虽然通过前面的考察发现不同国家的反垄断法执法机构设置存在很大差异,但是它们之间存在一个很大的共同特点,即这些机关的地位在法律上都具有非常高的独立性。美国的司法部直接隶属于总统,享有对《谢尔曼法》高度的管辖权;联邦贸易委员会委员由总统提名参议院同意才予以任命,委员会依法享有一般的行政权、准司法权和准立法权。德国的卡特尔局享有执法权、处罚权、批准权、监督权等。日本的公正交易委员会隶属于首相,在实施反垄断法的过程中具有准立法权和司法机关的性质。

发达国家的反垄断执法机构通常具有高度的独立性,这是由反垄断法执行的统一性和效率性要求所客观决定的。反垄断法素有"经济宪法"之称,它是市场经济条件下统一的市场规则,是保证一个国家市场经济正常运行的重要基础性法律制度,需要有统一的执法机关通过统一的执法程序来维护其严肃性。由于垄断行为广泛涉及社会各方面,法律的实施必然要涉及各个层面的利益。如果各个行政机关共同实施反垄断法,难免会受到各种利益的牵制,造成行政机关基于各自利益的保护主义。这将难以保证在垄断行为判断上不受企业利益的影响,也不利于维护法律的统一性以及执法的公正性,法律实施就难以达到预期的效果。因此,需要专门的竞争法行政主管机关集中行使反垄断法的权力。另一方面,对反垄断法实施的效率方面的要求,也需要执法机构对各种形式的垄断行为作出迅速的判断,对受到损害或有损害威胁的经营者和消费者提供迅速的救济。更重要的是要及时制止正在发生的垄断行为,尽快消除垄断行为对竞争秩序的影响。而行政机关由于其简洁的案件处理程序和专门职责,可以对市场经济中出现的各种反竞争行为作出及时反应,有利于消除垄断行为对其他经营者和消费者的损害。

二、反垄断法执法程序

程序正义是现代执法的重要内容,反垄断法执法机关在法定权限范围内必须遵循法定程序执法。虽然很多国家先后制定了反垄断法,但是这些反垄断法整体上倾向于实体法内容,相关程序法比较薄弱。目前,美国、日本反垄断行政执法程序相对完善,在此作简要介绍。[①]

(一) 美国反垄断程序法

1. 司法部执法程序

司法部的反垄断执法基本按照下列程序进行:(1) 调查,包括预先调查和正

[①] 有关反垄断法执法程序问题,李国海教授作了比较详细的研究,具体内容参见李国海:《反垄断法实施机制研究》,中国方正出版社2006年版。

式调查。预先调查属于资料收集,目的是为检察官提供相关的必要信息,以供他们判断是否有必要展开一项全面调查。如果在预先调查后发现有进一步调查的必要,司法部的相关部门负责人可以批准职员动用相关资源进行正式调查。在联邦调查局将相关资料反馈给司法部后,司法部在综合相关信息的基础上决定是否采取进一步行动,即提起民事诉讼或者刑事诉讼。在调查阶段,执法机关无权强制相关当事人提供相关资料。(2)刑事或者民事程序。在必要的情况下,反托拉斯局可能会对当事人提起反托拉斯诉讼。一般而言,反托拉斯局通常首先提起民事诉讼,只有在特殊情况下才会选择提起刑事诉讼。根据《谢尔曼法》第4条,联邦法院有权受理司法部提起的民事诉讼案件。司法部提起的反托拉斯民事诉讼主要指衡平法诉讼。《谢尔曼法》第1条、第2条、第3条,《罗宾逊—帕特曼法》第4条,《克莱顿法》第13条以及《联邦贸易委员会法》第14条都是有关刑事制裁的条文,只有司法部有权依据这些规定提起反托拉斯的刑事诉讼。

2. 联邦贸易委员会

联邦贸易委员会反垄断执法程序的特色在于行政审判,具体如下:(1)案件发起。发起的起因是多方面的,例如私人投诉、委员会内部研究结果等。(2)提出指控前的调查。根据《联邦贸易委员会法》第6条,委员会拥有广泛的调查权。在正式提起指控前的调查阶段,委员会可以发出传票,要求有关人员接受调查。调查程序完成后,委员会再决定是否启动正式程序。如果决定启动正式程序,它将对违法行为人提出指控。被指控人对此作出的反应不同,后续程序也有所不同。如果被指控人寻求与委员会达成和解,则由委员会发布同意令,案件很快结束;否则,该案件则由行政法官进行审理。(3)行政审判。委员会在经过调查后,如果认为存在违反反托拉斯法的行为时,就可以开始行政审判程序,包括传唤当事人、审讯和裁决等。(4)行政上诉与行政复审。如果当事人对审判结果不服,可以上诉或者申请复议。(5)司法复审。如果当事人对上述结果还不满意,还可以要求司法复审。如果当事人没有进行上述行为或者上述行为被驳回,委员会可以开始实施具体惩罚行为决定。

(二)日本反垄断法程序

公正交易委员会是日本反垄断法执法机关,它一般按照下列程序实施反垄断法行政执法:(1)调查程序。发动调查程序的原因包括一般人员的举报和委员会自行合理怀疑。调查方式有立案调查和任意调查,两者区别在于是否涉及动用强制权问题。在调查结束后,审查官必须制作审查报告书,经由审查局长向公正交易委员会报告。公正交易委员会根据具体情况分别作出决定,即不予受理、劝告、启动审判程序。行政劝告是指公正交易委员会在确认存在违法行为后,可以向违法者劝告其采取适当措施制度。对于某些案件,委员会如果认为有必要进行行政审判,则将启动行政审判程序。(2) 行政审判程序。行政审判程序是"公正交易委员会在进行行政处分时,听取受处分方答辩的同时,为发现事实而进行的事前听取的一种方式"①。审判活动参与人员包括公正交易委员会、审查官、被审人以及其他人员。在经过法定审判程序后,公正交易委员会必须根据情况决定是否同意审决。(3) 审决。以排除违法行为为目的的审决有三种,即劝告审决、同意审决和审判审决。审决根据委员长及其委员的合议形成,并以书面作出。审决本身具有执行力、不可变更力和不可争力。(4) 审决后措施。在审决后,委员会可以采取审决后调查,即为了确定当事人是否遵守审决内容、维持该审决是否合适等。如果在确定因为相关因素影响而使得继续维持审决将导致公共利受到损害时,委员会可以取消或者适当变更先前的审决,但是有损害于被审人的情形除外。(5) 法院紧急停止命令。法院在确认存在紧急状态的情况下,可以根据公正交易委员会的请求,对被怀疑的某些违法行为者,命令其暂时停止该行为、暂时停止行使表决权或者暂时停止公司干部执行业务,也可以紧急命令的形式取消或者变更上述命令。

三、我国反垄断法执法机构设置

执法机构设置是我国反垄断法制定过程中争论比较激烈的一个问题,草案中相关设置方案也是经常变化。理论界观点比较一致,即应该建立一个高度独立、统一的反垄断法执法机构。北京大学经济法研究所所长盛杰民教授在 2006 年 5 月亚洲开发银行与经济合作与开发组织联合举办的关于"竞争政策、法律和机构设置"研讨会上指出:中国应该设立一个独立、权威的反垄断机构,原因在于我国除了存在普通的市场上的经济性垄断行为外,还有众多由于政企不分造成的反竞争行为,"即使是一般国有企业,其也往往与行业主管机关、地方政府存在千丝万缕的联系,难以一时彻底根除。因此需要借助更加独立和权威的专业反垄断机构剪断这种'藕断丝连'的关系,还之以公平竞争的市场环境"。外经贸大学经济法系主任黄勇教授认为:如果不能建立这样一个凌驾所有行业之上的反垄断机构,在保障反垄断主管机构独立和权威的同时,则需要建立一个反垄断主管机构和产业主管部门的协商机制,来确保国家反垄断法的统一有效。②

虽然我国有着本身的特殊国情,反垄断立法不能照搬其他国家模式,但是很多国家的实践已经证明了反垄断执法机关必须具有高度独立和权威的地位,这

---

① 〔日〕铃木满:《日本反垄断法解说》,武晋伟、王玉辉译,河南大学出版社 2004 年版,第 103 页。
② 参见《〈反垄断法〉或年底出台,专家提设独立反垄断机构》,载《北京现代商报》2006 年 5 月 12 日。

样才能保证反垄断法的有效实施。在我国当前反垄断立法中,这种高度独立的反垄断法执法机构设置受到了极大的冲击,主要原因在于政府部门对反垄断执法权力资源的争夺。相关执法部门之间对反垄断执法权力资源的争夺不仅导致反垄断法出台阻力加剧,也使得应有的反垄断执法机置方案得不到立法采纳。从我国《反垄断法》第9条与第10条的规定看,我国采取二元化立法模式,分别设立议事协调机构和具体执法机构。反垄断委员会负责组织、协调、指导反垄断工作,履行下列职责:(1)研究拟订有关竞争政策;(2)组织调查、评估市场总体竞争状况,发布评估报告;(3)制定、发布反垄断指南;(4)协调反垄断行政执法工作;(5)国务院规定的其他职责。具体执法机构在《反垄断法》中尚未确定,由国务院另行规定。

四、反垄断法的实施制度

(一)承诺制度

承诺制度(Commitments Policy)是指反垄断执法机构在对涉嫌垄断行为的经营者进行调查时,被调查的经营者承诺在特定期间内将采取具体措施消除该行为后果的,反垄断执法机构暂时中止对其调查,并在特定期间经过后终止对其调查或基于特定事由恢复对其调查的制度。承诺制度在美国被称为"同意判决制度",在欧盟被称为"同意决定制度"。承诺制度是现代竞争法中的一个重要制度,不仅是发现、惩处限制竞争行为的重要手段,还是预防限制竞争行为损失扩大的重要方式。

《欧共体理事会关于执行欧共体条约第81条和82条竞争规则的1/2003号条例》第9条规定:委员会准备作出要求中止违法行为的决定时,如果相关企业作出的承诺可以解除委员会对其进行初步评估所表明的担忧,委员会将作出决定使这些承诺对企业具有约束力。这些决定可适用于某特定期间,而且委员会在没有理由实施制裁的情况下应当终止制裁。委员会可基于请求或根据自己的调查,在下列情况下重新启动程序:(a)据以作出决定的事实有实质性的变化;(b)企业违背其承诺;或者(c)决定是基于当事人提供的不完整、错误或者误导性的信息作出的。我国《反垄断法》借鉴了该规定,引入了经营者承诺制度。第45条规定:"对反垄断执法机构调查的涉嫌垄断行为,被调查的经营者承诺在反垄断执法机构认可的期限内采取具体措施消除该行为后果的,反垄断执法机构可以决定中止调查。中止调查的决定应当载明被调查的经营者承诺的具体内容。反垄断执法机构决定中止调查的,应当对经营者履行承诺的情况进行监督。经营者履行承诺的,反垄断执法机构可以决定终止调查。有下列情形之一的,反垄断执法机构应当恢复调查:(一)经营者未履行承诺的;(二)作出中止调查决定所依据的事实发生重大变化的;(三)中止调查的决定是基于经营者提供的不完整或者不真实的信息作出的。"

1. 承诺制度的实体内容

（1）承诺的适用范围。美国同意判决的适用范围主要是《谢尔曼法》第1条和第2条，即涉及共谋、垄断和垄断化的相关问题；欧盟的承诺决定制度主要适用于《欧共体条约》的第81条和第82条，即涉及垄断协议和支配地位滥用的相关问题。① 虽然我国《反垄断法》禁止的行为包括垄断协议、滥用市场优势地位、经营者集中以及行政垄断（滥用行政权力排除、限制竞争行为），但是笔者认为，承诺制度的适用对象应仅限于垄断协议与滥用市场优势地位。原因在于：行政垄断的行为主体为"行政机关和法律、法规授权的具有管理公共事务职能的组织"，不属于"经营者"的范畴，所以，行政垄断不应当适用承诺制度；由于达到法定标准而应该事前申报的经营者集中行为早已为反垄断执法机构知悉，因此也不适用承诺制度。

（2）承诺的主要内容。综合各国规定，经营者承诺的目的都是使反垄断执法机构中止对其涉嫌排除、限制竞争的行为进行调查，以避免因为排除、限制竞争行为而受到反垄断制裁。而实现这一目的的途径就是"承诺会消除自己的排除、限制竞争行为的不良后果"。因此，经营者的承诺应为"本人可以消除该（排除、限制竞争）行为的后果"，即"消除涉嫌排除、限制竞争行为的后果"是承诺的主体内容。除了承诺的主体内容之外，有学者认为反垄断执法机构应当作出"竞争性影响评估"，对承诺可能产生的相关市场影响作出评估和说明。主要包括：对涉嫌违反反托拉斯法的行为或事件的描述；对涉嫌垄断行为的相关情况的说明，包括对提出的建议或其中条款中所针对的任何特殊情形的说明、对竞争产生的预期影响的说明；对受到涉嫌违反反垄断法行为损害的潜在的私人原告可能得到的救济措施。②

2. 承诺制度的程序安排

承诺制度大致包括承诺的提出、承诺的公示、恢复调查或终止调查三个程序。

（1）承诺的提出。虽然对于承诺提出的动机很难把握，但各国相关制度设计的前提都是承诺的提出不是被迫的，而是自愿的。

（2）承诺的公示。考虑到经营者的承诺对相关市场内的消费者和竞争者将产生的影响，《1/2003号条例》第18条规定，欧盟委员会在与相关企业就被调查确认后的限制竞争行为达成责任承诺共识后，必须记录在案并进行公布，以便竞争者和利益相关者监督，消费者或者其他利益受到损害的民事主体可以根据该

---

① 参见黄勇：《经营者承诺制度的实施与展望》，载《中国工商管理研究》2008年第4期。
② 同上。

决定对涉嫌违法的行为举证、认定和评价,通过民事程序主张损害赔偿。承诺公示的主要内容包括:任何拟议经营者承诺的文本均必须在政府指定公告上公布;必须随附竞争影响评估;必须在适当的媒体上公布承诺和竞争影响评估摘要;被告与政府之间涉及该承诺或与之相关的通信记录应提交备案。① 我国《反垄断法》没有对相关中止或终止调查的决议是否公布并接受公众监督作出明确规定。② 不公布相关调查初步结果、责任承诺内容以及中止或终止调查决定的做法,在给相关企业和执法机构以更大自由空间的同时,无疑也使得反垄断法执法机构的权威性、中立性和独立性受到威胁,使其合法性、合理性受到质疑。更大的危害在于,其他市场竞争者和与此有关的利益相关者就无从知情,更无法对反垄断执法机构的决定通过司法途径提出质疑、寻求救济。③

(3) 恢复调查或终止调查。现代各国竞争法普遍要求申请者必须"诚实"、"全面"、"持续"配合反垄断执法机关整个调查过程,加拿大甚至还要求在整个诉讼过程中都必须协助配合。根据我国《反垄断法》第45条,在经营者未履行承诺、作出中止承诺决定所依据的事实发生重大变化、中止调查的决定是基于经营者提供的不完整或者不真实的信息做出的三种情况下,反垄断执法机构应当恢复调查;经营者履行承诺的,反垄断执法机构可以决定终止调查。笔者认为目前立法比较粗糙,应进一步界定作出中止承诺决定所依据的事实发生的"重大变化"和所提交信息的"不完整或不真实"的基本认定标准。

(二) 宽恕制度

宽恕制度(Leniency Policy)是指反垄断执法机构对涉案卡特尔展开调查之前或之后,违法当事人主动向主管机构报告,提供相应信息或证据,持续、全面地配合调查以及符合法定条件时,法律全部或部分豁免处罚的制度。宽恕制度是现代竞争法的一项基本制度,是发现、查处卡特尔的一项激励工具。该制度是伴随着人们对卡特尔危害性与隐蔽性认识的逐步深化而确立的。我国《反垄断法》引入了宽恕制度,第46条第2款规定,经营者主动向反垄断执法机构报告达成垄断协议的有关情况并提供重要证据的,反垄断执法机构可以酌情减轻或者免除对该经营者的处罚。

依程度不同,宽恕制度可以分为全部豁免和部分豁免。全部豁免是指免除当事人本应受到的全部处罚;部分豁免是减轻应对当事人处以的处罚。除美国、澳大利亚、以色列等国家只规定全部豁免制度外,其他国家或地区,如欧盟、德

---

① 参见黄勇:《经营者承诺制度的实施与展望》,载《中国工商管理研究》2008年第4期。
② 《反垄断法》仅规定反垄断执法机构对涉嫌垄断行为调查核实后,认为构成垄断行为的,应当依法作出处理决定,并可以向社会公布。
③ 在这里,必须考虑到的是《反垄断法》中所规定的调查取证权利是其他普通民事主体和消费者组织不可能享有的。

国、韩国、日本、英国、巴基斯坦、巴西,都采用减免并举制度。

1. 免除处罚的适用条件

各国对于免除处罚都规定了一系列的严格条件,这些条件可以综合为:(1)基础条件。包括:第一,首个提出申请。各国竞争法都无一例外地要求取得豁免的企业第一个提出申请,这有利于企业积极、快速向反垄断执法机构"自首",减少执法成本,发挥宽恕制度的特有功效。即使后续申请者其他条件都符合豁免要求,但唯独时间上晚于前一申请者,依旧不能获得免除处罚的奖励,只能依各国不同情形考量是否可以适用减轻处罚。① 第二,停止违法行为。各国法律都规定申请适用宽恕制度的企业应当于一定的时点停止违法行为,否则不批准豁免处罚。第三,诚实、持续、全面地协助调查,直至对卡特尔行为认定,加拿大还要求在整个诉讼过程中都必须协助配合。第四,提供涉案卡特尔的信息或证据。第五,未强迫其他经营者参加卡特尔。美国司法部1993年发布的《公司宽恕政策》明确规定,反托拉斯局开始调查前,告密者必须未曾强迫他人参与卡特尔行为,才可适用自动豁免。第六,属于企业行为而不是个人行为。美国1993年《公司宽恕制度》、澳大利亚2003年颁布的宽恕政策明确要求,对于违法行为的供述,确实是该企业的行为,而不是个人的行为。(2)特殊条件。包括:第一,主体的特殊要件。包括申请人必须不是违法卡特尔的领导人或发起人,提出告密者不是违法行为唯一的受益者,申请者不得妨碍他人退出参与卡特尔行为等。第二,单独提出申请。各国竞争法中,仅韩国和日本要求告密者必须单独提出申请,这主要是防止涉案卡特尔集体提出申请,阻碍调查的开展,而其他国家或地区都没有设定此限制条件。第三,保护受害人。申请人必须积极与受害人合作,主动与其协商,以利于促进当事人达成和解。第四,申请提出时间。对于申请者提出免除处罚申请的时间,各国大多没有限定在调查行为之前。但是日本、巴西还保留传统的规定,即只有在调查前提出申请,才有全面豁免可能;反之,只能依情形给予减除处罚的优惠。第五,证据保护。欧盟在2006年《关于卡特尔案件减免罚款的告示》中特别指出,告密者提出申请前,不得有任何损毁、变造或隐匿涉案卡特尔相关信息或证据的行为。同时还应当对证据进行保密,除向其他国家反垄断执法机构透露以外,不得向第三人透露其提出申请的事项或内容。如申请人提供的信息或证据致使委员会针对涉案卡特尔发动调查,为了保全委员会的发动调查权,申请人不得有任何妨碍权力行使的行为。

---

① 但是加拿大的宽恕制度允许序位前移,即如果第一个报告者未满足条件,则符合要件的第二位申请者可适用宽恕制度停止违法行为。参见金美蓉:《论核心卡特尔参与者申请宽大的时间条件》,载《政法论丛》2008年第5期。

2. 减轻处罚的适用条件

虽然免除和减轻处罚是程度不同的优惠奖励制度,任一申请人只可择一适用,但事实上,二者也可以看成同一事物的不同量的表述。[①] 因此,各国竞争法对宽恕制度的设计中,有关免除处罚和减轻处罚的适用条件有很多重合之处。如在基础条件方面,停止违法行为及其时点的认定、当事人在调查期间持续全面地协助调查等适用要求与免除处罚基础条件相同;就特殊条件方面而言,单独提出申请、证据保全与免除处罚特殊条件也大致相同。

值得注意的是,如果减免处罚的程度相差不大或者给予较多申请者优惠措施,则相差不大的待遇起不到激发企业告密的热情,为了保障宽恕制度发挥其激励功效,各国都规定了有梯度的优惠政策。如在欧盟,调查开始后第一位申请人可获得的减轻幅度为30%—100%,第二位申请者可获得的减轻幅度为20%—30%,第三位、第四位申请者可获得的减轻幅度为不大于20%。[②]

第三节 反垄断法民事诉讼机制

反垄断法民事诉讼机制是指反垄断法通过惩罚性赔偿机制所形成的经济动因来刺激私人主体对垄断行为提起诉讼,它是现代反垄断法实施的重要方式之一。美国是世界上率先建立这一机制的国家,对其他国家和地区的相关立法产生了深远影响。

一、反垄断法民事诉讼机制立法

虽然通过反托拉斯的民事诉讼获得三倍损害赔偿的威慑力是比较大的,但是过高的损害赔偿额同样会产生高额罚款的问题。现在除美国和我国台湾地区实行三倍损害赔偿制度外,其他国家和地区的反垄断立法基本上都没有规定这种制度。[③]

(一) 美国立法

反托拉斯民事诉讼三倍损害赔偿制度在《谢尔曼法》和《克莱顿法》都有所反映。

[①] 如欧盟、英国、法国至多允许四位申请者获得减轻处罚,如已经存在免除处罚的企业,则只有三位申请者可获得减轻;日本至多允许三位申请者可获得减轻处罚,如某申请者被给予免除处罚,则仅剩两个名额;在法国,至多可以给予三位申请者减轻处罚,且不包括免除处罚企业在内;韩国仅第二位申请者可获得减轻处罚。

[②] 参见刘金妫:《论反垄断法上宽恕制度的适用条件》,载《天水行政学院学报》2008年第5期。

[③] 参见王建:《威慑理念下的反垄断法刑事制裁制度——兼评〈中华人民共和国反垄断法(修改稿)〉的相关规定》,载《法商研究》2006年第1期。

1.《谢尔曼法》

《谢尔曼法》第 7 条规定,任何因反托拉斯法所禁止的事项而遭受财产或营业损害的人,可在被告居住的、被发现或有代理机构的区向美国区法院提起诉讼,不论损害大小,一律赔付其损害额的三倍及诉讼费和合理的律师费。这条适用的范围仅仅局限于私人群体,在涉及国家时则适用第 7 条 A 规定。《谢尔曼法》第 7 条 A 规定,无论何时,美国因反托拉斯法所禁止的事项而遭受财产及事业的损害时,美国可在被告居住的、被发现的或有代理机构的地区,向美国区法院起诉,不论损害数额大小,一律予以赔偿其遭受的实际损失和诉讼费。该条不属于严格意义上的惩罚性赔偿制度,属于一般的损害赔偿制度。

2.《克莱顿法》

《克莱顿法》第 4 条规定,任何因反托拉斯法所禁止的事项而遭受财产或营业损害的人,可在被告居住的、被发现或有代理机构的区向美国区法院提起诉讼,不论损害大小,一律赔付其损害额的三倍及诉讼费和合理的律师费。这与《谢尔曼法》规定完全一致,但是《克莱顿法》作了进一步详细规定。首先,《克莱顿法》规定了适用时效。该法第 4 条 B 规定,任何依据该法第 4 条、第 4 条 A、B 及第 4 条 C 提起的诉讼,必须在诉讼事由产生后的四年内提出,否则一律不予受理。其次,它还规定了州司法长替代诉讼制度。该法第 4 条 C(a)规定:州司法长作为政府监护人,代表其州内自然人的利益,可以本州的名义,向对被告有司法管辖权的美国区法院提起民事诉讼,以确保其自然人因他人违反《谢尔曼法》所遭受的金钱救济。

(二) 我国台湾地区立法

我国台湾地区借鉴了美国反托拉斯法中的惩罚性赔偿制度,并直接反映在"公平交易法"第五章。2002 年 2 月修改的"公平交易法"第 31 条规定,事业违反该法之规定,致侵害他人权益者,应负损害赔偿责任。第 32 条规定,法院因前条被损害人之请求,如为事业之故意行为,得依侵害情节,酌定损害额以上赔偿,但不得超过已证明损害额之三倍。根据该法第 33 条,这种惩罚性的赔偿请求权有时效限制。自请求权人知有行为及赔偿义务人时起,两年间不行使而消灭;自为行为时起,逾期十年者也将消灭。从上面的立法来看,虽然我国台湾地区借鉴了美国相关制度,但是本身也作了很多的改造。最为突出的就是,美国是法定三倍损害赔偿惩罚机制,我国台湾地区只是酌情最高限额三倍。

二、反垄断法民事诉讼机制评价

根据美国社会实践,反托拉斯法民事诉讼机制对反垄断法实施有着双重影响。

(一) 正面影响

反垄断法民事诉讼机制积极效果主要表现在以下几个方面：第一，调动普通大众这支反垄断力量。虽然执法机构是反垄断法实施的核心力量，但是反垄断法执法也存在很多不足，例如执法人员、经费等资源的有限性。这在很大程度上制约了反垄断法的实施。因此，在坚持反垄断行政执法主导前提下，充分调动其他一切社会资源参与反垄断法实施是各国必然的选择。反垄断法民事诉讼机制则成为最好的选择。有人指出，在反垄断法领域引入损害赔偿制度对公共机构实施反垄断法至少具有以下三个方面的促进作用：(1) 通过损害赔偿制度激励私人诉讼，使公共机构能够从最接近违法行为的私人主体那里获得信息；(2) 私人诉讼对因懒散或者腐败引起的松弛、马虎的公共施政可以起到防护作用；(3) 私人诉讼可以在不增加公共机构开支的前提下提高反垄断法的整体实施水平。① 第二，给予潜在或者现实违法者足够的威慑。反垄断法民事诉讼中的惩罚性赔偿制度无论是对现实还是潜在的违法者都具有巨大的威慑力量，AT&T 案是最好的证明。1982 年，在经过长达八年的诉讼后，AT&T 主动开始和美国司法部寻求一个双方都满意的解决方法，即在不影响 AT&T 营业、不影响全国电话系统本身的前提下使其地区小公司脱离。经过双方的多轮磋商，相关方案基本明确，即在 1984 年 1 月 1 日之前，AT&T 将被最终拆散为许多独立的小公司。AT&T 在经过与司法部多次交锋后主动与司法寻求和解的原因虽然是多方面的，但是美国反托拉斯法上的三倍损害赔偿制度是其中主要原因。在要求法院推翻以前所有的司法部诉讼请求被法官哈罗德·格林驳回时，AT&T 已经意识到政府的基本立法。但是它们更担心在输掉司法部反托拉斯诉讼后接踵而来的私人诉讼，所以决定通过协商解决以避免不必要的私人诉讼。②

(二) 负面影响

反垄断法上的民事诉讼惩罚性赔偿机制的最大弊端就在于它可能引发诉权的滥用。反垄断法民事诉讼案件日趋增加的核心动因就是经济利益，这在提升私人反垄断热情的同时也导致诉讼案件增加。在美国一段时期内，私人提起的诉讼是政府提起诉讼的 10 倍。在 1975 年到 1980 年期间，平均每年有 1500 个诉讼案件获得超过 100 亿美元的赔偿。有人指出，由于反垄断案件的不确定性，对于许多行为的性质判定有很强的模糊性，私人诉讼很可能被其他的竞争者用作打击竞争对手的武器。通过这种方式，或对竞争对手的商誉造成影响，或使其陷于讼累，或者直接得到对方为了避免更多的麻烦给予的一定好处。也有的批评者指出，三倍损害赔偿诉讼已经成为人们致富之路，有理由相信大部分私人诉

---

① 参见李国海：《反垄断法实施机制研究》，中国方正出版社 2006 年版，第 206—207 页。
② 参见李成刚：《从 AT&T 到微软——美国反垄断透视》，经济日报出版社 2004 年版，第 43 页。

讼的提起是受讹诈动机的驱使。私人诉讼的这些弊端给经济生活带来了很大的负面影响。有人指出：出于对三倍损害赔偿诉讼的畏惧，很多公司不敢在有关合法行为定义不确定的定义线附近采取一些有风险的行动，因为它们怕成为巨额三倍损害诉讼的靶子。① 还有的人指出：私人反垄断民事诉讼也存在一些实践问题，诸如忽视反垄断调查环节，在调查环节中人力、物力投入不够，致使起诉的质量不高；频繁地提起无结果、无意义的诉讼，一方面浪费了宝贵的司法资源，另一方面也可能对正常的竞争秩序造成不良影响，起诉时不重视公共利益。正因为如此，有少数国家并不热衷于建立私人反垄断民事诉讼渠道。② 因此，必须采取适当措施避免反垄断法私人诉讼机制在社会实践中走向制度反面。

三、反垄断民事诉讼制度内容

（一）构件要件

在美国，要构成反垄断法上的三倍损害赔偿，一般要符合下列要件：(1) 原告必须适格；(2) 必须出现违反反托拉斯法的事实；(3) 原告的企业或者财产必须已经受到直接损害；(4) 违法行为与损害事实之间存在直接的因果关系；(5) 原告所受损害必须事实上能够用金钱衡量。在我国台湾地区，反垄断法上的损害赔偿的构成要件除了当事人符合条件外，还包括：(1) 侵害权益之行为；(2) 违法性；(3) 故意过失或者危险；(4) 因果关系；(5) 损害之存在。

在构成要件认定上，主体要件是一个比较复杂的问题。因为受到垄断行为侵害的对象范围是非常广泛的，不仅包括相关市场上的经营者，还有很多关联的消费者。受到侵害的经营者一般有权提起损害赔偿诉讼，这是各国普遍的做法。但是对于哪些消费者可以提起反托拉斯诉讼，各国法律存在一定分歧。日本基本持肯定态度，美国法院则使用直接购买原则加以限制。即如果原告并非直接购买者，而是直接消费者，消费者以直接购买者已将价差转嫁给自己为理由提起三倍损害诉讼，此时美国法院则不支持原告诉讼资格。美国法院采取该立场的原因在于担心造成重复赔偿。③ 但是直接购买者原则的适用也不是绝对的，在满足以下两个条件基础上也可以获得赔偿：(1) 因为事先存在数量确定、成本价利润合同使得直接购买者可以将过高要价转嫁给别人同时不会使其销售额减少，因为客户有义务不计价格地购买确定数量产品；(2) 客户拥有或者控制直接购买者。实践中这样的案例是非常少的。④

---

① See Lawrence J. White, Private Antitrust Litigation, MIT Press, Foreword, 1998, p.1.
② 参见刘宁元：《论反垄断法实施机制运作的推动力量》，载《现代法学》2006年第2期。
③ 参见李国海：《反垄断法实施机制研究》，中国方正出版社2006年版，第216—219页。
④ 参见〔美〕E.吉尔霍恩、W.E.科瓦西克：《反垄断法律与经济》，王晓晔译，中国人民大学出版社2001年版，第468页。

（二）程序性问题

反垄断法私人诉讼程序问题的关键在于是否有必要设立行政程序前置，我国《反垄断法（草案）》曾经有一稿出现过这种规定。行政程序前置虽然可以在一定程度上防止滥诉问题，但是也带来很多消极影响。由于可能有行政诉讼程序的存在，在得到终局的行政裁决之前，可能会经历很长的一段的时间。这样，私人的反垄断诉讼也可能被长时间地拖延。同时，反垄断机关的裁决只确定相对人行为违法，而私人损害赔偿诉讼的损害数额和因果关系则仍由私人原告自己承担证明责任，而时间的拖延可能导致证据的灭失。因此，我国现行《反垄断法》除了对经营者集中案件设置了前置程序外，对于其他民事诉讼则没有设置前置程序。

（三）惩罚性赔偿幅度

从目前世界各国立法看，惩罚性赔偿制度只有两种类型，即美国的法定三倍损害赔偿制度和我国台湾地区的酌定三倍损害赔偿制度。

第四节 涉嫌企业权利救济机制

涉嫌企业权利救济机制是指反垄断法和其他传统法律资源能够给被查处企业或者其他相关主体所能提供的权利救济综合。传统反垄断法实施机制重点关注反垄断法具体制度落实，往往忽视了企业在反垄断执法中的权利救济规定。从保证法律实施的科学性角度讲，为涉嫌企业或者其他对象提供必要的权利救济是现代反垄断法实施机制的必要组成部分。

一、涉嫌企业权利救济制度的价值

涉嫌企业权利救济制度对现代反垄断法实施具有非常重要的价值，突出表现为保证机制高度公正性与促进经济效率最大化。

（一）公正价值解析

根据行政制衡理念，法律在授予行政执法机关必要的权力的同时也必须建立相应的权力制衡机制，否则整个执法机制将失去平衡而可能引发权力滥用和执法不当事件的发生。现代法律除了通过对执法权力限制和程序规范化来实现制衡目的外，往往还赋予执法对象相应的救济权利。赋予执法对象必要的救济权利不仅是实现行政制衡的需求，本身也是现代法律权利与权力资源分配公正性的必然选择。反垄断法作为经济宪法，各国授予执法机关的权力通常都是比较大的。为了保证反垄断法实施的公正性，企业本身也应该拥有相应的救济权利；否则，反垄断法本身就是非正义的。企业在反垄断执法活动中的权利救济机制能够在最大限度上保证反垄断法律制度的公正性。IBM案就是最好的证明。

虽然 IBM 案件的结束在很大程度上受政策执行者更换的影响,但是 IBM 自身在 13 年的诉讼过程中长期不断寻求救济也是重要原因。如果没有 IBM 自身充分利用救济机制,那么该案件可能就不会一直拖延到里根执政时期。值得指出的,虽然在从 1969 年到 1982 年这 13 年期间,IBM 就一直生活在要被联邦政府分家的阴影之中,但是从结果看,IBM 还是避免了被肢解的噩运。这个结果至少在最大限度上保障了反垄断法的公正性价值。

（二）经济效率最大化

虽然经济效率最大化是否是反垄断法的目标及其在这些目标中的地位在美国还存在很大争议,但是很多国家和地区实践表明经济效率是反垄断执法的重要目标。值得指出的是,由于受执法者本身认识等因素的影响,反垄断执法追求效率最大化与执法效率最大化不是等同概念,两者的一致性及其程度取决于执法活动本身的科学性。在影响反垄断执法本身的科学性程度的诸多因素中,执法机关权限配置和执法对象救济相互制衡是十分重要的。从目前各国立法看,很多国家赋予了反垄断执法机关高度的权限,例如乌克兰设有反垄断协调委员会,主席是第一副总理,副主席是反垄断委员会主席和经济部长。其下属的反垄断委员会可直接向国家部门发布指令,要求废除或修改违背反垄断法的文件。在这一既定前提下,法律能够为企业提供的救济程度则成为影响执法效率的重要因素。正是因为如此,美国、欧盟等国家和地区都赋予了企业在反垄断执法活动中的救济机制,目的在于保证执法效率的最大化。

二、发达国家及其地区反垄断法救济制度

美国反托拉斯法对企业提供的救济机制主要集中在《联邦贸易委员会法》中。根据该法第 5 条,如果行政相对人对初步裁决不服,可以在规定的时间内向委员会提出上诉,要求进行重新审查。这个规定所提供的救济机制可以称为"行政上诉"和"行政复审"。除此以外,《联邦贸易委员会法》还提供了司法复审救济机制。根据该法第 5 条(c)款,委员会颁发停止令要求其停止不正当竞争方法或不公正的或欺骗性行为及惯例的个人、合伙人、公司,在该停止令送达后的 60 天内,可以书面形式,向其居住地、营业地或行为实施地的美国上诉法院申请复审,以废除委员会的停止令。法院应将申请书副本及时送交委员会,委员会应及时把诉讼记录送交法院。根据申请书,法院有权同委员会同时决定有关的问题,法院有权确认、修改或废除委员会的命令。委员会对事实的判决,若有证据支持,是终局性的。委员会的命令被确认时,法院将发布自己的命令,要求当事人遵守委员会的命令。如果任何当事人向法院请求增加证据,必须证明增加的证据同该案相关,而且须说明在委员会诉讼中未能提出的合理理由,法院可以命令委员会增加证据,委员会可依据新证据修改其对事实的判决,或作出新判

决,并把修改后的判决或新判决制作成文件。如果新判决或修改后的判决有证据的支持,则是终局性的。除由最高法院审理外,法院的判决和禁止令是终局性的。

欧盟对反垄断执法对象提供的权利救济机制分散在相关法律文件中,其中《欧共体条约》第229条最为重要。根据《欧共体条约》第229条,欧洲法院对委员会的裁决有着不受限制的审查权、修改权和采取某些强制性措施的权力。此外,根据《1/2003号条例》第31条,法院在审查委员会处以罚款决定方面享有不受限制的权力,法院可以撤销、减少或者增加对企业的罚款数额。如果当事人对反垄断执法机关的决定不服,可以依法向欧洲法院寻求救济。欧共体法院分为初审法院和欧洲法院,审查欧共体委员会裁决首先由初审法院进行。如果当事人对初审法院的判决不服,则有权可以在判决作出后的两个月内向欧洲法院提出上诉,寻求进一步救济。

三、我国相关救济机制的构建

为涉嫌垄断案件的企业提供必要的法律救济是我国《反垄断法》制定过程中必须考虑的一个重要问题,这是由我国社会发展情况所客观决定的。虽然我国经济体制改革取得了巨大的成就,但是政企不分现象还比较严重。政府与企业之间的利益牵连导致很多市场机制受到了极大扭曲,行政性垄断成为我国现代市场经济发展过程中的一大毒害。虽然很多反垄断法专家指出,由于中国客观存在地区与部门利益分割现象,要想保证反垄断法的有效实施,必须建立一个高度独立、利益关系超脱的反垄断执法机构,但是受诸多因素的影响,我国反垄断执法机构实行反垄断委员会与执法机构二元化模式。由于这种模式本身无法保证反垄断执法机构在经济利益等方面与相关市场或者行业的经营者没有瓜葛,因此这就很可能导致反垄断执法活动中存在不当动机问题。为了保证企业在反垄断实施过程中得到公正的待遇,我国反垄断法有必要给予企业提供法定的救济制度。涉嫌企业如果认为反垄断执法活动存在违法或者不当行为时,可以依法寻求救济。这样在最大限度上保证反垄断法在我国正确实施。

我国传统法律对于行政执法的对象提供的救济通常包括陈述与申诉制度、行政复议与行政诉讼。由于反垄断执法本质上属于行政执法,所以我国反垄断法在给予企业提供的救济制度时设计基本沿袭了传统的法律。即对反垄断执法机构依据《反垄断法》第28条、第29条作出的决定不服的,可以先依法申请行政复议;对行政复议决定不服的,可以依法提起行政诉讼。对反垄断执法机构作出的其他决定不服的,可以依法申请行政复议或者提起行政诉讼。沿袭传统的法律对行政行为相对人的救济基本制度设置本身是符合我国具体国情的,但是在具体制度尤其是行政复议与行政诉讼上则有必要作适度调整。因为传统的行政复议与行政诉讼中都可能出现相关利害关系主体与行政性垄断势力勾结而导致制度形同虚设的局面。实践中,这种情形已经出现,有学者对此指出:"反观中国社会中公用企业优势地位的滥用与行政垄断的泛滥成灾,我们不能不说中国司法审判机关的消极和对垄断地的取得及优势地位的滥用的不作为,使中国反垄断法规范成为'没有牙齿的怪物',客观上助长了垄断,破坏了司法统一的基础。"[1]笔者建议,对有关反垄断执法所引发的行政复议与行政诉讼的管辖实行浮动制,即管辖层次至少应当在涉案利害关系主体的共同上一级部门或者法院。这样至少在理论上能有效治理地区与部门垄断现象。

第五节 自然垄断行业与反垄断执法

传统反垄断法对自然垄断行业通常适用除外制度,自然垄断行业主要存在政府管制问题。但是伴随着科学技术发展和可竞争理论传播等因素影响,反垄断法规制逐步开始介入自然垄断行业。如何处理反垄断法管制与自然垄断行业管制之间的冲突是各国现代反垄断法实施机制中的一个重要问题,它不仅影响反垄断法实施效果,还直接关系到相关行业改革进程与技术发展等问题。

一、自然垄断行业概述

(一) 自然垄断的定义

自然垄断是经济学中的一个传统概念。早期的自然垄断概念与资源条件的集中有关,主要是指由于资源条件的分布集中而无法竞争或不适宜竞争所形成的垄断。在现代这种情况引起的垄断已不多见。而传统意义上的自然垄断则与规模经济紧密相连,指一个企业能以低于两个或者更多的企业的成本为整个市场供给一种物品或者劳务,如果相关产量范围存在规模经济时自然垄断就产生了。[2] 但到20世纪80年代,西方经济学对自然垄断的认识发生了重大的变化。1982年,鲍莫尔(Baumol)、潘泽(Panzar)和威利格(Willig)用"部分可加性"(Subadditivity,又译为"次可加性"、"劣可加性")重新定义了自然垄断。假设在某个行业中有X种不同产品,Y个生产厂商,其中任何一个企业可以生产任何一种或者多种产品。如果单一企业生产所有各种产品的成本小于多个企业分别生产这些产品的成本之和,该行业的成本就是部分可加的。如果在所有有关的产量上企业的成本都是部分可加的,该行业就是自然垄断的。新定义扩大了自然垄断的范围,它不仅包括传统的自然垄断即强自然垄断,还包括了所谓的弱自

---

[1] 王艳林:《中国经济法理论问题》,中国政法大学出版社2001年版,第90页。
[2] 参见〔美〕曼昆:《经济学原理》,梁小民译,机械工业出版社2003年版,第317页。

然垄断。

(二) 自然垄断经济学理论基础

西方自然垄断理论从产生到发展大概经历了规模经济、范围经济和成本次可加性三个阶段，它们各自解释了自然垄断出现和存在的原因。

1. 规模经济

任何企业进行社会生产时，它总会面临生产成本问题。如果企业的单位生产成本相对过高，则必然会处于竞争的劣势地位；如果企业的单位生产成本相对较低，则它就处于竞争的优势地位。但是，企业的生产成本并不是固定不变的，除了技术等因素的作用，即使在相同的条件下，企业的单位生产成本也可以随着生产总产量的增加而趋于下降，原因在于当企业的总产品不断扩大时，原先的固定成本被逐渐摊薄。这在固定成本投资较大的企业表现得尤为明显。当长期平均总成本随着产量的增加而降低时，规模经济就出现了。当社会对某些行业的长期平均成本的降低速度与幅度提出要求时，这个行业往往就是自然垄断。规模经济很好地解释了产品单一领域行业的自然垄断。

2. 范围经济

在现实生活中，企业并不仅仅生产或提供单一的商品和服务，往往是多元化经营。如果由一个企业生产多种产品的成本低于几个企业分别生产它们的成本，就表明存在着范围经济。由于单独生产某一产品的企业的单位产品定价高于联合生产的企业的相应单位产品定价，因此单独生产的企业就会亏损，这些企业或者退出该生产领域或被兼并，这也会形成垄断的局面。美国著名经济学家萨缪尔森与诺德豪斯就指出，有着范围经济(Economies of Scope)的产业也可产生自然垄断。对此，我国的大部分学者持相同的观点。从理论上讲，范围经济很好地解释了产品具有综合性领域存在的自然垄断。

3. 成本次可加性

这是产生自然垄断的新基础。1982年，美国著名经济学家夏基(Sharkey)、鲍莫尔、潘泽与威利格等人认为，即使规模经济不存在，或即使平均成本上升，但只要单一企业供应整个市场的成本小于多个企业分别生产的成本之和，由单个企业垄断市场的社会成本最小，该行业就是自然垄断行业。自然垄断的定义最显著的特征应该是其成本的次可加性。换句话讲，平均成本下降是自然垄断的充分条件，而不是必要条件。平均成本下降一定造成自然垄断，但自然垄断不一定就是平均成本下降。只要存在成本弱增性，就必然存在自然垄断。成本的次可加性理论的提出，掀起了20世纪80年代自然垄断理论的变革，从理论上进一步解释了自然垄断存在的根源。

(三) 自然垄断行业适用除外制度

由于自然垄断行业的上述经济学理论基础，世界上很多国家都给予了这些行业反垄断法适用除外制度。例如根据德国 1980 年《反限制竞争法》,该法不适用于德意志银行、联邦邮局、联邦铁路、运输、钢铁联合企业,烧酒专卖垄断;有条件地不适用于海洋、沿海和内河航运、航空运输(不得违反公共交通利益),信用机构和保险业(按专项法规处理),公用工程,包括供应电力、煤气、水(不得滥用优势地位),能源供应(禁止中断货源和价格歧视)①。德国《反限制竞争法》后来在 1989 和 1998 年先后又作了两次修订。日本的《禁止垄断法》原 21 条曾规定:"本法规定不适用于铁路事业、电气事业、煤气事业及其他性质上自然垄断事业的经营者所实施的事业所固有的生产、销售或供应的行为。"1999 年 6 月日本众议院通过的由公正交易委员会向国会提交的《关于禁止垄断法选用除外制度的整理》,又废除了原《禁止垄断法》第 21 条关于"自然垄断所固有的行为"适用除外。我国台湾地区"公平交易法"在 1980 年颁布时规定,公营事业、公用事业、交通运输业、经主管机关许可的行为,五年内不适用该法。但在 1991 年修改的时候取消了该规定。

(四) 自然垄断行业管制

虽然传统反垄断法给予自然垄断行业适用除外制度,但是这并不表示这些行业处于政府管理真空地带,取而代之的是政府管制。政府管制是由具有法律地位的、相对独立的政府管制者,依照一定的法规对被管制者所采取的一系列行政管理与监督行为。政府管制的理论基础是自然垄断性、外部性和信息不对称性等自然垄断行业的特性。政府对经济的管制手段主要有经济性管制和社会性管制,在传统理论占主导地位的 20 世纪 60 年代以前,主要是采用经济性管制,具体手段包括价格管制、进入退出管制、投资管制、质量数量管制。

1. 价格管制

即政府管制者制定某一特定产业在一定时期内的最高限价或最低限价,并规定价格调整的周期。由于在仅有一个生产者存在的自然垄断行业中竞争机制和供求机制是无法发挥作用的,垄断行业在追求自身利益的最大化时以垄断价格获取高额的垄断利润,这就必须有个强势的主体对价格和收费进行管制,政府就扮演了这个角色。政府通过一定的规制政策与措施,建立一种类似于竞争机制的激励机制,刺激企业提高生产效率。②

2. 进入退出管制

传统的进入管制是为了获得自然垄断产业的规模经济性,保证企业资质,防止过度竞争,管制者限制新企业进入产业。通常采用申请审批制度或特许经营制度实现这一职能,即在自然垄断行业中,企业必须经过特殊的报批手续才可以

---

① 参见吴炯:《反垄断法的豁免条款》,载《市场报》2000 年 10 月 16 日。
② 参见谢地主编:《政府规制经济学》,高等教育出版社 2003 年版,第 55 页。

开展业务。自然垄断行业的特殊性决定了它们所提供的产品大部分是为人们日常生活所必需的。为了保证产品供给的稳定性,防止对国民生活和经济产生重大的影响,政府限制企业任意退出该产业。政府在允许该企业进入自然垄断行业的同时课以相应的供给责任,限制其退出,从而保证该行业的商品和服务的有效供应。

3. 投资管制

投资管制包括被规制企业的设备更新、投资扩张、多角化行业投资以及与被规制企业相关的合并规制等。① 管制者既要鼓励企业投资,以满足不断增长的产品和服务需求,又要防止企业间过度竞争,重复投资。在 A—J 效应②的影响下,由于自然垄断企业大部分是资本密集型的生产方式,在出现供给不足的情况时,企业更倾向于选择扩大投资来提高产量,而不是向其他的企业购买而进行协调,因此,即使产量提高了,也只是意味着成本增加和低效率。但同时,也存在着由于投入大量的资本而带来技术革新的有利情况。这时,管制者就需要在充分考察行业特征后确定对企业投资的态度:在 A—J 效应产生负面影响时,对自然垄断企业的投资进行约束;在 A—J 效应可以产生正面影响的行业中进一步刺激和鼓励企业的投资,推动技术的进步。

4. 质量数量管制

质量管制是为保证消费者的健康,对产品的安全性、准时性等方面的管制。数量管制是对企业生产和供应的产品的数量以及进出口该产品的数量进行限制。由于自然垄断行业产品的生产者往往是一个或是少数,而产品本身对国民经济和人民生活有重大而密切的关系,自然垄断企业往往承担着"普遍服务"的社会责任,但要使其真正做到向包括低收入者、农村和偏远地区以及高成本地区的消费者提供有质量保证的服务,离不开管制者的监管。

二、反垄断法规制机制引入

伴随着科学技术发展和人们对自然垄断行业认识深化以及传统政府规制弊端不断暴露,世界上很多国家放弃了传统反垄断法对自然垄断行业适用除外制度的做法。反垄断执法机制逐步被引入自然垄断行业,反垄断执法空间得到极大拓展。

---

① 参见于春良等:《自然垄断与政府规制》,经济科学出版社 2003 年版,第 64 页。
② 阿弗契和约翰逊在 1962 年发表著名的论文《在管制约束下的企业行为》中指出,在投资回报率管制下,企业会产生一种尽可能扩大资本基数的刺激,从而在规定的投资回报率下,能获得较多的绝对利润。这样,为生产特定产品,企业会运用过多的资本投资以替代其他投入品,结果造成生产的低效率,这被称为"A—J 效应"。参见王俊豪:《政府管制经济学导论》,商务印书馆 2001 年版,第 88 页。

（一）引入反垄断法规制原因分析

1. 自然垄断具有发展性

自然垄断的行业不是固定不变的，它处于相对时间内不断变革的状态。影响因素主要有两个：一是市场需求，市场需求规模的迅速扩大有可能使单个企业的最佳生产规模不能满足市场的有效需求，从而使自然垄断行业失去自然垄断性；市场规模的长期萎缩也可以使原先为竞争性的市场变成为一个自然垄断的行业。二是技术的进步，科学技术的突飞猛进发展可以使得原来的某些自然垄断行业失去自然垄断的特点；技术进步也能够扩大企业的最佳生产规模，使原本竞争性的领域产生自然垄断性。

2. 人们认识到并非自然垄断行业的业务都具有自然垄断性

自然垄断性的一个重要特点就是规模经济。而产生规模经济的一个重要原因就在于自然垄断行业的网络经济特征。市场需求量越大，网络供应系统所形成的庞大的固定成本就能越为广泛地分散到每一单位产品上而产生规模经济效益。因此，自然垄断行业中的自然垄断性业务主要集中在那些固定网络性操作业务领域，如电力、城市暖气、煤气和自来水供应产业中的线路、管道等输送网络业务，电信产业中的有线通信网络业务和铁路运输中的铁轨网络业务等。其他领域的业务则可以归为非自然垄断性业务，在这些业务领域可以合理地引进市场竞争机制。针对自然垄断行业中业务的垄断性与可竞争性的不同特点，政府可以有区分地实行不同的管制政策，这样不但保证了自然垄断的规模经济效益，同时也兼顾了市场竞争机制在自然垄断行业中应有的作用，实现竞争活力与规模经济兼容的有效竞争，提高这些行业的经营效率。

值得指出的是，传统政府管制在自然垄断行业中的失败也是一个重要原因。虽然政府管制在刚开始的一段时期内发挥了较好的作用，但是后来大量的问题在管制过程中暴露出来，例如低效率、高成本、寻租、管制时滞、A—J效应等。这些问题的暴露使得人们对传统政府规制产生了诸多的怀疑，经济学界和反垄断法理论界也开始寻求新的制度来管理自然垄断行业。

（二）传统政府管制与反垄断规制冲突及其协调

反垄断法规制制度在自然垄断行业的引入在扩大适用空间的同时，也带来诸多问题，其中最为突出的就是政府管制与反垄断执法之间的冲突问题。例如有关企业定价问题，传统的价格管理部门可能认为相关企业的定价符合价格管理规定，但是反垄断执法部门则可能认为企业价格属于反垄断法禁止的超高价格行为，于是两者之间就产生了冲突。这种摩擦与冲突的强度一般取决于特定国家产业政策与竞争政策的分野程度。当产业政策与竞争政策分野比较大时，二者之间的摩擦通常也比较严重。例如在日本，日本的FTC经常与日本的产业主管部门发生执法冲突，包括对某些产品或服务的价格是否超高方面。如果一个国家的产业政策与竞争政策分野的比较小,那么这种摩擦大大降低。

在反垄断法律制度既定条件下,研究反垄断法在自然垄断行业的实施在很大程度上主要集中在如何处理其与政府管制之间的执法冲突。在监管权代替反垄断权或者反垄断权代替监管权时,这两者之间的冲突比较好解决。但是如果在权力并重模式下,则比较复杂。从国家与具体产业长远发展看,解决两者之间冲突适宜采取反垄断执法机关主导型的模式,即反垄断执法机关在与相关部门充分协商基础上有权作出最终决定。

反垄断法在自然垄断行业的引入是现代社会一个重大进步,它不仅在形式上扩大了反垄断法适用空间,更为重要的是促进了自然垄断行业改革进程的加速。美国实践表明,反垄断法对自然垄断行业的发展具有极大的促进作用。例如美国在拆分AT&T后,美国除了电话费用大幅度降低外,更为重要的是AT&T本身取得长足发展。自20世纪80年代以来,美国电话电报公司在与国际商业机器公司争夺信息工业的垄断地位中逐步取得优势地位,成为美国最大的信息工业垄断者。[①] 拆分后的AT&T事实上仍然在蓬勃发展,1983年以来前贝尔系统的总市值上升了200%以上。一些产业组织学专家认为,被迫拆分对贝尔系统是一剂良药,在信息革命加速时代,它为该公司带来了新的活力和竞争力。

第六节 反垄断执法国际化合作

随着经济全球化程度的不断深化,国际化垄断行为如国际卡特尔、跨国企业恶意并购等日益增多。虽然很多国家都建立了反垄断法域外适用制度,但是由于该制度存在引发主权管辖冲突、法律适用冲突以及实践执行困难等问题,容易导致国家之间发生经济贸易甚至政治摩擦。因此,寻求国际反垄断执法合作机制成为不少国家的理想选择。从目前的实践看,反垄断执法国际化路径有三种,即双边合作、区域合作与多边合作。

一、双边合作机制

双边合作机制是指两个国家或者国家与地区的反垄断执法机构通过相关协议共同解决影响到它们市场竞争秩序的跨国限制竞争行为的合作方式。美国在这一方面表现得尤为积极,它先后与很多国家或地区签订了双边的合作协议。例如1976年《美利坚合众国政府和德意志联邦共和国政府关于就限制性商业惯例开展相互合作的协定》、1982年《美利坚合众国政府和澳大利亚政府关于合作处理反托拉斯问题的协定》、1991年《美利坚合众国政府和欧洲共同体委员会关

[①] 参见龚维敬:《西方反垄断法理论与实践及其对中国的启迪》,载《经济评论》2005年第4期。

于双方竞争法实施问题的协定》、1995年《美利坚合众国政府和加拿大政府关于实施竞争和欺诈性营销惯例法的协定》、1997年《美利坚合众国和澳大利亚关于相互实施反托拉斯法的协定》、1998年《美利坚合众国政府和欧洲共同体委员会关于在竞争法执法过程中实施积极的礼让原则的协定》、1999年《日本政府和美利坚合众国政府关于在反竞争活动问题上合作的协定》、1999年《美利坚合众国政府和巴西联邦共和国政府关于双方竞争管理机构在执行竞争法方面合作的协定》、1999年《美利坚合众国政府和以色列政府关于竞争法实施问题的协定》以及2000年《美利坚合众国政府和墨西哥政府关于竞争法实施问题的协定》。美国充当反垄断执法双边合作机制先锋主要是出于维护自身经济利益的考虑。①美国司法部反垄断司负责人Klein指出:"当各种经济行为在日益大规模的全球化时,强有力的国际反垄断执法对保障美国企业有进行竞争的机会和动力至关重要。强有力的反垄断执法不仅仅要求我们的执法有力迅速,也要求我们能够在需要的时候从国外反垄断机构获得合作与协助"。

除了美国与其他国家或者地区展开了反垄断执法双边合作机制外,其他国家之间也逐步展开了一系列的合作。例如1984年,德意志联邦共和国和法兰西共和国政府签订了《关于就限制性商业惯例进行合作的协定》;1994年,澳大利亚贸易惯例委员会和新西兰商业委员会签订了合作和协调协定;1999年,加拿大和欧洲共同体签订了关于使用竞争法的协定。中国作为发展中国家,在这方面也开始了初步探索。我国政府在1996年和1999年分别与俄罗斯、哈萨克斯坦签订了《在反不正当竞争和反垄断领域开展合作的协定》。

在目前的这些双边合作协议实施中,美国与欧盟之间的合作机制比较充实与成熟。美国和欧共体于1991年9月订立的反垄断合作协定除了规定将相互通告和协商作为外,还约定以下几方面的重要内容:(1)对双方均有权审查的案件,在必要时可双方联合审理;(2)一方可要求对方制裁损害了本国出口商利益同时也违反对方竞争法和损害对方国家消费者利益的限制竞争行为;(3)一方适用法律时,采取的手段和措施须考虑与此相关的另一方利益。在此基础上,1998年欧美之间补充签订了反垄断合作协议。根据这些协议,1998年欧盟委员会审查了43个有美国企业参与的并购以及9个有美国企业参加的出口卡特尔。

二、区域合作机制

区域合作机制是指相关地区的国家通过协议安排确定由一个相对超国家的反垄断执法机构解决影响该区域的限制竞争行为的方式。目前,这种区域性的反垄断执法机制一般集中在地域关系比较紧密的国家之间,如欧洲国家、北美国

---

① 参见时建中:《试论反垄断法的国际合作》,载《安徽大学法律评论》2002年第1期。

家、东南亚国家、拉丁美洲国家。在区域性的国际协调活动中,欧盟反垄断法的发展尤为显著。

欧盟反垄断法是以1951年《欧洲煤钢共同体条约》和1957年《欧洲经济共同体条约》为基础发展起来的。此后,欧共体相关机构特别是理事会与委员会先后发布了大量的条例与通告,这使得欧共体竞争法在实体与程序制度方面都有了进一步完善。根据这些条约与规定,欧盟竞争法的主要目的就是建立统一的共同体市场并保证市场本身的有效竞争。为了实现这一目的,《欧共体条约》第81条和第82条确立"国家间条款",即在一个限制竞争的市场行为可能损害欧共体成员国之间的贸易情况下适用欧共体竞争规则。① 依据此规定,欧共体竞争法优先于成员国法。因此,即使一个卡特尔行为获得成员国批准,欧盟相关规定仍然可以予以禁止。欧盟反垄断法的执法机构狭义上仅指欧盟委员会,广义上还包括欧盟初审法院和欧盟法院。欧盟委员会成员虽然由成员国选派,但是它们并不代表成员国利益,而是各自负责实施一项或者几项欧盟竞争政策。为了保证欧盟反垄断法在欧共体范围内的有效实施,反垄断执法权几乎都集中在欧盟委员会手中。委员会不仅享有对案件的调查权、追究权、裁决权和制裁权,而且还享有巨大的豁免权。这也是反垄断区域合作机制在欧洲能够得以充分实施的原因所在。当然,根据欧共体理事会1962年第17号条例,委员会根据该条例所作的裁决必须接受欧共体法院的监督。

区域合作机制除了在欧洲广泛展开外,北美自由贸易区、东盟、西非经济共同体、安第斯条约等覆盖的区域也正在逐步探索地区性的反垄断执法合作机制。1992年8月12日,美国、加拿大及墨西哥三国签署了《北美自由贸易协定》。根据该协定,各方采取或维持禁止限制性商业惯例或抵制限制性商业惯例的措施、就此类措施的效能相互磋商、并就执法问题进行合作,包括通过法律互助、通报、磋商交流有关自由贸易区执法问题的信息。在非洲拉丁以及美洲地区,一些分区域集团仿效欧盟进行反垄断法合作。例如,1964年《建立中部非洲关税和经济联盟的布拉柴维尔条约》即已规定,应设法逐步消除成员国相互贸易中的限制性商业惯例;在《东部和南部非洲共同市场条约》下,成员国仿照《罗马条约》第85条,议定禁止在该共同市场有阻止、限制或扭曲竞争的意向或作用的限制性商业惯例;《安第斯分区域一体化协定》下的安第斯委员会通过第285号决定,要求预防或纠正由限制自由竞争惯例引起的扭曲竞争现象。这些地区性的反垄断执法合作协议实施程度相对于欧盟来讲比较低,有待于进一步具体落实。

---

① 参见王晓晔:《欧共体竞争法》,中国法制出版社2001年版,第424页。

三、多边合作机制

多边合作机制是指跨地区的国家及其相关地区通过协议安排来协调规制带有全球性质的垄断行为的方式的综合。联合国贸发会、经济合作组织（OECD）和 WTO 在推动反垄断执法多边合作过程中起到了很大的作用。

1980 年,联合国贸易发展委员会秘书处制定发布了《消除或者控制限制性商业惯例法律范本》(The Set of Multilaterally Agreed Equitable Principles and Rules for Control of Restrictive Business Practices)。该范本共 11 条,分别规定了立法目的、适用范围、限制竞争协议、滥用市场支配地位、消费者保护、企业合并、执法组织及其权限、法律制裁与损害赔偿等。从 1980 年至今已有二十余年历史,但该示范法仍是这一领域的唯一普遍适用的多边文书、唯一完全多边的竞争框架,[①]它对近年来许多国家制定的竞争法产生了重大影响。许多国家已建议修订该示范法并在此基础上逐渐向签订多边协定方向发展。2000 年 9 月召开的第四次联合国会议重新审议了该示范法。

《竞争法的基本框架》是 OECD 推进反垄断执法国际化的重要杰作。这个示范性的法律文件不仅涵盖了反垄断法相关内容,还包含了部分反不正当竞争法的内容。它对很多国家的竞争立法也产生了巨大影响,这在某种程度上使得这些国家在竞争执法上趋于一致。除《竞争法的基本框架》外,OECD 有关国际化的反垄断法还有其他成果,例如《关于影响国际贸易的限制性商业惯例（包括涉及跨国公司的限制性商业惯例）的建议》、《关于打击核心卡特尔的有效行动的建议》、《跨国企业指导原则》等。

WTO 是目前推进反垄断法国际合作的重要组织,其作用越来越明显。1996 年《新加坡部长会议宣言》第 20 条规定,"我们还同意:建立一个工作组,研究成员提出的有关贸易与竞争政策相互作用的问题,包括反竞争行为,以便确认值得在 WTO 框架内进一步考虑的领域"。根据这一规定,WTO 贸易与竞争政策相互作用工作组成立,法国人佛雷德里克·詹尼被任命为主席。该工作组的主要任务就是研究、论证在 WTO 框架下进行竞争法国际协调的必要性与可行性,同时在 WTO 成员国进行竞争法与竞争文化教育。经过该工作组的努力,世界贸易组织 2001 年第四届部长级会议（多哈会议）通过的部长宣言确认了建立一个多边框架来加强竞争政策对国际贸易和发展的贡献的必要性,并同意在 WTO 第五届部长级会议后以谈判方式会议上经由明确一致达成的决定为基础进行竞争政策的谈判。这次部长会议还明确,相关谈判应在不迟于 2005 年 1 月 1 日前结束,第五届 WTO 部长级会议将评估谈判中取得的进步,提供任何必要的政治指

---

① 参见时建中:《试论反垄断法的国际合作》,载《安徽大学法律评论》2002 年第 1 期。

导并采取必要的决定,当所有领域的谈判结果出台的时候,将召开一次部长级会议的特别会议,就这些结果的接受和实施作出决定。这表明在 WTO 框架内建立相对统一的规则与执法的设想已经取得了巨大进展,对于解决国际卡特尔和跨国兼并中相关执法问题具有非常重要的意义。

随着我国加入 WTO 和对外开放的逐步深入,境外的反竞争行为势必对我国市场竞争秩序产生巨大影响。如何应付境外反竞争行为对我国市场的影响成为我国政府迫在眉睫必须解决的问题。我国《反垄断法》的颁布为我国规制境内外的垄断行为提供了法律依据,反垄断执法机关应当积极采取各种措施,包括执法的国际化合作,来制止和打击各种垄断行为,保证我国市场经济的健康发展。

思考题

1. 简述反垄断法的实施原则。
2. 试论述反垄断执法机构地位高度独立的必要性。
3. 简述世界主要国家反垄断执法机构的配置模式。
4. 论述反托拉斯民事诉讼机制的影响。
5. 简述反托拉斯民事诉讼的基本内容。
6. 简述企业权利救济机制在反垄断法实施中的价值。
7. 简述自然垄断行业监管与反垄断执法之间的关系。
8. 论述反垄断执法国际化合作问题。
9. 试论述我国自然垄断行业改革对我国反垄断法影响。
10. 试论述我国如何处理经济全球化下的国际性垄断问题。

案例分析

【案例5】 波音与麦道合并案[①]

案情摘要:

1996 年 12 月 15 日,世界航空制造业排行第一的美国波音公司宣布收购世界航空制造业排行第三的美国麦道公司。按照 1996 年 12 月 13 日的收盘价,每一股麦道公司的股票折合成 0.65 股波音公司的股票,波音公司完成这项收购共需出资 133 亿美元。波音公司和麦道公司合并之后,在资源、资金、研究与开发等方面都占有优势。在干线客机市场上,合并后的波音不仅成为全球最大的制造商,而且是美国市场唯一的供应商,占美国国内市场的份额几乎达百分之百。

---

① 资料来源:中国华录电子周刊(电子版),总期第 90 期。

此外,波音和麦道都生产军用产品,能够在一定程度上把军品生产技术应用于民用产品的生产,加速民用产品的更新换代。波音公司和麦道公司合并之后,新波音公司的资产总额达 500 亿美元,净负债为 10 亿美元,员工总数达 20 万人。1997 年,新波音公司的总收入将达到 480 亿美元,成为当时世界上最大的民用和军用飞机制造企业。

根据美国司法部和联邦贸易委员会 1992 年发布的横向合并指南,当局使用 Herfindhl-Hirschman Index(HHI)来表明市场集中情况。HHI 是将市场所有参与者的市场份额平方后再相加得到的。HHI 越高,市场集中度也就越高。当企业合并后的 HHI 低于 1000 时,当局基本不加干涉;当合并后的 HHI 高于 1000 但低于 1800 时,有关当局会结合有关因素适度干预并采取相应的做法;当企业合并后的 HHI 超过 1800 时,政府会严重关注此合并。如果根据合并指南,波音与麦道如此大规模的合并必须经过美国反垄断当局的批准,而且公平交易部的反垄断处或联邦贸易委员会就有权立案调查。因为照此规定计算,波音所占的市场份额为 60%,仅其一家的平方就是法律条文规定的两倍,麦道所占的市场份额为 15%,两家市场份额平方和为 3825,是立案调查标准的两倍多。但是,美国政府不仅没有阻止波音兼并麦道,而且利用政府采购等措施促成了这一兼并活动。在美国联邦贸易委员会看来,对此合并的分析应当集中在以下三个问题:(1)麦道是否在大型商用飞机市场还有竞争力?(2)麦道是否还能进行大规模的投资或被其他公司买走以保持其竞争力?(3)合并是否能强化合并后企业的市场地位以致对该行业的竞争状况造成破坏?联邦贸易委员会经过深入调查,对这三个问题均作了否定的回答。于是联邦贸易委员会认为合并后的企业所具有的占大型商用飞机市场 65% 的市场份额并不意味着该市场的竞争将实质性地减少或受到限制。随后,该合并案得到了美国反垄断主管机关的批准。

波音与麦道的合并使世界航空制造业由原来波音、麦道和空中客车三家共同垄断的局面,变为波音和空中客车两家之间进行超级竞争。特别是对于空中客车来说,新的波音公司将对其构成极为严重的威胁。这种威胁,在欧洲各国政府和企业界引起了强烈的反响。1997 年 1 月,欧洲委员会开始对波音兼并麦道案进行调查;5 月,欧洲委员会正式发表不同意这起兼并的照会;7 月 16 日,来自欧盟 15 个国家的专家强烈要求欧洲委员会对这项兼并予以否决。美国和欧洲各主要国家的政府首脑也纷纷卷入这场兼并和反兼并的冲突之中。一时间,美国与欧洲出口企业之间酝酿着贸易大战的危机。最后,为了完成兼并,波音公司在 7 月 22 日不得不对欧盟作出让步:(1)波音公司同意放弃三家美国航空公司今后 20 年内只购买波音飞机的合同;(2)接受麦道军用项目开发出的技术许可证和专利可以出售给竞争者(空中客车)的原则;(3)同意麦道公司的民用部分成为波音公司的一个独立核算单位,分别公布财务报表。经 15 个欧盟国家外长磋商之后,7月24日,欧洲正式同意波音兼并麦道;7月25日,代表麦道75.8%的股份、持有2.1亿股的股东投票通过麦道公司被波音公司兼并。1997年8月4日,新的波音公司开始正式运行。

  问题:欧盟为什么要干预美国波音与麦道的合并,其法律依据是什么?这种干预容易出现哪些问题?

第三编 反不正当竞争法律制度

第六章 反不正当竞争法理论概述

【学习要点】
1. 了解判断竞争行为的正当性的标准
2. 掌握不正当竞争行为的基本分类
3. 基本了解国内外立法和国际条约中对各种不正当竞争行为的规定
4. 理解不正当竞争行为产生的根源以及其危害
5. 掌握反不正当竞争法的概念、地位、责任体系以及实施机制
6. 了解我国反不正当竞争立法的发展历程

第一节 不正当竞争行为概述

由于对不正当竞争行为的界定有宽窄之分,广义的不正当竞争行为包括垄断行为和限制竞争行为;狭义的不正当竞争行为仅指违反诚实信用、公平交易等原则的欺诈性竞争行为。这种广、狭义之分最主要的意义在于指导一国竞争法的立法体例,即是采取合并式还是分立式立法。除开这点考虑,讨论不正当竞争行为时,这种概念宽窄之别并不影响竞争法学者之间的对话。因此本书和目前我国大多数学者一样不打算在这一问题上多费笔墨,而采取狭义的概念。

一、竞争行为的正当性

市场经济的生命力在于市场主体之间的竞争,竞争是市场经济的灵魂。然

而"灵魂"是个超验的范畴,难以理解和把握;相比之下"竞争行为"却是实实在在的,因此可以说竞争行为是市场经济的一个比较实在的根基。如果客观地描述市场经济的发展过程,我们会发现竞争行为本身并没有正当与不正当之分,[①]它们都是从市场经济中衍生出来的。但是,"反不正当竞争法理论与实践体系"的诞生为这个本来客观、中立的概念披上了一件价值判断的"外衣",从此一些竞争行为被认为是"不正当的"。那么反不正当竞争法对竞争行为作出"正当与否"的判断时所依据的价值标准是什么呢?这个问题成为我们学习整个反不正当竞争法理论之前所不可回避的问题。

在回答上面一个问题之前先让我们回顾一个更为基础的问题,那就是法律制度体系或者说法学理论体系在作出基本的价值判断时所依据的标准是什么?于是我们会发现一个有趣的现象,即无论在古代还是近现代,法律也好法学也好,它本身并没有衍生出一套什么特别的价值体系去评价社会现象。法学家常说的正义、公平、平等、自由这些价值归根溯源分别属于道德、伦理的范畴,而效率价值则归属于经济范畴。秩序价值虽然可以说是真正归属于法律范畴的,[②]但众所周知,剥离了实质判断的单纯秩序价值对于评价一种具体的行为来说没有任何意义。法律追求的秩序价值所要体现的,是一种经调整后的状态性价值。法律是手段,而不是目的。因此,我们在发现反不正当竞争法对于某类具体竞争行为的评价标准时,必须考察标准背后的价值的根源——它首先来自伦理观念,然后来自经济规律。

(一)正当竞争行为的伦理基础

市场经济作为一种经济形态,它的产生与资本主义制度基本产生于同一时代,而我们知道西欧以及北美的资本主义的诞生体现为资产阶级对封建制度抗争,[③]因此可以认为市场经济是诞生在封建制度的土壤之中的。作为市场经济之根基的竞争行为必然也摆脱不了始于传统社会的各种因素的影响,尤其是相对于制度环境来说独立性非常强的文化因素,至今这些因素的影响也没有完全消失。

资本主义产生之前,封建制度下的人类社会伦理观念和宗教无法脱离,宗教掌握着人类的思想。上文的文化因素主要应该是那些从宗教观念中发展出来的社会伦理观念。简单的商品经济也正是在这些包含着"禁欲、出世、寻求解脱"

---

① 本章只讨论反不正当竞争法语境下的竞争行为,因此广义上的限制竞争行为、垄断行为不在此列。

② 关于法的价值,本书选取了卢云教授的列举。参见卢云:《法学基础理论》,中国政法大学出版社1999年版。

③ 北美虽然没有本土封建制度,但北美的资本主义的建立直接源于西欧,特别是英国的移民,而这些古移民潮很明显地带有新兴资产阶级逃离传统封建势力迫害的色彩,因此也可以认为北美的资本主义的诞生同样体现为对封建制度的抗争。

等色彩的观念中缓慢发展,直至资本主义以及市场经济产生之后仍然没有将其完全抛弃。因为对于每一个具体的从事商业活动的个人来说,他的思想不可能真空般地游离于周围的环境之外。真实的情况是,很多人在从商谋利的同时又信仰着各自的宗教。于是社会观念对宗教的"突破"不可避免,在西方是新教的产生,[①]在日本是佛教、儒教的改革[②]。这类改革基本上遵循了同一个路径,即在解放高度压抑着的商人追求利润的贪欲的同时,利用传统伦理遏止社会盲目追求金钱所可能带来的道德沦丧,约束商品市场的经济行为,使资本主义市场经济能健康发展。例如,新教反对基督教浮华奢侈的宗教仪式而提倡节俭的思想,实际上是指导商人从节约成本上追逐合理利润;在日本,僧人石田梅岩则提出,商人对买者要诚实,要真心服务于消费者,反对奢侈的消费观念,从而达到人格升华。这种观点正好与提倡商人通过向消费者提供优质服务而获得合理利润的买卖双方双赢的思想相契合。此外,无论是西方国家还是日本,这段时期的社会伦理观念都继承了传统观念中"诚信行为"的观点,反对商人通过对消费者的不诚实行为获取利益。近现代的商业伦理最初就是来源于这种传统伦理观念的继承和演变,因而最初社会对于竞争行为的评判标准也产生于这种伦理观念。

(二)正当竞争行为的经济基础

传统伦理观念在资本主义经济产生的初期起到了一定的稳定经营秩序的作用,但是这些观念原本就不是为了资本主义经济制度而设计的。社会对于某一种具体的竞争行为"正当与否"的评价必然会发展,随着市场经济发展程度的提

---

① 新教早期的教派路德宗以及加尔文宗所信奉的教义都带有明显的突破传统色彩,它们力图使有组织的劳动不再成为"苦力",而是一份同等于"修行"的职业,但同时它们决不抛弃宗教伦理对职业行为的约束。在加尔文宗的教义中,职业依然是用做"荣耀上帝"的工具,它所精心设计的"上帝预选"论极大程度地将潜藏在人们内心的道德标准"逼迫"出来,以作为自觉约束他们职业行为的标准。参见〔德〕马克斯·韦伯:《新教伦理与资本主义精神》,于晓、陈维刚等译,陕西师范大学出版社2006年版。

② 关于日本的儒教与佛教的变化,我们重点考察德川幕府时期,因为这一时期的宗教伦理和社会伦理是此后明治时期以及近、现代日本社会商业伦理形成的渊源。当时的知名僧人铃木正三(公元1579—1655,中年后出家成为佛教禅宗教徒)始终关心政治和社会,"欲以佛法治世",产生了"禅宗社会伦理"的设想,提出了人们应该怎样生活的具体方法。他首先把各种谋生手段都视为高尚的行为,认为劳动本身就是佛行。他指出,任何职业皆为佛行,人人恪守其业即可成佛,而佛行之外并无成佛之道,商人的"买卖之业,乃人道所授"。同时他也回答了商人成佛的原则:"在于其心而非在于其业",即商业本身不是目的,关键在于是否把它作为佛教之行善来尽心尽业,只要是以善为目的的,那么作为修行结果的利润也可以得到肯定。但他同时又指出,经商的目的绝不是单纯地为了追求利润,所以他告诫商人要守正知之道,还要"耻于徒为大富,终成真挚之向佛之心,于行走坐卧之间达乎禅定"。这种宗教情结深远地影响了日本人的职业观念,在老一代人那里,工作还被认为不单纯是经济行为。

石田梅岩(1685—1744)继承了铃木正三的思想,为武士转变成企业家提供了"精神上的依托"。这种商人伦理感召、教化了日本无数的中、小贸易商和制造商的宗教性,最终形成了所谓的"日本式经营"。同时德川时代、明治时代以及近现代日本官方尤其强调勤俭节约的治国方针,致使石门心学的节俭思想演绎成社会风气,渗透在日本人的行为方式和生活习惯之中,化为近现代日本民族的人格力量,产生了巨大的社会经济效益。参见赵泽洪、淳于森泠、洛兰:《日本的商业伦理及其现代化进程》,载《渝州大学学报(社会科学版)》2001年第6期。

高,越来越多的诸如"成本"、"效率"等经济方面的因素被接纳到社会价值体系中,成为评价竞争行为正当与否的新标准。

博弈论的产生,尤其是动态博弈理论为我们认识上述观念的发展提供了理论基础。若我们把社会经济活动看做一场博弈,根据博弈者的策略选择可以把它们大致分成两个类型:C 类型(自私型的"骗子",英文为 selfish Cheat)的"直接理性最大化"的无道德感的人;H 类型(自利型的"诚实人",英文为 egoistic Honest)的有道德约束的理性最大化者。在广义的多人"囚徒困境"的社会博弈中,与所有人都选择 H 类型策略相比,所有人(或大多数人)都选择 C 类型策略将导致每个人"景况更差",但在这种广义的多人囚徒困境的社会博弈中选择 C 类型策略是每个人的"占优策略",即不管他人选择什么样的策略,自己最优的策略选择是 C(包括背叛、不合作、不守信、不履约等)。[1]

我们知道,商品经济的发展很大程度上依赖于商品交换的频繁,通常认为要实现这种频繁一般基于两种潜在的假设:(1)市场中每个个体都意图长期参与商品交易;(2)在长期的交易过程中,选择不合作策略的交易个体会被甄别、强制赔偿甚至被从体系中剔除。然而在一个多数人都选择不合作策略的社会里,商品交换频繁发生的这两个假设就被否定了,因而商品交换的过程就必须被附加上一系列严格的条件,诸如拒绝信用工具、及时检验等,而这些条件恰恰都不利于商品交换的频繁发生。也就是说,在前述的博弈论模型中看似个人占优的策略对于整个社会来说却是一个不利的选择,类似集体非理性的事例在股市博弈中也很常见。因此,经济立法的目的之一就是要避免这种基于个人理性选择造成的集体非理性结果,竞争法对不利于商品经济发展的竞争行为予以否定的过程,其实就是帮助恪守前述两个假设,也正是竞争行为正当与否标准的经济基础。

(三)法律对社会价值体系的接纳

法律制度体系一直缺乏一个独立的价值体系。但古今中外凡有法律存在的地方,其法律制度都表现出一定的价值取向,这是因为法律制度体系或者法学理论体系接纳了其所在社会中的价值体系,例如上文论述的伦理观念、经济规律等,这种对社会价值体系的接纳能力正是法律科学与其他社会科学所不同的地方。回顾西方法理学的发展历程,除了在罗马法复兴前期盛极一时的概念法学派之外,以追求单纯的形式逻辑严密为主要学术主张的法学流派从来不是主流。相比之下,那些将一个时代内稳定化的社会价值(正义观、公平观)作为法学理论追求的价值目标,并将其制度化到法律体系中去的学术流派才是大多数,例如自然法学派、历史法学派、新自然法学派等。古代中华法系的立法实践对待儒家

---

[1] 参见韦森:《从文化传统反思东西方市场经济的近代形成路径》,载《世界经济》2002 年第 10 期。

经典的态度更是这一特点的佐证。一个不可回避的问题是：法律体系接纳社会价值体系的工具是什么？王保树教授的回答是"法益"①，笔者表示赞同。

王保树教授曾撰文指出，利益先于法益而存在是指在一定的社会形式中满足社会成员生存、发展需要的客观对象。但利益并非都是法益，只有当某些利益成为一定法的目的，并受法律保护时才成为法益，它先于法益而存在。每个法律部门凸显一种利益目标，并由多种利益目标组成的利益保护结构，这种不同的法益结构对把握不同法律部门的功能及其本质，判断行为的违法性，有着不可忽视的意义。②这里提到的"利益"和笔者所提到的"社会价值体系"具有基本相同的范畴，法律正是通过"法益"对社会价值体系的肯定来达到接纳后者的目的。

对反不正当竞争法的法益结构应当分为两个层次理解。首先，最为核心的法益应当是消费者利益，即保障消费者能够从市场竞争中获得福利，市场经济越发达，消费所获得的福利也应越多；其次是市场竞争中的正常秩序和市场竞争参与者的竞争利益。前者是保障核心法益的手段、措施，后者是保障消费者利益持续增加的同时所必然达到的客观效果，这两个层次的法益正是反不正当竞争法所认可的竞争行为之正当性的含义。

二、不正当竞争行为的种类

（一）国内理论中的种类划分

不正当竞争行为的具体分类由于各个学者对其理解的不同而各异，不存在统一的标准。有的学者认为可以分为仿冒行为、虚假宣传行为、商业诋毁行为、商业贿赂行为、侵犯商业秘密行为以及不正当有奖销售行为六类；③有的学者则认为包含不正当销售行为、商业混同行为、欺骗性质量标示行为、引人误解的虚假宣传行为、商业贿赂行为、侵犯商业秘密行为以及商业诽谤行为七类。④笔者认为，欺骗性质量标示行为以及商业诋毁行为都是虚假宣传的一种表现形式，因而笔者将不正当竞争行为划分为五类：混淆行为、虚假广告宣传行为、侵犯商业秘密行为、不正当有奖销售行为以及商业贿赂行为。

混淆行为是指行为人通过假冒、模仿等手段伪装自己的产品或服务，使之与被混淆的商品或服务在外观上不易区分，从而达到令消费者错误购买自己的产品或服务的目的的行为。虚假广告宣传行为是指行为人在广告宣传中发布不真实、不完全的信息，欺骗、迷惑消费者，企图以此令消费者作出有利于广告发布者

---

① 参见王保树：《论经济法的法益目标》，载《清华大学学报（哲社版）》2001年第5期。
② 同上。
③ 参见吕明瑜：《竞争法》，法律出版社2004年版。
④ 参见种明钊主编：《竞争法》，法律出版社1997年版，第2页。

而不利于其竞争对手的购买决策的行为。①侵犯商业秘密行为是指行为人以盗窃、利诱、胁迫或者其他不正当手段获取权利人的商业秘密,或者披露、使用或者允许他人使用以前项手段获取的权利人的商业秘密,或者违反约定及权利人有关保守商业秘密的要求,披露、使用或者允许他人使用其所掌握的商业秘密,以及明知或者应知前款所列违法行为,获取、使用或者披露他人的商业秘密的行为。不正当有奖销售行为是指行为人以谎称有奖或者故意让内定人员中奖的欺骗方式进行有奖销售,或者利用有奖销售的手段推销质次价高的商品,以及最高奖的金额超过5000元的有奖销售行为。商业贿赂行为是指通过贿赂交易对方的代理人或者其他能够对交易对方的决策作出实质性影响的人,从而获得交易机会的行为。

除上述列举的五类不正当竞争行为之外,还需要专门说明的是"倾销行为",我国《反不正当竞争法》将其表述为"不正当低价销售行为"。我国法律给这种行为的定义是:以排挤竞争对手为目的低于成本价格销售商品。低于成本价格销售商品又称"倾销",这是国际经济法中的一个概念,国际贸易规则反对倾销通常基于两点考虑:一是避免一国企业以占据他国市场为目的而恶意降低价格,二是避免由于国家间的成本差异而导致的一国对另一国国内市场的破坏性侵占,这都是出于保护国内市场免遭国外竞争势力的破坏性占据的目的。但对于国内市场本身而言,价格竞争是竞争的重要手段,应当鼓励国内企业之间展开充分的价格竞争,这样才能使国内价格向最有利于消费者的方向发展。但价格竞争也存在一个风险,那就是它可能被具有一定实力的企业利用,作为在短期内排挤竞争对手、达到独占或相对市场占优地位的手段。基于这点考虑,在国内立法中凡涉及对"低价销售行为"的规制时,均应与反对限制竞争行为联系起来。

综上,本书第七章的论述中将不再把"倾销(不正当低价销售)行为"作为一种不正当竞争行为。

(二) 其他国家和地区立法实践中对不正当竞争行为的列举

1. 德国立法

德国《反不正当竞争法》颁布于1896年,是世界上第一部反不正当竞争的单行法律。② 该法涉及对不正当竞争行为进行列举的共有15个条文,可以归纳

---

① 消费者在市场中选购商品的基准是商品的质量、价格、性能、售后服务以及其他优惠条件等信息,对于一个理性的消费者而言,只有某一件商品在上述信息达到了最佳组合时他才会选择购买。因此,广告宣传就成为商家推销商品的重要手段。广告宣传为了吸引消费者关注某一种商品,多采取突出该产品的优势的手段,这是一种合理的推销策略。而消费者一旦从广告中产生了进一步了解该产品的打算并已经着手向商家询问时,商家就应当提供全面、真实的信息。

② 该法自颁布至今,经过数次修订,本书依据的是1986年7月修订版。法条内容可参见《各国反垄断法汇编》,人民法院出版社2001年版。

为以下六类：

(1) 引人误解的广告。德国《反不正当竞争法》第3条规定："在营业中以竞争为目的，对商业关系，特别是关于个别商品，劳务或全部供应就性能、来源、制造方式、价格构成、关于价格表、商品采购形式或采购来源、关于得奖、关于卖货的原因或目的，或关于存货数量制作使人曲解的宣传者，可请求其停止侵害。"该法第4条进一步规定："在公告、对大众的通知上以使人认为有特别有利的条件，而对货物或劳务的性能、来源、制造方式、价格构成，关于商品采购形式或采购来源、关于得奖、关于卖货原因或目的，或关于存货数量存心制作基本上是非真实的、会使人曲解的宣传者，处以二年徒刑或罚金。"①

除这些虚假的广告宣传之外，在广告中采取一些引人误解或引诱性的语言的，也构成不正当竞争。如该法第6(d)条禁止在广告中有限制每个顾客购买某类特定商品的表示，以及出现仅将这类商品专门出售给"转售者"的表示。该法第6(e)条还禁止在广告里出现这种表示，即将某类特定商品或服务的实际价格与那些较高的价格进行对比，然后再进行一定的降价，以使消费者误以为先前的价格要大大高于目前的价格。

(2) 不正当的促销行为。根据德国《反不正当竞争法》第6—8条的规定，这类行为由包括了六种常见形式：第一，破产商品的销售。该法第6条禁止在那些来自但已不属于破产财团所有的商品上，表示其来历，以免消费者误以为该类商品的价格特别优惠。第二，制造人或批发商直接向最终消费者销售商品。为了防止消费者误以为从制造人或批发商处买到商品的价格优于零售商处，该法规定，前者在向最终消费者出售商品时必须满足三个条件：(i) 其所有商品仅向最终消费者销售；(ii) 以其对零售商销售的价格向最终消费者销售；(iii) 明示其价格高于销售各零售商或工业客户的价格，或者这种情形不言而喻。第三，发放购物凭证。为了防止商家不正当地引诱消费者继续购物，该法第6(b)条禁止在商业交易中，向最终消费者发放可用于下次购物的权利证书、证据或其他票据。第四，多层次传销。该法第6(c)条禁止行为人以许诺的方式促使非商人买卖商品、服务或权利，以给他们特殊利益为代价，让他们促使其他人做成同样的交易。第五，特价销售。该法第7条禁止零售中为加快商品交易而给人以保证低价的印象。第六，清仓销售。该法第8条禁止行为人在不符合法条列举的情况下或未经法定的申报程序，擅自进行清仓销售的行为。

(3) 商业贿赂行为。德国《反不正当竞争法》第12条规定，在商品交易中，行为人以竞争为目的，对某企业的职员或其受托人提出，允诺或给予好处，而要

---

① 转引自邵建东：《德国反不正当竞争法研究》，中国人民大学出版社2001年版，第151、415—416页。

求自己或第三者以不公正的方式在货物或劳务方面获得竞争优势的,应处以一年以下徒刑或罚金。

(4) 诋毁商誉行为。德国《反不正当竞争法》第 14 条规定,以竞争为目的,对他人的营业业务,营业主个人或经理、他人的货物或劳务制造或散布能伤害其营业或营业者信誉的消息的,只要无法证实这些消息的真实性,则应对受害人就所发生的损害负赔偿责任。受害人亦可提出请求制止制造和散布这种消息。第 15 条进一步规定,确实了解情况和关于他人的营业,其营业者个人或经理、关于他人货物或劳务,但制造或散布能伤害其营业或营业者信誉的非属真实消息的人,处以一年以下徒刑或罚金。

(5) 擅自使用他人商业标志的行为。德国《反不正当竞争法》第 16 条规定,行为人在营业中使用姓名、商号或某营利业务、工商企业或印刷品的专门标志,由此可能与另一种已经有权使用的姓名、商号或专门标志引起混淆者,可对该行为人请求停止使用。若使用人知道,或是应该知道滥用的行为可能引起混淆,则须对受害人负损害赔偿责任。

(6) 侵犯商业秘密的行为。德国《反不正当竞争法》第 17 条规定,企业的职员、工人或学徒将因工作关系而得知的营业或企业秘密在工作关系存续期间内未经授权即为竞争目的或个人打算,或存心伤害企业主的目的私自向他人透露者,处以三年以下徒刑或罚金;为竞争目的或个人打算,私自利用或向他人透露因工作关系而得知的营业或企业秘密,或因违法活动或违反善良风俗的活动而得知的关于营业秘密和企业秘密的消息,处以同样刑罚。

2. 日本立法

日本于 1934 年首次颁布《防止不正当竞争法》,后于 1938 年、1950 年、1965 年、1975 年和 1993 年分别修改。①该法将不正当竞争行为列举为以下几种类别:

(1) 与他人商品相混淆的行为。该法禁止使用相同或类似于众所周知的他人的姓名、商号、商标、商品的容器包装或其他表明是他人商品的标记,或者贩卖、推销或输出使用了这些标记的商品,以致与他人的商品发生混淆的行为;② 1993 年的修正案还将符合法律规定的"商品形态"作为禁止混淆的保护对象。③

(2) 与知名商品相混淆的行为。该法禁止使用相同或类似于众所周知的他人的姓名、商号、标章或其他表明是他人营业的标记以致与他人在营业上的设施

---

① 本书主要依据 1993 年新修改的版本。
② 参见日本《防止不正当竞争法》第 1 条第 1 款第 1 项。
③ 但是,该法对这种"商品形态"作了比较严格的限制,例如模仿者与被模仿者必须具备竞争关系,被模仿的商品要具有市场价值,被模仿的商品从最初销售起至被模仿时不超过三年,等等。参见宋锡祥、俞敏:《论日本〈不正当竞争防止法〉的最新修正》,载《外国经济与管理》1998 年第 6 期。

或活动发生混淆的行为;①1993年修订后的法案还将禁止的范围扩大到将侵权商品予以转让、交付,以及为转让、交付而展览、输出或输入的行为。②

(3) 虚假广告宣传行为。该法禁止在商品或其广告上,或者用可以使公众得知的方法在交易的文件或通信上对原产地作出虚假的表示,或者贩卖、推销或输出已经作了这种虚假表示的商品以致使人对原产地产生错认的行为;③该法禁止在商品或其广告上,或者用可以使公众得知的方法在交易的文件或通信上,作出可以使人错认为该商品是在出产制造或加工地以外的地方出产、制造或加工的表示,或者贩卖、推销或输出已经作了这种表示的商品的行为;④该法禁止对在商品或其广告上,对该商品的质量、内容、制造方法、用途或数量作出可以使人产生错认的表示,或者贩卖、推销或输出已作了这种表示的商品的行为;⑤1993年修订案进一步将保护的范围从"商品"扩大到"服务"。⑥

(4) 商业诋毁行为。该法禁止竞争者陈述虚假事实、妨害有竞争关系的他人在营业上的信用,或者散布这种虚假事实的行为。⑦

3. 我国台湾地区立法

我国台湾地区竞争法实行合并式立法,即一部"公平交易法"中既包含了反垄断法(包括反对限制竞争行为和反对垄断行为的立法)的内容,又包含了反不正当竞争法的内容。根据台湾地区"公平交易法"⑧第三章的相关规定,不正当竞争行为大致分为以下几类:

(1) 混淆行为。该法第20条列举了商品或服务交易中禁止的混淆行为:第一,使用与为公众所普遍认知的他人姓名、商号,或公司名称、商标、商品容器、包装、外观或其他显示他人商品之表征,相似或相同的标示,导致消费者误认为是他人商品的;第二,使用与为公众所普遍认知的他人姓名、商号,或公司名称、标章或其他表示他人营业、服务之表征,相似或相同的标示,导致消费者误认是他人营业或服务之设施或活动的;第三,与同一商品或同类商品,使用相同或近似于未经注册之外国著名商标,或贩卖、运送、输出或输入使用该商标之商品的。

(2) 虚假广告行为。该法第21条禁止在商品或其广告上就商品的价格、数量、品质、内容、制造方法等信息作虚假的或引人误解的宣传。

---

① 参见日本《防止不正当竞争法》第1条第1款第2项。
② 参见日本《防止不正当竞争法》第2条第1款第1项。
③ 参见日本《防止不正当竞争法》第1条第1款第3项。
④ 参见日本《防止不正当竞争法》第1条第1款第4项。
⑤ 参见日本《防止不正当竞争法》第1条第1款第5项。
⑥ 参见宋锡祥、俞敏:《论日本〈不正当竞争防止法〉的最新修正》,载《外国经济与管理》1998年第6期。
⑦ 参见日本《防止不正当竞争法》第1条第1款第6项。
⑧ 该法于1991年2月公布实施,1999年2月修正。本书根据的即是1999年的修正版。法条内容可参见《各国反垄断法汇编》,人民法院出版社2001年版。

（3）营业诽谤。该法第22条禁止以竞争为目的，陈述或散布足以损害他人营业信誉之不实情事。

（4）多层次传销。该法第23条就多层次传销的概念和构成要件作出了规定。

4. 国际条约

（1）世界知识产权组织：《反不正当竞争示范法》（以下简称《示范法》）

第一，混淆行为。《示范法》第2条规定，在工商业活动中，与他人的企业或者其活动，尤其是该企业提供的产品或服务，产生或者可能产生混淆的任何行为或做法，构成不正当竞争行为。混淆的对象包括：(i) 商标，不论是否注册；(ii) 商号；(iii) 商标或者商号以外的商业标示；(iv) 产品的外观；(v) 商品或者服务的表述；(vi) 知名人士或者众所周知的虚构形象。

第二，损害他人的信誉或者名声。《示范法》第3条规定，在工商业活动中，损害或者可能损害其他企业的信誉或者名声的任何行为或者做法，不论是否引起混淆，均构成不正当竞争行为。

第三，误导公众。《示范法》第4条规定，在工商业活动中，对某个企业或者其活动，尤其是其所提供的产品或服务的误导或者可能误导公众的任何行为或做法，构成不正当竞争行为。误导可能产生于广告或者促销活动，尤其是有关下列事项：(i) 产品的制造过程；(ii) 产品或者服务对特定目的的适合性；(iii) 产品或者服务的质量、数量或其他特性；(iv) 产品或者服务的地理来源；(v) 对产品或者服务所承诺或提供的条件；(vi) 产品或者服务的价格或者价格的计算方法。

第四，损害其他企业或者其活动的信誉。《示范法》第5条规定，在工商业活动中，任何虚假的或者不合理的陈述，损害或者可能损害其他企业或者其活动的信誉，特别是损害此类企业提供的商品或者服务的信誉的，构成不正当竞争行为。

第五，有关秘密信息的不正当竞争。《示范法》第6条规定，在工商业活动中，未经合法占有秘密信息的人同意以及以有悖诚实商业行为的方式，导致秘密信息的披露、获得或被他人使用的任何行为或做法，构成不正当竞争行为。具体形式包括：(i) 工业的或者商业的间谍行为；(ii) 违反合同；(iii) 违反信任；(iv) 引诱违反(i)—(iii)中的任何一种行为；(v) 第三人知道或因重大过失不知存在(i)—(iv)中的行为而取得秘密信息。

（2）《发展中国家商标、商号和不正当竞争行为示范法》

该法规定，违反工业或商业事务中诚实做法的任何竞争行为均是非法的，并列举了以下行为：

第一，产地标记和原产地名称的滥用：(i) 直接或间接对商品或服务使用虚假的或有欺骗性的产地标记,或对其生产者、制造者或供应者本身使用虚假或有欺骗性的说明;(ii) 直接或间接使用虚假或有欺骗性的原产地名称,或仿冒原产地名称,即使在产品上注明了真正的原产地,或该名称是以翻译的形式或随附诸如"种类"、"型类"、"样式"、"仿制品"或类似用语时,亦同。①

第二,其他不正当竞争行为。(i) 不管通过什么手段而与竞争者的企业、商品、工业或商业活动产生混淆的行为;(ii) 使竞争者的企业、商品、工业或商业活动丧失信誉的贸易中的虚假宣传;(iii) 在贸易中使用易使公众在商品的性质、制造过程、特点、目的适用性、质量方面引起误解的说明或宣传。②

(3)《保护工业产权巴黎公约》③

该公约规定,在工商业事务中违反诚实的习惯做法的竞争行为构成不正当竞争,签约国家有义务对各该国国民保证给予制止不正当竞争的有效保护。该条约列举了以下几种不正当竞争行为:④

第一,具有不择手段地对竞争者的营业所、商品或工商业活动造成混乱性质的一切行为;

第二,在经营商业中,具有损害竞争者的营业所、商品或工商业活动商誉性质的虚伪说法;

第三,在经营商业中使用会使公众对商品的性质、制造方法、特点、用途或数量易于产生误解的表示或说法。

除了以上列举的国际条约之外,国际上还有许多条约和公约对不正当竞争行为作了规定,例如 TRIPs 中有关于知识产权的不正当竞争保护的内容。

三、不正当竞争行为的动因及危害

(一) 不正当竞争行为的动因

经营者所从事的竞争行为最大的特点在于其市场属性,简单地说就是"逐利性",不正当竞争行为作为正当竞争行为变异的结果,在逐利性这一属性上与正当竞争行为有着相同的外在表现。然而,有时本质属性完全相反的事物却会有着相同的外在表现。不正当竞争行为与正当竞争行为的根本区别,正在于隐藏在它们相同的"逐利性"外表下的截然不同的内在动因。

正当的竞争行为的动力源自于竞争者对盈利的常态欲望,这种欲望是产生

---

① 参见《发展中国家商标、商号和不正当竞争行为示范法》第50、51条。
② 参见《发展中国家商标、商号和不正当竞争行为示范法》第52条。
③ 本公约于1883年3月20日订于巴黎,后于1900年、1911年、1925年、1934年、1958年和1967年分别修订。我国加入的《保护工业产权巴黎公约》即1967年斯德哥尔摩文本。1984年12月19日我国政府向世界知识产权组织总干事交存加入书,加入书中声明:中国不受公约第28条第1款的约束。
④ 参见《保护工业产权巴黎公约》第10条之二。

和生长于社会道德体系和法律体系之下的,在其激励下竞争者会采用各种适当的方式与对手展开追逐利润的竞争,例如提高生产技术以降低成本,提供更好的服务以吸引购买力。早在18世纪,英国伟大的经济思想家亚当·斯密在《国富论》中曾表述了这样的观点:在一个自由的市场机制下,人对经济利益的追求会促使他不断改善自我的行为方式以获得更大的利润回报,而每个人的这种自觉的逐利倾向加总起来就会产生推动整个社会经济向前发展的动力。斯密所一再提倡和褒奖的"逐利心理"正是那些社会道德体系和法律体系约束之下的欲望。

相反,不正当的竞争行为背后的驱动力则不是常态的,而是一种变态的盈利欲望。变态的逐利欲望总是有游离于社会道德体系和法律体系之外的机会,一旦挣脱束缚,它就会驱使着行为人不再关注其行为的合法性问题而只追求最后的目的。而在过去的几个世纪里,不正当竞争行为的不断"进化"告诉我们,不断进步、完善的道德和法律体系对竞争行为的限制十分有必要。

综上,用一个价值判断色彩浓厚的定语加上"欲望"一词的结构来表述不正当竞争行为的动因是恰当的。但这只是十分笼统的提法,一旦具体到各种不同的不正当竞争行为的表现形式,上面提到的"变态的欲望"也会有不同的内在结构,这也是后文论述各类不正当竞争行为时需要探索的问题。

(二) 不正当竞争行为的危害

1. 对竞争法律制度的破坏

违法行为的危害给人最直观的印象总是对法律制度的破坏,因为总是当某种行为的外在表现逾越了法律条文为之设定的前提[①]时才会认定其为非法。不正当竞争行为的危害首先也表现为对竞争法律制度的破坏。

2. 对经济运行的损害

法律体系是各种法益制度化的结果,因此讨论一个违法行为的危害时如果仅仅围绕着法律制度本身被破坏则意义不大,因为法律制度本身的正当性还需要其所保护的法益的正当性来论证。不正当竞争行为对社会的主要损害在形式上体现为对"竞争法律制度"的破坏,但实际上是破坏了其背后所要保护的"法益",即对经济运行秩序的破坏。这也是不正当竞争行为的损害性效果具有实质性意义的地方。

3. 不良的道德引导

虽然不正当竞争行为对经济运行秩序的破坏效果隐藏在它对竞争法律制度的破坏这一形式效果的背后,但仍然是显而易见的。不正当竞争行为发生在经济运行环境当中,其关系好比鱼和水:鱼儿生病了,病菌必然会蔓延到湖水中。除此之外,不正当竞争行为还有一个相对隐蔽的损害效果,那就是它会在社会上

---

① 这里的"前提"不仅指具体法条规定的"行为模式",还指一部法律体现的"立法精神"。

产生一种不良的道德引导。仍以鱼和水比喻,道德体系就好像围绕着湖水的土地,湖水有了毒,当然迟早会浸到土地中去。古之圣贤有语:"君子爱财,取之有道"。这说明获取经济利益虽然是每一个人生活中所不可缺少的环节,但获取的途径应该正当,不正当竞争行为正是违背了这一准则。由于从事竞争行为的不是隔离于社会主体之外的第三类群体,而恰恰是这个社会的重要组成部分,所以当这种行为的实施者数量增多到一定的程度、这种行为的发生频率多到一定的程度时,社会的整体道德标准就会被扭曲,社会对待财富追求的整体判断会偏离"善良、诚实"等良德的轨道,而有可能走上"欺骗、侥幸"等恶俗的岔路。

综上可知,不正当竞争行为的损害效果是一个层层递进的显现过程。从微观之处看某一次不正当竞争行为,其危害止于对法律规范的突破;从中观之处将不正当竞争行为作为一类经济行为看待,其危害扩大至市场经济的秩序;从社会整体宏观之处将不正当竞争行为作为人类行为的一种,其危害就深入社会道德之中。"疾在腠理,汤熨之所及也;在肌肤,针石之所及也;在肠胃,火齐之所及也;在骨髓,司命之所属,无奈何也",因此"良医之治病也,攻之于腠理"。[①]规制不正当竞争行为好比医治社会之疾,自然应当遵循"圣人早从事"的原则,尽量把它抑制在早期,以免危害到社会的道德体系。

第二节 反不正当竞争法概述

一、反不正当竞争法的概念、特征及其宗旨

(一)反不正当竞争法的概念

反不正当竞争法是调整国家对经营者违反商业道德、扰乱经济秩序的竞争行为进行规制的过程中发生的社会关系的法律规范的总和。因此,本书所称的"反不正当竞争法"不仅仅是法典意义上的《中华人民共和国反不正当竞争法》,而是包含了前者以及一切散见于各类法律、行政法规、部门规章和地方性法规中的所有有关条文。

(二)反不正当竞争法的特征

1. 法益的"社会性"

我国《反不正当竞争立法》在第1条开宗明义地规定:"为保障社会主义市场经济健康发展,鼓励和保护公平竞争,制止不正当竞争行为,保护经营者和消费者的合法权益,制定本法",这就从宏观上勾勒出了反不正当竞争法的立法目的是营造一个健康的竞争环境。而正如前文在讨论不正当竞争行为的损害时提

[①]《韩非子·喻老》。腠(còu)理,皮肤表面的纹理。

到的,不正当竞争行为对一个社会的危害会呈现出由表及里的效果。因此,反不正当竞争法虽然是从具体行为上着手立法,但其根本的目的是对社会整体利益的保护。这一特点明显不同于民事立法,因为后者旨在调整平等的个体之间的权利义务关系,并且这种调整的目的是实现个体之间的公正。

换一个角度也许会更容易理解这种差异性。我们知道民事违法行为发生后,其损害效果往往被限制在发生民事法律关系的个体所组成的一个封闭的体系内,例如侵害所有权的行为损害的就是所有权人的合法权益,违反合同义务的行为侵害的就是合同相对方基于合同而享有的期待权。然而不正当竞争行为发生后,其损害效果则不仅限于那个相对闭合的影响范围,例如商业贿赂行为,它发生之后不仅使得原本交易对方可以得到的利益被转移到受贿者手中,还使得今后在此类交易中形成了必须交付贿金的"潜规则",从而加重整个行业的交易成本。因此,不正当竞争法所要保护的法益并不能单纯地归属于某一个具体的经营者,而应当是归属于作为一个整体的"市场"。

2. 地位的"中立性"

经济法向来被认为是"弥补市场缺陷的法律",是国家职能在现代社会的延伸。因此,经济立法、执法与司法向来与一个国家的宏观经济环境联系紧密,这一观念早在美国、德国等西方发达国家的实践中产生,并为日本战后的产业政策立法实践推向顶峰。以至于在我国,李昌麒教授将经济法定义为"国家干预经济的立法"[①],漆多俊教授则认为经济法是"国家调节经济的立法"[②],这些都表露出经济立法应当紧密联系国家经济环境的意思。然而,反不正当竞争法作为经济法的重要分支,在这一特征上并不十分明显,其立法、执法、司法过程显现出一种相对中立于国家宏观经济环境的特点,这在同属经济法体系中的其他部门法上是比较少见的。

造成这种现象的原因有两个:第一,渊源于民事法。从起源上看,反不正当竞争法脱胎于民事侵权法,在较早产生成文反不正当竞争法典的德国,反不正当竞争法曾一度被认为是民事侵权法的特别法。这种民法渊源使得它的调整方法和介入社会生活的角度不同于其他经济立法,后者可能直接从供求关系、产业结构等市场因素入手干预和调节社会经济秩序,而前者则还是从分配市场参与者之间的权利义务入手来达到间接维持社会经济秩序的目的。这种介入角度上的细微差别注定一国的宏观经济环境的变化不会导致反不正当竞争法的剧烈动荡。第二,浓厚的道德属性。前已论及,经济立法中的大部分内容是国家借助法律手段对市场体制的缺陷予以弥补,因为单就国家对于本国市场固有的制度缺

---

① 李昌麒主编:《经济法》,中国政法大学出版社2002年版,第41页。
② 漆多俊:《经济法基础理论》,武汉大学出版社1995年版,第1页。

陷进行修补这个问题,很难引入道德判断,所以这部分经济立法表现出一种去道德化的色彩。而反不正当竞争法比较独特,它产生的直接原因不是供求关系或竞争体制这两个基本的市场因素出现了问题,而是参与市场竞争的人的内心欲望出现了问题。这个问题的根源在于竞争者对竞争优势地位这个基本等同于财富的概念产生了错误的攫取欲望,因此反不正当竞争法必须从道德体系中寻找资源。正如经济法中其他部分在表现出与经济环境紧密联系的特性时必然同时表现出去道德化色彩一样,反不正当竞争法在表现出浓厚的道德色彩时则必然保持了与宏观经济环境的一定距离。

3. 立法模式的"回应性"

法的回应性的提法在某种程度上可以说源自于西方法理学家对当代社会法律信仰危机的反思,诺内特和塞尔兹尼克曾指出,各种法律理论都建立在固有的权威理论之上,而法律机构则带有固有的缺陷,例如腐败、偏袒利益集团等,[①]这些直接影响了权威理论的正统性,社会对权威理论的反思又直接表现在对法律制度的反思上。[②]由此,诺内特和塞尔兹尼克将法律划分为三种类型:压制型法、自治型法和回应型法。压制型立法模式下,统治政权倾向于不顾被统治者的利益或否认他们的正统性,因而是"凝固的非正义";自治型法则通过政治与法律的分离、强调法律的程序属性等途径保证法律对"压制"的控制;回应型法则要求法律不完全是一个与外在世界绝然隔开的体系——即使是为了保障法律的安全性和正统性也不能如此——而应当在保持一定约束的前提下存在适当的开放性,以应付新的事件。季卫东教授对诺内特以及塞尔兹尼克的解读可谓精辟,他讲到:"这三种类型的法与其说是历史发展的经验总结,毋宁说是按照理想型的方法建立的用以分析和判断同一社会的不同法律现象的工具性框架……为了弥补压制型法的缺性、控制率性不拘的国家强制力,必须从人治走向法治,自治型法由此产生,但它却又以封闭来维持法律的纯洁和正统……回应型法则通过扬弃压制型法和自治型法来赋予国家制度以自我修正的精神,而在这一模式下,制度将有必要由目的来引导,而目的可以批判制度并由此开拓出改革之路。"[③]反不正当竞争法的"一般条款"集中反映了这部法律的回应性。由于市场竞争行为的丰富性,传统的较为封闭的自治型立法难以长久维持反不正当竞争法的正统性,因此用一般条款为法律留下一扇面向现实的大门。当出现新的不正当竞争行为时,就可以用反不正当竞争法立法的目的引导对"一般条款"的理解,从

---

① 这些缺陷在西方资本主义国家表现得尤为突出,因此引发了社会的反思。
② 参见〔美〕P·诺内特、P·塞尔兹尼克:《转变中的法律与社会:迈向回应型法》,张志铭译,中国政法大学出版社2004年版,第8—9页。
③ 季卫东:《社会变革的法律模式(代译序)》,载〔美〕P·诺内特和P·塞尔兹尼克:《转变中的法律与社会:迈向回应型法》,张志铭译,中国政法大学出版社2004年版,第3页。

而保证法律的革新。但这种革新又不是行政或司法部门能够随意支配的,它必须出现在具体案件的审理过程中,行为人有充分参与和辩护的权利,从而使得法律的革新始终在国家与民间有序的交涉之中完成。

(三) 反不正当竞争法的宗旨

立法宗旨是指订立法律的价值目标所在。[①]我国《反不正当竞争法》第 1 条对该法的立法宗旨作出了如下表述:"为保障社会主义市场经济健康发展,鼓励和保护公平竞争,制止不正当竞争行为,保护经营者和消费者的合法权益,制定本法。"由此可见,反不正当竞争法的立法宗旨应当体现为两个层面,一是保障经济发展层面,二是保障消费者福利层面。

1. 保障经济发展

公平竞争是一个优化配置资源的机制,没有竞争就不能合理地配置资源。[②]而资源的合理配置正是市场经济制度能够健康运行、一国经济得以持续发展的重要条件。维护市场竞争的公平秩序是我国《反不正当竞争法》的首要宗旨。而竞争必须以提供同质商品或服务的竞争者的存在为基础,竞争者的合法权益得到良好的保护是维护公平竞争秩序的前提,因此我国的《反不正当竞争法》规定了大量的竞争者权利,同时规定了这些权利受到侵害时的救济途径。保护竞争者的合法权益是我国《反不正当竞争法》实现首要宗旨的手段性宗旨。

2. 保障消费者福利

不正当竞争行为不仅损害了市场竞争中经营者的合法权益,它也必然损害消费者的福利。例如,仿冒行为在侵害了知名商品或服务的提供者竞争优势的同时,也使得消费者在选择类似商品或服务时变得无所适从,不再敢相信优秀品牌。久而久之,市场中必然形成一种劣币驱逐良币的恶习,最终受到损害的还是广大消费者的生活质量。

除此之外,维护市场竞争机制的目的是保障一国经济持续健康的发展,而这种发展的最终的目的只有一个,那就是提高全体国民的生活水平。而实际上,一国经济在公平竞争的环境下取得发展的成果也必然惠及国内的全体消费者。这正是我国反不正当竞争法立法的最终目标和最深层次的立法宗旨。

二、反不正当竞争法的地位

西方发达国家的经济发展历史无不揭示出这样的真理:竞争是市场繁荣的基础,正是自由的竞争机制缔造了经济的繁荣;但同样,这部历史也提醒我们,不当竞争对一国的经济的毁灭效应将不亚于它可能带来的繁荣。所以亚当·斯密

[①] 参见徐士英:《竞争法论》,世界图书出版公司 2003 年版,第 146 页。
[②] 参见王晓晔:《竞争法学》,社会科学文献出版社 2007 年版,第 49 页。

在提出"经济人"假设时也不忘作出限制,即"经济人"要有良好的法律和制度保证,他追求个人利益最大化的行动才会无意识地、卓有成效地增进社会的公共利益。①因此必须要有良好的法律和制度来确保利益的分配,才能弥补市场的不足。另一位经济学家科斯从不同的角度论证了"良好的法律和制度"的必要性。著名的"科斯第二定律"②告诉我们,当交易费用达到一定程度时,不同的权利配置会带来完全不同的资源配置效率。因为这里的交易费用难以内化到具体的交易个体当中,所以被称为"外部性"。可以说人类社会的制度建设很大一部分是在有意识地营造一种能够尽量避免"外部性"的干扰,而产生最大化成果的"良好法律和制度",反不正当竞争法就是其中之一。因而,反不正当竞争法是市场规制法的重要内容,它与反垄断法、反限制竞争法共同构成公平竞争法律体系,从而成为现代经济法的核心。

反不正当竞争法的地位还可以通过与其他法律的关系来体现。

(一) 反不正当竞争法与民法的关系

民法是调整平等主体之间财产关系和人身关系的法律,是市场经济法律制度的基础性法律。因此,民法首先是反不正当竞争法的基本法。民法中的"自由"、"平等"、"公平"、"诚实信用"等原则是判断不正当竞争行为的重要依据;但反不正当竞争法却是以民法的一般侵权理论为基础发展出的以社会整体经济利益为本位的规则体系。

从产生的历史看,反不正当竞争法与民法也有着难以割舍的渊源,世界各国早期对竞争行为朴素的调整措施都是来自民法的。"19世纪的法国,法官为了保护诚实的商人,创造性地将《拿破仑民法典》第1382条和第1383条中关于侵

---

① 参见沈明:《法治和市场经济的契合与互动——一个以人性为视角的考察》,http://www.ideo-book.net/35/,2007年1月27日访问。

② 在R.H.科斯所著的《社会成本问题》一文中有这样一个例子:一个制糖商与一个医生相邻而居。医生向法院起诉,说隔壁生产糖果的机器发出噪音,使他无法使用听诊器给病人做检查,因此要求制糖商停止生产。法院支持了他的请求。但科斯认为这种裁决并不合适,假如制糖商停止生产要损失300美元,而搬迁到别的地方只需100美元,医生迁移诊所只要200美元,那么最经济的方案就是制糖商搬走。这样整个社会只用损失100美元,而不是300美元。科斯就此做了正反两种假设:一是制糖商有权在原地继续生产,如果医生对噪音忍无可忍,就要么自己走人,要么请制糖商搬走。医生会发现,请制糖商搬迁只需100美元,比自己搬迁合算,所以只要制糖商要价不超过200美元,他就乐意掏腰包。而制糖商只要得到的钱不少于100美元,也乐于搬迁。二是医生有权在此行医,如果制糖商想让医生搬走,就必须付200美元,这将比自己搬迁多100美元,所以他会自己主动搬走。可见,无论政府作出怎样的权利配置,只要双方的交易费用为零,则最后的结果都是一样的,这就是"科斯定律"。然而交易费用为零的假设是一种不切实际的假想,于是科斯作出进一步推理:在制糖商和医生这个案例中,只要交易费用大于100美元,交易双方就会望而却步。因为如果制糖商有权在此生产,那么医生要想让他搬迁,就得付100多美元,再加上100美元的交易费用,就超过了200美元,还不如自己走人。而如果医生有权在此行医,制糖商就会自己花100美元搬走。即当交易费用大于零时,不同的产权安排会有不同的资源配置效率。这就是所谓的"科斯第二定理"。我们可以把交易费用看做市场活动的一种"外部性",市场规律在其影响下无法达到资源的最佳配置,此时就必须依靠经济立法来有效地配置资源。

权法的一般规定用于制止经济生活中的不正当行为"①,从此民事法律开始侵入市场竞争行为的调整过程,填补了竞争立法的真空。英美国家延续了一贯的普通法与衡平法传统处理不公平的商业行为。早期的仿冒、虚假广告、诋毁行为以及违反信任关系等行为多被定性为侵权行为,采取民事救济。②德国受社会化思潮和法律理性主义传统的影响,采取了创制新法典的形式,于1896年制定了世界上第一部专门的《反不正当竞争法》,以矫正自"营业自由"以来令人失望的市场秩序。③但是这部法律只规定了几类特定的不正当竞争行为,严格规定构成要件的民事立法思路仍然难以全面覆盖变化多样的市场竞争行为。

1909年德国对《反不正当竞争法》的修订标志着这部法律与传统民法划清了界限。新的《反不正当竞争法》通过"一般条款"的形式避免了列举式立法的挂一漏万,其第1条规定:"行为人在商业交易中以竞争为目的而违反善良风俗,可向其请求停止行为和损害赔偿。"新的"一般条款"中引入"善良风俗"这一开放性、回应性的理念,使得《反不正当竞争法》对竞争行为的判断体现出社会公益对个人自由的挤压限制。随着社会道德体系的变化,一切虽处在变动中,但又违背了当时之商业伦理的竞争行为都将有可能被视为非法,从而《反不正当竞争法》"有了摆脱近代侵权法权利法定之倾向"。

(二) 反不正当竞争法与行政法的关系

行政法作为一个法律部门的诞生可以追溯到18世纪的欧洲,以卢梭的社会契约理论和孟德斯鸠的三权分立学说为代表的启蒙思想为基础,资产阶级为了反封建集权,建立了立法、司法、行政三权分立的资本主义国家制度,强调分权和制衡。行政法作为政府管理国家的法律,尤其体现出受到立法权的制约。正如德国行政法学家哈特穆特·毛雷尔所言:"现代意义行政法的条件是在19世纪立法约束行政时才得以成就,动因是需要权限规则的分权,以及要求按照法律的观点干涉公民自由和财产的基本权利的确认。"④而英国的威廉·韦德则明确指出:"行政法的第一个含义就是关于控制政府权力的法。"其"最初目的就是要保证政府权力在法律范围内行使,防止政府滥用权力,以保护公民。"⑤行政法实际上包含了行政组织法与行政程序法两个部分,尤其以后者为核心。行政组织法规定的是行政机关的权力来源和组织结构,传统上这一部分往往带有浓烈的宪法色彩。随着市场经济的发展,经济生活越来越需要一个有所作为的政府来弥

---

① 韦之:《论不正当竞争法与知识产权法的关系》,载《北京大学学报(哲学社会科学版)》1999年第6期。
② 参见孔祥俊:《反不正当竞争法新论》,人民法院出版社2001年版,第32—38页。
③ 参见何勤华、任超:《德国竞争法的百年演变》,载《河南政法管理干部学院学报》2001年第6期。
④ 〔德〕哈特穆特·毛雷尔:《行政法总论》,高家伟译,法律出版社2000年版,第18页。
⑤ 〔英〕威廉·韦德:《行政法》,徐炳译,中国大百科全书出版社1997年版,第5页。

补市场机制的天生不足。以20世纪30年代美国罗斯福政府为代表,经济法中开始出现了大量授予行政机关经济管理权限的规定。从这个意义上讲,经济法与行政法的关系更像是"实体法与程序法的关系"。①行政法的核心不是实体法,而是程序法。②

反不正当竞争法作为经济法的亚部门法,它的立法宗旨是规制市场中的不正当竞争行为,维护公平的市场竞争秩序。为了达到这个目的,才需要在一定范围内授予某个行政机关以权限。可以看到,我国《反不正当竞争法》在法律责任部分包含了大量的行政法律规范,通过设定大量的行政处罚措施对不正当竞争行为进行规制。但是,这些规定只是借用了行政法的调整手段,而其调整对象和立法精神仍然属于竞争法范畴的。

(三)反不正当竞争法和刑法的关系

反不正当竞争法是借助国家强制力矫正市场机制、维护市场秩序的法律,刑法是国家强制力的最重要的体现。因此,反不正当竞争法与刑法之间必然有密切的联系。反不正当竞争法中有不少刑事规范,如侵犯商业秘密、商业贿赂行为、虚假广告行为等。在我国的《反不正当竞争法》中对这些行为的规定都与现行刑事规范相呼应,并且在现行刑法中都有相应破坏经济秩序的罪名。

三、反不正当竞争法的责任形式

不正当竞争行为早期是民事侵权法的延伸,通过请求停止侵害、损害赔偿等多种民事救济方式对经营者进行法律保护。随着市场竞争的进一步发展,不正当竞争行为不仅具有侵犯他人民事权益的性质,同时还具有危害社会公共利益、破坏市场竞争机制的多重危害性,因而传统民事侵权法律已经不足以规制不正当竞争行为。这就决定了反不正当竞争法必须是有民事、行政和刑事规定的综合法律规范。我国的《反不正当竞争法》也与其他国家大致相同,运用了各种责任方式规范不正当竞争行为。

(一)民事责任

这是各国法律对不正当竞争行为设定法律责任的主要形式。《反不正当竞争法》诞生以前,不正当竞争行为在民法原理中被认为是侵权行为,因此,其民事责任的形式和内容主要是行为人停止侵权行为,并依法损害赔偿。《反不正当竞争法》诞生之后,对不正当竞争行为的规制理念虽然摆脱了民法理论的束缚,但法律责任的设定却没有必要突破。因为法律的调整手段不外乎民事、行政与刑事三种,相应的,法律责任的种类也如此。

---

① 参见马荣辉、赵传顺:《市场经济条件下经济法和行政法的关系》,载《法学杂志》2004年第5期。
② 参见〔美〕伯纳德·施瓦茨:《行政法》,群众出版社1986年版,序言。

我国《反不正当竞争法》第 20 条规定,"经营者违反本法规定,给其他经营者造成损害的,应当承担损害赔偿责任"。不正当竞争行为与一般民事侵权行为不同,它的损害波及面比较大,损害效果具备一定的隐蔽性,难以在短时间内精确计算。鉴于此,我国《反不正当竞争法》在设定民事责任时规定,经营者的损失难以计算的,赔偿额为侵权人在侵权期间因侵权所获得的利润;并应当承担被侵害的经营者因调查该经营者侵害其合法权益的不正当竞争行为所支付的合理费用。此外,2001 年修订后的《商标法》第 56 条规定,"侵权人因侵权所得利益,或者被侵权人因被侵权所受损失难以确定的,由人民法院根据侵权行为的情节判决给予 50 万元以下的赔偿"。这种规定减轻了原告在主张赔偿数额时的举证负担,有利于保护各类市场主体的合法权益。

值得指出的是,我国《反不正当竞争法》中对民事责任的规定尚有不足之处,这表现在以下两个方面:其一是求偿主体范围狭窄。综观世界各国的立法,已经形成一种倾向,即在对经营者的合法权益进行保护的同时,更倾向于保护消费者的权益。但在我国的立法中,仅规定了被侵害的经营者的起诉权,而没有规定消费者受害后的救济权利。这不能不说是一种缺憾。实际上,无论从必要性还是可能性来说,赋予消费者在反不正当竞争法中的求偿主体的地位,都是十分重要的。它不仅可以保障消费者的合法权益,而且能有效运用社会监督的力量,有利于法律的实施,更好地体现该法的立法宗旨。其二是赔偿力度不够。按照民事赔偿的基本原则,各国立法分为两种:一是实际赔偿原则,即侵害人的赔偿数额以受害人的损失额为限;二是惩罚性赔偿原则,即侵害人的赔偿数额超过受害人损失的程度,以示惩罚。如美国反垄断法规定,私人损害赔偿,不论数额大小,侵害人一律承担三倍于受害人损失的赔偿额。许多国家和地区在对不正当竞争行为进行制裁时,都在不同程度上借鉴了美国的做法,收到较好的效果,如我国台湾地区的"公平交易法"中规定,在实行实际赔偿原则的前提下,将惩罚性赔偿作为一种特定条件下的赔偿原则。我们应该对现行的规定加以修改,以更有效地对企图从事不正当竞争行为的企业或个人构成威慑。

(二) 行政责任

反不正当竞争法的行政责任,是指违反法律规定的行为必须承担的由竞争法行政主管机关实施的行政制裁措施的责任。不正当竞争行为发生在经济生活领域,扰乱了社会主义市场经济秩序,再加上目前我国公民、法人的法律意识尚不强,仅靠民事责任手段远不能制止愈演愈烈的不正当竞争。因此,国家必须运用行政力量对其加以主动干预,通过规定不正当竞争行为的行政责任,使行政机关能够以快速、简便的行政手段制止不正当竞争行为。我国《反不正当竞争法》用大量的条款规定行政手段,成为我国《反不正当竞争法》的一大特色。

行政责任的具体方式可以分为以下几类:

（1）责令停止侵权行为。不正当竞争行为对市场秩序的损害首先源自于它的持续性，因此《反不正当竞争法》第21条第2款规定，经营者擅自使用知名商品特有的名称、包装、装潢，或者使用与知名商品近似的名称、包装、装潢，造成和他人的知名商品相混淆，使购买者误认为是该知名商品的，监督检查部门应当责令停止违法行为。

（2）罚款与没收违法所得。民事赔偿为侵权人设定了其对被侵权人的责任，但不正当竞争行为的损害不只反映在被侵权人身上，受到损害的还有整个市场竞争秩序，单一的民事赔偿难以准确反映这种社会成本。因此，《反不正当竞争法》规定了对行为人没收违法所得以及根据情节处以违法所得一倍以上三倍以下罚款。

（3）吊销营业执照。这是对不正当竞争行为人从主体资格上的彻底剥夺，使之从此无法再从事类似行为。

（三）刑事责任

刑事责任是责任体系中最为严厉的，适用于严重危害国家社会以及其他经营者的合法权益，情节恶劣的行为。世界各主要市场经济国家都对严重破坏经济秩序的不正当竞争行为规定了较为严厉的刑事处罚。如日本的《不正当竞争行为防止法》中规定，"对于符合法定条件的不正当竞争行为人处3年以下有期徒刑20万以下罚金"。

我国1997年新修改的《刑法》中增加了不正当竞争行为的刑事责任，如对假冒行为规定了"生产销售伪劣商品罪"、对侵害他人商业秘密行为规定了"侵害商业秘密罪"、对不正当的促销行为规定了"商业贿赂罪"，此外，对虚假广告、诋毁他人商业信誉的广告、强制买卖商品或强迫他人提供服务、接收服务、制造商标标识销售等都规定了相应的罪名。这说明我国在对破坏竞争秩序方面的刑事打击力度已经大大增强，同时也促使反不正当竞争法的专门立法尽快适应刑法的规定，以相互印证和协调。

四、反不正当竞争法的实施机制

（一）行政执法机制

世界上许多国家和地区为保障反不正当竞争法得以有力地贯彻执行，都设立专门的行政执法机关，如美国的联邦贸易委员会、德国的卡特尔局以及日本、韩国、我国台湾地区的公平交易委员会等。这对于及时、有效地排除不正当竞争行为十分必要。我国《反不正当竞争法》第3条规定："县级以上人民政府工商行政管理部门对不正当竞争行为进行监督检查；法律、行政法规规定由其他部门监督检查的依照其规定。"根据该法的规定，国家工商行政管理局中设立了"公平交易局"、"反不正当竞争处"，这为不正当竞争行为的监督、检查提供了更为有利的条件。除了组织机构上的保证外,《反不正当竞争法》还赋予了行政执法部门一定的执行措施和权利,包括调查权、询问权、采取强制措施权和处罚权等。

(二) 社会监督机制

社会监督是社会组织和社会成员依照反不正当竞争法和其他有关法律对不正当竞争行为实施的监督。社会监督的意义在于造成强大的社会舆论,给行政机关、司法机关提供违法行为的线索和证据。我国《反不正当竞争法》第4条规定:"国家鼓励、支持和保护一切组织和个人对不正当竞争行为进行社会监督","国家机关和工作人员不得支持、包庇不正当竞争行为"。我国《消费者权益保护法》也规定了对消费者保护实行社会监督的原则:"国家鼓励、支持一切组织和个人对损害消费者合法权益的行为进行社会监督"。社会监督具有监督主体广泛(包括民主党派、其他社会团体、消费者)、监督形式多样(举报、控告、揭发、申诉等)、监督后果不确定等特征,因而加强广大群众的社会监督无疑是切实维护市场经济秩序、保护消费者权益的重要力量。

第三节　我国反不正当竞争法的发展

受我国市场经济体制发展进程的影响,我国反不正当竞争立法的进程比较缓慢,从1949年新中国建立至1993年《反不正当竞争法》颁布实施,一直没有一部真正意义上的反不正当竞争法。1980年,邓小平同志作了《目前的形势和任务》的讲话,我国的市场经济建设可以说就是始于这个时期。从那时至今,我国的反不正当竞争立法经历了从"政策法规调整"到"法律调整"的实质转变。

一、政策法规调整阶段(1980—1993年)

这一时期,我国缺乏真正意义上的竞争立法,所有关于市场秩序的调整都依赖于中央政策、行政法规以及一些部门规章、法规或规范性文件。

20世纪80年代初,国务院集中制定了一批规制市场秩序的行政法规。如1982年颁布的《广告管理暂行条例》,集中规定了广告经营者资格、广告发布的程序、审查标准、广告中不允许出现的内容等;同年颁布的《工商企业登记管理条例》,规定了工商企业登记的条件、程序以及登记名称的审查标准等;《商标法》则就商标注册的程序、审批标准以及商标侵权的保护作出了规定;1983年颁布的《城乡集市贸易管理办法》,规定了上市物资和参加集市的人员的活动范围,集市的设置和管理以及相应的处罚措施。

但只有这些条块分割的行政法规,并不能从整体上有效遏制市场机制建立之初层出不穷的扰乱市场秩序的行为。为此,国务院1987年发布了《国务院关于整顿市场秩序加强物价管理的通知》(以下简称《通知》),提出了综合各个职能部门的职责共同整顿市场秩序的要求。《通知》要求:"今年以来我国工业生产增长迅速……市场繁荣……不少无照商贩和有些个体工商户不遵守国家的规定,套购紧俏商品,倒买倒卖,哄抬物价……欺行霸市……有的单位和个人甚至违法生产、销售假冒伪劣商品和不符合卫生标准的商品,坑害群众。这些行为严重破坏市场秩序……各级人民政府和工商行政管理……等部门,必须……加强对市场和物价的监督管理……维护市场秩序"。《通知》中明确禁止的集中扰乱市场秩序的行为有不亮照经营、不明码标价、掺杂使假、短尺少秤、投机诈骗等行为,也有把国家计划内的生产资料转为计划外进行议价出售的行为。《通知》中规定的主要调整手段则是,综合部署工商行政管理、物价、税收、公安等部门力量,在一至两个月的时间里集中进行市场整顿,具体方法如对价格加强检查,对无照商贩进行清理等。

此后一段时间,各地工商行政管理部门认真贯彻了《通知》的精神,市场秩序得到了一定程度的好转,国务院在市场秩序管理方面的工作中也逐步开始加大对工商行政管理机关的倚重。1990年,国务院办公厅转发了国家工商行政管理局《关于加强工商行政管理工作的报告》,对全国的工商行政管理工作作出了部署。该工作报告规定,下一阶段要进一步依法加强对生产资料市场的监督管理,查处各种违法违章行为;凡是有形市场和各种生产资料的交易、订货会,工商行政管理机关都应依法进行监督管理,逐步摸索一套行之有效的监督管理办法;切实加强对个体、私营经济的监督管理,严肃查处制造、经营伪劣商品和刊播虚假广告的行为;依法保护注册商标专用权,促使企业自觉地执行商标法规,依法关心和保护自己的商标权益。

在以上这些工作的基础上,我国对市场竞争秩序重要性的认识逐步加深,工商行政管理机关在工作中也积累了一定管理市场秩序的经验,于是一部真正意义上的竞争秩序立法开始被提上日程。1992年国家工商行政管理局下发了《关于改进工商行政管理工作促进改革开放和经济发展的意见》。该意见规定,工商行政管理机关在加快改革开放的过程中,要加强工商行政管理法制建设,认真清理治理整顿期间的法规和规范性文件,及时予以修订或废止。更重要的是提出了"按照要求重点搞好《制止不正当竞争法》的起草工作"的要求,并明确要力争在1992年完成这项工作。

除了国家层面的这些政策、行政法规之外,一些市场机制发展较快的地方和行业主管部门,在这一时期也先后出台了一些针对市场秩序的法规和规范性文件。例如1987年9月,上海市政府根据《通知》精神和上海市实际情况制定了《上海市人民政府关于整顿本市市场秩序加强物价管理的若干规定》,对《通知》中的一些原则性规定进行细化;又如,1991年6月中国人民银行上海市分行出台了《关于制止在证券发行业务中进行不公平竞争的通知》。该通知中规定,各证券经营机构在发行有价证券中,如发生业务交叉等"撞车"情况,须在友好合作的前提下,进行公开、公平竞争;任何证券经营机构不得依靠银行优势(如信贷优势、结算优势等),向企业施加各种形式的压力,强行代理发行企业的有价证券;严禁各证券经营机构在手续费和其他有关发行费用上采取降低收费标准或变相减少收费的不正当竞争手段争揽发行业务,并对违反上述规定的行为规定了相应的惩罚机制。

二、《反不正当竞争法》实施后的成就与不足(1993年至今)①

1993年颁布的《反不正当竞争法》,是我国确定市场经济体制目标之后第一部规范市场竞争基本秩序的重要法律,由此开始了具有中国特色的竞争立法历程。当时的中国正进入改革开放的新时期,政府正式确立市场经济的目标体制,独立的市场经营主体经过十多年的培育和发展也展现出应有的活力。然而,繁荣并没有掩饰住它背后混乱的市场经营秩序,尤其是竞争秩序成为当时阻碍我国市场经济进一步健康发展的绊脚石。为建立良好的市场经济秩序,也为了对美国、欧洲等发达国家因中国市场中大量不正当竞争行为的强烈不满作出应答,我国政府在各方面条件不完全成熟的情况下制定了《反不正当竞争法》。

从法律颁布实施至今,它在规范市场秩序方面取得了巨大的成绩,不仅在促进我国市场经济健康发展方面发挥了重要的作用,也为我国政府力行市场经济改革的魄力和决心在世界范围内起到了良好的宣示作用。然而,这部法律实施多年来也暴露出一些不足,除了法律执行中的一些如地方保护主义等体制性之外的问题,这部法本身也还存在着不少缺陷。例如立法体例混乱,大量的有关限制竞争和垄断的规定充斥其间;与其他法律的竞合,最明显的如与《广告法》、《商标法》的竞合;程序性规范缺位等。

(一) 关于竞争法的立法体例

目前世界各国在竞争立法领域所采取的立法例有两种:反垄断与反不正当竞争分立以及两者的混合立法。采前一种立法例的典型国家如德国、日本②,而采后一种立法例的典型国家如法国、南斯拉夫等③。我国《反垄断法》的缺位使得现行立法体例与前述共识相矛盾,《反不正当竞争法》中大量充斥的本应属于《反垄断法》视野的关于限制竞争行为和行政垄断行为的规制分散了《反不正当竞争法》针对不正当竞争行为的规制力度,从而不利于《反不正当竞争法》集中

---

① 本部分内容基于2005年中国外商投资企业协会优质品牌保护委员会(QBPC)委托的研究课题《中国〈反不正当竞争法〉的实施与完善》的研究成果。
② 德国分别颁布有《反限制竞争法》和《反不正当竞争法》;日本则颁布有《独占禁止法》和一系列的反不正当竞争立法,如《不公正的交易方法》、《防止不正当赠品类及不当表示法》等。
③ 如法国《公平交易法》、南斯拉夫《防止不正当竞争和垄断协议法》。

完成其立法意图。《反垄断法》的出台将会把两部法律的界线划分清楚，从而最终完成我国分立式竞争立法体例的构建。

除了与《反垄断法》的重叠外，《反不正当竞争法》还涉及和《广告法》、《商标法》的竞合。《反不正当竞争法》与这两类部门法相比是一般法与特别法的关系，它起到的是兜底保护的作用，因而在其条文中不能也没有必要出现与特别法相重复的内容，以免浪费立法资源。在考虑修改《反不正当竞争法》时，应当首先明确"建立一个清晰、纯粹的市场竞争秩序规制一般法"的立法思路。

（二）关于反不正当竞争法的总则

1. 法律主体的范围狭窄

根据《反不正当竞争法》第2条第2款，该法通过对"经营者"这一上位概念进行限制来定义反不正当竞争法的主体，从而极大地缩小了法律适用的主体范围。在实际生活中，参与竞争和受到不正当竞争行为影响的主体绝对不仅仅限于经营者，还包括诸如消费者、其他非经营性的市场主体等现实市场活动中参与竞争和对竞争秩序能够发挥影响力的主体，他们都与竞争秩序有着直接的利害关系；又如第20条规定仅仅"给经营者造成损害"方能获赔偿，这对许多非经营性主体，如科研机构等可能是十分不公平的。

德国的反不正当竞争法有意回避了竞争法律主体的上位概念，而笼统地冠以一个"者"字，我们认为这也不失为一种好的办法。将来我们在修改该法时，有关主体的规定是否可以考虑使用诸如"市场主体"之类的体现包容性和开放性的定义，从而将一切能够对市场竞争秩序产生实质性影响的主体都包含到法律规制的范围。

2. 缺少不正当竞争行为的一般规定

现行法缺乏一个对不正当竞争行为的概括性条款。该法对不正当竞争行为形式上采取概括加列举的方式，概括时由于受到当时立法技术和理论研究水平的限制而未能科学地抽象出不正当竞争行为的一般特征，在列举中又由于缺乏兜底条款而暴露出明显的技术缺陷。例如在第2条第2款的规定中，将"不正当竞争行为"界定为："经营者违反本法规定，损害其他经营者的合法权益，扰乱社会经济秩序的行为"，我们认为这样的规定并没有反映出不正当竞争行为的典型特征，使得单依据本条的规定很难理解和认定不正当竞争行为，也就无法起到一般条款通常所应具有的概括性、兜底性作用；而分则中除了列举出十一种典型的不正当竞争行为之外并没有一条"其他"条款，也就是说，实质上我们的《反不正当竞争法》只反十一种不正当竞争行为。这样的立法无论在理论推敲层面还是从立法技术上都是有待商榷的。我们建议从更加抽象的层面对不正当竞争行为进行定义①,同时在分别列举典型的不正当竞争行为时增加一个兜底性条款以弥补列举的不足。

3. 不正当竞争行为不成体系

在现行法所列举的十一种不正当竞争行为(第5到15条)中,第5条第1款是有关侵害注册商标行为的,第6、7条是有关行政性限制竞争行为或垄断行为的,第9条的第2款是有关虚假广告行为的。这些都不是狭义的不正当竞争行为,可以由各自领域的部门法规制,因此不应当出现在该法中。

(三)关于混淆行为

1. 法条竞合

在关于混淆行为的第5条第1款中,对假冒注册商标的规范简单地雷同于商标法,特别法优于一般法的原则使得本款实际上为商标法所代替。我们注意到,最高人民法院2004年发布的《关于审理不正当竞争民事案件适用法律若干问题的意见(讨论稿)》(下称《意见讨论稿》)中也已经明确指出,在实践中遇到两法竞合时直接引用《商标法》,这也更说明了《反不正当竞争法》中的此款实属多余。

2. 概念不够清晰

关于"知名商品"的定义不明确,给打击混淆行为的执法带来了极大的困难。《反不正当竞争法》颁布时没有在条文中明确给出"知名商品"的定义,理论上这一界定权也就落到了各级执法部门手中。直至该法颁布三年后,工商总局作为主要的执法部门以一项部门规章②的形式对其作了简单的界定:知名商品,是指在市场上具有一定知名度,为相关公众所知悉的商品。这一定义很显然缺乏可操作性,这也直接导致各省纷纷出台自己的实施条例,对知名商品的定义给出各自的解释。③概括起来,可分为事前认定和事后认定两种:事前认定也就是条例承认行政机关——主要是工商行政机关——和行业协会在日常行政和其他活动中对知名商品的认定行为具有公信力;而事后认证则是授权行政机关在受理仿冒行为的案件中自行裁量。可以看出,由于法律的缺位导致了行政机关的自由裁量权的扩大,也使得对知名商品的认定缺乏统一性。最高人民法院发布的《关于审理不正当竞争民事案件应用法律若干问题的解释》对知名商品作了较为完善的界定,④定义中包含了一些具体的衡量标准,诸如商品的广告投入、

---

① 如德国立法中仅仅抽象出"以竞争为目的"和"违反善良风俗"两个最为显著的特点。
② 国家工商总局局于1995年颁布了《关于禁止仿冒知名商品特有的名称、包装、装潢的不正当竞争行为的若干规定》。
③ 如广东、四川等。
④ 人民法院认定知名商品时,应当考虑该商品的销售时间、销售区域、销售额和销售对象,进行任何宣传的持续时间、程度和地域范围,作为知名商品受保护的情况等因素,进行综合判断。

宣传持续时间和地理范围等，但这份文件的效力较低，希望修改《反不正当竞争法》时也能体现这一精神。

3. 行为列举范围过窄

混淆行为的客体过于狭窄，不能应对变化多样的侵害行为。我们知道，对仿冒行为的规制目的重在防止行为人通过滥用商业标识的行为掠夺该标识的合法持有人的市场竞争优势。因此，关于仿冒行为客体的范围应当包含广泛的商业标识，这才能适应不断发展的市场经济的需要。然而现行法的第5条第2、3款的列举能否穷尽仿冒行为，答案不言自明。在这种情况下，是否应当考虑在本条中加上一项概括性条款，规定凡能将某一知名商品或服务特定化的标识或公众对其已有特定化认知的标识都认为是仿冒行为中的商业标识。

此外，综合平衡的原则应当作为认定"市场混淆"和"消费者误认"的结果的指导原则。基于此，法律在对市场混淆行为进行认定时也应有例外条款以体现利益平衡的精神，例如：(1)使用的知名标识已经成为相关商品、营业或服务的通用名称或惯用标识的；(2)善意地使用自己姓名的；(3)在他人的标识为特定范围内的社会公众所普遍认知前善意使用的(其他国家或地区的知名标识在未取得本国家或地区的公众之普遍认知时的善意使用)；(4)其他根据利益平衡原则不被视为市场混淆行为的行为等。

（四）关于商业贿赂行为

1. 主体认定的外延缺漏、内涵矛盾

现行立法对商业贿赂行为是笼统称之，即不区分"商业行贿"与"商业受贿"行为。在这种情况下，对商业贿赂主体的界定当然也只能勉强从贿赂双方的共性上入手，即从事市场活动的经营者。这种单一性的提炼导致了"主体"外延的不周延。实际上，行贿主体比较单一，是为了获得交易机会的经营者，但是受贿主体却是复杂的。它既包括一般的代理阶层，又包括一些中介机构，还可能包含国家公务人员。这种复杂的主体是难以简单提炼出共同的名词并冠以总称的。由于把行贿主体也笼统地归纳为"经营者"这个概念，并成为法律规定的商业贿赂的主体要件，就使得主体的外延发生了严重的缺漏。这种立法上的偏差从一开始就注定了《反不正当竞争法》对于商业贿赂行为的规制效果会产生与立法者原意的巨大差距。如果说立法层面上这种偏差还只是体现为逻辑审视上的问题，那么它一旦遭遇司法和执法实践中的尴尬，其弊端就更加明显了。

2. 行为认定避实就虚、不符法意

法律在界定商业贿赂主体时与立法原意的偏差，给司法和执法带来了巨大的理论障碍和实践上的模糊。由此，司法和执法机关在商业贿赂案件的认定中转向另一个更容易认定的要件——表现形式。实践中，商业贿赂的认定机关基本上都将认定违法的重点集中在审查嫌疑人是否具有"账外"、"暗中"这两个形

式特征,而相比之下,"账外"更容易查证。因此,我国的反商业贿赂司法与执法往往异化成了一个财务审查的过程。而一旦违法行为人利用财务制度上的设计把贿赂金额如实入账,那么,工商部门的处罚依据自然不攻自破。

(五) 关于虚假表示行为

1. 关于虚假表示的规定存在重复现象

例如第 5 条第 4 款实质上是对虚假表示行为的规制,应当与第 9 条合并。我们也注意到,国家工商总局起草的关于该法的修改意见稿与我们的这种思路不谋而合。

2. 规定存在不完善性

例如常见的"普遍式有奖销售行为",它实质上是一种变相的虚假表示行为,多数国家的竞争立法都对这种行为有所限制。然而,我国现行法律条文中却没有涉及对它的规制。

3. 关于诋毁商誉行为的规定显得十分粗糙

《反不正当竞争法》第 14 条不足二十字的关键词,完全无法涵盖市场经济中复杂多变的诋毁商誉行为,诸如"散布其他引人误解的事实"等有可能对他人商誉造成损害的行为并没有涉及。建议引入理论界对该行为的研究成果,建立一个由概念抽象和具体列举条文组成的条款,以示《反不正当竞争法》对这种行为的坚决态度。

(六) 关于侵害商秘密行为

1. 商业秘密的构成要件过多

该法要求的商业秘密之适格,除了"不为公众知悉"和"权利人采取了合理的保密措施"外,还增加了一项"能为权利人带来经济利益、具有实用性"的限制,而世界知识产权组织出台的《反不正当竞争示范法》以及 WTO 的 TRIPs 协议中的相关规定均只要求前两个条件。《反不正当竞争法》的这一项额外的条件,直接导致那些拥有尚处于理论研究阶段的资料的权利人将得不到保护,他们将不得不面对技术开发的高风险和技术保密的高风险的双重考验,这样的制度设计难言其周全。我们知道,反不正当竞争法的职能与专利法有所不同,前者提供范围更宽但保护力度上稍差的"弱保护"。"实用性"要件的规定显然与"宽范围保护"的目标背道而驰,建议不再设置此项。

2. 缺乏对政府机关的保密义务的规定

我们同样注意到,《反不正当竞争示范法》、WTO 及 TRIPs 协议均要求有关主管部门在因公务获得企业商业秘密时,负有保密义务。而我国《反不正当竞争法》却偏偏把这一部分"漏"掉,这导致行政机关在进行具体行政行为时缺乏相关的约束,不利于保护权利人。国家工商总局曾于 2003 年 8 月组织起草《反不正当竞争法》修改稿,该稿中就出现了要求行政机关承担保密义务的规定,只是这一条款的但书部分列举了两种例外情况:"为公共利益考虑"和"确定公开不会给权利人带来损害"。公共利益保留无可争议,而后一条所谓"确定不会带来损害"则留下了太大的发挥空间,与此条原本希望的对行政机关科以严格的义务之初衷有所违背,遗憾的是这种意见在学界和实务界均有相当多的拥护者。

(七) 关于新的不正当竞争行为

在《反不正当竞争法》颁布后的十多年间,随着科技的发展和行为人对现行法规避经验的积累,新出现了很多不正当竞争行为。例如对消费者进行心理强迫(对消费者进行煽动、上门推销、纠缠不休)、域名抢注、附赠、恶意利用专利、以专利权对抗包装、装潢的在先使用权、用不正当手段阻碍他人之间的交易、抢占客户等行为。这些行为对竞争秩序危害甚大,严重损害着社会公共利益,我们注意到相关主管部门也分别出台了一些单行法规希望个别解决这些问题,但政出多门和法规效力普遍较低的现象随之出现。因此,在修改《反不正当竞争法》时理应将这些新出现的不正当竞争的规制条款纳入其统一规制范围。

(八) 监督检查方面的规定不完善,导致可操作性差

1. 执法主体多元化、权力分散

到目前为止,我国没有哪一个行政机关享有法律明确授予的反不正当竞争法唯一执法主体地位。由此造成的结果是:执法主体多元、执法权力分散、各机关缺乏协调配合,在实际工作中常常致使有法难依。仅以制造假冒产品的行为为例,工商局、质量技术监督部门都有执法权,一旦涉及专利科委还有管辖权。各个部门为了维护自己的"管辖利益",纷纷出台部门规章,从而导致工商局的执法权力被严重肢解、削弱。而制度另一端的经营主体们一方面由于"婆婆太多,家教不一"而无所适从;另一方面由于"一个婆婆疼爱,其他婆婆不便干预"而导致有的行为人逍遥法外,社会上也就有了"撑死胆大的,饿死胆小的"的说法,这都极不利于维护法律和执法机关的权威。我们认为,应当明确工商管理局在反不正当竞争执法中的核心地位,其他机关即使可以参与案件的调查也仅仅只是起到辅助作用。这样既能保证执法权的集中有效,又能有利于建立相应的监督、复审制度。

2. 缺乏有效的行政执法手段

《反不正当竞争法》第三编集中规定了执法主体的职责、权限和执法手段,但是这种规定显得不够具体,且限制太多。最明显的不足就是缺乏强有力的行政强制措施和调查取证手段:该法授予监督检查机关的监督检查权力仅包括询问权、查询复制权和责令说明权等,但没有规定任何强制措施。这使行政执法机关难以有效实施监督检查,难以获取有效证据,也难以执行行政处罚,从而无法有效遏制不正当竞争行为。因此,建议强化工商管理机关的行政执法手段,例如赋予其在反不正当竞争执法过程中实施查封、扣押等行政强制措施的权力。

(九) 法律责任体系不完善、缺乏威慑力

1. 罚则必须与分则条款对应

目前的罚则并没有为分则中列举的每一种不正当竞争行为设定处罚,例如低价倾销、诋毁商誉和搭售等行为就没有相应的罚则,从而给竞争执法带来了很多不确定因素。

2. 罚则还需要考虑得更加周全

例如,由于现行法没有规定对罚没物品的处理,因而工商行政机关针对假冒商标案件往往左右为难:"在物品与商标标识无法分离的情况下,销毁会造成浪费,但不销毁又会使冒牌商品流入社会"①。又如,在很多罚款的规定中法条只是规定了一个罚款幅度——这个幅度大的甚至高达 20 万元——而没有将行为的危害性程度与罚款额度作一个细致的对应,导致行政机关特别是基层机关很难把握好具体的处罚力度。

3. 民事责任对消费者保护力度不够

该法对不正当竞争行为民事责任只规定了损害赔偿责任,与其他法律保护的多种责任方式相比这显然是不够的。另外,在诉权的授予方面,《反不正当竞争法》仅规定经营者享有向法庭提起"反不正当竞争诉讼"的权利,却忽视了消费者的诉权。既然反不正当竞争法明确强调既要保护经营者的合法权益,也要保护消费者的合法权益,那么理应赋予消费者保护自己合法权益的权利和途径。

三、未来发展趋势

《反不正当竞争法》的修改和完善是一个必然的趋势,具体的修改方案会根据我国市场竞争状态的变化和竞争法理论的发展而调整,但整个法律未来的发展趋势必将会遵循一个整体的思路。笔者认为,这一思路应遵循以下四点修改原则。

(一) 鼓励和保护竞争的原则

市场经济的效率来自市场主体之间的充分竞争,因而,这部法律的制定就是在鼓励和保护竞争的前提下进行的。为了倡导竞争才规制竞争,为经营者的竞争行为设立一个"规则和框架",在这种规则和框架中,市场主体可以依自己对市场信息的把握来展开自由的竞争,正常的市场行为将得到最大限度的保护和鼓励。从竞争行为的角度看,所有市场主体之间享有充分自由。如果把市场竞争比作足球比赛的话,规制的目的是使得比赛更加精彩,而不是让比赛者困住手脚,失去活力。换言之,"反"某些竞争行为正是为了保护不应当"反"的竞争行

---

① 王正元:《维护首都经济秩序保护公平竞争环境——纪念〈反不正当竞争法实施五周年〉》, http://www.rtm.com.cn/luntan/shangshishangfa/shangshi01.htm。

为。因此,修订《反不正当竞争法》始终要坚持保护竞争的立法精神和基本原则。

(二) 行政权力审慎介入原则

该项原则是从保护竞争的精神中引申出来的。基本的含义是只有对行政权力的审慎授予、合理配置才能达到保护市场主体行为自由的目的,因而行政权力介入市场秩序必须谨慎。在法律修改中可以从两个方面考虑:一是行政权力的审慎授予。回顾一百多年来美、德等竞争法制发达的国家,其竞争法的共同的特点就是合理的配置行政权力,使国家干预力量和市场主体的自由行为能力之间达到均衡。因而,修订《反不正当竞争法》也应当考虑如何合理配置行政权力以及任何用严格的程序性规定限制权力的滥用。二是行政权力的审慎运用。在立法者谨慎授权的前提下,要求执法者谨慎用权。行政权力由于天生的强力和迅捷的特性使得其对市场秩序的调整往往能够达到立竿见影的效果,这也正是《反不正当竞争法》的优势。但是行政权力的杀伤力同样也是很强的,它的一次不适当使用往往就会导致竞争力量的对比失衡,形成另一种意义上的不公平竞争。《反不正当竞争法》的执法机构行使行政权力的目的是维护市场秩序,而不是直接保护个别企业的民事权利,否则会把一般的民事侵权事宜变成动用国家公权力的规范对象,这就失去了竞争法的真正存在意义。

(三) 与其他法律相协调的原则

这个原则包含两个相关联的内容:在第一个也是最基本的层面上,《反不正当竞争法》作为维护竞争秩序的基本法律,它首先要与作为维护市场竞争结构的《反垄断法》相协调,《反不正当竞争法》中涉及限制竞争行为的规定将让渡给《反垄断法》。第二个层面是行业与部门立法与《反不正当竞争法》的协调。这不是我国特有的问题,但由于我国计划经济体制的弊病,使得普遍盛行的部门和行业立法在一定程度上成为维护这些部门和行业利益的重要手段。因此,《反不正当竞争法》的修订工作中必然会面临与行业立法的协调问题,最终发展的趋势也必然是后者统一、协调于前者的框架之下。

(四) 立求法条明了、简洁的原则

这是从立法技术的角度讲的,但是关系到制定法律的宗旨和实现社会监督的效果。一部法律,特别是一部基本法律固然要体现其专业性,但要想使它深入人心还必须注意用语的简练与易懂,"明了"的立法才能让大部分普通群众看懂和理解。"简洁"则是现代立法技术的基本要求,《反不正当竞争法》将来的修改工作必然会注重在逻辑清晰严密的基础上尽量注意表述的简练。

> 思考题

1. 简要论述竞争行为正当性的判断标准。

2. 简要介绍目前世界主要国际条约对不正当竞争行为的分类。
3. 论述我国《反不正当竞争法》实施中的不足,并提出你的完善意见。
4. 论述反不正当竞争法与民法的联系和区别。
5. 论述反不正当竞争法与经济法其他亚部门法的关系。

第七章 不正当竞争行为的法律规制

【学习要点】
1. 掌握混淆行为的概念、特征、表现形式以及法律规制手段
2. 掌握虚假宣传行为的概念、特征、表现形式以及法律规制手段
3. 掌握侵犯商业秘密行为的概念、特征、表现形式以及法律规制手段
4. 掌握不正当有奖销售行为的概念、特征、表现形式以及法律规制手段
5. 掌握商业贿赂行为的概念、特征、表现形式以及法律规制手段

第一节 混淆行为及其法律规制

一、混淆行为的概念及特征

(一) 混淆行为的概念

1. 学理概念

混淆行为,又称"仿冒行为",它是指生产者或经营者为了在市场竞争中取得有利地位,不正当地利用他人的商业信誉和商品或服务的声誉,为自己谋取利益的行为。广义的混淆行为包括产品混淆、质量混淆、广告混淆以及价格混淆等。狭义的混淆行为仅指经营者在其商品或商品包装上以他人的注册商标、包装、装潢、名称、质量标志、产地等作虚假的表示或标志,欺骗性地从事市场交易活动的行为。在市场竞争中,多数经营者通过长期的努力,创造了优秀的品牌,取得了广大消费者的信赖,从而也获得了市场竞争的优势,给经营者带来相当可观的利润。但是,有些经营者和生产者垂涎他人的经营业绩,但又不在提高产品或服务的质量上下功夫,而是想方设法分享他人的经营优势,采用假冒他人注册商标、混淆他人知名商品的包装、装潢、名称或者各种质量标志的手段,掠夺他人的竞争优势。由于这些混淆行为,消费者难辨真假,市场秩序混乱,使本应属于经营者的利益转移至不正当竞争者手中,因此,混淆行为具有极大的社会危害性。

2. 国内外立法实践

(1) 日本法。日本的《不正当竞争防止法》使用了"混淆行为"的概念,它以列举的方式规定了几种混淆行为:① 混淆商品主体的行为。主要指使用众所

周知的他人的姓名、商号、商标、商品的容器包装等与他人的商品标记相同或类似的标记,或者销售、周转或出口使用这种标记的商品,而与他人的商品产生混淆的行为。②混淆营业的行为。主要指使用上述标记致使与他人营业上的设施或活动产生混淆的行为。③虚假表示原产地或生产地的行为。④虚假表示商品质量的行为。①

(2) 美国法。美国相关立法对于混淆行为统称为"损害消费者利益的欺骗性竞争行为",包括欺骗性定价、欺骗性广告宣传和欺骗性销售行为。例如《联邦贸易委员会法》第5条规定,"商业中或者影响商业的不公平竞争方法是非法的;商业中或者影响商业的不公平或欺骗性行为及惯例是非法的",其规制的范围相当广泛。②

(3) 德国法。《联邦德国反对不正当竞争法》第3条规定的"使人曲解的内容"之概念与混淆行为相似,它指"在营业中为竞争的目的,关于营业状态,特别是关于个别商品,劳务或全部供应就性能、来源、制造方式、价格构成、关于价格表、商品采购形式或采购来源、关于得奖、关于卖货的原因或目的,或关于存货数量制作使人曲解的说明者"。

(4) 国际立法。世界知识产权组织国际局于1996颁布的《反不正当竞争示范法》(以下简称《示范法》)对混淆行为作了以下规定:"在工商业活动中与他人的企业或者其活动,尤其是该企业提供的产品或服务,产生或者可能产生混淆的任何行为或做法,构成不正当竞争行为"③,"决定一个行为是否构成不正当竞争行为时,无需考虑有没有混淆的故意(intent to confuse),而且也不必要求实际发生了混淆,因为混淆的可能性(the likelihood of confusion)足以成为主张不正当竞争行为的基础。混淆的可能性也具有损害后果。典型的是,商标、商号或其他商业标识越知名,混淆的可能性也越大"④。1883年在《保护工业产权巴黎公约》中则明确规定各成员国应当对厂商的名称提供法律保护,采取有效措施制止擅自使用其他厂商名称的行为。⑤

(5) 我国立法。我国于1993年颁布实施的《反不正当竞争法》中对包括产品混淆、质量混淆、包装混淆、名称混淆等混淆行为作了规定,但并未涉及其他更为广义上的混淆行为。1995年国家工商行政管理局发布的《关于禁止仿冒知名商品特有的名称、包装、装潢的不正当竞争行为的若干规定》规定,仿冒知名商品特有的名称、包装、装潢的不正当竞争行为,是指违反《反不正当竞争法》第5

---

① 参见日本《不正当竞争防止法》第1条。
② 另请参见美国《联邦贸易委员会法》第12条;《克莱顿法》第2条、第3条。
③ 《示范法》第2条[一般原则]。
④ 《反不正当竞争示范法注释》§2.02。
⑤ 参见《保护工业产权巴黎公约》(1967年斯德哥尔摩文本)第10条之2、之3。

条第 2 项规定,擅自将他人知名商品特有的商品名称、包装、装潢作相同或者近似使用,造成与他人的知名商品相混淆,使购买者误认为是该知名商品的行为。前款所称"使购买者误认为是该知名商品",包括足以使购买者误认为是该知名商品。最高人民法院 2006 年 12 月颁布的《关于审理不正当竞争民事案件应用法律若干问题的解释》则进一步将混淆行为的客体扩大到"营业场所的装饰、营业用具的式样、营业人员的服饰等构成的具有独特风格的整体营业形象"、"商品来源地"等范围。

(二) 混淆行为的特征

混淆行为对人们的日常生活产生了很大影响,也是经济发展的严重阻碍,必须严加规范。一般来说,混淆行为具有以下几项基本特征:

1. 行为人具有主观故意

混淆行为一般都是对质量好、知名度高、市场销售量大的商品进行混淆,其实质就是掠夺他人的经营优势,侵犯他人长期形成的无形资产。因此,混淆行为是一种故意的不正当竞争行为。市场上不存在无意识的混淆,即使被允许生产同一种商标的商品,如果不注明产地,也是一种故意混淆的行为。因为通过产地的混淆就能达到占据竞争优势地位的目的,这也是"搭便车"的行为。混淆的故意一般很难确定,但是可以从行为上进行判断。如在同类产品中以"金凤"商标来混淆他人的"凤凰"注册商标,就是一种攀附名牌的不正当竞争行为;把他人著名产品特有的包装设计图案用做自己产品的宣传资料等,也是一种混淆行为。即使在不同类的产品上使用他人具有广泛社会知名度的外部标识,也应当依据受害方受损害的程度加以认定。

正因为混淆行为的主观状态难以证明,所以世界知识产权组织国际局颁布的《示范法注释》中不要求混淆行为具备"故意性"。但笔者认为,这是从执法认定方便的角度而言的,也就是说不正当竞争诉讼中的原告可以在证明了被告产品与自己产品存在混淆或混淆可能之后,就无须再负担证明对方的主观状态为故意的举证责任。相应的,这一证明责任应当由被告方承担。如果后者真能证明自己是无心之失,当然不能认定其为不正当竞争,而只能是根据各自权利的渊源裁量双方的权利义务。

2. 行为的客体指向具有特定性

由于混淆行为是对市场中经营优势的掠夺,因此,混淆行为总是发生在特定的具有市场优势的经营者身上及其特定的商品上。混淆者通过对这些特定商品的商标、包装、企业名称等的精心模仿,造成混淆的后果。因此,认定混淆行为首先是确定被混淆的特定经营者和特定商品。对假冒商标和企业名称的行为来说,只要发生假冒行为,被假冒的对象是立即可以确定的,因为这些权利是经过登记和注册的。但对于混淆知名企业和知名商品的其他外部标识的行为,则应该要有确认的条件。在我国实施《反不正当竞争法》过程中,国家工商行政管理局对混淆知名商品特有的名称、包装、装潢,引人误认为是他人的商品的行为提出了认定的一般标准,即知名商品是指在市场上具有一定知名度、为相关公众所知悉的商品。所谓知名商品特有的名称、包装、装潢,是指商品的名称、包装、装潢非为相关商品所通用的,并具有显著的区别性特征的名称、为识别商品以及方便携带、储运而使用在商品上的包装和为识别与美化商品而在商品或包装上附加的文字、图案、色彩及其编排的组合。①对于知名商品,国家工商行政管理局作了以下规定:一是经国家主管部门认定的名优商品;二是在国内外或者本地区为用户、消费者所广为知悉的商品;三是被实际假冒名称、包装、装潢的商品。《上海市反不正当竞争条例》对知名商品作了更为详细的规定:使用经认定的驰名商标或著名商标的商品;经国家有关行政机关、行业总会认可的在国际评奖活动中获奖的商品;为相关公众所知晓、具有一定市场占有率和较高知名度的商品。

3. 行为具有足以造成市场混淆的效果

混淆者都不希望以自己真实身份从事市场交易活动,其从事混淆行为的目的就是使交易对方对其提供的商品或服务产生混淆或误解,从而接受其商品或服务,以此获得竞争优势,牟取非法利润。因而,这种行为所导致的混淆并不要求必须已经现实地使人产生了混淆(即实际混淆),而只要存在着极易产生混淆的可能性就足以认定混淆的成立。②混淆者总是故意缩小自己产品的标志而以他人的商品形象出现在市场竞争之中,欺骗直接进行交易的对方以及不与之进行直接交易的其他消费者和经营者,以此占有竞争者现实的或者潜在的市场份额。

由此可见,对于混淆行为的认定,最关键的是该行为引人"误解",造成市场混乱。因此,如何理解"引人误解"是判断混淆行为的关键。按照大多数国家的法律规定,对混淆行为是否构成误解以"一般购买者施以普通注意力会发生误认"等综合分析进行认定。主要指对商品的来源产生误认,包括误认为与知名商品的经营者具有许可使用、关联企业关系等特定联系。③"误解"的主体是"一般消费者",即相关领域中的普通大众。我国台湾地区"公平交易法"规定,"相关大众"是指商标注册的区域内一般所共知者。美国对此的解释是"依照常理,一位具有正常理解力和洞察力的人"。"普通注意力"则是指非专业人员的注意

---

① 参见国家工商行政管理局《关于禁止混淆知名商品特有的名称、包装、装潢的不正当竞争行为的若干规定》。
② 参见谢海燕:《论商业混同行为——兼谈我国〈反不正当竞争法〉第五条的不足与完善》,载《贵州师范大学学报(社会科学版)》2004 年第 6 期。
③ 参见《最高法院关于审理不正当竞争民事案件应用法律若干问题的解释》第 4 条。

或非特别的注意。①我国工商行政管理局颁布的法规中也规定,混淆的产品可以"根据主要部分和整体印象相近","一般消费者"的理解不发生偏差为标准。②

(三)混淆行为的社会危害

混淆行为在商业活动中的危害性已经成为社会共识,混淆者利用"搭便车"的手段抢夺他人市场,使市场中的商品或服务良莠不分、真假难辨,使消费者陷入困惑。由于其对整个社会经济巨大的破坏作用,混淆行为已经成为市场经济发展的一大"公害"。混淆行为的危害主要表现在以下方面:

1. 侵害其他竞争者的合法权益

混淆行为者利用不正当的手段取得有利的市场地位,使被混淆的经营者的商业信誉和商品声誉受到严重损害,从而使其财产受到损失。

2. 损害用户和消费者的利益

混淆的商品往往是质量低劣或者物所不值的产品,有的根本不具备正常的使用价值,用户和消费者在购买这些混淆产品之后遭受到的损失难以计算,特别是一些与人们生命健康密切相关的劣质混淆品严重危害了消费者的身体健康和生命安全。

3. 破坏公平竞争的市场环境

经营者要在市场上获得优势必须付出艰辛的努力,他们应当通过采用先进技术、改善经营管理,提高产品和服务质量,以树立良好的企业和产品信誉。然而,混淆行为却以虚假的信息扭曲正常的商业竞争,使原本可以获利的诚实经营者在付出巨大代价后得不到利益,混淆者则得到巨额利润而不必花费相应的成本,有的甚至因此取得比诚实经营者更为优越的竞争优势。这就使得竞争的结果与竞争机制背道而驰,经营者不再具有开发创新的动力,反而追求不劳而获的捷径。公平竞争环境被破坏,社会发展就会延缓。

二、混淆行为的表现形式

混淆行为的表现形式是多种多样的,而且,随着经济生活和生产技术的发展,混淆行为也在不断变化,但混淆行为要达到使自己的产品与他人相混淆的目的,必须要以产品的特征为着力点。即让自己的产品在某一个突出的特征上与被混淆的产品极度相似,并且突出利用这一相似点,以达到使消费者误认的目的。根据不法行为人选择对象的不同,我们可以把混淆行为分为以下四类:

(一)与他人注册商标相混淆的行为

这类行为是指不正当竞争行为人以他人的注册商标为实施混淆的核心特

---

① 参见徐士英:《竞争法论》,世界图书出版公司2003年版,第124页。
② 参见国家工商行政管理局《关于禁止仿冒知名商品特有的名称、包装、装潢的不正当竞争行为的若干规定》第5条。

征,通常又包含了两种手段:一是直接模仿他人的注册商标,将之用做自己的商标;二是将他人的注册商标用在自己产品的其他外部特征上,使消费者产生误认。前者是典型的商标侵权行为,在适用法律时常会引起与《商标法》和《反不正当竞争法》的竞合;后者才是严格意义上的不正当竞争行为。

1. 商标侵权行为

《商标法》规定,注册商标的所有人依法拥有商标的专用权,未经商标注册人的许可,其他人从事以下行为的都将被视为侵犯商标专用权:(1)在同一种商品或者类似商品上使用与其注册商标相同或者近似的商标;(2)销售侵犯注册商标专用权的商品;(3)伪造、擅自制造他人注册商标标识或者销售伪造、擅自制造的注册商标标识;(4)更换他人注册商标并将该更换商标的商品又投入市场的;(5)给他人的注册商标专用权造成其他损害的行为。

如果某一注册商标构成了驰名商标,那么法律对其权利人的保护将更加严格:(1)禁止就相同或者类似商品申请注册复制、摹仿或者翻译他人未在中国注册的驰名商标的商标,以免导致公众混淆;(2)禁止就不相同或者不相类似商品申请注册复制、摹仿或者翻译他人已经在中国注册的驰名商标的商标,以免误导公众,致使该驰名商标注册人的利益可能受到损害。

《反不正当竞争法》第5条第1款也规定,经营者不得假冒他人的注册商标从事市场交易,损害竞争对手。

可见,行为人在意图注册或使用商标时,在非驰名注册商标的登记适用范围内对已注册商标的模仿,和在任何范围内对驰名商标进行模仿,都将同时违反《商标法》和《反不正当竞争法》。而根据特别法优于一般法的原则,笔者认为将这种行为认定为商标侵权行为为宜。

2. 与他人商标混淆的不正当竞争行为

根据我国《商标法》的规定,注册商标的专用权以核准注册的商标和核定使用的商品为限,驰名商标的专用权则扩大到类似商品的范围。但《商标法》原则上只是规制行为人利用商标进行的侵权行为,如果行为人不再以商标作为实施混淆行为的载体,《商标法》便不能对这种行为进行有效的规制。此时的混淆行为就属于狭义的不正当竞争行为,适用《反不正当竞争法》。

从目前执法与司法实践中产生的案例看,这类不正当竞争行为在我国主要表现为以下两种类别:(1)将他人的注册商标作为自己的企业字号使用;(2)将他人的注册商标作为网络域名使用。

但是,我国目前的《反不正当竞争法》用以规制混淆行为的第4条,没有对这种行为作出明确规定。因此,实践中很多不法行为人就意图采取这种方式规避法律。为了堵住这一制度缺口,最高人民法院2002年10月12日颁布的《最高人民法院关于审理商标民事纠纷案件适用法律若干问题的解释》(法释

[2002]32号)第1条作出了一个补救性的规定,即对《商标法》第52条第5款作出如下解释:"将与他人注册商标相同或者相近似的文字作为企业的字号在相同或者类似商品上突出使用,容易使相关公众产生误认的……将与他人注册商标相同或者相近似的文字注册为域名,并且通过该域名进行相关商品交易的电子商务,容易使相关公众产生误认的,是《商标法》规定的给他人注册商标专用权造成其他损害的行为。"同时,2002年颁布的《商标法实施条例》第53条也规定:"商标所有人认为他人将其驰名商标作为企业名称登记,可能欺骗公众或者对公众造成误解的,可以向企业名称登记主管机关申请撤销该企业名称登记。企业名称登记主管机关应当依照《企业名称登记管理规定》处理。"

而"法释[2002]32号"司法解释作为《商标法》的延伸,法律渊源上属于民事法律规范,但就对商标持有人的权利保护的角度看,它的规定有已经超出了传统的"商标权"的权属范畴,而扩大为一种对商标持有人市场竞争利益的保护。因此,这些法条实质上是竞争法规范,而真正的竞争法中却又缺乏这种规范。学术界针对《反不正当竞争法》的这一制度漏洞已经探讨多年,主流意见都主张在《反不正当竞争法》修改时增加专门针对此种行为的规定。由国家工商总局负责起草的《反不正当竞争法(修订稿)》规定:不得擅自使用与相关公众知悉的他人在先使用的商标相同或相近似的商标,造成或足以造成市场混淆,引起购买者误认。

(二)与他人企业字号、姓名相混淆的行为

《企业名称登记管理实施办法》规定,企业名称通常由"企业所属行政区域名称+字号+企业组织形式"三大部分构成,其中企业字号是区分企业的核心特征,也是企业可以享有专有使用权的部分。企业可以借助《民法通则》以及《企业名称登记管理实施办法》等对自己的"字号"享有民事权利。但是民法规范对这种权利保护的范围比较有限,在认定民事侵权时需要侵权人与被侵权人的字号完全一样,即只有在"冒用"的情况下才会被认定为侵犯企业名称权。而在市场竞争实践中,不法行为人很少会选择直接"冒用"的方式,而是会采取一定的变通。例如,使用与他人企业字号极其相似的字号;将他人企业字号作为商标注册,然后突出使用该商标,以使消费者误认;将他人企业字号作为域名使用,以使消费者误认。

遗憾的是,对于上述列举的三种行为都缺乏明确的法律规制。我国《反不正当竞争法》第5条禁止"擅自使用他人企业名称或姓名",但对他人企业名称的变通使用则难以被包含到该条的意思中去。我国《商标法》以及相关法规没有禁止将他人已使用的企业字号作为商标进行注册,仅在第9条作出了原则性的规定:申请注册的商标不得与他人在先取得的合法权利相冲突。而在《商标法》的罚则中,却没有针对此条的具体规定。正是由于这种制度的缺失,实践中常有一些不法行为人将他人的知名商标作为自己的企业字号并突出使用。执法实践中一旦遇到这种情况,工商部门由于缺乏直接的执法依据往往不能给予行为人应有的惩处;而司法实践中,法院则只能援引《反不正当竞争法》以及《民法通则》的原则条款进行判决。虽然这种审判思路也可以达到最终的目的,但是对法官的素质要求很高,并且往往不能使侵权人心服口服。下面这则案例就能够很好地显示出目前立法体制中的缺陷:

原告南京雪中彩影公司(以下简称"南京公司")于1993年登记设立,1996年注册了"雪中彩影"商标。经过长达十余年的经营,南京公司及其"雪中彩影"商标在南京市婚纱摄影行业和普通消费者中具有了一定的知名度,树立了一定的商业信誉。被告上海雪中彩影公司(以下简称"上海公司")于2004年7月20日在上海一间8平方米的房屋中设立,虽然登记的经营范围为"婚纱摄影、礼服租赁、销售",但从其狭小的经营场所可以看出,上海公司根本无法从事此项服务。10天后,上海公司即到南京市场上登记设立江宁雪中彩影分公司(以下简称"江宁公司"),开展与南京公司相同的经营活动。2005年南京公司即以不正当竞争为由起诉上海公司。江苏省高院审理认为:上海公司、江宁公司作为同业,应当知道南京公司及其"雪中彩影"注册商标的存在,应当了解南京公司在南京市场上的知名度。在此情况下,上海公司在上海设立无法经营的总公司,而把主要力量投入到分公司,在南京的婚纱摄影市场上打出"上海雪中彩影婚纱摄影有限公司(江宁分公司)"的招牌,并在其宣传单上将企业名称简化为"上海雪中彩影"。为此,上海公司和江宁公司明显地具有以后来的"雪中彩影"来攀附先前"雪中彩影"品牌知名度的故意。上海公司、江宁公司的行为,客观上会造成消费者误认注册商标权利人与企业名称所有人,或者使消费者误解双方当事人之间存在某种特定联系或关联关系,进而混淆两者提供的婚纱摄影服务。上海公司、江宁公司从中获取不正当利益,无偿占有了南京公司的商业信誉,已经违反了诚实信用原则和公认的商业道德,侵犯了南京公司的竞争利益,构成不正当竞争。上海公司、江宁公司关于其良好服务引来消费者,与使用"雪中彩影"字号无关,字号没有混淆市场主体和服务来源的辩解理由,不能成立。

此案最后的的审理结果当然是符合了法律的原意,但从审理过程中可以看出法院是援引了"诚实信用"、"商业道德"等原则性的规定才维护了被侵权人的利益。本案一审法院就已经采取了类似的立场,但判决后上海公司并不认同判决理由,认为判决书没有直接的法律依据,字号不能造成对商标的混淆。

(三) 与他人知名商品的包装、装潢相混淆的行为

包装和装潢都是某一商品用以区别于其他商品的重要特征,从消费者购买时的识别习惯看,包装与装潢的重要性丝毫不亚于商标和企业字号。因此,市场竞争中常有不法行为人将知名商品的包装与装潢作为混淆的载体,往往能达到

很好的混淆效果。根据国家工商总局1995年颁布的《关于禁止仿冒知名商品特有的名称、包装、装潢的不正当竞争行为的若干规定》第3条第4、5款的规定,包装是指为识别商品以及方便携带、储运而使用在商品上的辅助物和容器;装潢是指为识别与美化商品而在商品或者其包装上附加的文字、图案、色彩及其排列组合。包装和装潢作为一个整体,不存在一个严格对应的民事权利基础,法律之所以对其进行保护,完全是因为知名商品的包装与装潢和其商品在市场上的竞争优势紧密联系,蕴含着巨大的竞争利益。因此,针对这两者的混淆行为在性质上没有像针对商标和企业字号那样竞合的情况,一般都被认为是违反《反不正当竞争法》的不正当竞争行为。至于知名商品特有的包装、装潢的认定,则遵循使用在先的原则。

（四）与他人知名商品特有的名称相混淆的行为

"知名商品特有的名称"是我国竞争法的一个创新概念。根据《反不正当竞争法》第5条第2款,擅自使用知名商品特有的名称或者使用与知名商品近似的名称造成和他人的知名商品相混淆,使购买者误认为是该知名商品的,将被认为是一种混淆行为。而根据《关于禁止仿冒知名商品特有的名称、包装、装潢的不正当竞争行为的若干规定》可知,"知名商品特有的名称"是指知名商品独有的与通用名称有显著区别的商品名称,但该名称已经作为商标注册的除外。由此解释可知,"知名商品特有的名称"是有可能被注册为商标的,法律也主张当这种名称被注册为商标后就不再以"特有名称"的形式予以保护。也就是说,我国《反不正当竞争法》规定这种制度的初衷是为了保护这样一些商品名称:它们往往不能作为商标注册,但是又由于生产者的长期使用积累了相当高的知名度。通过对近十年来发生在我国司法和执法实务中的案例进行比较,笔者认为这个概念在市场竞争中至少有以下几种表现形式:

1. 由于法律的限制而不能注册的商品名称

我国现行《商标法》颁布于2002年(以下简称新《商标法》),在此之前我国还分别于1982年和1993年两次颁布过《商标法》(以下简称旧《商标法》)。两部旧《商标法》在关于注册商标的形式的规定上都只列举了文字和图形,而直到2002年《商标法》才列举了文字、图形、字母和数字等多种商标形式,也就是说2002年以前,字母和数字在我国是不能注册为商标的。由于法律环境的限制,当时有一些包含了数字和字母的商品名称得不到商标法的保护,但这些名称又往往寄托了企业的某种纪念意图,同时也起到了区别于其他商品的作用。所以这类名称有不少都在市场中一直沿用,并得到了消费者的认同。

这样的例子如:(1)河南省新乡市红旗助剂厂于1994年生产了一种新型建筑内墙粉刷材料"洲旗牌高级仿瓷涂料",产品除了注册商标"洲旗"之外还使用了"939"的标志,以纪念该产品于1993年9月正式研制成功。产品推出后在河南省很快具有了相当高的知名度,被评为"知名商品"。而在1996年,新乡市涂料厂推出了一款"锦绣牌939高级仿瓷涂料",显然是企图误导消费者将"939"这一特有名称理解为产品型号,以达到将该知名产品与红旗助剂厂之间的联系淡化的不正当竞争目的。新乡市中级人民法院的判决正是引用了《反不正当竞争法》中有关"特有名称"保护的条款,从而维护了红旗助剂厂的合法权益。①
(2)1990年,原告长春市通达化工技术实验厂研制开发成功了一项新型"橡胶防老剂"技术成果,并用本厂技术副厂长王延耀和生产副厂长韩长城姓名的汉语拼音字头的组合,命名为"WH系列新型橡胶防老剂",而在该系列产品中,"WH-02"产品是专用于轮胎橡胶配方中的防老剂。1992年该产品投入市场后迅速获得消费者认同,但"WH-02"由于是字母与数字的组合而没有获得商标注册核准。1994年长春另一家公司推出了"春城牌WH-02"橡胶防老剂,抢占了相当一部分市场。本案后来以调节结案,被告承认了自己的混淆行为,并承诺不再使用"WH-02"这一名称。②(3)类似的案例还有2002年最高法院审理的"爱特福公司诉北京地坛医院等不正当竞争纠纷上诉案"。③北京市地坛医院于1984年研制生产了"84肝炎消毒液",并获得专利许可。随后地坛医院许可国内多家公司生产这种消毒液,生产厂家均使用各自的注册商标加"84消毒液"的产品名称,而地坛医院自己也投资设立龙安公司生产"龙安牌84消毒液"。此后由于技术使用费支付纠纷引发了地坛医院对爱特福等公司的不正当竞争诉讼,"84"是否属于地坛医院拥有的知名商品特有的名称,成为了各个厂家之间争议的焦点。最高法院通过细致的调查审理后,认为"84"在长达二十多年的使用中已经被消费者、各生产厂商以及行业主管部门接受为产品的通用名称,因此没有支持地坛医院的诉求。

2. 在新《商标法》中仍然被禁止注册的商品名称

这类商品名称主要是受到《商标法》第10条的限制,常见的又分为两种情况:

第一种情况是产品名称中包含县级以上行政区划的名称。如"宁夏香山酒业有限公司与宝鸡金健果业有限公司等仿冒知名商品特有名称、包装、装潢纠纷一案",原告香山酒业公司拥有的知名产品名称为"宁夏红枸杞酒",名称中"宁夏"二字无法获得商标注册核准。但是原告经过长期经营已经累积了较高的消费者认同,而被告则使用"宁宝牌"商标加上"枸杞酒"的产品通用名称,在市场

---

① 案情参见"红旗助剂厂诉新乡市涂料厂在相同产品上使用其知名商品特有的数字名称不正当竞争案",http://demo.hotoa.net/lawv2/5/188-1/E6C3A6DE-BB8E-4B2B-9B93-55A8924EA45C.html。
② 案情参见"通达化工技术实验厂诉长春市橡胶助剂厂在同类产品上擅自使用案",http://anli.lawtime.cn/ipfbzdjzf/2006102642048.html。
③ 案情参见《(2002)民三终字第1号判决书》,载《最高人民法院公报》2003年第5期。

上达到了与原告产品相混淆的目的。法院最后认可了原告所拥有的"知名商品特有的名称"利益。

第二种情况是产品的名称包含了对产品功效的某种描述,但这种描述由于琅琅上口、新颖、直观而成为消费者心中普遍认同的产品名称。例如,甘肃医药集团西峰制药厂曾在其生产的"抗骨增生片"的包装盒上使用"骨通"为显著标题。而早在此之前,桂林天和药业股份有限公司生产的"天和牌骨通贴膏"就已经成为消费者普遍认同的知名产品。因此,甘肃省工商局和国家工商总局公平交易局认定,西峰制药厂在其产品上使用"骨通"二字的行为,构成侵犯他人知名商品的特有名称的不正当竞争违法行为。甘肃省工商局作出了责令甘肃医药集团西峰制药厂停止上述违法行为,并处以罚款的行政处罚。这也是国内药品名称首次被工商机关个案认定为知名商品特有名称实施保护。

3. 可以进行商标注册,但生产者没有注册的商品名称

这类商品名称本身并不存在《商标法》禁止注册的情况,但是生产者却没有将其注册为商标。而一旦遭到混淆行为的侵害,商品生产者由于无法主张注册商标保护而只能选择"知名商品特有的名称"这一规则保护自己的权益。在司法和执法实践中又有两种名称类型:(1) 名称具有具体的含义。例如20世纪90年代,河北旭日集团有限责任公司生产了一种名为"冰茶"的饮料,由于较好的口感和实惠的价格而迅速成为全国知名的商品。然而"冰茶"既没有申请商标注册,又不是国家商标局公布的产品分类中的"通用名称",更不是《商标法》所禁止的"直接表示产品主要原料、功能、用途"的名称,而仅仅是为了形容该饮料冰爽的口感。于是在发生了一系列混淆案件后,为了保护旭日集团的合法权益,国家工商总局以"专案答复"①的形式认可了"冰茶"作为一种知名商品的特有名称。(2) 名称不具有具体的含义。2004年4月上海巴比餐饮管理有限公司成立,并在开设的连锁店中销售"巴比馒头"。而上海科比食品有限公司成立于2004年7月,成立以后开始招募加盟店,在其印制的《招商指南》、设计的门店店招以及经营的网站上也突出地介绍其产品——"巴比馒头",从而引发了诉讼。上海市第一中级人民法院审理后认为,巴比公司的发展过程证明了其经营的"巴比"馒头逐步为消费者知悉和认同,其为"巴比"馒头所投入的广告宣传等也提升了产品知名度,因此认定了"巴比"是原告在上海地区经营的知名商品的特有名称,从而禁止科比公司继续使用该名称。

从上述表现形式看,"知名商品特有的名称"是一种由于长期使用而积累的市场竞争优势,而这种优势利益的取得和维系又离不开经营者的经济投入和精

———
① 《国家工商行政管理局关于认定"冰茶"为河北旭日集团有限责任公司知名商品特有名称的答复》,工商公字[1999]第146号。

神投入,《反不正当竞争法》自然就不能无视这种利益的存在。从"特有名称"本身的特点看,其中有一部分的确是因为包含了法律所禁止的符号而得不到商标法的保护,而另一部分则是因为经营者怠于注册。对于前一种情况,《反不正当竞争法》继续利用"特有名称"制度来加强对其的保护;而对于后一种情况,笔者不主张一味强调利用《反不正当竞争法》鼓励经营者维持权利的未注册状态,而是应当有限度地保护,甚至是逐渐放弃保护,从而迫使经营者及时将这种权利通过注册商标而确定下来。

三、对混淆行为的法律规制

(一) 对混淆行为的认定

1. 被混淆的主体

前已论及,混淆行为的目的是使不法行为人所提供的产品或服务被消费者误认为是另一产品并购买。但混淆行为的实施者并不会轻易承认他们进行了混淆,有时甚至他们本身也确实是出于无意。因此混淆行为的认定就不能依从惯常的思维模式,即先确定某人实施了混淆行为再确定他是如何进行混淆行为的,而应当反过来,先确定何种商品或服务成为了混淆行为侵害的主体,然后再来确定行为人是如何实施不正当竞争行为的。顺着后一种思路,很显然有两种结果:一是但凡有人主张他的产品或服务被人混淆了,并且查证两种产品确属相似,那么确定被举报者实施了混淆行为;另一种是有人主张他的产品或服务遭到混淆时,首先确定它是否具有被混淆的资格,当前一问题的答案为肯定时再继续探讨混淆行为是否成立。后者体现了反不正当竞争法对于意识自由的基本尊重,反不正当竞争法尊重这样的巧合,即某一经营主体基于独立的思考而产生了类似于其他经营者经营手段的主意。但是反不正当竞争法又必须甄别出何种相似为巧合,何种为恶意的混淆,因此它的假定是,当一种商品或服务足够知名以至于相当多的其他经营者必然对其经营手法有所了解时,其他经营者再发生类似于其经营手法的行为,就将被认定为混淆。

至于如何判断"知名",则应当考虑该商品的销售时间、销售区域、销售额和销售对象,进行任何宣传的持续时间、程度和地域范围,作为知名商品受保护的情况等因素,进行综合判断。

2. 被混淆的客体——商业标识

被混淆的客体即混淆行为所指向的具体对象,例如利用类似、近似的商标进行混淆时,其混淆行为的客体就是"商标",一言以概之,即商品或服务的特征性标示。除了商标、企业名称这两种有明确法律定义的标示之外,其他具有区别商品来源的显著特征的商品的名称、包装、装潢,都应当认定为《反不正当竞争法》第5条第2项规定的"特有的名称、包装、装潢"。特别要注意的是,那些由经营者营业场所的装饰、营业用具的式样、营业人员的服饰等构成的具有独特风格的整体营业形象,通常也认定为"装潢"。在商品经营中使用的自然人的姓名,应当认定为《反不正当竞争法》第5条第3项规定的"姓名",具有一定的市场知名度、为相关公众所知悉的自然人的笔名、艺名等,也可以认定为"姓名"。

"商业标识"是一个笼统的概念,包含了"商标"、"企业名称"、企业商品的"包装、装潢"等一切足以使该企业的商品或服务区别于其他同类商品或服务的特征。这个概念一直没有出现在现行反不正当竞争有关法律法规中,而是被一连串的列举式规定所替代。笔者认为,这种列举不仅不严密也没有必要。最近由国家工商总局起草的《反不正当竞争法(修订稿)》中,在关于混淆行为的一节里,每一款条文几乎都对各种商业标识作了列举,导致条文显得比较臃肿,还难以达到涵盖全部"商业标识"的目的。因此,笔者认为可以通过直接使用"商业标识"这一概念以概括一切在先使用的足以区别于他人的具有无形资产价值的企业或商品的标识,这也是德国等国以及WTO等国际组织都使用的词汇。

另需注意的是,符合下列情形之一的,人民法院不认定为知名商品特有的名称、包装、装潢:(1)商品的通用名称、图形、型号;(2)仅仅直接表示商品的质量、主要原料、功能、用途、重量、数量及其他特点的商品名称;(3)仅由商品自身的性质产生的形状,为获得技术效果而需有的商品形状以及使商品具有实质性价值的形状;(4)其他缺乏显著特征的商品名称、包装、装潢。[①]知名商品特有的名称、包装、装潢中含有本商品的通用名称、图形、型号,或者直接表示商品的质量、主要原料、功能、用途、重量、数量以及其他特点,或者含有地名,他人因客观叙述商品而正当使用的,同样不构成不正当竞争行为。

3. 混淆的程度认定

确定了何种商品或服务可以被纳入反不正当竞争法保护的范畴、何种特征性标识可以被认定为混淆的客体,接下来要认定的就是当侵权商品(或服务)与被侵权商品(或服务)达到何种程度的相似时,将被法律认定为混淆,这就是反不正当竞争法所规定的混淆程度。

一般认为,足以使相关公众对商品的来源产生误认,包括误认为与知名商品的经营者具有许可使用、关联企业关系等特定联系的,应当认定为《反不正当竞争法》第5条第2项规定的"造成和他人的知名商品相混淆,使购买者误认为是该知名商品"。而在相同商品上使用相同或者视觉上基本无差别的商品名称、包装、装潢,也应当视为足以造成和他人知名商品相混淆。除此之外,认定与知名商品特有名称、包装、装潢相同或者近似,可以参照与商标相同或者近似的判断原则和方法。

---

① 前述第(1)、(2)、(4)项情形经过使用取得显著特征的,也可以认定为特有的名称、包装、装潢。

（二）混淆行为的法律责任

由于混淆行为对市场经济秩序的危害性特别严重,它为各国和地区竞争法所禁止,并要承担较为严厉的法律责任。①根据我国《反不正当竞争法》,从事不正当竞争行为的企业必须承担民事、行政、和刑事责任。

1. 民事责任

经营者从事混淆行为,不管是假冒他人注册商标,还是对他人的知名商品的商标、包装、名称、装潢等进行不正当的使用,导致市场混淆,给被混淆的经营者造成损害的,都应当承担损害赔偿责任。根据我国《反不正当竞争法》,被侵害的经营者的损失难以计算的,赔偿额为侵权人在侵权期间因欺骗性交易行为所获得的利润,并应当承担被侵害的经营者因调查该经营者侵害其合法权益的不正当竞争行为所支付的合理费用。

2. 行政责任

经营者假冒他人的注册商标,擅自使用他人的企业名称或姓名,伪造或冒用认证标志、名优标志等质量标志,伪造产地,对商品质量作引人误解的虚假表示的,按照《商标法》、《产品质量法》的有关规定进行处罚。

经营者擅自使用知名商品特有的名称、包装、装潢,或者使用与知名商品近似的名称、包装、装潢,造成与他人的知名商品相混淆,使购买者误认为是该知名商品的,监督检查部门应当责令停止违法行为,没收违法所得,可以根据情节处以违法所得一倍以上三倍以下的罚款,情节严重的,可以吊销营业执照。

3. 刑事责任

假冒混淆他人注册商标,情节严重,构成犯罪的,应承担刑事责任;销售伪劣商品,构成犯罪的,依法追究刑事责任。

在对混淆行为进行规制的过程中经常会发生法律条文竞合,即同一事实符合数个法律规定的构成要件,其中一个法律应优先适用的现象。法律竞合主要是法律责任的竞合。与混淆行为相关的法律有《商标法》、《专利法》、《著作权法》等知识产权法律和《反不正当竞争法》、《消费者权益保护法》以及《产品质量法》等。现行司法实践中的做法是,对混淆行为进行认定时,首先考虑适用知识产权法律。因为人们认为知识产权法律大多有较为明确的规定,操作也比较

---

① 如德国《反不正当竞争法》规定,对制造混淆的假冒或混淆行为,可以制止其使用;故意使用者,应负损害赔偿责任。《保护工业产权的巴黎公约》将对他人企业、商品或工业活动造成混淆的行为确定为不正当竞争行为。我国台湾地区"公平交易法"对假冒行为作了详细的规范,对行为人可以处以三年以下有期徒刑、拘役或并科以新台币100万元以下的罚金。对犯该罪的法人,实行两罚制原则。日本《不正当竞争防止法》规定,使用被人广泛熟悉的他人的姓名、商号、商标、商品的容器包装及其他表明为他人商品(营业)的表示相同或类似者,或者将上述表示的商品进行贩卖、散布或出口,使之与他人商品或营业活动、设施相混淆的行为,除了追究其民事赔偿责任之外,还可以处以三年以下有期徒刑、20万日元以下罚金的刑事责任。

容易。如果知识产权法律不能调整,再适用《反不正当竞争法》。我们认为,为了更有效地维护市场秩序,对混淆行为适用法律应当体现市场经济的本质要求,既要公平,又要有效。对遭到混淆的企业的保护应当首先考虑适用竞争法。因为制裁混淆行为的反不正当竞争法的出发点并非完全是为维护权利,更重要的是维护市场秩序。因而在举证责任、损害赔偿、违法构成要件等方面都有利于抑制假冒行为。首先适用反不正当竞争法,确定性质以后,就可以以最严厉的措施进行处罚。特别是权利人受到危害的是非法定的权利时,如未注册商标、不同类的注册商标、已过保护期的外观设计等,如果不加以及时保护,企业的利益就会受到损害,因此,更加需要依靠反不正当竞争法对其进行保护。

第二节 虚假广告宣传行为及其法律规制

一、虚假广告宣传行为概述

(一)虚假广告宣传行为的概念

所谓广告宣传行为,是指商品经营者或者服务提供者承担费用,通过一定的媒介和形式直接或者间接地介绍自己所推销的商品或者所提供服务的商业宣传行为。它包括利用报刊、广播、电视、路牌、橱窗、印刷品、霓虹灯等媒体,进行刊播、设置、张贴广告等形式。虚假广告宣传行为(简称"虚假广告行为")是指广告主、广告经营者或广告发布者等为获取市场竞争优势和不正当利益,对经营者生产、经营的产品或者提供的服务进行虚假广告或者其他形式的宣传行为。所谓"其他形式"的宣传行为,是指广告以外的各种宣传方式,包括商品及其包装上的标签和说明等,对商品作现场演示或口头说明、散发、邮寄商品的说明书和宣传品,通过行业协会等社会团体推荐宣传,非广告性质的纪实报道等。虽然法律并未明确列举,但现实生活中的众多非广告形式的虚假宣传行为已经为《反不正当竞争法》第9条中的"其他形式"禁止。虚假广告宣传行为往往通过巧妙的措辞暗示,或者故意隐瞒、遗漏一些对消费者进行判断决策至关重要的资料,促使消费者对其所宣传的事实作出错误的理解,从而产生背离其真实状况的市场效果。一般认为,一切具有或可能具有欺骗、误导消费者的购买倾向或决策能力的商业宣传,若导致相当数量的消费者实质性地陷入错误的判断时,就构成了虚假广告宣传行为。

(二)虚假广告宣传行为的社会危害

虚假广告宣传行为是违反"诚实信用"法律原则的不正当竞争行为,是对以平等自由、诚实经营为本质特征的商品经济的破坏。在竞争日趋激烈的现代社会,虚假广告行为屡见不鲜,在市场经济不发达或法律制度不够完善的发展中国家尤其严重。我国市场经济处于起步发育的阶段,这种违背"诚实信用"的虚假行为也迅速出现,这是经济体制发育不健全的表现,它殃及生产、流通、消费等各个环节,成为我国发展社会主义市场经济的一大障碍。虚假广告行为的危害性主要表现在以下几个方面:

1. 扰乱正常的广告宣传秩序

现代社会中由于商业的发达和技术的进步,广告已经越来越成为人们消费的重要依据,甚至是唯一的参考。而虚假广告宣传行为以虚构不实的宣传进行引诱,极易引起消费者误认和误购产品或接受服务。消费者依赖广告的程度使得经营者在广告宣传上大做文章。如明显的欺诈性广告(谎称10天可以增高的增高器、8天可以换肤的换肤霜),使消费者导致错误的认识和购买行为。由于多数消费者缺乏甄别真假广告的能力,或者这种甄别的成本往往过高,当这类广告宣传行为的数量开始泛滥时,广大消费者最直观的选择就是不再相信任何广告宣传行为,仅仅相信自己的直接经验。这种不得已的情绪一旦在全社会蔓延,就必然会使社会对广告宣传行为普遍失去信心。当一个国家的商业运行失去了信息传递机制的支持,那么无论是商家还是消费者,都将不得不独自承担每一次交易时的搜索成本,整个正常广告宣传制度的价值也就无从发挥了。

2. 损害公共传媒的公信力

虚假广告宣传行为一旦形成风气,它的损害效果就不局限于仅仅扰乱广告的正常信息传播功能,而是会进一步扩散到广告宣传行为的载体——公共传播媒体——上去。公共传播媒体是目前广告宣传行为的主要载体,同时也是现代社会公共信息的主要载体。政府公告、社会公益信息以及人民基本的信息传播都需要以这一公共传播媒体发挥作用,一旦这一平台的公信力被大量的虚假广告宣传行为损坏,再要建立一个替代机制将是十分困难的。

3. 煽动不良的商业营销文化

商品营销文化是市场经济条件下推进商业文化传播的有效手段,也是商品与文化对接的有效途径和桥梁。商品营销文化的功能和作用虽然包含但不仅仅限于商品的促销,其经营、推广、促销、引导等功能是相互促进而统一的。① 如果竞争者都采取虚假广告宣传的不正当手段促销,那么这种方法也许在一定程度上可以侥幸地获取一些眼前利益,但从长久看却是一种损害健康商业营销文化的行为。进一步讲,现代先进的商业文化是以商品营销文化为手段的,它对社会商品经济的发展产生着重要的影响,损害商业营销文化的行为最终必然会损害全社会的商业文化氛围。

---

① 参见刘建湖:《再论商业文化的内涵》,载《商业文化》2006年第10期。

二、虚假广告宣传行为的表现形式

随着商业广告形式的发展变化,文字广告、实物展示、名人推荐、现场操作等各类形式层出不穷,在利益驱动下的虚假宣传借助先进的媒体传播手段,对消费者的损害也随之增加。我国《反不正当竞争法》第9条规定:"经营者不得利用广告或者其他方法,对商品的质量、制作成分、性能、用途、生产者、有效期限、产地等作引人误解的虚假宣传";第5条第4款规定:"经营者不得在商品上伪造或者冒用认证标志、名优标志等质量标志,伪造产地,对商品质量作引人误解的虚假表示。"从法律规定看,虚假广告宣传行为可以分为以下几种:

(一)狭义的虚假广告宣传行为

狭义的虚假广告宣传行为是指,在广告宣传过程中采取完全虚假的信息,欺骗消费者并导致其作出错误的购买决定的行为。这种行为又包含两种表现形式:

1. 针对广告宣传的实质内容作出的虚假广告宣传

这种行为是指广告宣传所包含的信息是虚假的,这种行为长期、大量地存在于市场竞争之中,比较容易被识破。例如:(1)冒用质量标志的虚假表示行为。《反不正当竞争法》第5条第4款明确禁止"在商品上伪造或者冒用认证标志、名优标志等质量标志",《产品质量法》对此作了同样的规定。质量标志是指产品质量达到一定要求或标准时由质量主管部门颁发的标志,包括认证标志、名牌商品标志、优质商品标志等。这些标志表明经营者生产或销售的产品具有可靠的质量信誉,使消费者能放心地购买和使用。伪造和冒用质量标志的行为是以完全虚假的信息误导消费者,干扰正常的市场竞争,扭曲市场机制,对竞争者和消费者都具有严重的危害性。(2)对制作成分、制作方法及有效期的虚假表示。这是经营者为了标榜自己产品的质量,对产品的制作成分、原材料、配料以及制作方法进行虚假宣传,如含有化学添加剂的产品宣传成不含添加剂、食品和药品的有效期的虚假表示或更改已到期的产品有效期,这些行为都关系到使用人的安全,也影响到权利人对自己权利(维修、调换、索赔等权利)的行使。(3)对产地的虚假表示。产地之所以重要,是因为它影响到商品的品质。消费者也习惯于将某一商品的品质与它的产地联系在一起,例如北京烤鸭、涪陵榨菜、西湖龙井、景德镇瓷器,这些地名都代表了一种产品所独具的风格和质量,其背后凝聚了几十年甚至上百年的文化积淀,消费者单凭地名就有足够的信心对产品的质量给予信任。而一些不法经营者在广告宣传中就是利用消费者的这种意识在产地上做文章,使一般的消费者难以辨认该产品的原产地。因此,各国的法律中对虚假产地的标示都有严格的规定。如"美国FTC诉Algoma案"中,被告用一种名叫pinus ponderosa的树木作为原材料,制成木材出售。按照植物学的命名方法,这种树木属于黄杨科,然而被告却将之冠以"加州白杨"的名称出售。联邦最高法院以"虚假产地欺骗消费大众"为由判决被告败诉。①

2. 针对广告宣传的形式进行的虚假宣传行为——变相广告

这种行为是指广告发布方不采取真实的发布形式,但同样达到商业广告效果的广告宣传行为。这种行为最近几年比较常见,具有相当强的隐蔽性。不法经营者为使自己的广告既引起公众的注意,又不触发公众的反广告情绪,不是正面合法地进行宣传,而是通过一些启事、声明、担保以及有关权威组织的推荐等达到宣传的目的。另外,见证、验证的虚假表示也可以说是一种变相广告。为了争取消费者对自己产品的青睐,一些经营者采用了名人见证使用功效或让人实地操作的验证性广告,以此刺激顾客的购买欲望。从广告的效果看,确实有利于促销,但是这些广告都是经过虚伪不实的"创作",事实上消费者很难获得如此显著的消费成效,如治疗疑难病的药物、减肥用品、杀虫特效剂等。特别是有些经营者,通过具有权威性的机构进行见证广告宣传,会对消费者消费决策进行不当引导。

此外,借用领导讲话、新闻报道、社会团体、协会推荐等"软性广告"进行宣传也是变相广告的表现形式。在这些变相广告中加入虚假的内容,其危害较之广告主自己所作的广告更为严重。因为,消费者有理由充分相信这些权威人物和机构的推荐。因此,当虚假广告的行为构成并造成他人损害的,作不实推荐和担保的人应当承担连带责任。

(二) 信息不完全的广告宣传行为

完全虚假的广告宣传行为即使是采用上述较为隐蔽的"变相广告"的形式,依然会显得欺骗性不足,尤其是不具有长期反复使用的"功效"。因此,市场竞争中大量存在的还是利用不完全的信息进行广告宣传的行为。这类行为人发布的广告信息往往不完全虚假,而是包含了一部分真实的信息,只不过有的避重就轻,有的报喜不报忧,更有甚者通过语言的歧义误导消费者。但笔者认为,无论广告信息中是否含有真实的信息,只要发布者的主观目的是为了欺骗消费者,并且有意地设计了虚实结合的宣传手段,都应当认定为虚假广告宣传行为。从司法和执法的实践看,这类行为又常常表现为以下几种形式:

1. 对产品信息的模糊表示

这种行为是指行为人采取模棱两可的语言进行宣传,或者故意在一些概念上含糊其辞,使得消费者对产品的功能、质量产生误解。例如:(1) 对产品功能的模糊表示。经营者故意含糊其辞地把具有保健功能的商品宣传成具有治疗功能的药品,故意缺乏正当的警示标志或者说明,或者将单一用途的商品说成是多

---

① 参见范建得、庄春发:《不实广告》,汉兴书局有限公司1994年版,第153页。

功能、多用途的,它使消费者的消费期望落空,经济受到损失等。(2) 对产品的价格作模糊的表示。经营者通过"变更原价加打折价"的方式诱骗消费者或者其他经营者与其进行交易。

2. 引诱性广告宣传行为

引诱性广告宣传行为是指故意以模糊的词语和表示引起消费者的误解,从而影响他们的购买决策的广告行为。由于广告者使用了某种技巧,如明示或暗示、故意混淆含义、省略词语或模糊语义,使消费者在接受信息时产生误解,也就构成了对广告的错误理解。引诱性广告与虚假的广告不同,虚假广告以虚假的信息欺骗消费者,而引诱性广告则可能具有一定真实性的信息,但通过模糊表述达到让消费者误解以致上当的效果,其性质与虚假广告是一样的。所以对这类行为的界定最主要的是其"误导性"。引诱性广告是引人误解广告行为的一种典型形式,在美国称为"转换销售手法的广告"。广告以极有诱惑力的低价或交易条件为诱饵,将消费者引诱进商店,而实际上销售者并不想出售或者根本就不存在广告上所说的产品,或不以广告上称的交易条件进行交易。这种广告无论对消费者还是对同业竞争者都是不公平的。

针对目前我国市场上逐渐增多的此类行为,国家工商总局也注意到了这一点,在其《反不正当竞争法(修订稿)》中规定,禁止利用广告在商品作虚假或引人误解的宣传,也禁止广告发布者在已知或应知的情况下发布此类信息。

(三) 诋毁性广告行为

诋毁性广告是通过在广告宣传中采用捏造事实、诽谤或比较的手法贬低或攻击其他竞争对手的行为,其中比较性广告更值得注意。从理论上讲,比较性广告宣传能够为消费者提供更多更完整的信息,但是如果进行比较的不是真实的内容,或通过比较来贬低竞争对手,则是有悖公平竞争的,同时也是欺骗消费者。由于比较性广告极易对其他经营者和消费者造成损害,因而有些国家禁止比较性广告行为。如根据比利时《商业行为法》第 22 条,"带有欺罔、诽谤之比较或在没有必要的情况下以比较广告方式将竞争对手揭露"是被禁止的。德国对人身广告采取禁止比较的原则,认为以抑制竞争对手人身的手段取得自己竞争优势的行为,即使内容真实,也违反商业界的善良风俗。[①] 有的国家虽然并不禁止比较广告,但是也对比较性广告加以严格的限制。如欧共体《引人误解及不公平广告指令草案》中明确规定了进行比较性广告的众多限制条件:(1) 比较的因素应是互为竞争关系的产品或服务的根本特征,即比较主要应体现在产品或服务的实质方面,如外观设计、质量、包装、性能及新颖性等,而不应对于一些枝节的问题斤斤计较;(2) 选择比较的因素应光明正大,这不仅表现为选择比较因

---

① 参见王晓晔:《不得诋毁竞争对手》,载《国际贸易》2003 年第 11 期。

素的态度,而且还包括进行比较的方法,比较要体现企业间竞争的公平、正当,禁止任何欺骗性广告和诽谤竞争对手的做法,禁止采用使消费者对相比较的商号、牌号产生混淆的方法;(3) 比较应经得起客观检验,即比较广告中的商品或服务的比较内容必须有客观的依据和事实,这样才能体现企业竞争的合理性。

我国《反不正当竞争法》规定,"经营者不得捏造、散布虚伪事实,损害竞争对手的商业信誉、商品声誉"。在有关的广告法律法也有相应规定(见本节"虚假广告宣传行为的法律责任")。

三、对虚假广告宣传行为的法律规制

(一) 虚假广告宣传行为的认定

1. 引诱性广告的认定

引诱性广告实际上是一种转移销售的广告,对消费者的欺骗性十分隐蔽,往往不易识别。因此,对引诱性广告的认定,有些国家规定了特别条件。如美国联邦贸易委员会向销售者提出了几项商业准则,作为对这种特殊虚伪不实广告的限制:(1) 通过广告发出的销售必须真诚;(2) 广告不得对产品的等级、性能、产地等作虚假宣传,在顾客进门以后再说明真实情况;(3) 不得通过各种手段使顾客转向购买其他商品,如拒不出示样品、交货数量不足、向顾客陈列次品、贬低广告中的产品等;(4) 在销售以后再转换所出售的产品等。在我国目前的商业竞争中引诱性广告也已屡见不鲜,只要把消费者引进店门,经营者们不惜使用一切手段。但是现行有关广告和竞争的法律法规中尚未对此类行为进行规范,只对有奖销售的引诱性广告有所规定,应当引起足够的重视。

2. 比较性广告宣传行为的认定

尽管对比较性广告的态度各国有所不同,但对于利用比较性广告对竞争对手进行诋毁的做法,各国法律是一致反对和禁止的。因为通过比较来达到贬低他人目的的广告,是一种典型的不正当竞争行为。单纯的自我吹嘘即使虚假失实,损害的只是消费者的权益,而虚假的比较性广告不仅损害消费者的利益,对同类产品的经营者也造成了损害,妨碍了公平竞争。我国法律对贬低他人产品的比较性广告作了较为严格的禁止。如《广告法》第 12 条规定:"广告不得贬低其他生产经营者的商品或者服务";《反不正当竞争法》第 14 条规定:"经营者不得捏造、散布虚伪事实,损害竞争对手的商业信誉、商品声誉。"在对比较性广告规范的行政法规中,国家工商行政管理总局《广告审查标准》第 32 条规定:"广告中的比较性内容,不得涉及具体的产品或服务,或采用其他直接的比较方式。对一般性同类产品或服务进行间接比较的广告,必须有科学的依据和证明。"同时,我国《广告法》第 7 条还规定,"广告不得使用国家级、最高级、最佳等绝对化"的用语。这表明,我国法律禁止在不特定的产品中进行比较性的广告,主要

规范"顶级"广告,即称自己的产品是同类产品中的"最高级"的广告。显然,我国对比较性广告的规制包括了针对特定的竞争对手和不特定的比较对象两类,这与各国的做法有些不同。欧美国家大多数规范对特定产品的比较性广告,这可以从其对比较性广告的定义中看出。如欧洲联盟部长会议在1991年《比较性广告及修正引人错误广告准则》中,将比较性广告界定为"直接或间接将一位竞争对手,或其同类之商品或服务表现出来之广告"。

(二) 虚假广告宣传行为的法律责任

企业利用虚假广告宣传进行促销的行为,通常都为各国的反不正当竞争法律所限制,并受到相应的处罚。由于我国《广告法》的颁布后于《反不正当竞争法》,故而在法律责任的规定上,应以《广告法》为主要依据。

1. 行政责任

行政责任是虚假广告宣传行为者的最主要的责任形式,具体包括:

(1) 停止发布虚假广告宣传行为。《广告法》第37条规定,"利用广告对商品或者服务作虚假宣传的,由广告监督管理机关责令广告主停止发布"。同时,对负有责任的广告经营者和广告发布者,情节严重的可以停止其广告业务。这表明,行政责任的承担并不要求该广告实际上欺诈了消费者,也就是说,即使该广告并没有产生欺骗消费者的实际效果,也可以认定为虚假广告宣传行为而加以禁止。这是因为它影响和误导消费者的选择自由,并妨碍了公平竞争。世界上不少国家都采用此种做法,如欧洲的大多数国家。瑞士雀巢咖啡制品协会主任海德·昆切先生认为,"消费者不必实际上被骗,只要广告容易使消费者误解便足够了。因此,消费者不必对确实受骗举证,否则,任何对令人误解广告的诉讼都将旷日持久。"[1]欧洲共同体市场在《引人误解及不公平广告指令草案》中,对虚假广告的构成条件规定为:① 对消费者已造成误导;② 广告所为是不实陈述;③ 消费者会因信其广告而购买该商品。

(2) 更正广告制度。当广告主或广告经营者、发布者受到发布虚假广告宣传行为的指控时,行政当局会采用责令广告主做出"更正广告"的行政处罚,以消除虚假广告宣传行为给消费者造成的错误影响。而且执法机关还可以详细规定更正广告的具体要求,如广告的有效期限、广告周期、广告费用、刊登广告的报纸或电台等。在美国"李施德霖漱口水广告案"[2]中,FTC对该公司下达了行政命令,命其在更正广告中写上"与以前的广告相反,李施德霖漱口水对防止感冒或喉咙疼或减轻症状并无帮助"的字样。根据FTC的解释,这种命令是为了纠正残存于消费者脑中的错误信息。由此可见,更正广告对虚假广告宣传行为者

---

[1] 转引自徐士英:《竞争法论》,世界图书出版社2000年版,第192页。
[2] 同上书,第193页。

的约束作用是较强的。我国《广告法》第37条也规定了这一制度："利用广告对商品或者服务作虚假宣传的，由广告监督管理机构责令广告主停止发布，并以等额广告费用在相应范围内公开更正消除影响"。

(3) 罚款制度。对虚假广告宣传行为的广告主，除了上述停止发布广告和更正广告以外，还要处以罚款。我国《广告法》规定，对广告主可处以广告费用的一倍以上五倍以下的罚款，对负有责任的广告经营者和广告发布者还应没收其广告收入。《反不正当竞争法》第24条规定，对经营者利用广告或其他方法，对商品作引人误解的虚假宣传的，监督检查部门可以根据情节处以1万元以上20万元以下的罚款。

2. 民事赔偿责任

民事赔偿是针对虚假广告宣传行为人在发布虚假广告宣传行为后，对广告的接受者已经造成了损害，根据民事赔偿的法律，责任人应当赔偿受损者的损失。我国《广告法》第38条规定，发布虚假广告宣传行为、欺骗和误导消费者根据上述要件认定虚假广告宣传行为之后，并使购买商品或者接受服务的消费者的合法权益受到损害的，由广告主依法承担民事责任。至于广告经营者和广告发布者，如果明知或者应知广告虚假，仍进行设计、制作、发布的，应当依法承担连带责任。

3. 刑事责任

《广告法》第一次对虚假广告宣传行为的责任者规定了刑事责任。《广告法》第37条、第39条规定，利用广告对商品或者服务作虚假宣传的，构成犯罪的，依法追究刑事责任。我国1997年《刑法》第222条也规定，"广告主、广告经营者、广告发布者违反国家规定，利用广告对商品或者服务作虚假宣传，情节严重的，处二年以下有期徒刑或者拘役，并处或者单处罚金"。

第三节 侵犯商业秘密行为及其法律规制

一、商业秘密的概念和特征

(一) 商业秘密的概念

关于商业秘密，国际上尚未形成统一的定义，但作为一种社会财富或个人财产，各国法律都把商业秘密界定为某种处于秘密状态下的技术诀窍、技能、经验或信息。根据《布莱克法学词典》的解释，商业秘密是指"用于商业上的配方、模型、设计或信息的汇集，使拥有人相对于其他不知或不使用的竞争者有更多获得利益的机会"。美国《统一商业秘密法》对商业秘密作了进一步的解释：商业秘密是指一种信息，它包括公式、模型、汇编、程序设计、方法、技术或工序。这种信息,首先将独立导致实际或潜在的经济价值。对他人而言,并非一般所知,也不容易以适当方法获得,然而可以从这种信息的揭示或使用中获得经济价值。其次,持有人尽了合理的努力去维持它的秘密性。1990年日本通过修改的《不正当竞争防止法》正式确立了日本的商业秘密法律制度,该法对商业秘密的定义是:"作为秘密进行管理,尚未众所周知的生产方法、销售方法及其他经营活动中实用的技术或经营上的情报"。日本理论界认为,商业秘密的保护并不单纯局限在对财产的保护和个人利益的保护上,从更广泛的意义上讲,它包含了维护竞争秩序的共同原理。[①] 在国际上,世界知识产权组织在其拟定的《发展中国家保护发明示范法》中称商业秘密为"有关使用和适用工业技术的制造工艺和知识"。1994年4月15日关贸总协定乌拉圭回合谈判中通过的最后文件《与贸易有关的知识产权协议》将商业秘密称为"未公开信息"而纳入保护的范围,同时界定了这些未公开信息"应当具有保密性和商业价值"。由此可见,商业秘密的概念可以分为广义和狭义两种,狭义的商业秘密一般只包括工业适用的技术,如设计图纸、工艺流程、配方、数据等技术信息;广义的商业秘密则泛指工业、商业以及其他经济事业的秘密信息。依据各国的规定,商业秘密主要包含以下三类:

1. 技术秘密

它是指人们从经验中或技艺中得来的,能在实践中特别是在工业中应用的技术信息、技术数据或技术知识。技术秘密一般不能独成一体,而只能依附于某项专利或公开的技术,作为实施主要技术时必备的经验性技巧而存在。

2. 经营秘密

经营秘密是指具有秘密性质的经营管理方法及与经营管理方法密切相关的信息和资料。经营秘密包括推销计划、客户名单、产品价格、销售网络、招投标的标底等。此处所讲的"客户名单"一般是指客户的名称、地址、联系方式以及交易的习惯、意向、内容等构成的区别于相关公知信息的特殊客户信息,包括汇集众多客户的客户名册,以及保持长期稳定交易关系的特定客户。客户基于对职工个人的信赖而与职工所在单位进行市场交易,该职工离职后只要能够证明客户自愿选择与自己或者其新单位进行市场交易的,则不应当认定该职工采用了不正当手段,除非该职工与原单位另有约定,这样就能够平衡企业商业秘密保护与职工择业、创业自由的关系。

3. 管理秘密

这是指组织生产和经营管理的秘密,特别是合理有效地管理各部门、各行业之间相互协作,使生产与经营有效运行的经验性信息,如管理模式、公关技巧等,管理秘密在有些国家也被纳入技术秘密或经营秘密中,并不单独分类。

[①] 参见刘金波、朴勇植:《日美商业秘密保护法律制度比较研究》,载《中国法学》1994年第3期。

商业秘密作为法律术语在我国最早出现在 1991 年 4 月颁布的《民事诉讼法》中："商业秘密主要是指技术秘密、商业情报及信息等，如生产工艺、配方、贸易联系、购销渠道等当事人不愿公开的商业秘密"。1993 年颁布的《反不正当竞争法》正式对商业秘密作出了定义："商业秘密是指不为公众所知悉，能为权利人带来经济利益，具有实用性并经权利人采取保密措施的技术信息和经营信息。"可见，我国对商业秘密像大多数国家一样采用了广义的说法，并直接把它界定为一种"信息"加以保护。

(二) 商业秘密的特征

1. 非公知性

非公知性也称"秘密性"，它是商业秘密最核心的特征。商业秘密的秘密性是指该种信息不为公众所知悉，处于保密状态，一般人不易通过正当途径获得或探明。正如有的学者所说的："法律对商业秘密唯一的、最重要的要求，是该商业秘密在事实上应是保密的，除却这一先决条件，其他条件也就毫无意义了"[1]，这使得商业秘密区别于其他知识产权法保护的客体。专利或版权是通过技术公开、牺牲其保密性换取法律的直接保护，以在有限的时期内维持其价值的存续，而商业秘密则需要通过权利人采取适当的保密措施，并辅之以法律进行保护。

对商业秘密保密性的要求是认定商业秘密的关键。但是一般认为，这种保密性只能是相对的，各国法律并不都要求商业秘密是处于绝对的、完全的保密状态下。因为一项商业秘密在使用和管理中是无法避免在一定范围内或一定程度上向外界公开的。企业内部雇员、合作对象、政府审批机构的工作人员都有可能接触到商业秘密的内容。但只要权利人采取了一定的保密措施，就可以认定是处于秘密状态下的信息。

2. 管理性

正因为商业秘密的秘密性是相对的，所以它要求权利人采取合理的保密管理措施进行自我保护。这就涉及一个十分关键的问题，即如何确定保密措施的合理性。在保密措施上，大陆法系国家比较重视保密合同的作用，包括签订保密合同、限制进入工场和设备附近和商业秘密有关的现场、对秘密文件进行特殊保护、禁止秘密材料的散发等。只要企业采取了这些措施，就可以认为形成了商业秘密。而英美法系国家不仅倚重保密合同的作用，同时重视现实中该信息是否真正处于保密状态。保密性有主观保密和客观保密两个方面，只有同时具备两个方面的保密性，才构成受到法律保护的商业秘密。主观保密性是指商业秘密的持有人必须具有保密的主观愿望，这表现为商业秘密的持有人采取了合理的保密措施。客观保密性是指商业秘密在客观上没有被公众所了解或没有进入公

---

[1] 转引自徐士英：《竞争法论》，世界图书出版社 2000 年版，第 196 页。

共领域。如果在市场上出售含有商业秘密的产品就有可能导致商业秘密失去其客观保密性。美国司法实践中所认可的合理保密措施一般包括：把接近商业秘密的人员限制到极少数人；利用物质障碍使非经授权不能获得任何关于商业秘密的知识；在可行的情况下限定雇员只接触商业秘密的一部分；对所有涉及商业秘密的文件都用表示秘密的符号——标出；要求商业秘密的保密人员采取妥善的保护措施；要求有必要得知商业秘密的第二人签订适当的保密合同；对接触过商业秘密又即将被解雇的雇员退出检查等。[1]随着科学技术的不断发展，各种窃取商业秘密的手段也变得愈来愈高明，商业秘密的保密措施很难保证万无一失，因此，法律要求的保密措施只能是在相对合理的程度上的保密。"保密措施犹如对善意过路者的一道栅栏，足以使善意的过路人不能在一眼看去或稍加理解就可搞清商业秘密的同时，警告其不可进一步把脚踏入被禁止入内的领地；如果法律要求企业为其商业秘密营造一座滴水不漏、可防范任何不可预测和不可察觉的间谍行为的堡垒，是不现实的。"[2]

3. 经济性

经济性也称为"价值性"，商业秘密的经济性是指商业秘密的使用可以为权利人带来经济上的利益，使权利人拥有比不知晓或不使用该商业秘密的同行业竞争者更有利的地位和竞争优势，从而能在竞争中领先。商业秘密的经济性包括现实的经济利益和潜在经济利益。这种经济性并不一定表现在侵权给权利人带来的经济利益的损失，也可能表现为侵权人在将来通过使用该商业秘密，而给自己造成某种竞争优势，强化其在市场竞争中的地位，导致商业秘密权利人在竞争中优势地位的丧失。商业秘密的经济性正体现了保护商业秘密的内在原因。值得指出的是，商业秘密的价值性与权利人取得该项商业秘密所花费的成本之间并无必然的联系，即商业秘密权利人的竞争优势地位并不能用其获取商业秘密时所花费的成本来计算。由此可见，衡量商业秘密价值性的标准只能是其本身所具有的、可能为权利人带来的竞争优势。

综上所述，秘密性、管理性和经济性作为商业秘密的构成要件已经为世界各国法律所接受。商业秘密的特征也就是构成商业秘密的基本要件，同时也是司法中确认商业秘密的客观依据。但上述特征只是对商业秘密的一种抽象的概括，在适用于个案时，还存在解释态度问题。制约商业秘密保护范围的最根本的要素是受到社会物质生活条件所限制的社会道德观念的发展程度。在我国市场经济发展之初，不少学者专家曾经主张对侵犯商业秘密行为采用较为严格解释

---

[1] 参见刘金波、朴勇植：《日美商业秘密保护法律制度比较研究》，载《中国法学》1994年第3期。
[2] 商业秘密法制丛书编辑委员会主编：《商业秘密法制现状分析及案例》，中国法制出版社1995年版。

的方法。①比如对"经济性"的认定,不是以商业秘密权利人主观上认为有经济价值,而应该从客观上认定经济性。对于保密性,也应该采用主观标准和客观标准并重的做法,即除了有保密的愿望之外,实际上也采取了适当的保密措施,并不为外人知晓,而不是权利人认为采取了保密措施。笔者认为,对待侵犯商业秘密的行为,很难单纯地给出一个严格或宽松的立法态度。因为商业秘密作为一种特殊的知识产权,法律既要维系它极端的隐蔽性以鼓励更多的人去投入研发,同时又要避免对它过度的专有保护,以促进一定程度的知识流动和共享。没有前者会导致一些秘密信息得不到妥善的保护,不利于鼓励创新;而缺乏后者则又极可能导致整个社会兴起"滥用知识秘密"之风,使得一些本应当成为全社会技术提升的基础信息遭到禁锢。

因此,在我国目前的立法和司法实践中,在关于"经济性"的认定上,较之以前更加关注有关信息具有现实的甚至是潜在的商业价值,能为权利人带来竞争优势。

在"非公知性"这一属性的认定上也比较谨慎,规定凡是该信息具有:(1)为其所属技术或者经济领域的人的一般常识或者行业惯例;(2)仅涉及产品的尺寸、结构、材料、部件的简单组合等内容,进入市场后相关公众通过观察产品即可直接获得;(3)已经在公开出版物或者其他媒体上公开披露;(4)已通过公开的报告会、展览等方式公开;(5)从其他公开渠道可以获得;(6)无须付出一定的代价而容易获得的特征的,一律认定为不具有"非公知性"。

在"管理性"的认定上则更加看重权利人采取保密措施的合理性,只要权利人为防止信息泄漏采取了与其商业价值等具体情况相适应的合理保护措施,就应当认定为《反不正当竞争法》第10条第3款规定的"保密措施"。而合理与否则由审判机关根据所涉信息载体的特性、权利人保密的意愿、保密措施的可识别程度、他人通过正当方式获得的难易程度等因素认定。一般来说,具有下列情形之一,在正常情况下足以防止涉密信息泄漏的,应当认定权利人采取了合理的保密措施:(1)限定涉密信息的知悉范围,只对必须知悉的相关人员告知其内容;(2)对于涉密信息载体采取加锁等防范措施;(3)在涉密信息的载体上标有保密标志;(4)对于涉密信息采用密码或者代码等;(5)签订保密协议;(6)对于涉密的机器、厂房、车间等场所限制来访者或者提出保密要求;(7)确保信息秘密的其他合理措施。

除了上述三个方面的认定之外,实践中还存在一种获取商业秘密的合法形式,即"反向工程"。"反向工程"是指通过技术手段对从公开渠道取得的产品进行拆卸、测绘、分析等获得该产品的有关技术信息。它是一种公开的、合法的模

---

① 参见郑成思主编:《知识产权法研究》,中国方正出版社1996年版,第114页。

仿,有利于促进一国技术的进步,因此很多国家的立法都不禁止这种行为。根据相关司法解释,通过自行开发研制或者"反向工程"等方式获得的商业秘密,不认定为《反不正当竞争法》第 10 条第 1、2 项规定的侵犯商业秘密行为。然而,"反向工程"的认定具有一定的难度,并且一旦侵权人在侵害商业秘密之后再人为伪造"反向工程"的步骤是比较容易的,因此,此这项制度也存在一定的道德风险。相关司法解释虽然也规定,当事人以不正当手段知悉了他人的商业秘密之后,又以"反向工程"为由主张获取行为合法的,不予支持,但毕竟没有就如何甄别"反向工程"作出具体的规定,因此还要等待司法实践中具体的案例出现时才能进一步探讨解决良方。

二、商业秘密的法律属性

关于商业秘密的法律属性,各国的理论尚不一致。基于对商业秘密本质属性的分析及各国的有关立法,笔者认为,商业秘密具有以下法律属性:

(一)商业秘密属于无形财产,是知识产权的一种

商业秘密的财产性首先表现为商业秘密是权利人的智力创造性劳动成果,且对其保密性也要耗费大量的人力和物力;其次,商业秘密能给权利人带来经济效益,商业秘密能通过转让实现其价值。商业秘密可作为财产进行转让,或者是独立转让,或者随有形财产及其他知识产权一起转让。因此,许多国家,尤其是英美法系国家都赋予商业秘密权利人使用、转让并在一定条件下阻止他人非法使用或披露商业秘密的权利,有些国家的公司法中也规定,公司成立时,商业秘密权利人可以商业秘密入股或投资,这些都表明商业秘密具有财产属性。

(二)商业秘密是一种不完全的知识产权

商业秘密并不是一种完全意义上的知识产权,权利人不享有绝对排他的权利。有些情况下,权利人虽然采取了保密措施,但却不享有对抗他人的权利。比如,权利人通过独立研究所掌握的同一商业秘密,只要权利人和他人各自都以为自己是商业秘密的唯一拥有者,仍应视为未被公众知悉的商业秘密;又如他人根据投入市场的产品,通过"反向工程"重新研究出的商业秘密,也不能认为失去了秘密性。正因为商业秘密不具有专利、商标等独占、垄断的权利,所以,它是一种不完全的知识产权。

(三)商业秘密是一种特殊的知识产权

虽然商业秘密不具有知识产权的专有性、地域性和时间性特征,但知识产权制度保护人类智力劳动成果不受侵犯的基本宗旨却同样适用于商业秘密。所以早在 20 世纪 60 年代,国际商会就首先把商业秘密视为工业产权,允许其进行有偿转让,《与贸易有关的知识产权协议》专门规定了对"未公开信息"的保护。

基于以上原因,商业秘密是一种非权利性质的法益的观点有其合理性。根

据侵权法理论,对法定权利的侵害,无论侵权人主观上是故意还是过失,都被认为是过错而应承担损害赔偿责任。但对于法定权利之外的法益的侵害,侵权人仅在故意时才承担赔偿之责任,而过失则可以免责。德国、日本、美国等国对商业秘密的保护性规定都是针对故意侵害行为作出的,对过失泄露的行为只能按违反合同义务处理。因为商业秘密并不具有对抗任何人的绝对效力,其秘密性可能因其他合法持有人的合法公开而丧失。

总之,商业秘密的法律属性目前还在研讨和发展中,理论界和司法界仍在争论。① 但是它已经显示出来的和已被各国法律所确认的财产性质,足以让人们明白,对他人商业秘密的侵犯应该构成不正当竞争行为,并应承担相应的法律责任。

三、侵犯商业秘密行为的表现形式

商业秘密作为一种信息,具有无形资产的特征,其权利人不像物的所有权人那样对物容易控制和占有,极易为他人所侵犯。因此,对商业秘密的侵犯行为与物权的侵权行为就有所不同。美国1978年制定的《统一商业秘密法》对此给予了比较明确的界定:"侵犯商业秘密系指:(1)某人明知他人所持的商业秘密为不当取得仍予以接受;(2)下述人员未经明示或默示同意泄露或使用他人商业秘密:① 使用不当方法获取商业秘密的人;② 某人在泄露或者使用商业秘密时,知道或应当知道该秘密源自或经他人使用不当方法取得,或该商业秘密应当予以保密或限制使用,或该商业秘密源自或经他人取得,其他人对商业秘密持有人负有保密或限制使用的请求救济的责任;③ 某人在职位实质改变前,知道或应当知道其偶然或过失获知的知识是一项商业秘密。"

我国在立法中吸收了世界各地的经验,对侵犯商业秘密的行为以列举的方式作了具体的规定。

(一)以不正当手段获取他人商业秘密

这是指出于竞争目的,以各种非正当手段获取他人商业秘密的行为。禁止以不正当手段获取他人商业秘密,实际上是规定了"获取"行为本身的违法性,而不必等到公开使用时才算违法,我国的这一规定,在国际上关于商业秘密保护的立法中是较为领先的。传统理论认为,商业秘密保护仅仅是相对特定人之间因合同(明示合同或默示合同)的保密关系而产生的权利义务关系,因而商业秘密权仅针对特定的义务承担者。但在实践中,如果合同义务以外的人员以不正当手段获取了商业秘密,要追究其责任十分困难。因此,法律逐渐由此转向保护商业秘密的财产权,处罚"获得"商业秘密的不正当手段。如我国台湾地区"公

---

① 参见郑成思:《知识产权法》,法律出版社1997年版,第483页。

平交易法"就规定,"以胁迫、利诱或其他不正当方法,获取他事业的产销机密、交易相对人资料或其他有关技术秘密的行为"是侵犯商业秘密的行为,这改变了过去仅仅对因合同或是因其他法律依据知悉或持有商业秘密的义务人故意泄露的行为加以处罚的做法。"公平交易法"扩大了行为管制的范围,将第三人因希望获得商业秘密而"挖墙脚"的行为也直接纳入了管制的范围。由此可见,立法趋势是只要违背了权利人的意志,以不正当手段获取商业秘密,都被认为是非法的。我国法律的规定,显然是站在了这样一个较高的起点。

所谓"不正当手段"是指一切违反诚实信用、公平竞争原则,直接从权利人处获取商业秘密的行为。我国《反不正当竞争法》对"不正当手段"具体规定为"盗窃、利诱、胁迫等或者其他不正当手段"。美国的《统一商业秘密法》规定的"不正当手段"包括"窃取、贿买、不真实表示、违反或诱使违反保密义务或者通过电子方法或其他方法窥探"。事实上,不正当手段是不可能列举穷尽的,因此,在具体的案件审理中还需对个案进行分析,只要侵权人不是以正当手段获得,如从独立发明、"反向工程"或从公开的出版物中得知此商业秘密,并有足够的证据证明其获得手段的合法性,就可以认定为以不正当手段获得。[①] 认定以不正当手段获取商业秘密的法律规定的意义在于有效保护权利人的商业秘密,尤其在我国竞争秩序尚未完善的情况下,更显得意义重大。如上海某企业以高薪和职务诱使某个竞争对手的质量检验员跳槽,并私下串通该厂工艺科技术员等,以技术咨询为名,将一整套已为竞争对手采取保密措施的图纸数据工艺等全数窃获。上海市有关工商行政管理部门认定其"以不正当手段获取权利人的商业秘密"并对侵权者进行了处罚,维护了公平竞争的秩序。

(二)恶意披露、使用或允许他人使用以违法行为获得的商业秘密

这是行为人获取商业秘密后的继续行为。非法获取他人的商业秘密的行为人将其所获取的商业秘密转告第三人或利用各种方式将其公布于众,自己使用或允许他人使用该商业秘密,都会使权利人受到的损害进一步扩大,使后果更加严重。《反不正当竞争法》对此明确规定,"披露、使用或者允许他人使用以前项手段获取的权利人的商业秘密"是侵犯商业秘密的行为。一般地,既然是恶意取得他人的商业秘密,其目的就是要利用该商业秘密或扩散该商业秘密,以获取利益。商业秘密也只有掌握在一定的使用者手中,并加以实施才有效益。因此,商业秘密的获取者必然要自己使用或允许他人使用该商业秘密。法律对于这种行为的规制是极为必要的,与前一种行为存在逻辑联系。

[①] 参见唐昭红:《商业秘密研究》,载梁慧星主编:《民商法论丛》(第6卷),法律出版社1999年版,第750页。

（三）违反约定或者违反权利人的要求，披露、使用或允许他人使用商业秘密的行为

这是侵犯他人商业秘密最常见的行为，也是早期对商业秘密的保护规定。尽管侵权人是以正当的手段获得该项商业秘密，但由于对权利人有明示或默示的义务，因而不得披露、使用或者允许他人使用该商业秘密，否则，同样被认为是侵权行为。我国《反不正当竞争法》对此也作了规定，禁止"违反约定或者违反权利人的有关保守商业秘密的要求，披露、使用或者允许他人使用其所掌握的商业秘密"。

由于商业秘密具有实用性，因此因正常业务或相互信任等关系而获得商业秘密的情况是存在的，如因业务需要在本单位职工中进行交流，因市场经营需要被产品的销售者、原材料的供应者、设备的修理者所知晓，因技术开发、转让、咨询、服务业务而为技术合同的对方所了解等。但由于这些合同的特殊性，商业秘密的获得者对权利人负有明示或默示的保密义务。美国《统一商业秘密法》明确规定，因信用或保密关系获得商业秘密者未经许可泄露或使用商业秘密视为侵权。这里所指的"未经许可"既包括未经明示的许可，也包括未经默示的许可。前者是指权利人与商业秘密的获得者之间订立了有关的保密合同；后者是指基于法律、习惯及事实等原因推定而承担的保密义务。虽然我国法律对此并无明确的规定或解释，《反不正当竞争法》所规定的违反"保密约定"和"权利人有关保守商业秘密的要求"应该包括明示和默示两种情况。因为，这里强调的是对商业秘密持有人意志的违背，而无论明示的或默示的许可都是持有人的真实意志，只要缺乏这种许可，披露、使用或者允许他人使用商业秘密都应认定为侵害他人的商业秘密的行为。

（四）第三人侵犯商业秘密的行为

这是指第三人明知或应知转让人获得该商业秘密是不正当取得的，或为未经授权取得后披露、使用或者准许他人使用的，仍予以受让或泄漏的行为。显然，这里的第三人有侵权的主观恶意。我国《反不正当竞争法》规定"第三人明知或者应知前款所列违法行为，获取、使用或披露他人的商业秘密，也视为侵犯商业秘密"。美国《统一商业秘密法》也规定，"明知或者有理由知道该商业秘密是通过不正当手段获取的，未经明示或默示的同意，公开或使用他人的商业秘密，为不正当使用"。将第三人的恶意行为作为侵权行为进行制裁，追究第三人的责任具有重要的理论价值和实践意义。虽然第三人并非直接以不正当手段获得他人的商业秘密，但是，这种类似于"销赃"的行为对于商业秘密权的侵害以及对公平竞争秩序的危害与上述三种行为是相同的，正因为有了转让的市场，才促使侵权人实施上述行为。因此，将其列入侵权行为，有利于制止违法行为。此外，这对规范人才流动中商业秘密流失也起到了一定的预防作用，让雇主尽到

"合理注意"义务,雇主不能以"挖墙脚"的方式获取其他雇主的商业秘密。

四、侵犯商业秘密行为的危害

(一) 严重损害了商业秘密权利人的合法权益

商业秘密一般均是权利人投入了一定的时间、资金和精力,经过艰苦的研究和劳动获得的,旨在以此获得竞争上的优势和经济利益。一旦该商业秘密被不正当地获取、泄露或使用,就会给权利人的合法权益带来严重损害。如我国最早开发 15 频道无绳按键电话的惠州市电子通讯工业总公司所属天云集团 TCL 王牌电信有限公司,在新产品开发成功并取得客观经济效益时,公司的技术人员盗走技术资料并不辞而别。这项产品的无形资产经评估达 688 万元。如果不是公安人员的大力追捕,造成的损失将难以想象,因为,仅在短短的几天内,这些技术人员已经将该技术卖给几家生产同样产品的企业。在市场竞争日益激烈的情况下,只要错过一段时间,就足以造成难以弥补的损失。

(二) 扰乱社会公平竞争秩序

市场经济是竞争的经济。作为一种不正当竞争行为,侵犯商业秘密将会对市场竞争产生极大的妨碍。这种靠掠夺别人的竞争优势侵害他人市场的行为,将会导致竞争的变质,使社会资源的配置受到影响。正如美国一名法官在 1982 年审理一件雇员使用原来工作过的公司的商业秘密与之开展业务竞争案件时所说的:虽然竞争一直为法律所扶持和鼓励,但这里的竞争是违法的,因为它违反了商业道德,是违反诚实信用的不公平竞争,是为法律所不允许的。[①]

(三) 阻碍技术进步和信息产业的发展

当今时代已进入知识经济的时代,作为一种信息资源,商业秘密在经济发展中所起的作用越来越大。如果侵犯商业秘密的行为得不到有力制止,将会挫伤人们科学研究、积累经营经验的积极性,对开发、研究和发展知识产权是极为不利的。

五、侵犯商业秘密行为的法律规制

(一) 侵犯商业秘密行为法律规制方式的变迁

由于商业秘密的性质以及侵犯商业秘密行为复杂的法律关系(既有侵权的性质,又有违约的性质,还有不正当竞争的性质),因而,世界各国保护商业秘密的法律有不同类型。商业秘密保护法律的理论也经历了一个发展变迁的过程,由最初的以合同法保护发展到侵权法保护,到现今向专门立法保护。

---

① 转引自徐士英:《竞争法论》,世界图书出版社 2000 年版,第 196 页。

1. 合同法保护理论向侵权法保护理论的发展

当事人违反保密义务或与权利人的约定应承担违约责任,但多数国家规定了这种行为的侵权责任。对商业秘密的民事法律规制最早是通过合同法进行的,早期的商业秘密保护法律大多以契约理论为基础。大陆法系的国家比较强调明示合同的作用,司法实践也表明书面合同在案件审理中起着关键的作用。英美国家后来扩大了合同的范围,发展了法律上默示合同的概念。如果不存在明示的合同,则依据实际情况,认定双方当事人之间存在着默示协议,即以证明双方当事人默示同意的法律事实,来推定当事人之间存在着限制使用商业秘密的合同。

美国1939年制定了《侵权法》,此后对商业秘密的保护逐步向侵权法保护阶段发展,并得到广泛的运用。商业秘密的侵权理论并不过分强调当事人之间的合同义务,而是强调所有权关系中的权利和义务,当事人之间只要存在一定的关系,一方当事人就要尊重另一方当事人的权利,如劳动聘用关系中雇员的忠实义务等。而美国的普通法关于保护商业秘密的法律也规定,原告发现有人盗用其商业秘密,可以请求法院发布禁止令,这是典型的侵权法保护方式。[①]

英国法律规定,如果不存在行为人事实上的承诺,但行为人对他人未作相反表示,则从双方关系的性质或从行为人与他人的关系可以推定这种承诺。因为,只要第三人从他人那里获得商业秘密时,意识到或者应该意识到此原始获得者有保密义务,那么第三人对该商业秘密也应负有保密义务。这种规定使商业秘密的一系列获得者之间建立起一条默示的义务链条,对有效保护商业秘密较为有利。

2. 专门立法的保护

鉴于商业秘密在国民经济发展中的重要性,以及侵权法对商业秘密的保护不够全面,不少国家和地区开始制定保护商业秘密的专项立法。如美国的《统一商业秘密法》、英国的《保护秘密权利法》、我国台湾地区颁布的"营业秘密法"等。通过专项立法,对商业秘密的保护范围、保护措施、处罚手段以及诉讼程序等都可以进行完整的规定。我国的《反不正当竞争法》将侵犯商业秘密的行为列为不正当竞争行为,对商业秘密提供了一定的法律保护,标志着我国商业秘密法律保护制度初步建立。但《反不正当竞争法》对如何有效地制止侵犯商业秘密行为尚缺乏详细具体的规定。因此,制定《商业秘密保护法》,对企业的管理人员、技术人员、职员、工人及国家公务员、新闻媒介等承担不侵犯企业商业秘密的义务作出详尽的规定是十分必要的。如规定企业的技术人员、管理人员及其他员工离开原工作企业的,应在离开原企业一定年限后方可创办、经营同样业务

---

① 参见王兰石:《商业秘密保护法律的现状及其完善》,载《商业研究》2002年第8期。

的企业。

（二）我国对侵犯商业秘密行为的规制

侵犯商业秘密是一种侵犯他人正当权利的行为，理应受到法律的规范和制裁。我国自改革开放以来，随着社会主义市场经济的发展，也通过《民法通则》、《合同法》（以及以前的《技术合同法》）、《反不正当竞争法》、《刑法》等法律，对侵犯商业秘密的行为作出了明确的规定。

1. 民事责任

对商业秘密的民事法律保护分为合同法律的保护和侵权法律的保护两种，这是商业秘密保护的最为普遍和有效的手段。(1) 合同法的规制。我国对商业秘密的合同法保护是在原《技术合同法》中规定的。技术合同的条款一般应当包括"技术情报和资料的保密"，"非专利技术转让合同的转让方和受让方应承担合同的保密义务"，并规定，如果违反这些义务，必须承担违约责任和赔偿责任。① (2) 侵权法律的规制。合同理论虽然是保护商业秘密的有效手段，但是它也有一定的局限性。因为它虽然能对一系列合同关系的当事人有约束力，但却不能约束合同以外的其他人。因此，把商业秘密作为一种财产进行保护的侵权理论就应运而生了。《反不正当竞争法》中同样规定了这种行为的侵权性质，这实际上是两种法律责任的竞合。这样规定的目的是使权利人在诉讼时能够以更方便、更及时有效的途径保护自己的商业秘密。② 采用综合性的方法对日益复杂的社会经济关系进行调整，是保护商业秘密法律的一个显著特点，它体现了现代经济法，也是整个现代法律发展的趋势。

侵犯商业秘密行为应承担的民事责任包括以下三种形式：第一，停止侵害。这是被广泛运用的一种民事救济方法。《反不正当竞争法》规定，侵犯他人商业秘密的，"监督检查机关应当责令停止违法行为"。停止侵害的民事责任在商业秘密保护方面还有一种特殊的做法，即由法院判决被告在相关领域中一定时间内停止使用原告的商业秘密，这种侵权责任形式被称为"扣除领先时间原则"，即被告因以不正当手段获取他人的商业秘密，会比其他竞争者取得一段领先时间，如果判令被告在一段时间中不能使用该商业秘密，就等于扣除了其领先时间，在商业信息方面与其他竞争对手处于相同的起点。因此最新颁布的《最高人民法院关于审理不正当竞争民事案件应用法律若干问题的解释》中规定，人民法院对于侵犯商业秘密行为判决停止侵害的民事责任时，停止侵害的时间一般持续到该项商业秘密已为公众知悉时为止。而判决停止侵害的时间如果明显

---

① 《技术合同法》的内容已被1999年3月第九届全国人大通过的《中华人民共和国合同法》所吸收，并作了更为详细的规定。

② 参见唐昭红：《商业秘密研究》，梁慧星主编：《民商法论丛》（第6卷），法律出版社1999年版，第750页。

不合理,可以在依法保护权利人该项商业秘密竞争优势的情况下,判决侵权人在一定期限或者范围内停止使用该项商业秘密。第二,返还财产。当非法获取、泄露他人商业秘密的侵权行为已实施完毕,但商业秘密尚未被公开,其秘密价值尚存时,被侵权人可向法院请求责令侵权人返还商业秘密,包括追回已经转移的物品,或者销毁体现商业秘密的载体(如文件、实物复制品等)。第三,赔偿损失。商业秘密作为无形财产,被侵害后势必会给权利人造成经济损失,因此,权利人有权要求侵权人赔偿损失。我国《民法通则》第118条规定,"公民、法人的著作权、专利权、商标专用权、发现权、发明权以及其他科技成果受到剽窃、篡改等侵害,有权要求停止侵害、消除影响、赔偿损失"。一般来说,因侵权行为导致商业秘密已为公众所知悉的,应当根据该项商业秘密的商业价值确定损害赔偿额。商业秘密的商业价值,根据其研究开发成本、实施该项商业秘密的收益、可得利益、可保持竞争优势的时间等因素确定;请求赔偿需要原告举证,但是当原告提不出损失证明,法院认为必须给原告进行补偿的,可以不当得利为依据给予补偿(如美国法院就是如此处理的)。①

值得注意的是,商业秘密民事诉讼中,原告方往往很难举出被告不正当获取其商业秘密的直接证据,这是侵犯商业秘密案件的立案难点,若不解决这个操作层面的问题,商业秘密的保护很难落到实处。国家工商总局最近起草的《反不正当竞争法(修订稿)》中规定:权利人能证明他人所使用的信息与自己的商业秘密具有一致性或相同性,同时能证明他人有获取其商业秘密的条件,而他人不能说明其所使用的信息是合法获得或使用的,视为他人侵犯商业秘密。这样就从举证制度上突破了商业秘密保护的难题。

2. 行政责任

把侵犯商业秘密的行为列为不正当竞争行为,运用行政手段保护是当代竞争法的重要特征和发展趋势。因为商业秘密一旦受到侵害,其后果是无法弥补的。即使运用民事赔偿的方法也难以消除。因此,运用行政法律,及时、果断、强制性地制止和制裁这种行为必然成为各国立法的选择。对商业秘密的行政法律保护主要体现在竞争实施机构的规定中。现代市场经济国家,大多设立了公平竞争法的主要执法机构,如美国的联邦贸易委员会、日本的公正交易委员会、德国的商会调解机构等。这些机构对侵犯商业秘密的行为具有独立的调查和发布行政命令的权力,如命令停止侵权行为、责令改正、处以罚款等。我国《反不正当竞争法》首次规定了侵犯商业秘密的行政责任:"监督检查部门应当责令停止违法行为,根据情节处以1万元以上10万元以下的罚款"。

---

① 在损害赔偿时,对于恶意欺诈和盗用商业秘密的行为,有些国家还规定了惩罚性的赔偿条款。赔偿金额的大小由司法部门视情节轻重而定。

3. 刑事责任

对于侵害商业秘密的行为,法律只规定侵害人的民事责任和行政责任是不够的,有些侵害商业秘密的行为会严重地损害国家和公众的利益,扰乱社会经济秩序,因此,有的国家和地区就对这些行为人或有关责任人员规定刑事责任,即设立"泄露企业秘密罪"或"泄密罪",如日本、墨西哥、哥伦比亚均有该类规定。《法国刑法典》规定,公司职员泄露秘密的处以 2 到 5 年徒刑,并科以 1800 到 7200 法郎的罚金。我国台湾地区将侵犯商业秘密作为一种不正当竞争法行为,并规定,经主管机关命其停止行为而不停止者,处 2 年以下有期徒刑或拘役或科新台币 50 万元以下罚金。我国以往的刑法只规定了泄露国家机密罪,而侵犯商业秘密行为并未被列入罪名。现实中盗窃技术秘密、牟取非法利益情况特别严重,危害极大,因而在修改后的《刑法》中增设新罪名进行制裁。《刑法》第 219 条规定:有侵犯商业秘密行为的,给商业秘密的权利人造成重大损失的,处 3 年以下有期徒刑或者拘役,并处或者单处罚金;造成特别严重后果的,处 3 年以上 7 年以下有期徒刑,并处罚金。这表明了我国对商业秘密的保护制度的发展。不仅如此,对法人犯罪也有了适用双罚制的规定,如《刑法》第 220 条规定,单位侵犯他人商业秘密的,对单位判处罚金,并对其直接负责的主管人员和其他责任人员,依照上述规定处罚。

第四节 不正当有奖销售及其法律规制

一、不正当有奖销售的概念及特征

(一) 不正当有奖销售的概念

有奖销售的实质是一种赠与,并和市场竞争密切相关,因此要受到竞争法的规制。这种行为作为一种促销手段,在引发消费欲望、促进销售增长、刺激经济发展方面有一定的作用。然而,随着有奖销售的愈演愈烈,其严重违反公平竞争原则的消极作用也越来越明显。有奖销售行为在各个国家都存在,只是表现形式、表现程度有所不同。

由于我国《反不正当竞争法》没有直接给有奖销售下定义,故只能从国家工商总局颁布的《关于禁止有奖销售活动中不正当竞争行为的若干规定》第 2 条的规定中查找。立法者所希望规制的有奖销售行为是指,经营者销售商品或者提供服务,附带性地向购买者提供物品、金钱或者其他经济上的利益的行为,包括奖励所有购买者的附赠式有奖销售和奖励部分购买者的抽奖式有奖销售(凡以抽签、摇号等带有偶然性的方法决定购买者是否中奖的,均属于抽奖方式)。

而实践中有些行为往往可以规避这类禁止性规定的规制。各地工商部门都遇到过类似的投诉,如某些企业借开业、周年、假日庆典等理由在消费者中进行抽奖或者普遍赠送,实际上是达到了吸引消费者的目的,而且也损害了中小企业的正常经营。这种现象反映了现有概念的不周延性。我们认为,应当对有奖销售概念作出变动。实际上,有奖销售是一种市场营销手段,可以考虑在《反不正当竞争法》中引入其上位概念——不正当营业推广。在市场营销学中,营业推广的概念是:"为了刺激需求而采取的能够迅速激励购买行为的促销方式。一般来说,人员推广、公共关系、广告等促销方式都带有持续性和常规性,而营业推广则常常是上述推广方式的一种辅助手段,用于特定时期、特定商品的销售。其表现形式如赠送样品、赠送优惠券、有奖销售、附赠礼品、现场示范、交易折扣和津贴等。"①从其概念和表现形式可以看出,不正当营业推广除了包括不正当有奖销售行为外,还包括不以销售行为为依托的单纯促销行为,以此基础产生的法学概念应当能够对应市场中的不正当营业推广行为。

考虑到我国目前的立法仍然采用的是"不正当有奖销售"这一概念,故在本节的阐述中依然沿用"不正当有奖销售"这个概念。

从各国的竞争立法看,限制和禁止的有奖销售大致可以划分为抽奖式有奖销售和附赠式有奖销售两种。

1. 抽奖式有奖销售

抽奖式有奖销售,也称"悬赏销售"。它是销售方以抽奖等带有偶然性的方法决定购买方是否中奖并提供奖品或奖金的销售方式。抽奖式销售利用购买者的博彩心理推销商品,甚至于利用有奖销售推销劣质产品,因此,各国对抽奖式有奖销售都有相应的规制措施和具体的规定。如德国《附赠法令》禁止以抽奖方式推销商品或服务,或为招徕顾客集体乘坐旅游车而在每辆车中提供免费座位等;加拿大则禁止推销性的有奖销售,除非经过了一定的合法程序;日本《不当赠品防止法》按照交易额大小、企业是否单独(或联合)进行有奖销售等情况,对最高奖额和奖金总额作了非常详细的规定。

2. 附赠式有奖销售

附赠式有奖销售,也称"普遍有奖的销售"。它是指销售方(包括厂家或批发商)向所有购买方(包括零售商或消费者)提供赠送奖品或奖金,或者赠送有价凭证(如消费满一定金额退还多少礼券等)的销售行为。这种行为之所以有失公平,是因为一方面对消费者具有搭售的效果,使消费者因商品或服务的价格结构不明显而产生误解,误认为高价变为低价,购买了不需要的商品;另一方面对于竞争者或者赠品的供应商市场可能造成妨碍竞争的影响。②因此,大多数国

---

① 吴健安主编:《市场营销学(修订版)》,安徽人民出版社1998年版,第396页。
② 参见黄茂荣:《公平交易法理论与实务》,台湾植根法学丛书编辑室1993年版,第330页。

家对附赠式有奖销售进行了规制,规定有奖销售的赠品只能限制在一定限度内。

法国基本上禁止在销售商品时采取免费或即时、定期付款的形式向消费者赠送商品,包括向对方提供物品、利益或服务。但这种禁止不等于杜绝一切赠品,在竞争法规定的限额和条件下,允许赠送价值不大的广告用品且赠品的最高额(包括所得税额)不得超过350法郎。而且产品的广告性说明必须明确标在赠品上,如果是样品,必须标明"免费样品,不得出售"。赠品的说明必须清晰,擦洗不掉。另外,如有奖销售的赠品与销售物属于同一类型,则该赠品即属于不正当。德国《附赠法令》规定,商业往来中凡带有"馈赠"、"奖励"、"免费"等词语的广告,均在禁止之列。德国法律也允许在销售中附带赠送一些价值低廉的物品,如小气球、小旗子等,但这些物品只能是用来做广告的,上面要有永久性广告标志,且所赠物品的金额不得超过主商品价值的3%。日本公正交易委员会将普通有奖销售分为两部分:其一,对于商店向所有消费者提供奖品和奖金的销售行为,交易额在50万日元以下的,奖品和奖金的价值不得超过交易额的10%;交易额在50万日元以上的,奖品和奖金价值不得超过5万日元。其二,对于厂家和批发商为吸收经销单位而向零售商提供奖品或奖金的行为,厂家或批发商每年之内向每个零售商提供的奖品和奖金的价值总额不得超过10万日元。允许符合商业惯例的某些行为,如附赠附件、送货上门、位于交通不便地方的旅馆为旅客提供接送车辆等,但不得以"无偿"、"免费"等词语为此作广告。

我国《反不正当竞争法》第13条规定了有奖销售的三种禁止形式:(1)采用谎称有奖或者故意让内定人员中奖的欺骗方式进行有奖销售;(2)利用有奖销售的手段推销质次价高的商品;(3)抽奖式的有奖销售,最高奖的金额超过5000元。可见,我国法律所禁止的"有奖销售"并不能完全等同于前述理论上的定义。而《关于禁止商业贿赂行为的暂行规定》第8条又规定,"经营者在商品交易中不得向对方单位或者其个人附赠现金或者物品。但按照商品惯例赠送小额广告礼品的除外。违反前款规定的,视为商业贿赂行为。"

我国《反不正当竞争法》的规定与德国反不正当竞争理论中的"诱捕顾客"非常类似。当然,这两个概念不能划等号,后者是指"利用引人误解的广告宣传、利用顾客的赌博心理等方法来引诱顾客"[①]的行为。因为德国《反不正当竞争法》中没有"有奖销售"的规定,因此在其反不正当竞争理论中,上述概念成为了一般条款的扩大解释的一种。这种处理方式有其存在的道理,因为抽奖式有奖销售和附赠式有奖销售在特征和规制路径上确有不同之处。简而言之,当后者的行为人没有强制性销售时是完全可以被视为"折扣"行为的,而一旦发生了

---

① 邵建东:《德国反不正当竞争法研究》,中国人民大学出版社2001年版,第62页。

强制性销售时则又因涉嫌了捆绑销售而可归属到滥用市场优势行为之中。①

因此笔者认为,"有奖销售"是指经营者以抽奖等带有偶然性的方法决定购买方是否中奖并提供奖品或奖金的销售方式。抽奖式销售是利用购买者的博彩心理推销商品,甚至于利用有奖销售推销劣质产品的一种促销行为。

(二)不正当有奖销售的特征

1. 利益让渡的虚假性

在不正当有奖销售行为发生时,表面上看经营者通过奖品似乎将一部分获利让渡给了消费者,但实际上这种让渡带有极大的虚伪性。首先,从整体上看,抽奖的中奖范围有限,并且这个范围是可以人为控制的。在正当的抽奖销售中,抽奖组织者都会将返还的利益控制在销售纯获利的一个较小的比例内,因此无论消费者抽到多大的奖,从整体上看利益仍然是从消费者流向销售者的。正当的抽奖尚且如此,在不正当的抽奖中一旦行为人暗中让自己人中将或者根本无奖,各种利益流动就更加不言而喻了。其次,从个体上看,只要稍加分析三种不正当有奖销售的表现形式,即可发现它们不是推销的产品有质价不符,就是奖项有"猫腻",再不就是用一个虚高的奖金额刺激出一个正常情况下绝不可能出现的巨大需求。这些行为背后的目的很明确,那就是从消费者身上攫取使用正常促销手段所无法获得的暴利。最终受损的必然是消费者。

2. 变相限制消费者的意志自由

如果我们放弃经济规律的伦理属性,那么可以得出这样一个结论,即不正当的有奖销售之所以能够产生并屡禁不止正是因为它有需求,这个需求就是人的贪念。当然我们不能放弃经济规律的伦理属性,但人性中的确存在着希望侥幸得到巨大利益的贪念。它固然有恶的一面,但同时也是激励人类把握和创造机会的动力。我们不能因为其恶而唾弃或者自欺欺人地无视其存在,而应当给它一个有约束的渠道去宣泄。合法的博彩和金融投机等行业就是对这种贪念的正常引导和释放;而非法的赌博、欺诈则是对这种贪念的恶意引诱和利用。

笔者上段的阐述实际上是为了说明,人性中存在的这种贪念是我们自身所难以控制的,当诱惑出现时我们掉入陷阱,这并不能简单地从我们自身的意志是否坚定上找寻原因,因为在那一刻我们的意志其实已经被强制,只不过和那种"脖子上架刀"的表现形式略有不同罢了。认识到这种行为对大部分人存在的强制性,那么解决它的办法就和防止随便在别人脖子上架刀的办法没什么两样,即我们不能去要求被害人在被挟持时要意志坚定、宁死不屈,而应当通过立法严惩那些"拿刀子"的人,使他们不敢再为此行为。

---

① 当附赠行为人没有一定的市场占有力时他是无法强制推行其附赠的。

二、不正当有奖销售的表现形式

根据我国《反不正当竞争法》的规定,以下几种欺骗性的抽奖式有奖销售行为应受到禁止:

(一) 欺骗性抽奖

根据《反不正当竞争法》第 13 条,"采用谎称有奖或故意让内部人员中奖的欺骗方式进行有奖销售"的行为都属于欺骗性有奖销售行为。谎称有奖是经营者对外诈称其商品为有奖销售,或谎称设有特等奖、一等奖,招徕顾客购买,实则经营者并未采取任何措施进行有奖销售或者只设小奖而不设大奖。根据政府有关部门的规定,谎称有奖包括:故意将设有中奖标志的商品、奖券投放市场或者不与商品、奖券同时投放市场,或故意将带有不同奖金金额或者奖品、奖券按不同时间投放市场,致使许多购买者受骗上当,权益受损;故意让内定人员中奖是指将有奖号码作特殊处理的行为,此奖只能由其内定的人员得到,而广大购买者虽然从理论上有中奖的可能性,但实际上却无法得奖。这两种有名无实的销售行为,对购买者而言都是欺诈行为。不仅如此,欺骗性抽奖争夺了竞争对手的顾客,其行为方式也是不正当的。正因为如此,它在各类有奖销售行为中主观恶性最大,社会危害也最为严重,必须严格禁止。

(二) 利用有奖销售推销质次价高的商品

利用有奖销售推销质次价高的商品是违背公认的商业道德的行为。利用购买者的投机获利的侥幸心理,做有奖销售以推销质次价高的商品,对于市场秩序和整个社会公共利益都是有害的。

(三) 巨额奖品的有奖销售

所谓"巨奖",是指抽奖的奖品、奖券超过法律允许设奖的金额限度。允许设奖的金额限度各国规定不一。以日本为例:交易额在 500 日元以下的奖品和奖金价值不得超过交易额的 20 倍;交易额在 500 日元到 50000 日元之间,不超过 3 万日元;交易额在 10 万日元以上的,则不超过 5 万日元。如果是一定地区内半数以上零售商联合进行悬赏销售,每笔交易中可能中奖的奖品和奖金的价值不超过 20 万日元。以悬赏方式进行有奖销售中的奖品和奖金的总价值额的上限为"企业单独进行的不得超过总销售额的 2%;在一定地区半数以上商业企业联合进行的,不得超过总销售额的 3%"。我国《反不正当竞争法》规定,抽奖式的有奖销售,最高奖的金额不得超过 5000 元。若以非现金的物品或者其他经济利益作奖励的,按照同期市场同类商品或者服务的正常价格折算其金额。

三、不正当有奖销售对市场秩序的危害

（一）强势企业对弱势企业的不公平竞争

有奖销售往往采取诱惑性宣传，使商品质量、价格的比较受到忽视，从而使生产者、经营者之间的商品竞争演变成诱惑宣传之争，造成竞争结构失衡。由于有奖销售一般都是大企业所为，中小企业一般不具备条件与之竞争，因而整个市场的公平竞争便会大受影响。

（二）消费者的利益受到损害

有奖销售行为使顾客难以判断正确的实际价格。利用有奖销售形式推销商品时，经营者实际上是把赠品和奖品的价值计入商品的总成本之中，因此，对消费者来说最终并没有收到无偿的赠品。有些经营者还以有奖销售中的奖品为诱饵，提高销售价格，给大多数消费者增加了负担，这种行为如被其他竞争者仿效而普遍采用，将提高该种商品的社会平均成本。有的经营者利用有奖销售推销劣质产品，更是对消费者利益的侵害。

（三）市场供求信息的失真

有奖销售还可能危害商业秩序乃至整个宏观经济秩序。这是因为有奖销售会传递错误的市场信息，诱发错误的购物导向，在奖品诱惑下，消费者往往不再考虑价格、质量、性能以及是否需要等本应考虑的因素，而是由于可得的额外好处才去购买。消费者可能会购买自己不需要或暂时不需要的商品，从而导致市场不能如实反映市场的实际需求，造成市场需求的不平衡。有时错误的信息会使厂家盲目扩大生产，造成产品积压，甚至还可能导致国家宏观经济管理决策的失误，浪费社会资源，阻碍经济的发展。

四、不正当有奖销售行为的法律规制

以赠品促销商品和服务作为市场营销的一种手段，其本身并不具备当然的违法性。有奖销售是否违法，主要取决于所赠的商品是否影响竞争和交易秩序，是否属于公平竞争法规定的禁止范围。有些赠品对市场交易无足轻重，对交易相对人并不构成不正常的利益诱惑，就不能被认为违法。但是，各国和地区原则上是严格规制有奖销售的。如根据我国台湾地区"公平交易法"，有奖销售中的赠送行为如果符合法律规定的"以胁迫、利诱或其他不正当方法，使竞争者的交易相当人与自己交易之行为"，就认定为违法。特别禁止利用"引诱"的方式，即不以品质、价格及服务争取顾客，而利用顾客的侥幸心理，以利益影响顾客对商品或服务的正常选择，从而诱使顾客与自己交易。

根据各国有关立法，违反有奖销售法律规定，要承担民事、行政责任，甚至是刑事责任。例如，法国对违反有奖销售法律的行为可以处以 2 个月至 2 年监禁，

并处以 60 法郎至 20 万法郎的罚金。加拿大竞争法实行的是刑事制裁和处罚,处罚最高罚金为 2.5 万加元或 1 年监禁,或两者兼用。此外,还可以对违法行为通过简单裁定或依据控告书处罚。

我国原则上没有否定有奖销售,只是限制和禁止几种不正当销售行为,与外国立法相比,规定较为简单。《反不正当竞争法》只对抽奖式有奖销售作了法律责任的规定,总体上看对于违反有奖销售的行为规制较为宽松,没有规定相应的刑事制裁措施。有奖销售的不正当竞争行为者应当承担以下法律责任:凡实施抽奖式有奖销售的经营者,监督检查部门应当责令停止违法行为,并可以根据情节处以 1 万元以上 10 万元以下的罚款。

第五节 商业贿赂行为及其法律规制

商业贿赂是市场竞争中常见的现象。经营者通过收买竞争对手的代表或交易相对人,获取交易机会和竞争优势。在 19 世纪末期,欧洲大陆一些国家就针对大量出现的利用商业贿赂进行不正当竞争的行为加以规制,并通过立法禁止这种行为。1896 年通过的德国《反不正当竞争法》就规定,在商品交易中,行为人以竞争为目的为工业企业的职员或受让人提供、许诺或授予一种利益,以此作为在取得商品或工业给付时以不正当的方式给自己或第三人换取优惠的相应给付,应对行为人科以最高 1 年的徒刑或罚款。同时,对商业企业的职员索贿、受贿的行为也规定了同样的处罚。[①] 美国也在其《克莱顿法》中规定,"商人在其商业过程中,支付、准许、收取、接受佣金、回扣或其他补偿是非法的"[②]。

一、商业贿赂行为的概念和特征

(一) 商业贿赂的概念

1. 贿赂的概念

"贿赂"一词在《辞海》中的解释为"贿,私赠财物而行请托","赂,赠送的财物"[③]。我国古代称贿赂为"赇","赇,谢也,求而谢,不求而谢,皆得谓之赇"[④]。战国时期,《法经》将贿赂犯罪规定在《杂法》篇的"金禁"中。《秦律》直接沿用《法经》,只是"改法为律"。"汉《盗律》有所监受财枉法之条,魏分为请赇律,晋

---

① 参见德国《反不正当竞争法》第 12 条。
② 美国《克莱顿法》第 5 条。
③ 《辞海》,上海辞书出版社 1999 年版,第 4081 页。
④ 沈家本撰:《历代刑法考》,转引自张俊霞、付俊华:《对我国贿赂犯罪立法的历史考察》,载《河南社会科学》2000 年第 5 期。

因之,梁曰请求,后周曰请求"①,北齐则将其规定在《违制律》中。隋《开皇律》则把贿赂犯罪规定在《职制律》中。自唐朝开始,我国封建法律将受财枉法、受财不枉法、受所监临财物这三方面的贿赂犯罪,连同强盗、盗窃和坐赃总称为"六赃",并为后代所沿用。明清将贿赂犯罪归在"受赃"之中,并单列为一卷,规定于《刑律》篇之中。

从这些古代法典的描述以及它们对贿赂罪的归类中可以明显看出,自古以来,我国对"贿赂"的概念是建立在反对官员"受赃枉法"的基础之上的。

在普通法系国家中,理解"bribe"(贿赂)一词必须联系到"trust"(信托制度)的历史,随便查阅一本英文辞典,对 bribe 的解释大致都包含这样意思的句子:"crime of giving a benefit in order to influence the judgment or conduct of a person in a position of trust"②。产生于封建封地信托基础上的信托制度造就了一种特殊的主体,即受托人。最初英文中所指的"贿赂"就是指这种受托人收受利益而违背信托责任的行为。"社会契约"理论产生后,政府权力的行使也可以视为一种特殊的信托,因此,普通法系国家中"bribe"的概念是建立在"trust"这一制度基础上的。

中外法律对于贿赂的界定表明,"贿赂"必须由特殊的主体才能构成,而这种主体(指受贿者)在东方被认为是肩负国家公务的官员,在西方则被认为是肩负信托义务的人。他们的共同点是都肩负着某种对外的责任或义务。由此可以推断:受贿者不能是直接的交易者,这是由贿赂的动因决定的。

2. 商业贿赂的概念

如前文所述,贿赂一词包含了"私受金钱、为人谋利"的意思,在我国古代专指官员私受金钱而枉法的犯罪行为,而在现代市场经济活动中它被赋予了更具时代性的含义。现代市场经济体制下,生产力水平的不断提高使市场交易的形式从比较初始的"买方卖方"的模型发育成为了更加复杂化的"买方、中间体、卖方"的模型。下面以"企业经营代理人"为例简要介绍这种变革。③

---

① 沈家本撰:《历代刑法考》,转引自张俊霞、付俊华:《对我国贿赂犯罪立法的历史考察》,载《河南社会科学》2000年第5期。
② 本句意为:(贿赂罪)是指为了影响信托受托人的决定或者执行而给予其利益的行为。
③ 在此简要介绍一下"中间体"的含义。笔者认为,在现实的市场交易模式中,交易信息的传递几乎都是借助于某个中间体进行的(公司的经营管理都是由经营者或代理人进行,国家机关的行为也都通过公务人员执行)。由于中间体并不总是完全忠实于交易方,信息的传递就出现了减损的可能。这种信息的减损(或信息的控制)正是由于中间体拥有的职责,而那个有能力截留信息的环节便催生出了一个既独立于受损者本身,又对受损者的利益有一定掌控能力的个体,即商业贿赂中的受贿者(即ego利者)。于是我们把中间体这个词抽象出来专门用做表示市场交易中的这一类主体,并且认为正是他的存在和他独立于其雇主的利益使得商业贿赂有了存在的可能。基于中间体的不同性质,我们把它分为三种类型:代理型、居间型和关联型。代理型是最普遍存在也最容易识别的一类,因此下文进行的比较也都基于这类中间体,其他类型中间体的情况可以依此类推。

生产力的发展决定了企业规模的不断扩大、企业内部分工的细化和职业经理人阶层的诞生。市场主体的这一结构性变化使得其人格的完整性从内部被分化，以企业股权持有人为代表的所有性人格和职业经理人[①]为代表的执行性人格被共同包含在了一个市场主体之中。伴随着这种人格的分化必然是利益要求的分化，企业所有者要求经营执行者完全尽忠于企业管理事务，如实向其反映市场信息，作为交换后者将得到前者支付的薪金；而实践经验告诉经营执行者，企业所有者不可能对执行者是否完全反映市场信息的行为进行有效的监督，而这些市场信息被错误地传递还有可能为执行者获取来自外部的利益——贿赂。于是一旦来自外部的利益足够诱惑，企业经营执行者就成了商业贿赂行为中的受贿方，企业所有者便成为了商业贿赂行为的利益受损方，而外部利益的提供人自然就是商业贿赂中的行贿方。

若进一步考察在商业贿赂行为中各主体的主观意识，就更加能够看出商业贿赂行为中各方主体所扮演的不同利益角色。对于利益受损者及企业的所有者，从表面上看企业作出了与相对方进行交易的意思表示，但这个行为是不利于企业自身的。这个矛盾实际上是企业人格内部分化的外在表现，也就是说此时企业所作出的不利于自身利益的交易意思表示并不是出自企业真正的所有者，而是由其经营执行者"代劳"的，或者说是由于其经营执行者向所有者传达了一个不真实的背景信息，从而导致企业所有者作出了错误的决策。但无论如何，在商业贿赂行为中，利益受损方——企业所有者作出的交易意思表示是自愿的，并且在其作出表示的瞬间自认为是正确的。

当然，上述阐述是以企业经理人阶层作为"中间体"为代表来说明商业贿赂发生过程的，在现实生活中还存在着"居间人中间体"、"关联交易中间体"这两种不同的"中间体"，具体的认定笔者将在下文"商业贿赂的认定"中详细论述。在此，笔者首先对商业贿赂作出界定，即它可以分为三个层次一个例外：交易中一方职员、经理、董事等成员或其委托之代理人接受对方给予或承诺给予之利益而优先选择行贿方作为交易对方的行为；交易中的居间人在居间费用之外接受对方给予或承诺给予之利益而优先传递行贿方之交易信息的行为；交易双方之外的但对交易的成就具有影响力的关联中间体接受来自关联交易一方给予或承诺给予的利益而为影响关联交易中正当竞争秩序的行为；符合正当商业惯例的行为除外。

3. 现行法律框架下附赠行为定性的特殊性

《关于禁止商业贿赂行为的暂行规定》第 8 条规定，"经营者在商品交易中

[①] 这里所说的"职业经理人阶层"并不严格对应于企业中任经理职位的人，而是包括了一切有权执行企业经营事务的人。

不得向对方单位或者其个人附赠现金或者物品。但按照商品惯例赠送小额广告礼品的除外。违反前款规定的，视为商业贿赂行为"。

也就是说，在我国目前的法律框架下，即使附赠行为的接受方排除了主体违法性，仍然可以被认为是商业贿赂。这是我国现行立法中存在的一个理论上的漏洞，使得"商业贿赂"这个下位概念的外延超出了其上位概念——"贿赂"。然而值得注意的是这一条的第 2 款，该款并没有直接将前款的行为定性为商业贿赂，而是采取了一个"法律拟制"的技术用语——"视为商业贿赂"。那么我们是否可以这样理解，这种排除了主体违法性的附赠行为本来不应当认定为商业贿赂，但是由于这种行为对市场竞争秩序存在一定的损害，故而在当时法律没有明确规定的情况下，规章暂时将其"拟制"为商业贿赂进行规制。

（二）商业贿赂的特征

商业贿赂行为具有以下几个方面的基本特征，实际上这也是构成商业贿赂行为的要件：

1. 主体包括行贿者和受贿者双方在内的经营者及其相关人员

我国《反不正当竞争法》规定："经营者不得采用财物或者其他手段进行贿赂以销售或者购买商品。在账外暗中给予对方单位或者个人回扣的，以行贿论处；对方单位或者个人在账外暗中收受回扣的，以受贿论处。"由于法律所规定的"不正当竞争行为"是指经营者的行为，所以行贿人和受贿人主要是指从事商品经营或者营利性服务的企业以及其他经济组织或有关人员。值得注意的是，行贿人的经营者指代是符合实际的，但是受贿人却不能局限于经营者，应该包括作为竞争者或交易相对人的经营者及其有关人员，如负责人、经办人、雇员代理人等，还包括有关人员，如对此项交易具有影响力的一切人员。因此，对法律上的受贿主体是"对方单位或者个人"中的"个人"应作广义的理解，不能局限于对方单位中的个人，还包括单位以外的个人。在我国大量的商品购销中发生的"回扣"现象，有不少是交易双方以外的相关人员进行的，应该重视此种现象。

2. 行为人主观上是以排斥商业竞争为目的

商业贿赂的行贿者的目的是排斥商业竞争。商业贿赂行为大多存在于竞争较为激烈的行业之中，经营者借用贿赂手段促成交易或在交易中排挤同业竞争者，取得竞争优势。实践中只要以不正当手段推销或购买商品就可以认为是主观上具有了排斥竞争的目的。这与为了获得一些非商业性实际利益和其他机会而采用贿赂手段，如竞选贿赂、舞弊贿赂是有区别的。

3. 是以不正当方式进行的行为

商业贿赂表现为向单位或单位的有关人员提供财物或其他利益。其他利益的范围很广，包括高消费招待、娱乐、提供出国机会和风景旅游观光，也包括为对方安装电话、装修住房以及提供明显可盈利的业务项目、合同等。随着商业贿赂的非法性不断为社会所认识,法律对商业贿赂的打击也越来越严厉。目前,商业贿赂的形式开始向非货币化转变,豪华旅游、住房补贴、境外利益以及提供色情服务等都成为商业贿赂的方式。这里的有关人员包括单位的经理、厂长、负责人、经办人、合伙人、雇员、代理人及对某项交易具有影响力的政府官员、国家干部等。

4. 行为具有违法性

一般认为,商业贿赂通过隐秘的方式进行,通常采用不入账或伪造会计账册的形式进行掩盖,违反了《会计法》、《公司法》等法律的规定,违背了诚实信用原则和公认的商业道德。但从市场竞争的角度看,它更是一种通过不正当手段争夺交易机会、扰乱市场竞争正常秩序的行为。为此,《反不正当竞争法》确认其为不正当竞争行为加以规制,实有必要。

二、商业贿赂的主要表现形式

(一)商业回扣

在经济生活中,商业贿赂的主要表现形式是商业回扣。即在商品交易过程中,一方交易人为争取有利的交易机会和交易条件,在暗中从账外向交易相对人或有影响力、有决定权的经办人员秘密支付钱财及其他报酬的行为。我国《反不正当竞争法》中对商业贿赂的规定也是以商业回扣为主要内容的,规定"经营者不得采用财物或其他手段进行贿赂以销售或购买商品。在账外暗中给对方单位或个人回扣的,以行贿论处;对方单位或者个人在账外收受回扣的以受贿论处"。

关于回扣的定义,在《关于禁止商业贿赂行为的暂行规定》中有较为明确的规定。回扣是指"经营者销售商品时在账外暗中以现金、实物或者其他方式退给对方单位或者个人的一定比例的商品价款"。这一定义说明,回扣的构成必须具备一些条件:第一,回扣发生在市场交易的双方之间,是一方当事人向另一方及其有关人员提供金钱、有价证券或其他财物等。第二,回扣是交易双方或有关人员故意进行的行为。给予回扣和收取回扣都采取在账外暗中进行的手段,给予回扣不记账,收受回扣不入账,是违反财务法律法规的行为。第三,经营者给予回扣是为了凭借与对方的不正当利益关系来达到排挤竞争对手、获取交易机会的目的。它是交易双方恶意串通,客观上损害其他经营者的合法利益,扰乱公平竞争的秩序的不正当的竞争行为。

这里有必要区分价格折扣和回扣两种相类似又有质的区别的行为。价格折扣也称为"让利",是指在商品购销活动中卖方在所成交的价款或数量上以明示的方式给买方一定的比例减让或返还以促成交易的一种促销手段。《关于禁止商业贿赂行为的暂行规定》定义为:"商品购销中的让利,是经营者在销售商品时,以明示并如实入账的方式给予对方的价格优惠,包括支付价款时对价款总额按一定比例即时予以扣除和支付价款总额后再按一定的比例予以退还两种行为"。

（二）佣金

佣金是指企业付给为其经营活动提供服务的中间人（包括经纪人、介绍人）的劳务报酬,发生在企业与中间人之间,并非交易双方当事人之间的一种经济关系。《关于禁止商业贿赂行为的暂行规定》中明确界定了佣金的概念,即"经营者在市场中给予为其提供服务的具有合法经营资格的中间人的劳务报酬"。这就正确区分了商业贿赂与合法的佣金之间的界限。区别之一是:根据我国《反不正当竞争法》的规定,经营者销售或购买商品,可以以明示的方式给对方折扣,可以给中间人佣金。经营者给对方折扣、给中间人佣金的,必须如实入账。接受折扣、佣金的经营者也必须如实入账。区别之二是:收取佣金的中间人必须是有合法经营资格的中介机构。作为中间人即处于交易双方当事人之间,他既可以从买方接受佣金,也可以从卖方处收受佣金,还可以接受双方给予的佣金。可见合法佣金和价格折扣一样都不是商业贿赂的形式,而是受法律允许的属于商业惯例的一种交易手段。

三、商业贿赂的社会危害

（一）造成市场效益的净损失

商业贿赂行为发生时受贿者以传递误导信息为条件换取贿金,在此基础上达成的交易必然不是资源最优配置的形式,那么这种配置的效益与最优配置产生的效益之间的差值就完全损失了。如果商业贿赂行为长期、固定地存在于一定范围内的市场中,那么这个市场范围内的主体在进行交易时就必然要多承担一笔交易成本,那就是"贿金"。这部分的投入被受贿者团体以一种制度化的形式吞噬掉了,因而是不带来产出的,却要由交易双方承担。于是这部分效益也被损失掉了。还有一种损失来自于利益受损者,在商业贿赂行为中企业所有者与经营执行者之间进行着多重博弈,企业所有者不可能长期被蒙蔽。因此他们必然会选择加大对经营执行者的制约,这可以表现为加大监督力度、削弱执行者的权力、减少执行者的数量。很显然这些措施要么加大了企业的投入,要么降低了企业的效率。并且这部分的投入不会增加企业积极效益,只能减少企业效益。因此从投入产出的意义上讲,这部分投入也可以被认为是损失掉了。

（二）贿赂消费扰乱市场供求信息

由商业行贿转而引起消费行为的可能性是非常大的,甚至有很多商业行贿就体现为消费行为,因此我们暂且将此类消费行为称为"贿赂消费"。首先,贿赂消费的发生是不稳定的。因为何时能够得到贿赂并没有非常确定的规律。于是贿赂消费可能在某一时段激增,也有可能长时间消逝。因此,贿赂消费带来的需求信息会具有波动性,扰乱正常的市场需求信息。其次,贿赂消费是不理智的。根据马克思主义政治经济学理论,劳动者所获得的合法收入应当对应于一定量的社会劳动。进而可推出,劳动者在消费时会以消费金额与背后的社会劳动相联系,从而判断某一项消费是否值得自己付出相应的社会劳动。然而得到贿金是不需要付出劳动[①]的,受贿者在进行消费时自然也就不会将其与社会劳动联系起来,这种消费就完全是个人不受约束的物欲使然。

以上两个方面的原因使得贿赂消费完全无法体现任何的市场需求意义上的有效信息,反而会成为误导生产者的信息。不幸的是,其外在表现形式却跟正常的消费行为别无二致。于是,贿赂消费就堂而皇之地混入正常消费行为,成为了供求信息的一部分。

(三)商业贿赂行为的蔓延使得国家税收受到影响,国家、集体利益受到损害

由于回扣等商业贿赂行为是暗中进行的,因此造成大量的非法收入成为税外利益,直接转入企业的小金库或被私人侵吞。经营者的经营信息失实,国家的宏观调控政策的制定和实施也将缺乏真实的基础和依据。

(四)使假冒伪劣商品在市场上通行无阻

由于贿赂者可以通过回扣等手段使贪图利益的经营者接收假冒伪劣产品,对消费者造成损害;同时,大量的回扣交易行为对合法经营的经营者也构成直接的威胁,造成"劣币驱逐良币"的不正常现象。

(五)严重败坏社会风气

商业贿赂行为还容易引发其他领域的贿赂行为,成为吏治腐败的重要原因之一。经济领域内犯罪行为大多与商业贿赂有密切关系,成为当前突出的社会问题。如不加以严厉打击,势必严重危害社会主义市场经济秩序,甚至整个社会秩序的稳定。

四、商业贿赂的认定

(一)商业贿赂的动因分析

要形成一个完整的商业贿赂关系至少应当有四方主体的存在,即行贿者、受贿者(施利者)、受利者和受损者。这四方主体简单存在如下利益关系:行贿者将一部分利益让渡给受贿者(施利者),受贿者(施利者)将给予行贿者一项利益作为回报,而相应的,受损者则丧失一项利益。考虑到市场主体对利润的追求,行贿者所得到的利益肯定大于他所让渡给受贿者的利益。而在大多数情况下,行贿者和受利者是同一方主体,而施利者必然肩负着某种对外的责任或义务,这

[①] 此处的"劳动"指马克思主义政治经济学上的"社会必要劳动"。

一点在后面再详细阐述。可见,推动整个商业贿赂的完成是以受贿者(施利者)的存在为核心的,由于他们握有利益分配的权力,能够使行贿者用小的好处换取大的利益,从而吸引了行贿者向受贿者让渡一部分利益,从受损害者处取得回报。这种受贿者(施利者)有什么基本特征可以为我们所把握,笔者拟通过下面两个模型来加以说明。

1. 理想的交易模式

理想的交易模式是交易信息在交易双方之间充分交换的模式。达到这种模式有两种可能情况:一种是交易各方直接交换交易信息;另一种是交易各方不直接交换交易信息,而是借助一类信息传递媒介——笔者称之为"中间体"——获得信息,而当中间体完全忠实于交易一方时,可视为第一种情况。在这种理想的交易模式下,交易一方不可能因为接受对方所谓的"小的好处"而给予对方一项"大的利益",因为按照"经济人"的假设,交易的目的不可能是为了使自己一方受损,因此也可以说在理想交易模式下商业贿赂是不可能出现的。换言之,商业贿赂中施利者必然是独立于受损者存在的,但同时他对受损者的利益又具有一定的掌控能力。

2. 现实的交易模式

在现实的交易模式中,交易信息的传递几乎都是借助于中间体进行的(公司的经营管理都是由经营者或代理人进行,国家机关的行为也都通过公务人员执行)。由于中间体并不总是完全忠实于交易方,信息的传递就出现了减损的可能。这种信息的减损(抑或信息的控制)正是中间体拥有的职责使然,而那个有能力截留信息的环节便催生了一个既独立于受损者本身,又对受损者的利益有一定掌控能力的个体,即商业贿赂中的受贿者(施利者)。

3. 受贿者的产生——中间体分析

(1) 代理型中间体

代理型中间体在交易中接受委托方的授权与交易相对方接触以及了解竞争者的信息,甚至可能受托为委托方作出交易决策,可以说代理人完全掌控了委托方的交易信息来源甚至是决策能力,而这种利益主体的错位不难被交易的其他各方所察觉。一旦行贿者以一项代理人所认可的好处作为要求得到委托人的某项利益的对价,这种交易条件往往会使代理人难以抗拒。

按照代理人的地位是否独立于交易本人标准,可将代理人分为两种类型:一类受雇于一方交易人而成为其职员,最明显的例子便是公司职员收受贿赂而按照行贿者的意思左右公司的决策;另一类接受一方交易人的委托而成为其机构代理人,最明显的例子便是代理机构收受贿赂而改变其代理决策。

(2) 居间型中间体

这类中间体在促成交易的过程中充当独立的信息媒体,也就是商法上所称的"居间商"。他们不依附于交易的任意一方,而只是充当交易信息的传递者,其所赚取的报酬来自于对信息的收集、整理和传递服务。这类中间体充当着交易信息的独立媒介,具有非常大的信息减损能力甚至是信息控制能力,当居间人决定将行贿者的信息优先向交易对方传递时,商业贿赂的发生就也就随之产生了。

(3) 关联型中间体

这类中间体在商业交易中扮演的角色比较特殊,他们虽然对促成交易有着相当重要的作用,但促成交易本身并不是他们的职业目的,而仅仅是他们职业活动的一种必然或可能的附属品,因而笔者也把它们所促成的交易称为"关联交易",而将其本身从事的事业称为"本位交易"。因为关联型中间体对于关联交易没有任何利益牵扯,而只是独立地提供相关信息,所以交易各方对他们的信任程度更高,从而他们对交易的促成作用也更大。例如律师之于鉴定或评估服务、医生之于医疗和药品服务、教师之于教材服务等,都是很典型的关联型组织中间体。行业协会在某些情况下也可以视为这种中间体,例如当其发布的相关行业的信息能够对该行业的交易对方的决策产生影响时。

由于关联型中间体多处于某种专业领域之中,其本身就是交易信息的重要来源,从而具备强大的信息减损能力。而当他们希望利用对附属交易的信息产生能力来补贴自己的专业收入时,会发现早已有无数的行贿者等在门外了。

可见,商业贿赂的发生始终是以"中间体"的存在为必要条件的,而无论这种"中间体"表现成何种形式。

(4) 公务人员"中间体"

如前所述,"商业贿赂"一词在普通法系国家中为"commercial bribery",它只是"贿赂"的一种表现形式,表示所有发生在商业交易领域的贿赂违法行为。而按照受贿主体的不同它又可分为"public commercial bribery"与"private commercial bribery"。前者的受贿主体指的就是公务人员,后者则是一般商业活动中的主体。也就是说在普通法国家,公务人员并没有被特殊化,他们完全可以被认为是商业贿赂的受贿主体。

在我国理论界和实务界,虽然向来将涉及公权力的"商业性贿赂"视为犯罪而独立讨论,但并不能说公务人员就不能作为商业贿赂的受贿主体。因为这要区分两种不同的情况:公权行使和商业交易。政府或事业单位会在公法上被赋予某些特殊的使命,例如执行法律、实施公共政策等,他们在从事这些活动时与行为对象之间形成的是一种公法关系,不存在平等性也不是商业行为,当然就不存在商业交易中的"中间体"问题。这种情况下,即使出现公权力寻租也不能归为"商业贿赂",而应视为一般的贿赂违法犯罪,在普通法国家则视为违背公权力信托责任的行为。而一旦政府或事业单位从事私法性的一般事务时,例如政府采购、事业单位的公益建设项目招标等,他们仅仅作为买卖商品或服务的交易一方,其代理人即公务人员正好充当了"中间体"的角色,他所具备的信息减损能力以及面临的利益诱惑都满足前面分析的"中间体"的特点,也就是说公务人员也是完全可能成为商业贿赂的受贿主体的。

同样,更多的公益性或自律性社会中介组织中的工作人员,当他们所供职的单位变换行为性质时,他们就都可能成为商业贿赂的受贿主体。而且当这些人成为受贿主体时与一般的商业活动中的"中间体"并没有本质的不同。

（二）商业贿赂的认定公式

既然中间体及其对信息的减损能力在商业贿赂的构成方面起着核心作用,那么对商业贿赂行为的识别就应当以"中间环节及其信息减损能力"为核心展开。在此基础上可以提炼出商业贿赂行为的一个具体特征——利益传递的异常性,以此指导商业贿赂行为的识别。

1. 代理型中间体的情况①

在正常的交易中(不存在商业的贿赂情况),交易所产生的利益传递是正向的(见图一)。但是,一旦交易的利益传递出现了反向的现象,则可以认定为发生了商业贿赂(见图二)。

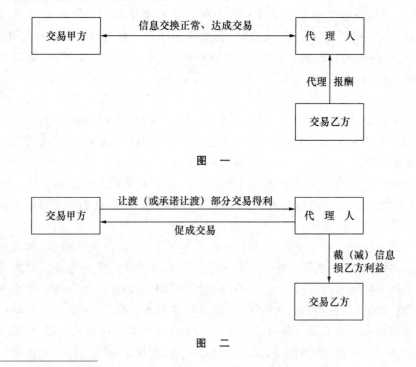

图　一

图　二

---

① 这里所谓的"代理人"是指经营者的代理者身份,不能完全等同于合同法意义上的代理合同中的受托人,因为后者还有可能扮演另一种中间体,这在下文详细论述。

(1) 正常利益传递模式。如以卖方作为立足点分析商业行为中的正常利益传递,很容易发现,在不存在商业贿赂即正常的市场竞争秩序下,交易产生的利益应当从买方流向卖方,即卖方通过出卖货物盈利,然后卖方根据事先同自己的雇员或者第三方代理人谈好的条件将报酬(利益)支付给他们,反之也适用于以买方作为立足点来分析的情况。也就是说正向的利益传递是:交易双方各自获利,然后向自己一方代理人转移利益。需要说明的是,这里的利益流动顺序不是一种与时间先后对应的顺序,而是一种逻辑顺序。也许交易一方会在交易成就之前就预先支付代理费用,但这仅仅是预支,是交易一方预见到他将会从代理行为中获取一个利益从而把利益中的一部分提前支付给代理人。

(2) 异常的利益传递模式。一旦利益从交易一方直接流向了对方雇员或对方委托的其他代理人,也就是说交易利益出现了异常的传递,则可以认定为发生了商业贿赂。代理型中间体最典型的例子是采购人员"吃回扣"现象,卖方为了赢得订单而贿赂购买方的采购人员(代理人),即让渡一部分利益给采购人员个人。作为回报,采购人员则优先购买该卖方的产品。

2. 居间型中间体的情况

(1) 正常利益传递模式。在不存在商业贿赂时,居间人会根据交易信息的优劣来选择向交易另一方传递的信息,因此在正常的利益传递模式下,交易信息的优劣对比过程中居间人不能受到任何利益的引诱,只有在居间人选定了优势信息向对方传递后交易达成时才产生居间人报酬。

(2) 异常利益传递模式。与正常模式相反,如果在居间人判断信息过程中融入了利益引诱的因素,即产生了利益传递的异常,也就可以认定发生了商业贿赂,居间型中间体最典型的例子是房产中介收受租房者(或房东)的贿赂(让渡之利益)优先将其介绍给交易对方,而行贿一方往往是交易条件不那么有竞争力的交易方,这样一来最后达成的交易也将是不经济的。

3. 关联型中间体的情况

(1) 正常利益传递模式。在不存在商业贿赂时,中介组织的利益应当来自于提供专业服务的一方所支付的报酬,而与关联交易没有任何直接联系。

(2) 异常利益传递模式。如果来自于附属交易的利益流向了独立中间环节,那么就可以断定发生了商业贿赂。关联性中间体商业贿赂最典型的例子可能会发生在律师与鉴定、评估机关之间。律师为关联型中间体,鉴定、评估服务为关联交易,律师开展业务是为客户提供法律知识服务,律师只是根据案件的需要才会建议客户进行鉴定和评估。而一旦律师收取鉴定、评估从业者的贿赂而建议客户做不必要的鉴定或评估,也就是产生了鉴定评估行业的利益异常流向律师的情况,即可认定为商业贿赂。

4. 公务人员和事业单位工作人员作为中间体的情况

公务人员并不是一类特殊的中间体,他在受命于国家机关或事业单位而从事某项业务时也不外乎上面三种角色。例如在政府采购中,负责采购的公务人员就是一种代理型中间体,他可能收受供应商的贿赂而优先选择之;公立学校中的教师就是一种关联性中间体,他可能收受教学用具供应商的贿赂而推荐学生购买某种教学用具。至于其他公益性或自律性社会中介组织的工作人员也都可以划归到上述三种类型中,从而利用上述公式来识别发生在他们身上的商业贿赂行为。

五、我国商业贿赂立法的不足与完善

(一) 立法政策目标的选择

目前世界各国的反商业贿赂立法按照所偏重的不同政策目标可分为以下几类:①

1. 企业资产保护模式

这种立法模式所要达到的目的是保护企业的财产和资产,因此它认为商业贿赂的成立必须以给企业造成财产损失(实际财产的损失或预期利益的减少)为必要条件,最明显的表现形式是"违反经理或监管人员职责的欺诈型经理行为"。偏向这种立法模式的国家如意大利早期立法、瑞士和西班牙等国。②而批评意见则认为,过于强调企业财产损失要件,可能导致对同样的行为作出截然不同的认定。

2. 忠诚雇佣关系维护模式

该模式认为商业贿赂主要的危害是破坏了雇主与雇员间的忠诚和信任关系,因此其认定的要点在于雇员是否违背了对雇主的忠诚。如美国以破坏信托关系为商业贿赂成立之要件,意大利则规定为"收受利益导致的不忠实"。③ 这种模式虽然更接近商业贿赂的本质,但实践中却受到了"在雇主或上级的允许下接受利益"作为理由的有力抗辩。直到这种抗辩被法院基于公共利益的考虑而否定,认为即使是雇主同意接受的贿赂仍然视为商业贿赂,从而逐渐走向新的立法模式。

---

① See Günter Heine & Thomas O. Rose, Private Commercial Bribery—A Comparison of National and Supranational Legal Structures, Cf. Max Planck Institute for Foreign and International Criminal Law, Vol. 94, "Beiträge und Materialien aus dem Max-Planck-Institut für ausländisches und internationales Strafrecht Freiburg", p.656.

② See Art. 646 PC Italy, Art. 158 PC Switzerland, Art. 295 PC Spain.

③ USA Clayton Anti-Trust and Robinson-Patman Acts; The new Act. 2635 CC in Italy.

3. 市场竞争秩序保障模式

这种立法模式从竞争秩序的角度出发,认为商业贿赂最终破坏的是正常的竞争秩序,因而对商业贿赂的定义最为宽泛。其认定的焦点集中在"不适宜的利益"上,就是说在商业交易中如果有"不适宜的利益"危害了自由竞争就成立商业贿赂,而一项利益适宜与否则由普遍的商业文化传统来衡量。偏向这种立法模式的主要是捷克。

通过比较我们发现,第一种模式固然存在不确定性,但其将受贿主体限定在"经理人员"这一范围内是可取的;第二种模式对"忠诚关系"的雇主方的理解存在模糊,认为一般经理人员相对于其下级即可视为雇主,这就导致了"忠实义务"似乎可以被人为豁免的悖论;第三种模式只强调"不适宜利益",却没有定义利益接受者的身份是否对利益的适宜与否产生影响,导致折扣、附赠与商业贿赂可能混淆。但同时我们又应当看到,后两种模式越来越接近现代反商业贿赂立法的最终目的,即从社会公共利益——忠诚代理从而自由竞争——作为出发点,而不仅仅局限于财产法领域。

毫无疑问,"保障市场竞争秩序"是我国反商业贿赂立法的政策目标选择,从形式渊源上已经体现了这一点,因为我国的反商业贿赂立法主要规定在《反不正当竞争法》和《刑法》等法律中。但从法律条文所反映出的认定商业贿赂的要件来看,我们所强调的"账外"、"暗中"这些特点似乎并没有很好地从实质上体现保障市场竞争秩序的政策目标,反而有些偏向于前两种模式。为使我国的立法无论是形式上还是实质上都能够切合"保障自由竞争"这一政策目标,必须建立以"中间体"为核心概念的"利益传递模式"作为认定商业贿赂的标准。

我国对商业贿赂的法律规制起步较晚,其立法政策目标的选择是符合现代法律发展的趋势的。但是,在如何实现这一目标时却有不甚明晰之处,需要在商业贿赂行为的认定要件上进行完善。

(二) 商业贿赂立法的现状及不足

1. 商业贿赂立法的现状

在《反不正当竞争法》出台之前,我国过去基本上是将回扣问题纳入严肃财经纪律、禁止公务员主体行贿受贿、贪污的范畴加以规范,而此后的一些地方性法规陆续将商业贿赂纳入了竞争立法的范畴。

《反不正当竞争法》第一次提出除行政主体之外的贿赂行为,并在总结我国长期以来对商品流通进行管理的实践经验以及吸收国内外有关商业贿赂的立法规定的基础上,对违反商业贿赂规定了行政处罚和刑事责任的规定。经营者采用财物或者其他手段进行贿赂以销售或者购买商品,构成犯罪的,依法追究刑事责任;不构成犯罪的,监督检查部门可以根据情节处以1万元以上20万元以下罚款,有违法所得的,予以没收。这就从竞争立法角度开始了我国对商业贿赂的法律管制。但是《反不正当竞争法》仅仅对商业贿赂罪作了原则性的规定,未有量刑方面的具体规定。1997年对《刑法》的修改中,对商业贿赂行为进行进一步规定:公司、企业的工作人员利用职务上的便利,索取他人财物或者非法收受他人财物,为他人谋取利益;上述人员在经济往来中,收受各种名义的回扣、手续费,归个人所有,根据数额大小,判处5年以下或者5年以上的有期徒刑,还可以并处没收财产。

在对商业贿赂行为进行查处时,行贿者和受贿者都应承担法律责任。两者是有紧密联系性的。《关于禁止商业贿赂行为的暂行规定》对此作了专门的规定:"工商行政管理机关在监督检查商业贿赂行为时,可以对行贿行为和受贿行为一并予以调查处理。"

2. 商业贿赂立法的不足

(1) 主体认定的外延缺漏和内涵矛盾

现行立法对商业贿赂行为是笼统称之,即不区分"商业行贿"与"商业受贿"行为。在这种情况下,对商业贿赂主体的界定当然也只能勉强从贿赂双方的共性上入手,即从事市场活动的经营者。这种单一性的提炼导致了"主体"外延的不周延。实际上,行贿主体比较单一,即为了获得交易机会的经营者,但是受贿主体却是复杂的。它既包括一般的代理阶层,又包括一些中介机构,还可能包含国家公务人员。这种复杂的主体是难以简单提炼出共同的名词并冠以总称的。由于把行贿主体也笼统地归纳为"经营者"这个概念,并成为法律规定的商业贿赂的主体要件,就使得主体的外延发生了严重的缺漏。这种立法上的偏差从一开始就注定了《反不正当竞争法》对于商业贿赂行为的规制效果会产生与立法者原意的巨大差距。如果说立法层面上这种偏差还只是体现为逻辑审视上的问题,那么它一旦遭遇司法和执法实践中的尴尬,其弊端就更加明显了。

即便采用"经营者"作为商业贿赂的主体,把反商业贿赂的眼光局限在"市场经营者"的范围内,也还是会造成歧义。因为汉语中"经营者"一词基本上可以包含"operator"和"manager"这两个英文词汇的意思。manager阶层是现代商业活动中典型的代理人阶层,基本上可以视为"劳动者",而operator作为市场交易主体,是各种交易的权利义务承担者。

(2) 行为认定避实就虚,不符法意

法律在界定商业贿赂主体时与立法原意的偏差,给司法和执法带来了巨大的理论上的障碍和实践上的模糊,使得司法和执法机关在商业贿赂案件的认定中转向另一个更容易认定的要件——表现形式。实践中,商业贿赂的认定机关基本上都将认定违法的重点集中在审查嫌疑人是否具有"账外"、"暗中"这两个形式特征,而相比之下,"账外"更容易查证。因此,我国的反商业贿赂司法与执法往往异化成了一个财务审查的过程,然而一旦违法行为人利用财务制度上的设计把贿赂金额如实入账,那么,工商部门的处罚依据自然不攻自破。

3．商业贿赂立法的完善

(1) 确定正确的受贿主体范围

如前所述,使用"经营者"这个概念作为商业贿赂的主体时会造成内涵的矛盾和外延的不周延,并进而导致司法和执法实践中主体要件的弱化及行为特征要件的强化。而在商业贿赂识别公式的推导中也可以发现,要准确识别商业贿赂行为应当以商业受贿主体为核心,以"中间体"为基本概念,至于"中间体"是不是"经营者"并不重要。基于这些理由,笔者认为我国反商业贿赂立法应当抛弃"经营者"这个概念,而直接从提炼"中间体"的特征入手正确界定受贿主体范围。

(2) 摒除其他烦琐的行为特征要件

目前司法和执法对"账外"和"暗中"等形式要件的倚重都已被证明是由于主体概念的偏差所导致的,相信立法之初也仅仅是想将其作为辅助性的要件。但由于目前实践中对其过分地倚重以致认定过程偏离了航向,笔者认为有必要在立法的完善中对其进行矫枉过正式的修改——完全删除。

(3) "保障自由竞争"政策目标导致的商业惯例除外

选取上述政策目标会引发一个问题:符合商业惯例的馈赠是否属于异常的利益传递?由于"商业"是一个需要感情沟通的行业,商业信息的获得以及商业交易的成功也不仅仅是利益的简单数学运算,有时商人向对自己的交易有帮助的人赠送一些礼品作为感情沟通的方式,已经成为了世界通行的商业惯例。但是这种利益传递是符合异常利益传递的形式特征的。考虑"保障自由竞争"的立法政策可以发现,只有在转移的利益超过了一定程度时法律才有必要将其认定为实质上的异常利益传递,这个程度的界定则需要参考一国的一般商业伦理。若从一般商业伦理看异常传递的利益是在承载感情沟通的功能,则可以作为商业贿赂的适用除外,因为这种利益的馈赠不会影响到自由竞争秩序;反之,如果它是作为一种利诱存在则不能除外。从其他国家的立法看,现金赠与应当是被绝对禁止的,因为现金赠与在绝大多数国家的商业伦理中都不被视为正常的感情沟通。

六、商业贿赂行为的法律规制

国外对商业贿赂行为的规定有的表现为专门立法,有的在反不正当竞争法中加以规定,但是大多规定了严厉的法律责任。如德国《反不正当竞争法》规定,在商品交易中行为人以竞争为目的向工业企业的职员或其代理人提供或许诺提供一定的利益,以此作为在取得商品或工业给付时以不正当的方式给自己或第三人换取优惠的相应给付为不正当竞争行为,应处以一年以下徒刑或罚金。

商业贿赂的受贿方大多以牺牲企业的利益（交易价格、企业声誉、产品质量等）来获取个人的利益。因此被理解为是雇员在业务中背离雇主获得利益，是对雇主不忠实的表现，有可能严重损害雇主的利益。各国法律普遍禁止商业贿赂行为，如美国纽约州的商业贿赂法规把商业贿赂行为规定为，"凡商谈提供、或者同意提供给雇员、代理人或受委托人利益，且未得到雇主或委托人的同意，意图影响上述人涉及雇主或委托人利益的行为是犯罪行为"。《克莱顿法》"从价格歧视"的角度也把贿赂行为归属于不正当竞争行为，其他法律如《邮件诈骗法》、《旅游法》、《反组织犯罪侵犯合法组织法》、《反涉外腐败活动法》等都适用于商业贿赂。美国的《联邦贸易委员会法》以及1963年的《鲁宾逊—帕特曼法》也对国内的商业贿赂行为作了相应的规定。与此同时，美国联邦贸易委员会通过执法所发布的禁令与法院的判例，也构成规范商业贿赂行为的法律渊源。如1960年美国某电台的音乐节目主持人接受了唱片制造商的钱款而在电台中播放其音乐唱片。美国联邦贸易委员会认为，听众因此会误认为所播的录音节目是从流行的音乐中精选出来的，因为一种唱片的流行是它被多次播放的结果。由于该节目主持人在播放期间授受了贿赂，所以其行为已直接违法了《联邦贸易委员会法》第5条，构成了不正当竞争行为，应予以制止。其他国家反不正当竞争法也有类似的规定。如德国《反不正当竞争法》第12条就对贿赂职员作出专门规定："对违反上述规定者，工商业者与联合会可以提出制止与赔偿请示之诉。"有的国家和地区，如韩国和我国台湾地区，竞争法中虽并未对商业贿赂作出明确规定，但却把它作为不正当竞争推销行为或不正当的引诱交易行为等加以规制，并相应规定行政、民事和刑事责任。

我国过去基本上是将回扣问题纳入严肃财经纪律、禁止公务员主体行贿受贿、贪污的范畴加以规范。而后一些地方性法规陆续将商业贿赂纳入了竞争立法的范畴，《反不正当竞争法》第一次提出除行政主体之外的贿赂行为。并在总结我国长期以来对商品流通管理的实践经验以及吸收国内外有关商业贿赂的立法规定的基础上，对违反商业贿赂规定了行政处罚和刑事责任的规定。不足的是，我国立法一直未就商业活动中的馈赠的正常范围作出规定，致使在商业贿赂案件的定性中，执法、司法机关缺乏确定的量化标准。一些商业活动中的正常馈赠也可能面临商业贿赂的嫌疑。为此，我们建议应当把商业活动中馈赠的数额与商业活动的规模联系起来，确定一个量化标准。经营者采用财物或者其他手段进行贿赂以销售或者购买商品超出一定的标准的，依法追究责任。此外，《反不正当竞争法》仅仅对商业贿赂罪作了原则性的规定，没有量刑方面的具体规定。1997年对《刑法》的修改中，对商业贿赂行为进行进一步规定：公司、企业的工作人员利用职务上的便利，索取他人财物或者非法收受他人财物，为他人谋取利益；上述人员在经济往来中，收受各种名义的回扣、手续费，归个人所有，根据数额大小,判处 5 年以下或者 5 年以上的有期徒刑,还可以并处没收财产。

此外,在对商业贿赂行为进行查处时,行贿者和受贿者都应承担法律责任。两者是有紧密联系性的。《关于禁止商业贿赂行为的暂行规定》对此作了专门的规定:"工商行政管理机关在监督检查商业贿赂行为时,可以对行贿行为和受贿行为一并予以调查处理。"

> 思考题

1. 简述混淆行为的特征。
2. 如何认定虚假广告宣传行为中的"导致公众误认"?
3. 简述商业秘密的认定标准。
4. 请你谈谈我国商业秘密相关立法的缺陷和你的建议。
5. 简述不正当有奖销售行为对市场秩序的危害。
6. 简述商业贿赂的表现形式。
7. 简述商业贿赂行为中的利益传递模式。

> 案例分析

【案例1】 华东师范大学出版社与吉林教育出版社不正当竞争纠纷案①

原告:华东师范大学出版社(以下简称"华师大出版社")

被告:吉林教育出版社(以下简称"吉教出版社")

原告诉称:2002 年 6 月起,原告出版发行了《21 世纪新概念教辅读题与做题》(以下简称《读题与做题》)丛书。在该书中,原告提出了一些独特的学习理念并设计了具有新颖性的版式和编排体例,在题型上也具有自己的特色。丛书推出后立即获得市场的肯定,于 2001 年获得第十届全国教育图书展"优秀畅销图书奖"。2001 年 7 月起,被告出版发行了《读题做题与发散思维·创新能力训练》丛书(以下简称"系争丛书")。被告在系争丛书封面突出印刷"读题与做题"字样,并采取与《读题与做题》相似的排版格式。原告认为,被告的行为导致消费者将系争丛书与《读题与做题》丛书相混淆,自己的市场占有率受到影响,因而主张被告停止侵害、赔偿损失。

被告辩称:其在出版发行系争丛书时不存在不正当竞争行为。首先,原告出版的《读题与做题》丛书不具有知名商品的特点,这种"读题+做题"的教辅读物在 1996 年就已经出现在市场上,成为类似读物的普遍特色。其次,两套丛书存在许多不同之处,不足以使消费者产生混淆。例如,两套丛书署名的全称完全不

---

① 本案案号:(2002)沪二中民五(知)初字第 115 号。

同,封面装潢亦截然不同,版式设计上也有一定的差别。因此请求法院驳回原告诉求。

审理法院查明,两套丛书在书名全称、包装、装潢上确实存在一定的区别,内部版式设计也不完全相同,而封面上印刷的出版社名称、主编姓名等均不相同。

问题:你认为被告的行为是否构成不正当竞争?结合本案谈谈应当如何认定两件商品是否能让消费者产生混淆。

【案例2】 避风塘公司诉德荣唐公司不正当竞争纠纷案[①]

原告:上海避风塘美食有限公司

法定代表人:程某,该公司董事长

被告:上海德荣唐美食有限公司

法定代表人:唐某,该公司董事长

原告诉称:"避风塘"是原告的名称。原告使用"避风塘"进行对外宣传,在经营中十分注重广告投入,强化了"避风塘"作为品牌形象的作用,使"避风塘"成为上海地区餐饮服务行业中较为知名的服务名称。被告在其招牌、匾额、店堂餐桌以及广告上擅自使用"避风塘"字样,利用原告知名度为其获取非法利益。被告这种引人误解的虚假宣传行为,侵犯了原告的企业名称权和知名服务特有名称权,是不正当竞争。

被告辩称:"避风塘"一词是餐饮行业内约定俗成并广泛使用的一种特色风味菜肴的名称,此点已由商标评委会确认。被告是在标注自己企业名称的情况下使用"避风塘"一词,不侵犯原告的企业名称,不会引起消费者误解。

法院审理查明,"避风塘"是香港维多利亚海港上帆船、舢板等船只用来避台风的多个海湾,其中以位于香港岛北侧的铜锣湾避风塘(建于1862年)最为出名。20世纪60年代开始,由于环境的污染,香港沿海捕鱼为生的渔民在香港邻近水域已难以有收获,仅靠捕鱼难以为生,而这些渔民世代以大海为家,对海产的烹调另树独特风格。与此同时,由于香港的经济不断发展,铜锣湾区已成为香港最繁荣的消费娱乐区,遂有渔民以其艇只为店,在铜锣湾避风塘经营起特色海鲜美食,由于其制作和烹调技巧在当时没有任何餐厅菜馆可仿效生产,便形成了其专营式的经营。久而久之,避风塘变成市民夜生活的胜地,更是香港美食家经常光临的饮食好去处,并且成为中外游客一个旅游观光点。其后,避风塘受填海及环保卫生的影响面临停业的危机,于是陆地上出现了和原避风塘师傅合作的香港避风塘美食店。

原告避风塘公司于1998年9月15日经工商行政管理部门注册登记成立,

---

① 参见中国法律法规信息系统:两高公报案例库,文件编号149072。

企业名称为"上海避风塘美食有限公司",经营饭、菜、酒、点心、冷饮、咖啡堂吃等。此后,避风塘公司开设打浦、静安、八佰伴三家分店。经工商行政管理部门批准,避风塘公司及其分店自 1999 年 9 月起,制作有"避风塘"内容的店堂牌匾广告和户外广告,同时还在菜单、食品包装盒、日历卡上印制"避风塘"及其汉语拼音的字样。

被告德荣唐公司于 2001 年 1 月 8 日注册登记成立,企业名称为"上海德荣唐美食有限公司",经营饭、菜、饮料的堂吃、外卖及酒的堂饮等。经工商行政管理部门批准,自 2002 年 8 月 13 日开始,德荣唐公司在门面招牌上突出使用了"唐人街"、"德荣唐美食"等字样,在一楼和二楼的玻璃窗上分别印制"避风塘畅饮"、"避风塘料理"等广告语,在菜单上印制"唐人街避风塘料理"字样,在设置的路标上印制"唐人街餐厅避风塘"字样。

审理本案的法院认为,案件争议焦点是:德荣唐公司使用"避风塘"一词,(1)是否侵犯避风塘公司的企业名称权?(2)是否侵犯避风塘公司的知名服务特有名称权?(3)是否构成虚假宣传的不正当竞争行为?

问题:请你就本案中争议的焦点问题发表意见。

【案例3】 裴某侵犯商业秘密案[①]

被告人裴某,男,研究生文化程度,原系武汉中冶连铸技术工程股份有限公司副总工程师,曾系西安重型机械研究所高级工程师。

2000 年 1 月 15 日,西安重型机械研究所(以下简称"西重所")与辽宁省凌源钢铁有限公司签订《凌钢二号 150X750mm 板坯连铸机工程技术转让合同》,承接了凌源二号板坯连铸机主体部分,其中包括结晶器、结晶器震动、零号段、扇形段设备的设计。2001 年 6 月,凌源二号板坯连铸机投产。2001 年 10 月 26 日,西安重型机械研究所按合同约定,向凌源钢铁有限公司提供了凌源二号主体设计电子版图纸的光盘。

被告人裴某原为西重所教授级高级工程师,在西重所研究二室(板坯连铸专业研究室)从事板坯连铸专业设计工作。在职时与西重所签有《劳动合同书》,承诺保守单位商业秘密。2001 年 10 月,被告人裴某利用在研究室工作便利,私自将西重所为凌钢二号设计的主体设备光盘拷贝到自用的东芝笔记本电脑中存放。2002 年 8 月,裴某向西重所提出解除劳动合同申请,到中冶连铸公司应聘并担任副总工程师。

2002 年 9 月 28 日,武汉中冶连铸技术工程股份有限公司(简称"中冶连铸公司")与四川省川威集团有限公司签订《135X750 二流板坯连铸机总合同》及

---

① 参见中国法律法规信息系统:两高公报案例库,文件编号 241153。

附件。2002年10月19日,中冶连铸公司与山东泰山钢铁有限公司签订《135×800二机二流板坯连铸机总合同》及附件。裴某担任两个项目技术负责人。他利用当年国庆休假返回西安,将其存放的凌钢二号主体设备设计电子版图纸资料重新拷贝到随身携带的笔记本电脑中带回武汉,输入到中冶连铸公司局域网中,用于川威和泰山二项目设计。

2003年7月,西重所在西安冶金制造有限公司中发现中冶连铸公司委托加工的川威、泰山项目板坯连铸机设备图纸有西重所的标题和标号。遂向公安机关报案,称其商业秘密被侵犯。西安市公安局立案侦查,调取相关图纸送中国科学技术法学会华科知识产权司法鉴定中心鉴定。结论是:从装配图和零件图表现的结构功能来看两者无本质的区别,图纸的相同程度和等同程度很高。又经西安大学知识产权司法鉴定所对西重所凌钢二号150×750mm板坯连铸机技术是否具有不为公众所知悉的特征进行鉴定,结论是:符合商业秘密中技术秘密的法定技术条件。

问题:该案中哪些技术构成商业秘密?它们分别具备商业秘密的哪些构成要件?被告人是否构成侵犯商业秘密罪?

【案例4】 某市妇幼保健院不服市工商行政管理局行政处罚决定案①

原告:某市妇幼保健院

法定代表人:姚某,该院院长

被告:某市工商行政管理局

法定代表人:王某,该局局长

被告某市工商行政管理局(以下简称"工商局")对原告某市妇幼保健院(以下简称"保健院")发出行政处罚决定书,认为保健院在药品采购活动中,先后收受某市医药公司等10家药品经销企业给付的款、物共26笔,计58721.58元,其行为违反了《反不正当竞争法》,决定对该院处罚款1万元。保健院不服工商局的这一行政处罚决定,向某市某区人民法院提起行政诉讼。

原告诉称:(1)受赠全部款、物已经依法列入院财务账,这是一种明示的折扣行为,不属于商业贿赂。即使折扣比例不当或者入账科目不对,也不应由工商行政管理机关查处。(2)原告是全民所有制财政全额拨款的公益事业单位,不能够作为市场主体的经营者,不属于《反不正当竞争法》调整的范围。(3)原告是全额拨款的卫生事业单位,是为社会提供医疗保健服务而使用药品,并非变相买卖药品。原告从事的是非营利性公益事业,所获收益用于弥补财政拨款的不足。其收受的捐赠款、物,按规定不记入药品账,不存在账外暗中收受回扣的

---

① 参见中国法律法规信息系统:两高公报案例库,文件编号94193。

问题。

被告辩称：原告作为药品购销活动中的购方单位，本身不是消费者，所购药物转手卖给患者。因此，原告虽然是全额拨款的医疗卫生事业单位，但是其日常业务活动都是有偿的，其采购药品的行为是一种商品经营行为，属于《反不正当竞争法》调整的对象。《反不正当竞争法》第8条第1款规定的"对方单位或者个人"并不排除事业单位法人。原告收受药品经销企业的款、物，没有冲减购药成本，而是记入其他收入和固定资产科目，其行为已丧失了折扣的本来面目，变成账外暗中收受回扣的商业贿赂行为。

法院经审理查明：原告保健院为全额拨款的全民所有制卫生事业单位，面向社会服务。自1998年11月至1999年8月期间，保健院在药品采购活动中，先后收受某市医药公司等10家药品经销企业给付的25笔款共计54921.58元，以及价值3800元的空调一台。以上收受的款、物，分别列入了该院财务账的其他收入科目和固定资产科目中。

问题：该案中原告是否构成商业贿赂？说说你的理由。

第四编　消费者权益保护与产品质量法律制度

第八章　竞争法与消费者权益保护法的关系

【学习要点】
1. 了解消费者问题
2. 了解消费者权益保护法的立法背景
3. 理解、掌握竞争法与消费者权益保护法的关系

第一节　消费者问题

一、消费者问题的产生背景

消费者问题,指的是接受生活资料和生活服务的消费者的利益受到经营者损害而发生的问题。消费者问题的产生以社会化大分工以及交易中供给方过分追求利润为主要背景。

在自给自足的原始社会中,人们共同狩猎,共同生活,人与人之间不存在物的交换。为了降低人类对自然的依赖性,人们开始种植谷物,驯化和饲养禽畜,由此出现了第一次社会化大分工,即农业与畜牧业的分工。社会分工促进了交换的发展,有的供给者依据其所处的经济地位和信息优势,在利益的驱动下损人利己,导致消费者的权益受损,这时消费者问题就产生了。但是这时的消费者问题是偶然的、个别的,尚未形成普遍的社会现象。

随着社会化分工的不断细化以及市场经济机制的建立,市场上的交易越来

越频繁,尤其是在20世纪60年代以后,随着产品生产专业性增强,消费行为几乎无处不在,经济发展快速的国家中消费者权益被侵害的现象已经不在少数,消费者问题成为一个普遍的社会问题。[①]

二、消费者问题的成因分析

消费者问题是一个复杂的社会问题,究其成因,主要有以下几个方面:

(一)商品供给者与消费者间的利益冲突

商品的供给者都是以营利为目的从事生产或经营活动的。出于对利润的追求,有的生产者和经营者可能只顾自己的经济利益,采取不正当手段,通过欺骗消费者获取利润,他们所关心的是商品是否能换来更多的货币。而消费者所关心的则是商品是否价廉物美,他们与生产、经营者之间的利益冲突显而易见是根本性的。

(二)商品供给者与消费者间的信息不对称

现代市场经济模式下,消费者获得的消费资料是由他人提供的,这就出现了消费资料的生产者、经营者与消费者之间的分离,也就是说对商品非常了解的生产者、经营者本身并不消费这些产品,而消费这些产品的消费者却对商品的构成、原理乃至成本知之甚少。与商品的生产者、经营者大都是具有严密组织机构和大批专业人员的集体不同,消费者通常只是以个体的身份出现,他们只能依靠生产者、经营者所提供的信息或者基本的生活常识对产品的性质进行判断,认识非常有限。由于这种信息上的严重不对称,生产者、经营者就取得了交易中的优势地位,他们很可能利用信息上的优势欺骗消费者,从而追求更大的利润,消费者利益受损的可能性很大。

(三)市场竞争仍不充分

市场的充分竞争能够对市场主体产生压力,推动生产技术和经营管理的进步,鼓励竞争者提高生产效率、改善产品质量,最终为消费者提供更多的可选择产品,这是消费者权益保护的基础性条件。但是在市场竞争不充分的领域,消费者的选择范围缩小,甚至出现某些企业垄断的局面。一旦出现这种情况,消费者不仅无法行使自由选择的权利,还可能被迫接受不利于己的不公待遇,合法权益无从谈起。此外,市场中的恶性竞争所产生的虚假广告、假冒名牌以及其他不正当手段的采用,是直接损害消费者利益的重要因素。

由于以上几方面的原因,消费者问题成为现代市场经济社会的一大难题。为了改变消费者的弱者地位,许多国家都制定了消费者权益保护法对其进行倾斜保护。

---

① 参见张严方:《消费者保护法研究》,法律出版社2003年版,第10页。

三、消费者问题的危害

消费者问题实质上是生产经营者损害消费者利益所产生的问题。这一普遍的社会问题必然会破坏市场规则和市场经济秩序，干扰和阻碍市场经济的正常有序运行。其危害性主要表现在损害消费者利益、扰乱市场公平竞争秩序以及破坏市场调节机制三个方面。

对消费者本身的危害是消费者问题最直接，也是最显而易见的后果，而实际上消费者问题的危害并不仅限于此。消费是市场机制的重要环节之一，这一环节上的问题必然会影响到市场整体的正常运作。

市场自由交易与公平竞争规则是市场主体进行营利活动的基本原则和行为准则，它们反映的是市场正常有序运行的客观要求，只有市场主体能够自觉遵守上述规则，市场机制才是有效的。而消费者问题恰恰是市场主体为了追求自身的经济利益，损害消费者利益的表现，这严重地破坏了市场自由交易与公平竞争的规则。消费者权益保护与市场公平竞争息息相关，如果两者不能平衡协调必然导致恶性循环。消费者权益保护不力导致市场主体有恃无恐，肆意破坏公平竞争秩序，而竞争秩序的混乱更加削弱了对消费者权益的保护。因此，我们不仅要认识到通过进一步完善竞争法来更好地保护消费者的利益这一正向途径，还要利用强化消费者保护的政策来促进竞争秩序和环境优化的反向途径。

破坏市场调节机制是消费者问题的深层次危害。在市场经济制度下，市场调节机制在资源配置中起基础性作用，它通过对市场主体的经济利益进行调控来推动各种经济活动的发展。在这样的机制下，如果市场主体所生产的商品或提供的服务能够满足消费者需求，就会获得较多的经济利益；反之，则会蒙受经济损失。但是，消费者问题的存在使市场主体偏离了这一规律，有的生产、经营者利用经济优势，通过欺骗消费者牟取暴利，市场机制在这时无法发挥作用，如果这种情况不断延续，必然会造成市场调节机制的破坏，进而导致市场经济的混乱。

综上，消费者问题并不仅仅是消费者保护的问题，它还是市场经济健康有序发展的一大障碍。如何对违反客观经济规律损害消费者利益的市场主体行为进行规制是竞争法上的重要课题。

第二节 消费者运动与消费者权益保护立法

一、消费者运动

19世纪末20世纪初，消费者保护的呼声最早产生于美国，此后迅速影响到其他国家,形成蓬勃发展声势浩大的消费者运动。1891年美国纽约市成立了消费者协会。1898年由全美国各地方的消费者协会联合成立了一个全国消费者联盟。20世纪五六十年代是消费者保护运动空前发展的年代。1953年德国消费者成立消费者同盟,1957年英国成立消费者协会,1956年日本由于食品卫生方面的大量事件使消费者受损而组织了消费者团体与联络会,1961年美国消费者联盟出版了一份刊物《消费者导报》,影响甚大。

消费者运动的蓬勃发展得到了各国政府的普遍重视。为此,它们分别在消费者自发保护的基础上实行社会和政府的综合保护。各国在政府机关中设置或成立专门机构负责处理消费者保护事宜。例如,美国在联邦贸易委员会中设有消费者保护司,英国则由公平交易局处理消费者保护问题,瑞典成立国家消费者政策委员会,澳大利亚设立消费者事务局等。

各国政府对消费者保护运动推动的重要成果,就是促进了消费者保护运动的国际化。1960年,在美国、英国、澳大利亚、荷兰、比利时五国消费者组织的发起下,成立了"国际消费者组织联盟"(International Office of Consumer Union, IOCU)。它与联合国的其他机构,如国际科教文组织、国际劳工组织等同为联合国咨询机构,目前已有64个国家和地区180个消费者团体成员。其宗旨在于促进消费者保护的国际合作,协助并积极推动各国消费者组织和政府致力于保护消费者的工作。在该国际组织的努力下,1985年,联合国通过了《保护消费者准则》这一规范性文件,使国际消费者保护进入了一个新的阶段。

我国的消费者保护是随着我国经济改革的发展和市场经济的建设逐步产生发展起来的,虽然起步较晚,但发展很快。1983年5月,河北省新乐县成立了我国第一个县级消费者协会,1984年9月,广州市成立第一家城市消费者委员会。同年12月,经国务院批准,中国消费者协会在北京成立,同时制定了《中国消费者协会章程》,在保护消费者权益、促进经济健康发展方面起了良好的作用。1987年,IOCU接纳中国消费者协会为其正式成员。

二、消费者权益保护立法

保护消费者权益既是建立公平合理的消费市场、促进生产发展的客观需求,也是消费者行使宪法赋予的物质和文化权利的体现。因此,各国在蓬勃发展的消费者运动的基础上,都制定了法律,以国家强制力保障消费者的权利,形成了现代竞争法中一个重要的组成部分——消费者权益保护法。消费者权益保护法是指国家为保护消费者的合法权益而制定的调整人们在消费过程中所发生的社会关系的法律规范的总称。消费者权益保护法是一个独特的法学领域,有自己的调整对象,主要体现为消费者和经营者之间的消费品或服务的消费关系、国家与经营者之间因管理和规制所形成的监督管理关系以及国家为倾斜保护消费者而与消费者之间形成的保护关系。

消费者权益保护法有狭义和广义之分。狭义的消费者权益保护法是专项立法意义上的法律,如我国的《消费者权益保护法》、日本的《消费者保护基本法》等。广义的消费者权益保护法是指实质意义上的有关消费者权益保护的法律规范的全体。在这一意义上,它不仅包括形式意义上的专门法律,还包括了民法、产品质量法、反不正当竞争法、广告法、合同法等法律中的相关规定。通常意义上指的是广义的消费者权益保护法。

从立法的类型看,有的国家采用基本法加单行法保护的方法,例如,日本制定了《保护消费者基本法》,英国制定了《消费者保护法》;另有国家则单纯地采用由相关单行法保护的方式,例如,美国制定了《消费品安全法》、《联邦食品和药品法》、《正确包装和标志法》等,通过这些相关法的规定来保护消费者。

1993年10月,我国第八届人大常委会第四次会议通过了《中华人民共和国消费者权益保护法》,该法的实施标志着我国的消费者保护事业进入了一个新的发展阶段。与其相适应,我国进行了一系列保护消费者的立法。这些立法有《民法通则》中的有关规定、《产品质量法》、《食品卫生法》、《药品管理法》、《计量法》、《标准化法》、《商标法》、《广告法》、《反不正当竞争法》、《价格法》等。为了保障农产品质量安全,维护公众健康,促进农业和农村经济发展,全国第十届人大常委会第二十一次会议通过了《中华人民共和国农产品质量安全法》,该法于2006年11月1日起实施。同时,各地方政府也制定了相应的保护消费者权益的地方法规和政府规章。这些法律和法规不但有效地保护了消费者的权益,推动了消费者保护运动的发展,而且为制定一部系统的保护消费者权益的基本法创造了条件。

第三节　竞争法与消费者权益保护法的互动

随着竞争法研究的深入,竞争法与消费者保护法的关系已经越来越为国际社会所关注,消费者的权益能否得到充分的保护和实现与市场的竞争秩序优劣有着密切的关系,不公平竞争行为总是与损害消费者权益有关。因此,规范竞争行为实际上就是直接保护消费者权益的有效途径。同时,消费者保护的立法也是竞争法的一个重要方面。国际社会越来越多的人士认为,广义上的竞争法应当包括所有能影响竞争秩序的政策,而消费者权益保护法是保障充分有效的竞争所必需的重要政策之一。因此,讨论竞争法与消费者权益保护法的相互影响、相互补充的关系十分必要。这两个部门法的最终目的都是提高消费者的福利,如果这两个政策能够协调执行,这个目的就可以实现。

大量资料表明,我国消费者保护现状堪忧的关键问题在于市场竞争秩序的混乱。目前我国面临的最重要任务不仅是通过进一步完善竞争法来更好地保护消费者权益这一正向途径，更重要的是通过强化消费者保护的法律来促进竞争秩序和环境优化的反向途径。因此，竞争法与消费者权益保护法是互利互动的，在国家直接规制市场竞争秩序的同时还必须借助消费者的强大社会监督力量，间接影响市场竞争行为。

一、竞争法与消费者权益保护法在立法目的上的互动

从宏观层面看，竞争法为调节市场秩序、维护公平竞争的交易规则而设，从微观层面看，竞争法的目的在于保护市场上竞争者的公平竞争权利，而消费者权益的保护则是其更深层次的立法目的。随着经济增长方式的转变，消费者权益的保护越来越受到世界各国竞争法学界的重视，因为不公平竞争行为表面上是侵害了其他竞争者的合法权益，但最终受害的还是广大消费者。

以反垄断法中的滥用市场支配地位为例，企业利用市场支配地位排挤其他竞争者的主要目的在于排挤竞争对手，阻碍其他竞争者进入市场或者占有更多的市场份额，而一旦其市场支配地位得到巩固企业必然会抬高价格，将前期低价竞争、交叉补贴中所受到的损失转嫁给消费者，此时消费者并无其他选择，只能无奈地接受企业将高额利润纳入囊中的现实。

为了明确竞争法保护消费者权益的主旨，加拿大①、日本②等许多国家的竞争法都将此立法目的明文规定在竞争法条文当中。我国《反不正当竞争法》也有明确的规定，该法第1条规定，"为保障社会主义市场经济健康发展，鼓励和保护公平竞争，制止不正当竞争行为，保护经营者和消费者的合法权益，制定本法。"可见，消费者权益保护是竞争法的重要立法目的之一。

消费者权益保护法的立法目的在于平衡竞争者与消费者的地位，减少经营者与消费者之间因信息不对称而引发的市场失灵。要达到这一目标，仅靠赋予消费者退货、检举的权利是不够的，必须从源头上制止经营者的反竞争行为。为此，消费者权益保护法不仅赋予消费者多项权利，而且从严规定了经营者的义务，在民事赔偿中甚至出现了惩罚性赔偿的规定。广大消费者的力量必然会对企图采取不当竞争行为的经营者产生威慑，因此，消费者权益保护法在一定程度

---

① 加拿大《竞争法》第1条明确规定："本法的目的在于保护和鼓励在加拿大的竞争，以提高加拿大经济的效益和适应能力，增加加拿大对世界市场的参与机会，同时确认其他国家在加拿大参与竞争，保障中小企业有参与加拿大经济发展的公平机会，使消费者能够享受价廉物美的服务。"

② 日本《禁止私人垄断及确保公平交易法》第1条规定："本法的目的，是通过禁止私人垄断、不正当的交易限制以及不公平的交易方法，防止事业支配力的过度集中，排除因联合、协议等方法形成的生产、销售、价格、技术等的不正当限制以及其他的对事业活动的不正当约束，促进公平的、自由的竞争，发挥事业者的创造性，繁荣经济，提高工资及国民实际收入水平，以确保一般消费者的利益并促进国民经济民主、健康地发展。"

上对竞争法的施行有着积极的推动作用。

在立法目的上,竞争法与消费者权益保护法互相促进、互相影响,其性质上的密切联系决定了我们对于这两类法律不可割裂看待。

二、竞争法与消费者权益保护法在目的实现上的互动

竞争法的有效实施能够保障市场秩序的有效运行,促进企业间公平自由的竞争,鼓励竞争者从提高效率、改良质量中获取利润。长远来看,市场上价廉物美的产品会越来越多,消费者的选择范围也自然不断扩大。有了较大的选择范围,消费者与经营者的地位相对平衡,消费者权益保护法的实施也更加顺畅。因此,竞争法的实施为消费者保护提供了基础性条件。

当然,仅有众多可选产品还是不够的,由于信息不对称,消费者难以选择适合自己的产品。为了帮助消费者作出合理的选择,平衡其与竞争者之间的不平等地位,消费者权益保护法设计了一系列制度,例如赋予消费者知情权、一定时间内的无条件退货权等,此类制度不但使消费者的权益得到保障,而且也能对经营者起到监督作用,从而制约了市场上的不当竞争行为。

在立法目的的实现上,竞争法与消费者权益保护法互为前提、互为补充,前者为消费者扩大了选择范围,是后者顺利实施的基础性条件,后者则帮助消费者作出理性选择,制约经营者的不法行为,是前者有效发挥作用的有力保障。

三、竞争法与消费者权益保护法的互动在法律上的体现

消费者权益保护法与竞争法虽然属于不同的部门法,但两者之间有着密切的互动关系,体现在法律上有以下两个方面:

(一)竞争法对消费者保护有推动作用

如前所述,反垄断法与反不正当竞争法立法目的中包含了消费者权益保护,这些法律实施本身就对消费者权益的保护有推动作用。具体到法律制度上,各国有关竞争秩序的立法无一例外有直接涉及消费者权益保护的规定。我国《反不正当竞争法》规定了多种不正当竞争行为,其中欺骗性交易行为、虚假广告行为以及不正当促销行为都直接涉及消费者权益,其余几种也大都与消费者权益相关,这些规定体现出竞争法保护消费者权益的立法目的。

(二)竞争法的实施不可忽视消费者的力量

消费是市场经济的一个重要环节,在这个分工细化的社会,每人每天都在做一名消费者。在具体的交易当中,由于信息不对称等原因,消费者是弱势群体,但如果消费者在法律制度支持下掌握了有力的法律武器,那么其力量就会大大增强。法律制度的核心内容在于权利与义务,因此,各国消费者权益保护法都以消费者的权利与经营者的义务作为平衡两者力量的砝码。

我国《消费者权益保护法》赋予消费者九项权利,并且要求经营者承担十项义务,这些规定不仅能够保护消费者的权益,一定程度上也可以制止经营者的不当竞争行为。例如,法律规定经营者不得作引人误解的虚假宣传,这与《反不正当竞争法》中的虚假广告相关规定呼应,对经营者利用虚假广告实施不正当竞争起到制约作用。

除此以外,我国《消费者权益保护法》还有一项重要的制度设计——惩罚性赔偿,该法第49条规定,经营者提供商品或服务有欺诈行为的,应当按照消费者的要求增加赔偿其受到的损失,增加赔偿的金额为消费者购买商品的价款或者接受服务的费用的一倍。经营者以营利为目的,而这一制度的设立就是要通过强制经济赔偿的方式惩罚知假卖假的非法经营者。从竞争法的角度看,惩罚性赔偿可以说还是监督经营者公平竞争的方式。如果受到欺诈的消费者都举起法律武器,引用这一规定向经营者要求双倍赔偿,巨额赔款对经营者无疑有很大的威慑作用。

值得一提的是,知假买假现象已经引起我国社会的广泛关注。有人认为,"打假"是政府的责任,而不是消费者的事情。但是从现实来看,在市场上故意买入假货,然后索取双倍赔偿金的行为确实起到了打击假货的作用,因此而赔款的经营者受到了法律的制裁,其他经营者也因此而收敛欺诈行为。可见,惩罚性赔偿制度不但可以弥补消费者的损失,还能监督经营者的合法经营,它虽然是消费者权益保护法中的制度,但借助广大消费者的监督力量,该制度却成为维护市场竞争秩序的重要手段。

综上,消费者保护与维护公平竞争秩序是一个问题的两个方面,两者相互依存。一方面,竞争法的有效贯彻有益于消费者的权益保护;另一方面,消费者权益的保护也能够促进竞争法的发展。

> 思考题

1. 消费者问题产生的主要原因有哪些?
2. 我国的消费者权益保护法律制度包括哪些法律、法规?
3. 竞争法与消费者权益保护法的互动关系表现在哪些方面?
4. 简述竞争法与消费者权益保护法的互动关系在法律上的体现。

第九章 消费者权益保护法律制度

【学习要点】
1. 理解消费者的概念和特征
2. 理解消费者权益保护法的基本原则
3. 掌握消费者的九大权利
4. 结合民法知识理解、掌握格式合同与消费者权益保护法的联系
5. 结合产品质量法的有关内容,重点掌握消费者权益保护的途径

第一节 消费者的概念和特征

一、消费者的概念

消费者是消费的主体,从社会再生产的过程看,消费者和生产者具有同一性,彼此在实现自己的同时也创造了对方。从产品价值实现的过程看,消费者和生产者之间是相对的消费经济关系,不管是在购买过程中还是在购买结束后的消费过程中,这种消费关系始终存在。消费关系产生的权利义务和责任是法律研究的对象。

消费者包括生产消费者和生活消费者,消费者权益保护法中所说的"消费者"是指个人生活消费者。国际标准化组织消费者政策委员会把消费者定义为"为个人目的购买或者使用商品和接受服务的个体社会成员"。我国《消费者权益保护法》第2条所规定的"消费者为生活消费需要购买、使用商品或者接受服务,其权益受本法保护",正是根据这一国际性规定作出的。

二、消费者的特征

由上述定义出发,可以得出消费者的基本法律特征:第一,消费者的消费性质属于生活消费;第二,消费者的消费客体包括商品和服务;第三,消费者主要是指个人消费者,是指具有自然生命的社会个体成员对物质商品或服务的消耗及利用,单位用户具有法律拟制意义上的"人格",其存在方式与自然人不同,但是不排斥最终供个人进行生活消费的单位购买者;第四,消费者的消费方式表现在购买、使用商品和接受服务,既包括直接购买商品或接受服务的消费者,又包括

使用他人购买的商品或接受他人提供的服务的消费者。例如,甲因生活需要而购买一台洗衣机,甲的邻居在使用该洗衣机过程中受到伤害,那么该邻居也是消费者权益保护法保护的对象。

消费者的消费行为以消耗、利用一定的商品或者服务为目的,提供这些商品或者服务的就是经营者。如果说消费者是消费者权益保护法保护的对象和权利的主体,那么经营者就是其规制的对象和义务的主体。在正常经营的范围内,经营者通过转让商品或者提供服务,与消费者形成对等的契约关系,但一旦经营者利用各种方式侵害了消费者的正当权益,即成为法律否定和规范、控制的主体,必须承担各项法定的责任。

第二节 消费者权益保护法的基本原则

消费者权益保护法的原则,是指在立法、执法、司法等实践活动及相应的理论研究中应当遵循的基本准则。这些原则,首先是消费者权益保护法的目的、任务和价值的体现,同时,也为具体的法律制度、法律内容提供了大致的方向和框架。必须指出,消费者权益保护法的基本原则制定的前提是基于社会经济生活中出现了不公平的现象,因此要对消费者进行特别和倾斜的保护。因而,这些原则的贯彻不能离开保护弱者的基本出发点。经营者和消费者之间原本是平等的交换关系,享有平等的权利和义务,之所以要对保护消费者专门立法,就是为了克服现实经济生活中经营者与消费者事实上已经不平等的状况,同时,经营者之间的不正当竞争行为,其结果总是由消费者来承受。为了纠正已经错位的倾斜的权利比重,实现权利结构的重置,消费者保护法和公平竞争法都体现了现代经济法的社会价值。考察各国消费者权益保护法的具体内容,我们认为消费者权益保护法应当遵循以下原则:

一、国家保护原则

国家保护原则的实质是将消费者及其权益放到一个特殊的法律地位上加以保护。它隐含了这样的前提:在经济生活中,由于各种原因,消费者的合法权益极易受到不法侵害,却没有足够的力量充分保护自己;这种侵害不仅对于消费者自身,而且对经济民主的维持、对经济整体的有效运行、对社会秩序的稳定都有极大的危害。故而国家需要主动介入,对消费者及其权益施加特别保护。

一般而言,消费者消耗和利用商品或服务的活动,属于经济生活的微观层面,消费者与经营者是平等地位的经济当事人,他们之间形成的是契约买卖关系,应由市场机制加以协调。对于这类关系中产生的纠纷的解决,传统民商法一般采取告诉才处理的方法。但是随着现代经济系统的演变,特别是垄断势力和不正当竞争行为的泛滥,消费者处于明显的弱势地位,他们在付出了极大的经济代价之后,仍无法得到满意的商品和服务,这样,经济生产的最终目标——为满足人们的需要而创造物质和非物质消费品,就遭到了扭曲。为了校正这种情况,以国家为核心的公权力主动介入到微观经济层面,站在消费者一边,通过保护消费者的合法权益,规范和控制不法经营者的行为,达到经济协调、社会稳定的目标。

自美国总统肯尼迪提出消费者的基本权利,并在政府设立专门机构(联邦贸易委员会消费者保护司)以后,各国政府相继把消费者权利的保护纳入了政府行政工作的范畴。联合国 1985 年通过的《保护消费者准则》中也明确规定,"各国政府应当拟订、加强或保持有力的保护消费者的政策措施,以确保消费者的健康和安全不受危害;促进和保护消费者的经济利益……各国政府应当提供和维护适当的监测机构,以便拟订、执行和监测保护消费者的政策"。国家是一个抽象的概念,在进行具体的消费者权益保护时,法律规定:立法机关应当听取消费者的意见和要求;各级行政组织、部门和机构应当及时预防、制止和监督不法行为,主动查处;司法机关应当利用刑事、民事诉讼程序,惩处经营者犯罪行为,并方便消费者提起诉讼。这一系列规定综合而具体地体现了国家对消费者正当权利的重视和保护,将消费者合法权益保护明确为立法、行政、司法机关的重要职责。我国《消费者权益保护法》"总则"第 5 条和第四章"国家对消费者合法权益的保护"体现了这一重要的原则,内容是国家动用立法、执法和司法力量,采取积极措施,运用预防、控制、制止、处罚和监督等手段,综合地保护消费者的正当权益不受侵害。

二、社会保护原则

社会保护原则的实质就是在国家保护的基础上将消费者利益保护扩大到全社会范围,动用一切社会力量,对经营者及其他可能或实际侵害消费者的行为进行预防、控制、规范和监督。消费者利益的总和就是社会利益的体现,只有动员全社会的力量才能使消费者利益得到切实保护。国家和代表国家行使权力的行政司法部门是社会的组织者、管理者,对侵害消费者权益的行为客观上不可能全部进行查处和惩办。因此,明确消费者权益的社会保护是十分必要的。它有利于及时、迅速、深入、妥善地保护消费者的各项权益。

社会保护原则具体体现为社会力量的监督作用。所谓社会力量的监督,是指除拥有强制力的国家以外的在社会生活中实际存在的组织和个人的监督,包括消费者(特定的消费者和不特定的消费者)的监督、消费者组织的监督、大众传媒机构的监督以及一切与消费者权益有关的企业、事业单位、社会团体的监督。法律明确消费者权益保护乃全社会共同的职责,一切组织和个人对不法侵害行为监督，均得到国家的支持和鼓励。各级消费者协会和其他形式的消费者组织通过向消费者提供信息和咨询服务，与行政部门合作，提出建议，受理消费者投诉并调查、调解、支持受到侵害的消费者起诉，向传媒披露事实等社会活动，保护消费者权益，缓解不法侵害行为的社会危害性。大众传媒则通过对不法行为的报道、披露，形成舆论监督的效应，一方面使不法经营者有所收敛，另一方面，引导更多的组织和个人参与到消费者的社会保护行列中来。

特别需要指出的是，广大消费者个人的监督是社会监督中一支不可忽视的重要力量，我国"王海打假现象"的出现正是标志着这支力量的萌芽和日益壮大。它可以使大量的侵权行为受到威慑和惩处。但是由于举报制度尚未完善，这支力量的发展受到限制甚至压抑。我们认为，必须从理论上和具体制度上给予充分肯定，把社会消费者个人自我保护的力量汇聚成强大的社会监督力量，与国家的力量一起加以运用，真正起到制约不正当竞争行为的作用。

三、适度保护原则

适度保护原则是要求国家和社会在具体的执法和司法实践中，分析消费者的权益是否真正受到侵害，受到侵害的是否是正当权益，致害的原因是否是经营者的恶意行为，以及是否存在消费者恶意造成权益受损的后果等，加以区别对待。对于正当权益受损的消费者，坚决予以保护；对于因各种原因（而非经营者的故意或过失）受损的消费者，适度保护；对于为了谋求不当利益而故意使自己遭受损害的消费者，不予保护或仅给予有限保护。

由于我国物质经济条件的局限，对消费者权益进行国家保护和社会保护的法律原则的贯彻并非是绝对的、无条件的，它应当与我国的经济发展水平相协调。我国是一个发展中国家，法制建设、公民意识、商业道德、管理和技术水平都有待提高和发展。因此，对消费者的保护不能完全按照良好的愿望进行。任何权利都不能超过社会的经济结构和经济结构制约下的文化发展。过度的保护不仅不能促进经济的协调运行，反而会抑制甚至侵害与消费者相对应的经营者的合法权益。这就构成了消费者权益保护法的适度保护原则。

适度保护原则主要体现在对经营者责任的认定和对消费者损害赔偿的额度规定两个方面。因此，在我国的消费者权益保护法中对经营者的责任认定基本上采用以过错责任制度为主的归责原则；在消费者损害赔偿制度中，除了对欺诈消费者的经营者实行惩罚性赔偿外，基本以补偿性赔偿为主，而对精神损失的赔偿则持慎重态度。

第三节 消费者的权利

一、消费者权利概述

消费者的权利是指法律规定的消费者在进行消费活动时所享有的权利,即消费者依法可以进行一定的作为或者不作为,并要求他人进行一定的作为或不作为。这是消费者利益在法律上的表现。消费者享有多少权利,意味着消费者在多大程度上得到国家法律的保护。最早规定消费者权利的是美国总统肯尼迪1962 年 3 月 15 日向国会提交的《关于保护消费者利益总统特别国情咨文》(白皮书),此政府性文件提出了消费者的四项基本权利,即获得商品安全保障的权利、获得正确商品信息的权利、自由选择商品的权利、提出对消费的意见的权利。这些权利的提出既是对世界消费者运动成果的概括,又进一步推动了国际消费者制度的建设。3 月 15 日就被认为具有里程碑意义的日子,从而被定为世界消费者权益日。

二、消费者权利的内容

消费者的权利从商品交换的角度看是一项民事权利,购销双方享有平等的权利并负有平等的义务。但是,从现代市场经济法的角度看,消费者的权利不完全等同于一般的民事权利,因为它和经营者之间并不是完全对等的权利和义务关系。法律对消费者权利的倾斜保护充分体现了制度资源在消费关系上的一种全新的配置。这种配置符合现代市场经济发展的需求。我国《消费者权益保护法》(以下简称《消法》)根据世界各国的法律立法经验,明确规定了消费者所享有的权利。

(一) 消费者的安全权

消费者的安全权包括财产安全和人身安全两方面的权利。《消法》第 7 条规定:"消费者在购买或者使用商品和接受服务时享有人身、财产安全不受损害的权利。消费者有权要求经营者提供的商品和服务,符合保障人身、财产安全的要求。"产品的安全性是产品的重要特性,不具备安全性的产品就是不合格、具有缺陷的产品。缺陷产品是指存在危害人身健康和财产安全的不合理危险的商品。如果产品因缺陷存在不合理的危险,消费者在购买或者使用过程中的人身和财产安全就得不到保障。消费者购买和使用商品或接受服务,最主要的一项权利就是保障安全。

按照法律的规定,为行使其安全权,消费者可以要求经营者修理不合格的商品;修理后仍不合格的,可以要求更换;更换后还是不合格的,可以要求退货。若消费者人身、财产因不合格商品而受到损害的,可以请求损害赔偿。

(二) 消费者的知情权

消费者的消费行为是为了满足其生活的需要,为此他就必须了解其要购买、使用的商品或接受的服务的真实情况,才能判断这一消费是否满足了其生活需要。《消法》第8条第1款规定:"消费者享有知悉其购买、使用的商品或者接受的服务的真实情况的权利。"这是对知情权的规定。

消费者应当知悉的情况包括商品的价格、产地、生产者、商品的用途、性能、规格等级、主要成分、生产日期、有效期限、检验合格证明、使用方法说明、售后服务及内容、费用等。对于这些情况,经营者应当如实提供,否则会构成对消费者的欺诈。实践中侵犯消费者知情权的情况是较多的,例如虚假商品的宣传,冒用他人的商品名称,冒用质量标志,安全标志,虚报服务价格,销售失效变质商品等。对此,消费者可以依法主张权利。

(三) 消费者的选择权

消费者的消费行为的完成实质上是消费者与经营者就有关商品或者服务达成一致意见的结果。首先消费者要有消费商品或者服务的意思,并将这一意思明白表示出来,让经营者明白。经营者针对消费者的消费意思表示,作出相应的承诺。传统的民法一直强调民事活动中当事人意思自治的原则,这一原则贯彻到消费领域,就必然表现为消费者对消费的自主选择权。《消法》第9条第1款规定:"消费者有自主选择商品或者服务的权利。"这是对选择权的规定。实践中出现的搭售行为、强买强卖行为、限定或者指定购买行为等,都是对消费者自主选择权的侵害。

依据法律的规定,消费者的选择权包括:

(1) 消费者有权自主选择提供商品或者服务的经营者。市场经济的一个特征是竞争,同一商品或者服务由两个以上的不同主体同时经营。这就在客观上为消费者选择商品或者服务的经营者提供了可能。为此,经营者应当通过改进经营方式,改善服务来吸引消费者,而不能对消费者采取蛮横无理的强留、强扣做法。

(2) 消费者有权自主选择商品的品种或者服务方式。发达的商品经济是商品相对丰富的经济,提供了多种的商品和服务方式供消费者选择。选择商品品种或者服务方式是指选择的决定在于消费者,经营者不能强迫消费者接受某一选择,但可以提供选择建议供消费者作参考。

(3) 消费者有权自主决定购买或者不购买任何一种商品、接受或者不接受任何一种服务。这是消费者选择权的最核心的内容。选择经营者或者选择商品品种或者服务方式,其目的在于决定是否购买商品或者接受服务,如果消费者这一层次的自主选择权被侵犯,前两个层次的自主选择权也就失去了意义。

（四）消费者的公平交易权

我国《消法》第 10 条第 1 款规定："消费者享有公平交易权。"这是民事活动的公平原则在消费领域的客观要求。消费者和经营者是两个平等的民事主体，他们的法律地位是平等的，各自均没有相对于对方的特权。这种平等地位决定了在消费领域中消费者能够表达其真实的消费意思，并就商品和服务的条件与经营者进行协商。从消费行为看，经营者就商品或者服务的价格、质量等出具的条件，实质上是一种要约行为。消费者若完全接受经营者出具的条件，从而购买商品或者接受服务，那就是一种承诺行为。若消费者对经营者出具的条件有所修改，则就是反要约行为。整个消费行为的完成，就是消费者和经营者之间不断协商，最终达成一致意思的结果。而最终意思表示一致，则是公平交易的本质体现。

消费者的公平交易权的内容主要有两个方面：一是消费者在购买商品或者接受服务时，有权获得质量保证、价格合理、计量正确等公平交易条件。质量保证主要是指商品应当符合不存在危及人身、财产安全的国家标准、行业标准的；价格合理是指商品或者服务的价格应当以商品或者服务包含的价值为基础，结合社会经济发展水平和消费者购买力，其包含的利润应当控制在法律允许的幅度内；计量正确则是指经营者不以短尺少秤等手法坑害消费者。二是消费者在购买商品和接受服务时有权拒绝经营者的强制交易行为。强制交易行为是指经营者利用其经济上的独占地位或者经济技术上的优势强迫消费者接受其不想购买的商品或者接受其不想接受的服务或者其他限制性条件。例如，搭售消费者不需要的商品，利用格式合同免除自己的责任，利用店堂告示等强迫消费者接受不公平的条件等行为。强制交易行为与公平交易根本相悖，因此消费者有权拒绝。

（五）消费者的求偿权

各国法律都规定：消费者因购买、使用商品或者接受服务受到人身、财产损害的，享有依法获得赔偿的权利。公民的人身权、财产权是两项基本的民事权利，在消费领域法律对消费者的人身、财产损害赔偿权的规定，是对消费者的人身权和财产权的民事权利的进一步肯定，明确消费者可以通过一定的方式求得相应的损害赔偿。不仅如此，消费者的民事求偿权利由于倾斜保护的原则要比一般的民事赔偿更为周全。

由于设计、原材料、制造工艺、质量管理等因素，商品存在缺陷而造成对消费者人身、财产的损害不可避免。商品对消费者的侵害可以造成两类求偿主体：一类是购买并消费商品或服务的消费者。这类消费者和经营者之间存在契约关系，经营者负有担保的义务，即保证他所出售的商品没有缺陷。这种担保可以是明示的，也可以是默示的，即依法推定某一类商品应当具有的起码的安全性能。

因此,一旦商品对消费者的人身和财产造成损害,就可以认为经营者违反其担保义务,可以按照契约关系来求偿。另一类是使用他人购买的商品或服务的消费者受到损害。在这种情况下,由于受害人与经营者没有契约关系,显然不能按契约关系求偿。实践中将这一情形作为侵权行为来处理。至于服务过程中对消费者造成损害,一般作为侵权来处理,因为服务关系还应包含消费者在接受服务后可能发生的损害。

(六) 消费者的结社权

消费者结社权的行使是保护自身利益的需要,同时也可以促进经营者加强经营管理,提高商品和服务的质量。消费者保护运动开展之初,消费者社会团体是自发形成的,它的主要作用就在于向消费者传播商品知识和信息。随着专业分工的细化,商品的技术性能愈来愈高,以致一般消费者凭其经验已不能判断商品质量的好坏,从而难以作出正确的选择。消费者社会团体的形成,有助于消费者学习和获取消费知识。另一方面,在消费争议的处理过程中,消费者处于弱者的地位,在财产、专业知识方面难以与经营者抗衡。消费者社会团体的产生,可以支持消费者就商品或者服务的质量及损害与经营者交涉,帮助消费者实现正当的权利要求。自从世界上第一个消费者组织——纽约市消费者协会成立至今已经有一百多年的历史了,各国都通过立法赋予消费者协会合法地位,以此来抗衡日益强大的经营者。最早的消费者组织的职能仅仅是保护消费者在购买商品和服务方面的权益,现在已发展到生活的各个领域,包括"反吸烟运动组织"等。

消费者的结社权是一项法定的权利,其行使也得依法定程序进行,要制定团体章程,并向法定机关登记成立。我国消费者社会团体的形式是消费者协会。《消法》规定了"消费者享有依法成立维护自身合法权益的社会团体的权利",规定了消费者协会的性质是"依法成立的对商品和服务进行社会监督和保护消费者合法权益的社会团体",并规定了消费者协会的职能。这些规定是对宪法赋予公民的结社自由权利的具体化,充分体现了我国对消费者权益保护的制度建设的成果。

(七) 消费者的知识权

此处的"知识",不是指一般意义上的关于消费物品的信息和知识,而是消费过程中必须具备的知识和国家、社会怎样保护消费者权益的知识。《消法》第13条规定,"消费者享有获得有关消费和消费者权益保护方面的知识和权利"。消费过程是商品的使用过程,其安全性与特定的使用条件密切相连,使用不当或违规使用,就会产生损害。因此,对于商品的标示应当有严格的规定,要求对正确的使用途径、方法给予说明,对于危险商品要有警示说明或者警示标志。另外,商品的安全使用期限或者有效期限也是消费者必须知道的。不仅消费者向经营者了解时经营者应当提供这些知识,即使消费者并未主动了解,经营者也应当以一定的方式将这些知识告知消费者,否则,就有可能对消费者的正当权益造成严重损害。比如邮递部门在接受委托运送易碎物品时,就应该告知客户或消费者可以选择保险作为可能造成的损害的补偿。

除了消费过程中的必备知识外,消费者还可以出于自我保护的需要,向消费者组织、有关行政、司法机关了解和得到更多的消费和法律方面的知识。消费者组织和行政、司法机关有义务告知消费者有关的法律实体规定和程序规定,告知消费者怎样才能更好地进行自我保护,或通过一定的行政、司法程序维护主张自己的正当权益。

(八) 消费者的受尊重权

消费者的受尊重权主要体现为消费者的人格权。人格权是人身权的重要内容。根据各国宪法和民法的规定,人格权包括姓名权、肖像权、名誉权、荣誉权等方面的权利。人格权作为一个整体,受到法律的严格保护。在消费领域中,对消费者人格权的侵害主要表现为对消费者名誉和人身自由的侵犯。例如,经营者因怀疑消费者偷盗了商品就无端地指责消费者,甚至强行搜身,非法拘禁等。这种不当行为显然侵犯了消费者的人格权。针对消费者的人格尊严受到侵害的情况,《上海市消费者保护条例》明确了经营者承担精神赔偿的责任。这是消费者权益保护在立法上的进步。同时,该条例也将消费者的隐私权列入了保护范围,规定"营者在提供商品或者服务时,不得要求消费者提供与其提供商品或者服务无关的个人信息"。

消费者受尊重权的另一重要方面是民族风俗习惯应得到尊重。我国有五十多个民族,因历史、文化、民族传统、经济发展等因素的差异,各民族的风俗习惯也不同。开放后的市场中也不乏外国的消费者,根据宪法规定,各民族有保持自己风俗习惯的自由。因此,经营者必须通过学习和了解不同民族的风俗习惯,更好地满足不同民族的消费需求,《消法》第40条规定:"消费者在购买、使用商品或者接受服务时,享有其人格尊严、民族风俗习惯得到尊重的权利。"

(九) 消费者的监督权

消费者的监督权是指消费者享有对商品和服务进行监督以及对保护消费者权益工作进行监督的法定权利。消费者的监督权是社会监督的重要组成部分。

商品和服务的质量状况直接影响到消费者的消费需求和正当权益的实现,因此,消费者对商品和服务的监督是消费者监督权的主要内容。监督权的行使是为了自身利益的需要,同时也能促进经营者提高产品质量、改进经营方式和服务方式,从而推动经济的健康发展。因此,《消法》第17条规定:"经营者应当听取消费者对其提供的商品或者服务的意见,接受消费者的监督。"

消费者对保护消费者权益工作进行监督是消费者利益能够真正得到保护的重要途径,保护消费者权益的工作质量的好坏,广大的消费者体会最深,因此是最有发言权的。消费者从其切身的感受评价保护消费者权益的工作,并提出善意的批评和改进的建议,这无疑会推动消费者保护工作的发展。消费者在这方面的权利主要包括如下内容:

（1）检举、控告侵害消费者权益的行为。侵害消费者权益的行为表现形式多样,例如出售缺陷商品、进行虚假商品宣传、强制交易、侵犯消费者人格权等。对于任何一种侵犯消费者权益的行为,消费者都可以向工商行政管理部门或者其他有关部门检举、控告,以便依法进行处理。

（2）检举、控告国家机关及其工作人员的违法失职行为。国家工商、技监等部门依照法律规定,应当在其各自的指责范围内保护消费者的权益。国家机关及其工作人员徇私枉法,不能依法履行职责的,对此,消费者有权进行检举、控告。

（3）对保护消费者权益工作提出批评和建议。

第四节　格式合同与消费者权益保护

格式合同是一方当事人为反复使用而预先拟定、由不特定的第三人所接受的,并在订立合同时不能与对方协商的条款。它以简捷、省时的特点迎合了经济生活高效率、低成本的要求,从而在运输、保险等许多行业得到广泛应用。然而,制定格式合同的一方当事人往往具有相对的优势,经营者在制定格式合同使交易得到方便的同时,又设置霸王条款赋予自己更多权利或者剥夺消费者的合法权益,严重损害了消费者的利益。为了避免上述情况的出现,各国在承认格式合同具有重要作用的同时,又通过法律对其进行控制。在我国,格式合同的使用已越来越普及,但由于相关的法律制度尚不完善,格式合同对消费者权益的损害较为严重。如何扬长避短地使用格式合同,避免其被利用为侵害消费者权益的工具是一项重要的法律课题。

一、格式合同对消费者权益的影响

格式合同一词在不同的国家和地区有不同的称谓,如法国称为"附和合同",德国称为"一般契约条款"或"普通契约条款"。尽管称谓不尽相同,但各国格式合同的法律含义基本是一致的,它具有自己的特征:第一,格式合同具有单方预先拟定性。通常合同的订立基于双方当事人在平等、自愿的基础上反复协商而形成的合意,而格式合同则是由一方当事人在订约以前就已经预先拟定好的。第二,格式合同内容的不可协商性,即格式合同的使用者预先将自己的意志表述出来,与之交易的合同相对方只能选择全盘接受或是完全不接受,不存在协商的余地。第三,格式合同的使用具有较大的稳定性和长期性。为了提高效率、降低成本,格式合同以一种固定的模式重复、持续地运用于同类场合。它往往是面向公众长期适用,一般不作实质性的改动,正是这一特征使其符合现代交易中规模化和标准化的需要。

尽管对于消费者来说格式合同具有简化手续、节约交易费用等有利因素,但是由于交易双方之间在经济地位上往往有比较悬殊的差距,且其制定过程中消费者没有参与的可能,所以格式合同的拟定者可能利用这一优势在合同中规定对自己有利的条款,背离契约自由原则与合同公平原则,其结果是消费者权益受到损害。

在现实生活中,经营者利用格式合同损害消费者权益的情形主要有以下几种:

(1) 减轻或者免除合同制定者的责任,或者加重消费者义务,限制其主要合同权利。例如商店中的店堂告示:"折扣商品,概不退换",或者运输合同中规定:承运人对于货物的灭失、缺少、变质、污染、损坏应承担责任,但承运人能证明上述结果是因为不可抗力、运送货物的性质以及托运人或收货人的过失等原因所致的,则不负责任。现实中,承运人往往利用合同未规定承运人也有过失时是否负责任的漏洞逃避赔偿责任。

(2) 不合理的分担合同风险。例如约定因不可抗力或第三人之行为而生的风险,一律由相对人负担,而不论该不可抗力或第三人之行为是否属于条款使用人所能防范的范围。

(3) 合同制定者赋予自身任意解除、变更合同的权利。在某些格式合同中,制定者会规定自身在许多情况下有权解除或变更合同,将商业风险转嫁于消费者。

(4) 利用优势地位附加不合理交易条件。如一些企业强制消费者购买和使用与其提供的产品相配套的商品,这些条款不仅违反了竞争法的有关规定,同时也是对消费者自主选择权的严重侵害,应当受到法律的规制。

(5) 排除消费者寻求法律救济的权利。如合同规定排除诉讼或仲裁等争议解决方式,这样在出现争议时,消费者只能与格式合同的使用人协商解决,合法权利难以得到保障。

上述格式合同对消费者权益保护的负面影响已经受到越来越多的关注,许多国家通过立法对其进行规制。

二、国外规制格式合同的三种模式

(一) 单独立法模式

有的国家和地区认为,随着社会经济发展和交易频繁,格式合同的使用越来越多,要对其进行全面规制,有必要单独立法。如以色列早在 1964 年就率先颁布《标准合同法》,除此以外,还有1971年瑞典的《不当合同禁止法》、1973年英国的《公平交易法》、1976年德国的《一般合同条款法》、1977年英国的《不公平合同条款法》、1986年韩国的《合同条款规制法》、1990年我国香港地区的《管制免责条款条例》等。其中,最为完备和详细的是德国的《一般合同条款法》。

(二)一般民商事法律规制模式

在对格式合同的规制模式中,一般民商事法律规只是最基本的方式,如《意大利民法典》第1341条规定,合同中不平等条款除经受约人就该条款签名,特别注明同意外,均属无效。在英美法系国家,由于没有民法典,对格式条款的规制多体现在商事法典中,如美国《统一商法典》第9-201条规定:"除非本法有其他规定,担保协议的条款对双方有效,连带交易中的卖方及债权人均不得干涉。但本法并不赋予那些违反用益权法、小额金额贷款法、零售分期付款法或其他有关法律规章的契约以效力。"

(三)在消费者权益保护法中规制模式

在意识到格式合同对消费者权益的严重负面影响后,有的国家在消费者权益保护法中设专章或专节对其进行规制,如1978年《卢森堡消费者保护法》、1986年《韩国消费者保护法》以及我国1993年《消费者权益保护法》等。

三、我国对格式合同的法律规制

对于格式合同,我国没有制定专门的法律,但《合同法》、《消费者权益保护法》中有相关内容。

首先,《合同法》在"合同的订立"一章中有三个条文规定了关于格式条款的特殊规则:

关于格式合同有效的要件,该法第39条规定,采用格式条款订立合同的,应"采取合理的方式提请对方注意免除或者限制其责任的条款,按照对方的要求,对该条款予以说明"。只有满足这两个条件,格式条款才能成为合同的一部分。

关于无效格式条款的类型,该法第39条规定,"采用格式条款订立合同的,提供格式条款的一方应当遵循公平原则确定当事人之间的权利和义务"。这是对格式条款效力进行判断的一般原则。该法第40条具体规定了格式条款无效的三种情形:一是免除格式条款提供方责任的;二是加重对方责任的;三是排除对方主要权利的。

关于格式条款的解释原则,《合同法》第41条规定:"对格式条款的理解发生争议的,应当按照通常理解予以解释。对格式条款有两种以上解释的,应当采用非格式条款。"

其次,《消费者权益保护法》第24条规定:"经营者不得以格式合同、通知、声明、店堂告示等方式作出对消费者不公平、不合理的规定,或者减轻、免除其损害消费者合法权益应当承担的民事责任。格式合同、通知、声明、店堂告示等含有前款所列内容的,其内容无效。"这一规定将格式合同的规制与消费者权益保护直接联系起来,从消费者保护角度考虑具有重要意义。

最后,其他特别法中也有针对其领域内格式条款的特殊规定,如《海商法》、《保险法》以及《民用航空法》。

第五节　消费者权利的救济制度

一、消费者权利的保障

消费者的权利,同时也是与之相对应的经营者的义务,并且是以保护者身份出现的国家、社会力量的义务。保障消费者的权益,就是一方面要求经营者以"不作为"的形式,不去主动侵犯消费者的合法权益;另一方面要求国家和各种社会力量以积极的"作为"的形式,采取各种措施保障消费者的各项权利的实现。

1. 规定经营者的义务

我国《消法》专门设立"经营者的义务"一章,通过规定经营者的法定义务来达到保护消费者正当合法权益的目的。经营者的义务主要体现在向消费者提供商品和服务时的义务,包括:接受消费者的监督;保障消费者的人身、财产安全;不得作虚假宣传;必须明码标价;必须标明自身的真实名称和标记;不得出具非法无效的单据;保证商品质量和性能、用途和有效期;对特定商品承担"三包"责任;不得以格式合同、通知、声明、店堂告示的方式免除自身的责任;不得侵犯消费者的人格和人身自由等。《上海市消费者权益保护条例》首次规定了经营者召回义务,即当经营者发现其提供的商品或服务存在严重缺陷,即使正确使用商品或者接受服务,仍然可能对消费者人身、财产安全造成危害的,应当立即中止、停止出售该商品或者服务;商品已出售的,应当采取紧急措施告知消费者,并召回该商品进行修理、更换或者销毁,同时应当向有关行政管理部门和行业协会报告。可以看出,对经营者的这些要求义务的规定是与消费者的知情权、安全权、选择权、公平交易权、知识权、受尊重权相呼应的。这些规定一方面是为了使消费者的各项权利得到保障,另一方面也是良好市场秩序的必然要求。

2. 规定消费者组织的职能

在规定经营者的义务的同时,各国消费者权益保护法也设专章规定了消费者组织在保护消费者权益方面的职责和具体方式。消费者组织应允许、支持消费者结成以保护自身权益为目标的社团组织开展宣传,在社会范围内提高消费者权益保护的意识;接受消费者对国家、消费者组织的监督;帮助消费者完成对经营者的监督等。《上海市消费者权益保护条例》规定消费者协会可以对有严重缺陷的产品建议经营者召回。消费者组织应主动采取措施,与不法侵犯消费者权益的行为作斗争,并协助消费者顺利实现自己的各项权利,向大众传媒披露不法侵犯行为,形成舆论监督效应等,真正落实消费者权益的保护工作。

3. 规定国家在消费者保护中的义务和职责

政府保护消费者的重要标志就是把保护消费者和宪法中规定的公民权利联系起来,使消费者权利成为宪法权利在消费领域的具体体现。我国《消法》总则规定,国家保护消费者的合法权益不受侵害;国家采取措施,保障消费者依法行使权利,维护消费者的合法权益。这表明国家的义务主要是立法、制定政策和实施法律和政策,通过制定保护消费者权益的法律和政策,明确消费者在社会经济生活中的地位、享有的权利以及具体的保护措施。国家通过执法、司法程序保证消费者受损之后能够获得相应的救济。各级政府是国家保护消费者的具体实施机构,因此必须规定各级政府在保护消费者权益方面的职责。如我国《消法》规定,"各级人民政府应当加强领导,组织、协调、督促有关行政部门作好保护消费者合法权益的工作,各级人民政府应当加强监督、预防危害消费者人身、财产安全行为的发生,及时制止危害消费者人身、财产安全的行为"。与此同时,政府设立专门机构保护消费者的权益。如《消法》明确规定各级工商行政管理部门和其他有关部门在各自的职责范围内,依法采取措施,保护消费者合法权益。《上海市消费者权益保护条例》还规定了行政管理部门对有缺陷的产品可以责令经营者召回。可以看出,这些规定与消费者的求偿权、知识权、结社权和监督权相呼应。

二、消费者权利的实现

法律规定的各项消费者权利,需通过一定的形式和程序,才能转化为现实的经济利益。没有程序上的保证,所有实体规定都只是一纸空文。因此,消费者权益保护法规定并明确了消费者与经营者发生争议时可以采取以下救济途径:(1)与经营者协商和解;(2)请求消费者协会调解;(3)向有关行政部门申诉;(4)根据与经营者达成的仲裁协议提请仲裁机构仲裁;(5)向法院提起诉讼。

解决途径的多元化有利于消费者及时、有效地保护自己的正当权益。需要注意的是,在我国的消费者权益保护法中有些特殊的具体规定,使得消费者在权益受损之后,能够得到较为充分的救济。

(1)直接求偿制度

消费者在自己的合法权益受到侵害后,可以向直接将商品或者服务提供给自己的经营者求偿,而不必深究造成损害的责任具体应由谁来负。例如法律规定,因商品缺陷受害时,消费者可以向销售者求偿,也可以向生产者求偿。生产者或销售者必须在赔偿之后,才有权向真正的责任人进行追偿,这样就扩大了消费者求偿保障系数。使用他人营业执照违法经营,损害消费者合法权益的,消费者可以向经营人求偿,也可以向原执照持有人求偿。消费者在展销会或出租柜台上购买商品或接受服务,合法权益受到侵害时,可以向销售者或服务的提供者直接要求赔偿,也可以在展销会或柜台租赁结束后向展销会的举办者、柜台的出租者要求先行赔偿。这一系列规定,使得消费者在正当权益受损时,能够迅速及时、目标明确地求得补偿,而不必担心因众多经营者相互推诿而难以求偿。《上海市消费者权益保护条例》中对此规定得更为周详,"商品质量不合格使消费者权益受到损害,销售者应当先行赔偿;不属于销售者责任的由销售者向责任方追偿"。

(2) 惩罚性赔偿

惩罚性赔偿是各国消费者保护法的一种特别规定,目的是加强对经营者的约束,严厉杜绝经营者利用欺诈、虚假、歪曲、掩盖事实等手段损害消费者权益的行为。我国《消法》第49条规定,"经营者提供商品或者服务有欺诈行为的,应当按照消费者的要求增加赔偿其所受到的损失,增加赔偿的金额为消费者购买商品的价款或者服务的费用的一倍"。

《消法》的这些规定无疑表明了消费者权益的保护已经从一般的民事保护中突出和分解出来,纳入了现代市场秩序法律的范畴,这是现代市场经济发展的客观需要。因而可以得出结论:第一,该法以保护消费者合法权益、肃清市场秩序为目的,设立了倾斜性的实体和程序制度,只要存在侵害消费者合法权益的实际情况,即应进行倾斜保护;第二,不论众多经营者当中究竟谁负有主要责任,消费者都可以向(也许并没有过错的)直接销售者要求赔偿;第三,不论消费者购买商品或者接受服务时具体的目的是什么,只要他的行为没有违反法律,并以个人的身份购买了生活消费品或者接受了服务,均可以适用《消法》;第四,《消法》第49条的规定,利用利益机制驱动消费者积极参与发现、打击假冒伪劣商品,充分体现了现代经济法的基本精神,客观上起到了规范市场公共秩序的作用。实际上,这也是我国法律鼓励一切社会组织与个人对产品质量、经营者行为进行社会监督的立法意图的实际应用。

(3) 建立社会公益诉讼制度

在现代社会中,消费者作为抽象的社会利益的具体载体,对其权益的保护已经对以私权为保护目的的民事诉讼机制提出了挑战。

消费者权益保护涉及社会经济生活的各个方面,从行为形式上讲,侵害消费者利益的不仅有出售劣、低质产品和服务的直接侵权行为或者违法行为,而且还有垄断、限制竞争和不正当竞争的行为。这些行为破坏社会经济秩序,从而使消费者的利益受到直接或者间接的损害。在前一种情况下,消费者能以侵权者或违约者为对象进行诉讼,寻求司法救济。但在后一种情况下,由于消费者与违法者之间并不存在直接的民事关系,而且违法者对消费者造成的损害可能是潜在的或不特定的,因此,依据一般的民事诉讼制度,消费者不能直接对违法者提出求偿。更加重要的是,本身并不购买商品和服务的市场主体(被认为不是消费者)目睹侵害消费者利益的行为,但因为不是直接利害关系者,而被排斥在民事诉讼之外。从法律责任上讲,侵害消费者的行为不仅涉及民事责任,还涉及行政甚至刑事责任,对违法者的处罚,就现行的司法制度来说只能分别通过民事诉讼、行政诉讼和刑事诉讼进行,这不仅使消费者的救济大大滞后,而且对有效规范市场经济秩序也显得力不从心。

为了让消费者能对一切损害自己和他人利益的行为提起诉讼,也为了让侵害消费者利益的行为迅速地、综合地得到制止,必须尽快建立社会公益诉讼制度。社会公益诉讼制度的含义是指任何组织和个人都可以根据法律的授权,对违反法律,侵害国家利益、社会利益的行为向法院起诉,由法院追究违法者的法律责任。公益诉讼和私益诉讼的区别是明显的:首先,诉讼目的不同,公益诉讼的目的不是为保护个别的私人利益,而是维护社会公共利益。其次,诉讼主体不同,公益诉讼的诉讼主体并不限于有直接利害关系的人和社会组织。正因为是为了"公益"而提起的诉讼,就应当允许与案件并无直接利害关系的主体享有诉权。

发达国家在公益诉讼制度方面已经有所创新,如美国《克莱顿法》第4条规定,州司法部长代表其州内自然人的利益向有管辖权的法院提起民事诉讼;第15条规定,对违反反托拉斯法造成的威胁性损害,任何人、商号、公司、联合组织都可以向有管辖权的法院起诉和获得救济;在《谢尔曼法》中更是规定了受害人可以得到因垄断行为受到损害的三倍赔偿及诉讼费和律师费。国外的反不正当竞争法已经把消费者利益的保护作为立法宗旨之一,可以认为,这为公益诉讼制度的建立提供了基础性的条件;并且,各国在消费者权益保护法中也对社会保护原则作了补充规定,应当可以顺理成章地建立公益诉讼制度。但遗憾的是,具体的制度建设尚未受到足够的重视。笔者认为,在我国,"王海现象"之所以受到质疑,很大程度上是缺乏公益诉讼制度的缘故。

总之,无论从保护消费者权益的较为狭窄的角度,还是从更加广泛的经济法制建设完善的角度,公益诉讼制度都是现代市场经济法制中必不可少的重要内容。

思考题

1. 简述消费者的基本特征。
2. 试述消费者的公平交易权。

3. 经营者利用格式合同损害消费者权益的主要表现形式有哪些？
4. 双倍惩罚性赔偿的适用条件有哪些？

案例分析

甲在光明商场购买了十条中华牌香烟，总值3780元。其中两条烟的外包装不好，甲向商场提出退换遭拒绝。甲回家后发现有一条烟已霉变，便将十条烟送交北京市烟草质量监督检测站进行检测，结果显示三条烟为假冒伪劣卷烟。当日，甲即向该市某工商分局提出申诉，经调解未果。此后，甲诉至法院，要求商场退还三条假烟款1134元、赔偿三条假烟款1134元，赔偿鉴定费200元、误工费600元，退还因鉴定开封的另五条烟款1890元，共计4958元。

光明商场辩称：甲在买烟时已检查过每条烟，在购买后过了一段时间后才要求退货。经鉴定机构检测烟是假烟，但不能认定是从本商场售出的烟。鉴定是单方的行为，也没有对鉴定样品进行封存，故不同意甲的诉讼请求。

法院经审理确认，甲申请鉴定的香烟编号与购烟小票背面标示的编号相同，可以认定该鉴定结论中所指的假冒伪劣卷烟系甲从光明商场处购买，且光明商场未提供反证。

问题：
1. 本案中双倍赔偿的请求是否应当得到支持？
2. 本案最终应如何处理？
3. 《消法》中的惩罚性赔偿制度与制止不正当竞争、维护公平交易秩序有何关系？

第十章 产品质量法律制度

【学习要点】
1. 掌握产品缺陷的含义
2. 了解产品质量监督管理体系涉及的机关和权限
3. 了解国内外产品责任制度的有关规定
4. 掌握产品责任的构成要件

第一节 产品质量法概述

一、产品、产品质量和产品缺陷

(一) 产品

产品可以从自然属性和法律属性两个不同的范畴进行定义。从自然属性讲,产品是指劳动力通过劳动工具对劳动对象进行加工所形成的、适合人类生产和生活需要的一定的劳动成果。产品包括生产资料和消费资料,是人类生存和发展的物质条件。从法律属性讲,产品是指经过某种程度或方式加工用于消费和使用的物品,但并不包括所有的物品。纵观各国法律,对"产品"一词的解释和定义是不完全相同的。概括起来,有广义和狭义两种解释。广义的产品是指一切经过工业处理过的东西,不论是可以移动的还是不可移动的,工业的还是农业的,经过加工的还是非经过加工的,任何可销售或可使用的制成品,只要由于使用它或通过它引起了伤害,都可视为发生产品质量责任的"产品"。[1]如美国的产品责任法中就是采用广义的说法。狭义的产品则是仅指可移动的工业制成品。如1976年欧洲共同体《产品责任指令草案》中就把产品解释成是"工业生产的可移动的产品"。但是,随着经济的发展,特别是信息产业和高新技术的突飞猛进,人类可利用的资源愈来愈多,生产出的产品的种类也愈来愈多,可能造成使用者伤害的物品也愈来愈多,因此,各国的立法和司法实践也趋向于把产品作广义的解释。我国的法律同样对产品进行了较为宽泛的解释。2000年新修订的《中华人民共和国产品质量法》(以下简称《产品质量法》)第3条规定的产

---

[1] 参见曹建明:《国际产品责任法》,上海社会科学院出版社1987年版,第2页。

品"是指经过加工、制作、用于销售的产品",不包括建设工程产品和军工产品,但建设工程使用的建筑材料、建筑构配件和设备,可以属于产品的范围。

(二) 产品质量

产品质量是指产品性能在正常使用条件下,满足合理使用用途要求所必须具备的物质、技术、心理和社会特性的总和。根据国际标准化组织颁布的 ISO8402-86 标准,质量的含义规定为:"产品或服务满足规定或潜在需要的特征的总和。"该定义中所称的"需要"往往随时间、空间的变化而变化,与科学技术的不断进步有着密不可分的关系。"需要"可以转化为具有具体指标的特征和特性。

在现代经济社会中,必须全面理解产品质量应具有的特征,它包括产品的适用性、可靠性、安全性、经济性、美学性以及竞争性等。[1]我国《产品质量法》第 26 条规定产品质量应当符合三项要求,即:

(1) 不存在危及人身、财产安全的不合理的危险,有保障人体健康、人身、财产安全的国家标准、行业标准的,应当符合该标准;

(2) 具备产品应当具备的使用性能,但是,对产品存在使用性能的瑕疵作出说明的除外;

(3) 符合在产品或者其包装上注明采用的产品标准,符合以产品说明、实物样品等方式表明的质量状况。

(三) 产品缺陷

产品质量与产品缺陷有着密不可分的关系,产品缺陷是承担产品质量责任的先决条件。根据大多数国家法律的规定,产品缺陷是指产品存在不合理的危险,而这种危险是在产品离开生产者或销售者之前就已经存在的。美国产品责任法律虽然对"产品缺陷"没有明确的规定,但是根据其侵权行为法律和法官们的司法实践总结,也认为产品缺陷是指商品具有不合理的危险性。所谓"不合理",其判断标准是可预见的使用目的,即"生产者应使其产品得以在预见的可能使用范围内,具有合理的安全性"。这里,对安全性的判断则是以一般使用人的认识与预期为标准。[2]欧洲共同体的《产品责任指令草案》中也把产品缺陷规定为,"若产品未给人们和财产提供一个人有权期待的安全,则该产品有缺陷"。我国法律参照了国际上的立法惯例,在《产品质量法》中,规定产品的缺陷是指"产品存在危及人身、他人财产安全的不合理的危险",同时,更进一步详细规定了"产品有保障人体健康、人身、财产安全的国家标准、行业标准的,是指不符合

---

[1] 参见全国人大常委会法制工作委员会、国家技术监督局政策法规司:《产品质量法实用指南》,中国民主法制出版社 1993 年版,第 157 页。

[2] 参见曹建明:《国际产品责任法》,上海社会科学院出版社 1987 年版,第 5 页。

该标准"。

产品的危险有合理与不合理之分,只有不合理的危险才可归入产品缺陷范畴。不合理的危险包括两种情况:

(1)产品本身应当不存在危及人身、财产安全的危险性,但因设计、生产上的原因,导致产品存在危及人身、财产安全的危险。

(2)产品本身的性质具有一定的危险性,在正常合理使用的情况下,不会发生危及人身、财产安全的危险,这类产品的这种危险属于合理危险。如果因产品设计、制造等原因,导致这类产品在正常合理使用的情况下存在危及人身、财产安全的危险或者生产者未能用警示标志或警示说明,清楚地告诉使用者使用的注意事项,未能提醒使用者对危险的预防,而导致了危及人身、财产安全的危险,这些均属于存在不合理的危险。

二、产品质量法

(一)产品质量法

1. 产品质量监督管理

产品质量监督管理是指国家技术监督行政部门以及地方技术监督行政部门依据法定的行政权力,以实现国家职能为目的,对产品质量进行管理的活动。《产品质量法》第二章主要规定了国家为保证产品质量而采取的宏观管理和具体监督措施,主要包括:

(1)产品质量监督检验制度。产品质量应当经过检验,检验机构必须具备检测条件和能力并经有关部门考核合格后,方可承担检验工作。未经检验的产品视为不合格产品。

(2)特殊产品的管理制度。对可能危及人体健康和人身财产安全的产品以及重要工农业原材料、影响国计民生的重要工业产品制定特殊质量标准或管理措施。

(3)企业质量体系认证制度。国家根据国际通用的标准,推行企业质量认证,企业根据自愿原则申请企业质量认证及申请其他质量认证时可免于质量体系审查。

(4)产品质量认证制度。国家参照国际先进的产品标准的技术要求,由企业自愿申请产品质量认证;认证合格,由认证机构颁发证书,准许企业在产品或者包装上使用产品质量认证标志。

(5)产品质量监督检查制度。主要是以抽查的方式对可能危机人体健康、人身、财产安全的产品,影响国计民生的重要工业产品以及消费者、有关组织反映有质量问题的产品进行抽查。

(6)标准化管理制度。《产品质量法》第13条规定:"可能危及人体健康、人身财产安全的工业产品,必须符合保障人体健康、人身、财产安全的国家标准;未制定国家标准、行业标准的,必须符合保障人体健康、人身、财产安全的要求。"

此外,还有奖惩制度。《产品质量法》第 6 条规定:"对产品质量管理先进和产品质量达到国际水平、成绩显著的单位和个人,给予奖励"。同时,根据市场经济的要求,对各种掺假和以次充好等行为规定了制裁措施。

2. 产品质量责任

产品质量责任是指产品的生产者、销售者以及其他相关第三人对产品质量所应承担的义务以及违反此种义务时应承担的法律责任。西方国家以产品责任制度为重要规制的内容,而我国在此方面有待于进一步完善。

(二) 产品质量立法的宗旨

我国《产品质量法》明确规定该法的立法宗旨为"加强对产品质量的监督管理,提高产品质量水平,明确产品质量责任,保护消费者的合法权益,维护社会经济秩序"。

1. 保障并提高产品质量

保障和提高产品质量是《产品质量法》的直接目的。企业参与市场竞争主要依靠产品的质量,为保障产品应有的质量,首先是靠企业自身的努力。但是在市场竞争中,有些企业为了牟取利益,不惜采用牺牲质量的做法,偷工减料、以次充好,丧失了市场竞争应有的性质。因此,通过产品质量法律制度对此进行管理和监督是极为必要的,尤其是在我国的市场经济初级阶段,商业道德和市场规则尚未成为绝大多数市场主体遵循的行为准则、竞争法制尚未完善健全的条件下,质量管理显得尤为重要和必要。对产品质量进行管理和监督是为了更好地发挥市场经济的资源配置的作用,促使企业不断采用新的技术和工艺改进技术、提高质量,节省资源,使市场资源得到更优化的利用。

2. 维护消费者的合法权益

维护消费者的合法权益是产品质量立法的目的和任务之一。消费者通过有偿取得商品和服务参与社会再生产的过程,没有消费者的消费活动就没有社会再生产的继续进行。因此,保障消费者的合法权益,就是保障社会经济正常运转的极为重要的任务。产品质量法在传统的合同法规范和侵权行为法规范的基础上,顺应历史的发展,渗入了保护消费者的法律需要才得以完善起来。可以这样认为,现代意义上的产品质量法制是传统民法与消费者权益保护法相结合的成果。因此,不管是西方国家的产品责任法的演变结果,还是发展中国家新建立的产品质量管理法律制度,都把消费者权益的保护列为产品质量法的立法宗旨之一。明确地提出消费者在监督产品质量中的权利(我国《产品质量法》),"无过失责任"的提出(美国《统一产品责任法》)以及在消费者权益保护法中规定缺陷产品的责任(英国《消费者保护法》)等,都是为了更好地维护消费者的合法权益。

需要指出的是,产品质量法和消费者权益保护法尽管在立法宗旨上有共同之处,但是两者在求偿主体、适用范围等方面还是有区别的。

3. 规范社会竞争秩序

良好的市场秩序的建设是现代市场经济法制的中心内容,因此,围绕着市场秩序的优化,现代市场经济法制的每一项立法都有使命实现这一神圣目标,并把它细化在法律规范的设计中。我国《产品质量法》第5条明确规定:"禁止伪造或者冒用认证标志、名优标志等质量标志;禁止伪造产品的产地,伪造或者冒用他人的厂名、厂址;禁止在生产、销售的产品中掺杂、掺假,以假充真,以次充好。"第50条和第53条明确规定了对上述行为的处罚措施。此外,《产品质量法》第56条和第58条还分别规定了对以行贿、受贿或者其他非法手段推销、采购不符合该法规定的有关产品的以及在产品质量检验中伪造检验数据或者检验结论的处罚措施。《产品质量法》中的这些规定,都是同反不正当竞争法律规范有密切联系的,可以说是从产品质量管理方面来维护公平的市场竞争秩序。因此,从总体上讲,产品质量法与广告法、反不正当竞争法等都是市场秩序法律制度体系中的一部分,有着共同的立法宗旨。

第二节 产品质量监督管理法律制度

一、产品质量监督管理制度概述

在我国,产品质量监督管理制度是指国务院产品质量监督管理部门以及地方人民政府管理产品质量监督工作的部门依法定的行政权力,以实现国家职能为目的,对产品质量进行管理监督的制度。产品质量的好坏直接影响消费者的生活,影响正常的社会经济秩序,在我国目前产品质量总体水平较低、市场竞争机制尚未真正建立的情况下,国家对产品质量进行监督管理是一项长期而必要的工作。

产品质量监督管理制度是由互相联系、互相依存、自成体系的各项制度组成的统一体。我国现行法律、行政法规确立了包括以下六项制度在内的产品质量监督管理制度:企业质量体系认证制度、产品质量认证制度、产品质量监督检查制度、产品质量标准制度、标准化管理制度和产品质量奖惩制度。产品质量管理和监督具有严格的科学性、规律性,这六项制度相辅相成,结成一体,构成一个完整的产品质量监督管理制度。为促进和保障生产经营者提高产品质量提供了基本手段,也为国家从宏观上按市场经济的要求组织管理产品质量提供了法律依据。

二、产品质量监督

根据国家标准 GB6583·1-86 对质量监督的定义,质量监督是指为保证满足质量要求,由用户或第三方对程序、方法、条件、产品、过程和服务进行连续评价,并按照规定标准或合同要求对记录进行分析。所谓产品质量监督管理,是指对产品质量监督活动的计划、组织、指挥、调解和监督制度的总称。

我国的产品质量监督主要有以下三种形式:

(一) 企业自我监督

企业自我监督的主要任务是按照技术标准和订货合同对产品质量进行严格检验,包括原材料、外购件、半成品、成品以及主要的工序质量检验,对新产品能否正式投产提出意见,签发成品合格证书等。

(二) 社会监督

所谓社会监督就是广泛动员和组织全社会各方力量,对产品质量进行关注、监督和评议,促进企业提高产品质量、维护国家和消费者的利益。社会监督的具体形式有消费者投诉、群众评议、舆论揭露等。首先,消费者有权就产品质量问题,向产品的生产者、销售者查询,向技术监督管理、工商行政管理等部门申诉,生产者、销售者和有关部门应当受理,并负责处理。其次,保护消费者权益的社会组织可以就消费者反映的质量问题建议有关部门负责处理,参与有关行政管理部门对产品质量的监督检查,也可以支持消费者对因产品质量造成的损害向人民法院起诉。最后,新闻舆论单位可以利用舆论工具向消费者介绍产品质量知识,宣传有关产品质量监督管理的法律、法规,揭露产品生产、销售中的违法行为。

(三) 国家监督

这是指代表国家的政府专职机构进行的监督,可以分为抽查型质量监督和评价型质量监督。抽查型监督是国家质量监督机构在市场上通过抽取样品进行监督检验,对照标准检验其是否合格,从而责成企业采取改进措施,直到达到技术标准的要求;评价型质量监督是指国家质量监督部门通过对企业的生产条件、产品质量考核合格后颁发某种证书,确认和证明这一产品已经达到要求的质量水平。我国《产品质量法》中的产品认证制度就是这种类型,此外,国家颁发许可证制度也属于国家监督的具体形式。

三、产品质量监督管理体制

现行《产品质量法》根据我国管理实际,在总结过去立法经验的基础上,确立了统一管理、分工负责的产品质量管理体制。根据国家对行政机关的不同授权,可以分为级别管理和职能管理。级别管理体制分为中央一级国家产品质量监督管理部门和县级以上地方各级人民政府质量监督管理部门。职能管理体制分为政府产品质量监督管理部门和政府有关行政主管部门。国家根据这些行政机关的各自职能,授予其不同的产品质量监督管理权限。

关于我国目前产品质量监督管理体制,《产品质量法》第 8 条作了明确的规定:

(一) 国务院产品质量监督管理部门的职能和分工

该法第 8 条第 1 款规定,"国务院产品质量监督管理部门负责全国产品质量监督管理工作"。这是关于国家一级管理部门的规定。根据全国人大常委会的立法原意和《国务院关于机构设置的通知》,国务院产品质量监督管理部门是指国家质量技术监督局。它负责对全国产品质量工作进行统一管理,组织协调,对产品质量管理工作进行宏观指导。按照国务院确定的"三定"方案以及《国务院关于机构设置的通知》精神,国家质量技术监督局的主要职责是:(1) 拟定并贯彻执行国家有关质量技术监督工作的方针、政策和法律法规,制定并分布规章、制度;(2) 管理质量监督工作,管理产品质量仲裁的检验、鉴定。组织协调、依法查处生产和销售假冒伪劣商品活动中的质量违法行为;(3) 宏观管理和指导全国质量工作;(4) 统一管理国家标准的计划、审批、编号、发表;(5) 统一管理和鉴定认证认可工作;(6) 组织制定质量技术鉴定事业发展规划,组织协调行业和专业的质量技术监督工作。

(二) 国务院有关部门的职能与分工

该法第 8 条第 1 款第 2 项规定,"国务院有关部门在各自的职责范围内负责产品质量的监督管理工作"。这也属于国家一级管理部门的规定,但范围限定在本行业内部关于产品质量方面的行业监督管理和生产经营性管理工作。如国家药品监督管理局负责西药、中药的质量监督管理工作;行业认证委员会负责认证工作的具体实施。

(三) 县级以上地方产品质量监督管理部门的职能与分工

该法第 8 条第 2 款第 1 项规定,这些地方级管理部门主管本行业行政区域内的产品质量监督工作。结合近年来国家有关产品质量监督管理体制改革的内容,其中省级产品质量监督管理部门的职责是按照国家法律、法规的规定和省级人民政府赋予的职权,组织、协调省级范围内的产品质量监督管理工作。而市(州、盟)、县(区)级管理产品质量监督工作的部门,则在省级产品质量监督管理部门的垂直统一领导下,按照职责分工,做好产品质量监督管理工作。

(四) 县级以上地方人民政府有关部门的职责和分工

该法第 8 条第 2 款第 2 项规定,这些部门在各自的职责范围内,负责本行政区域内、本部门内关于产品质量方面的生产经营性的监督管理工作。

四、产品质量监督管理制度

产品质量监督管理制度是指由产品质量法确认的互相联系、互相依存、自成体系的管理规定。产品质量管理和监督具有严格的秩序性和规律性。各国在长期的管理实践中,创立了许多有益和良好的管理制度,并把它们反映在产品质量立法中。我国产品质量立法根据社会主义市场经济发展的需要,借鉴外国立法,参照国际惯例,确立了以下制度:

(一)产品质量认证

《产品质量法》第 14 条规定:"国家参照先进的产品的标准和技术要求,推行产品质量认证制度。"产品质量认证制度是指认证机构依据产品标准和相应的技术要求,对申请认证的产品进行检验,对符合相应标准和相应技术要求的产品颁发认证证书和标志予以证明的制度。实行产品质量认证制度的目的在于保证和提高产品质量,提高产品信誉,增强产品的竞争能力,同时扩大和促进对外贸易和发展国际间的产品质量认证合作,提高我国产品在国际市场的竞争力。

产品质量认证的对象是实物产品,即经过工业加工、手工制作等生产方式所获得的具有特定物理、化学性能的物品。产品质量认证的依据是具有国际水平的国家标准和行业标准以及其他技术要求。

我国产品质量认证制度实行自愿性原则,即企业根据自愿原则可以向国务院产品质量监督管理部门或者国务院产品质量监督管理部门授权的部门认可的认证机构申请产品质量认证。

产品质量认证实行第三方认证制度,即由独立于生产方和购买方的专门认证机构进行认证。我国的产品质量认证工作由专门的认证委员会承担。每类开展质量认证的产品都有相应的认证委员会。自 1982 年我国加入国际电工委员会(IEC)以来,至今已先后成立了电子器件、电工产品、水泥、汽车安全玻璃、玩具架等十个认证委员会。

目前,我国的产品质量认证主要是安全认证和合格认证。安全认证是指以安全标准为依据进行的认证或只对产品中有关安全的项目进行的认证。合格认证是指对产品的全部性能、要求,依据标准或相应技术要求进行的认证。认证机构经审查,对符合标准或要求的申请,颁发产品质量认证证书,准许企业在其获准认证的产品上使用规定的产品质量认证标志。

(二)企业质量体系认证

企业质量体系认证是指认证机构根据申请,对企业的产品质量保证能力和质量管理水平进行综合性检查和评定,对符合质量体系认证标准的企业颁发认证证书的活动。《产品质量法》第 14 条规定:"国家根据国际通用的质量管理标准,推行企业质量体系认证制度。"

企业质量体系认证是认证机构作为第三方对企业的质量保证和质量管理能力依据标准所作的综合评定。其直接目的在于确认企业对其生产的产品的质量保证及控制能力是否符合标准要求,以确认企业生产的产品是否能持续稳定地保证产品质量。长期的可靠性一方面是对企业最好的宣传,另一方面对消费者利益也是最有力的保护。实行对企业的质量体系认证,在合同环境中同时减少承担产品赔偿责任的风险,既保护了企业的切身利益,也为社会提供了产品保证,维护了消费者合法权益。在非合同环境下,质量体系认证促使企业提高经济效益,从而增强企业的竞争能力,提高企业的质量管理素质,落实质量方针,实现质量目标。

企业质量体系认证的过程是对质量体系的整体水平进行科学的评价,以证明企业的质量保证能力是否符合相应标准的要求。质量体系由组织机构、职责、程序、过程和资源五个方面组成,所以企业质量体系认证的基本内容即对上述五个方面情况的评价、确认。质量体系认证的依据为 GB/T19001-ISO9001、GB/T19002-ISO9002 或者 GB/T19003-ISO9003 三种质量保证标准模式。对于某些特殊行业的质量体系认证,还可以依据其他国际公认的质量体系规范性标准,如美国石油学会(API)发布的 QI 等。当现行标准的内容不能满足认证需要时,由认证组织有关方面制定相应的补充要求,经国务院产品监督管理部门确认后作为认证的依据。

在我国,企业质量体系认证由国务院产品质量监督管理部门,即国家技术监督局对全国的企业质量认证工作实行统一管理。承担质量体系认证具体工作的认证机构必须经过国家技术监督局的认可,或者经过国家技术监督局授权的部门认可,方具有开展质量体系认证工作的资格。

(三)产品质量检验制度

产品质量检验是指检验机构根据特定标准对产品品质进行检测,并判断合格与否的活动。它是经济管理的重要内容,是提高产品质量、保障产品满足消费者需求的技术手段。根据检验主体不同,可分为第三方检验和生产经营者的自我检验;根据检验性质,可分为国家检验和民间检验;根据被检查产品的销售范围,可分为国内产品检验和进口产品检验;根据检验程序,可分为出厂检验和入库检验;根据检验方式,可分为抽样检验和全数检验。

产品质量检验制度是指由产品质量检验法所确认的关于产品质量检验的方法、程序、要求和法律性质的各项内容的总称。我国《产品质量法》第 12 条规定:产品质量应当检验合格,不得以不合格产品冒充合格产品。

企业产品质量检验是产品质量的自我检验,与第三方检验不同,它具有自主性和合法性的特点。所谓自主性,是指这种检验是企业为保障产品质量合格、适用并满足消费者的要求,依法主动进行的检验,除法律强制要求的以外,企业有权选择检验范围、方法和标准,有权规定检验程序和设置检验机构。所谓合法性,是指企业产品质量检验必须依法进行,遵循国家有关规定。

企业产品质量检验标准包括:法定标准、约定标准和企业标准。法定标准即强制性标准,企业在进行产品质量检验时必须采用,我国的强制标准包括为保障人体健康、人身财产安全的国家标准、行业标准和地方标准。约定标准为合同双方当事人依法商定的产品检验标准。企业自行制定的企业标准只在没有前两种标准的情况下方可执行。

产品出厂时,可由企业自行设置的检验机构检验合格,也可经过企业委托有关产品质量检验机构进行。按照我国法律规定,产品质量检验机构必须具备相应的检测条件和能力,并须经省级以上人民政府产品质量监督管理部门或者其授权的部门考核后,方可承担产品质量检验工作。法律、行政法规另有规定的,依照有关法律、行政法规的规定执行。

(四)产品质量监督检查制度

这是一项强制性的行政措施。它以监督抽查为主要方式,目的在于加强对生产、流通领域的产品质量实施监督,以督促企业提高产品质量,从而保护国家和广大消费者的利益,维护社会经济秩序。

监督检查的重点有三类产品:第一类是可能危及人体健康和人身、财产安全的产品,如药物、食品等;第二类是影响国计民生的重要工业产品,如钢铁、石油制品等;第三类是消费者反映有质量问题的产品。

由于抽查是有关机关代表政府实施的一种具有威慑力的行政行为,影响面比较大,所以这一制度由国务院产品质量监督管理部门统一规划,组织协调。按照现行法律规定,凡是中央部门对同一企业的同一产品已组织抽查的,地方部门不得再组织抽查,从而避免重复抽查。此外,为了防止重复抽查乱收费的问题,减轻企业负担,《产品质量法》规定,抽查检验费用按照国务院规定列支,不得向企业收取。

产品质量抽查的结果应当由国家指定的报刊负责公布,这样,即有利于发挥抽查的监督作用,又有利于保证抽查的公正性、权威性。

第三节 产品责任制度

一、产品质量责任的概念

产品质量责任是指生产者、销售者违反产品质量法规定的产品质量义务,应当承担的法律责任,包括民事责任、行政责任和刑事责任。它是因产品存在缺陷而给消费者、使用者造成人身、财产损害时,由生产者和销售者根据法律规定应承担的责任。产品责任同产品质量责任是有密切关系但并不相同的两个概念。产品责任是一种民事责任,即产品侵权民事责任。它是指产品的生产者、销售者或中间商因其产品给消费者、使用者造成人身、财产损害而应承担的一种补偿责任。产品质量责任则是包括民事责任、行政责任、刑事责任在内的一种综合责任,它既是事前责任,也是事后责任。产品责任属于产品质量责任中的民事责任,且其性质为侵权责任,而非合同责任。它是一种在产品造成实际损害后的消极责任。

产品质量责任的承担者一般包括产品的生产者和销售者,作为产品质量责任的主要承担者,他们之间存在着连带责任。此外,若造成产品缺陷的是产品的设计者、装配者、修理者、零部件的生产者、仓储者或其他人,那么这些人最终也要承担产品质量责任。承担产品质量责任的根据是产品存在"缺陷",这是承担产品质量责任的必不可少的最重要的依据。法律对"缺陷"的确定通常有两个标准。其一,推定性标准,即仅规定衡量产品是否有缺陷的一般条件,如我国有关法律将"不合理的危险性"作为衡量缺陷是否存在的推定性标准,这种标准在适用上有灵活性;其二,确定性标准,即明确规定产品的质量和安全标准,如果产品不符合这类标准,就是有缺陷的产品。

二、产品责任制度的发展

在产品责任法的产生和发展中,有两个重要的关键问题,一是产品责任产生的依据,即是违约还是侵权;二是产品责任的归责原则,是过错责任原则还是无过错责任原则。① 欧美国家的产品责任法律制度围绕着这两个问题,经历了大致相同的历程。其中,美国的产品责任法的发展处于领先地位,西欧各国紧随其后。

(一) 美国产品责任法的历史演变

美国最初阶段的产品责任反映在英国习惯法中生产者或销售者对产品应负"谨慎之责"的规定。1842 年英国温特伯诉赖特一案确立了"无合同,无责任"之原则,产品责任是通过解释适用传统的合同法和侵权法中的有关规范加以确定的。后来,人们开始认识到产品损害责任的特殊性,继而把它作为一个专门的法律问题看待,实践中则通过扩大解释或修正传统的合同法和侵权法中的相关规定解决。近三十年来,随着消费者运动的迅猛发展,开始针对产品质量所引起的损害责任问题进行专门的立法,形成了一个新的法律部门。

美国产品责任法中的"产品"一词含义较广,几乎包括任何经过工业加工处理的东西。任何可销售的制成品所引起的伤害,都可视为"发生责任"的产品。

---

① 参见王淑焕:《产品责任法教程》,中国政法大学出版社 1993 年版,第 17 页。

产品责任是指产品制作商和销售产品的中间商(含批发、供销、零售商)所制造或销售的缺陷产品,致使消费者遭受人体伤害或财产损失时,应当承担的赔偿责任。由此可见,美国产品责任法中的责任主体是广泛的,不仅包括制造商,而且包括经销商。同时,根据《统一商法典》的规定,"卖方的担保,不论明示或默示,其效力及于买方的家属、亲友或受该货物影响、使用或消费之买方的正当客人或因违反此项担保的受害者。卖方不得排除或限制此条的适用"。这说明,对产品责任的求偿主体也是极为宽泛的。① 产品责任以产品有缺陷为前提,美国法律规定,所谓缺陷,是指三个方面:违反产品的商销性或引起"不当危险"的产品,并规定了货物商销性的法律标准;产品有隐蔽的瑕疵,即消费者不知道有瑕疵,或从外观上看缺陷不明显的产品;不真实的广告或未给消费者适当告诫,即制造商或销售者作虚假广告,或应该给消费者适当告诫的而忽视告诫。

美国在一百多年的产品责任法的发展史中,经历了疏忽责任阶段、违反担保责任阶段和侵权行为严格责任阶段。

1. 疏忽责任阶段

这是指由于制造商和销售商在产品制造或销售时的疏忽致使消费者遭受人身或财产的损害,制造商或销售商应当对其疏忽承担责任。疏忽责任原则突破了传统的以合同关系追究产品责任的理论,在原告要求被告承担因疏忽而引起的产品责任时,不必局限于双方是否有合同关系。只要提出证据证明以下几点即可要求损害赔偿:第一,被告有合理注意的义务;第二,被告违反了该项义务,是为"疏忽";第三,由于被告的疏忽,直接造成了原告的损害。由此可见,疏忽责任原则的创立使更多的消费者的财产和人身安全有了保障。

2. 违反担保责任阶段

它是指制造商或经销商违反了对货物的明示或默示担保,致使消费者或使用者因产品缺陷而遭受损害,应当负赔偿责任。明示担保是卖方证明其产品符合规定标准的说明、广告或标签;默示担保依据法律的规定产生,卖方必须对产品应当具有的商销性或特定产品的适用性进行无条件的担保,尽管不以书面的形式出现,但在产品投放市场之时起,这种默示的担保就自动依法产生。美国《统一商法典》对此作了明确的规定。② 在英美法中,违反担保是属于契约法律的范畴。以违反担保为理由提起诉讼,卖方和买方之间得有契约关系。但是,产品质量的损害案件中,消费者和制造商或销售商并不一定存在明确的契约关系,因

---

① 参见《美国统一商法典》第二编,第318条。
② 《美国统一商法典》第二编第314条规定了商销性默示担保:"如果卖方出售货物时,该货物的商销性担保应默示反映在买卖契约中";第315条规定了适合特定用途的默示担保:"如果卖方在订立契约时有理由知道买方对货物所要求的特定用途,而且买方信赖卖方的技能和判断能力来挑选或提供合适的货物,则卖方就承担了货物必须适合这种特定用途的默示担保。"

此,为了保护消费者的利益,美国法院的判例往往不强调契约因素,使原告处于较为有利的地位。原告无须证明被告有疏忽的行为,只要证明产品有缺陷,并证明被告违反了其对产品质量和性能的明示或默示的担保。

3. 严格责任阶段

侵权行为的严格责任(也称"无过失责任")是指产品只要有缺陷,对消费者或使用者具有不合理的危险,产生人身伤害或财产伤害,该产品产销中的各个环节的人都应负赔偿责任。原告无须指出被告有疏忽,也无须证明存在明示或默示的担保以及被告违反担保行为,只要证明产品存在危险或处于不合理的状态、产品的缺陷在投入市场之前就已存在、该产品的缺陷导致了损害即可。被告在诉讼中能提出的抗辩理由是有限的,只能就产品制造时的工艺条件、产品出售后是否已经变动、产品是否已过有效期限等提出抗辩。一般来说,如果产品缺陷确实对消费者造成持久的、严重的人身伤害或财产损失,制造商或经销商的责任几乎是无法避免的。显然,侵权行为严格责任对消费者提供了较为充分的保护。

(二) 欧共体及欧洲各国的产品责任法

西欧各国的产品责任法近年来也发展迅速,与美国一样大致经历了相同的历程。欧洲大部分国家还没有对产品质量进行专门的立法,实践中一般以民法典有关产品责任的条款作为判决的法律依据。但在欧洲共同体内,已经制定了两个关于产品责任的国际公约。一个是欧洲理事会于1976年通过的《斯特拉斯堡公约》,另一个是共同体于1976年制定、1979年修订的《产品责任指令草案》。欧洲共同体的产品责任法与美国的法律具有相当多的共同性,主要表现在:

1. 以产品存在瑕疵为责任前提

如前所述,美国法中的"瑕疵"包括违反产品的商销性或引起不当危险、隐蔽瑕疵以及虚假广告和对消费者不进行适当告诫等。欧共体的两个公约中对"瑕疵"的规定是"如果在对包含在产品说明中的所有事项都给予了注意的情况下,产品并没有为人们提供一种他们有权期望的安全,那么,这种产品就是有瑕疵的产品"。

2. 以违反合同法或侵权行为法为责任依据

在经过较长一段实践以合同法理论解释产品责任之后,像美国一样,欧洲国家目前都愈来愈趋向于用侵权行为法解释产品责任。从而任何与买卖合同无关的人,都可以对因其购买或使用的产品造成的损害,对产品制造商或销售商提起产品责任诉讼,并适用于无过失责任。

3. 侵权行为严格责任原则是现代产品责任法的共同趋势

欧共体的公约都采取了不问过失的严格责任。因为他们认为,这样一种实际存在的责任风险,能强迫制造商承担事故预防的责任,最大限度地制止其销售危险和瑕疵产品。

虽然欧共体与美国的产品责任法有以上共同之处,但两者也存在以下区别:

首先,在对"产品"的范围方面,欧洲各国的规定不如美国的规定那样广泛。美国产品责任法中的"产品"几乎包括一切被制造出来的东西,凡是可销售、可移动、可使用的制成品都是产品,而欧洲的公约只是把"产品"规定成"工业生产可移动的产品"。

其次,在对责任主体和求偿主体的范围方面,欧洲国家没有美国法律规定得广泛。按照美国的法律规定或判例,凡是因产品有缺陷而使消费者遭受人体伤害或财产损失的,受害者可以向零售商、中间商、制造商等所有潜在的责任方提起诉讼,要求连带赔偿损失。而欧洲共同体的两个公约都把中间商排除在责任范围之外。同时,对求偿主体范围的规定也比美国的狭隘。

再次,在责任赔偿的范围方面,美国对受害人的赔偿项目范围和赔偿数目都超过欧洲共同体公约和欧洲国家法律的规定。在美国,因产品责任而导致人身伤害的赔偿诉讼中,多把受害人及家属在精神上所遭受的痛苦也包括在赔偿的范围之内,所以,受害人往往能得到较多的精神损害赔偿费,而且赔偿的金额是没有最高限制的。而欧共体及欧洲各国的法律规定,产品责任的损害赔偿不包括精神损失,在赔偿的数额上也有最高的限额。如欧共体的公约规定,同一产品的一切人身损害,赔偿总额以 2900 万美元为限,对财产损失的赔偿金额按人计算,动产以 1.8 万美元为限,不动产以 5.9 万美元为限。

最后,在实行严格责任制度上的标准方面,美国对产品制造商或经销商都以严格责任原则作为处理产品责任案件的依据,而欧共体两个公约虽然规定了严格责任的原则,但是除法国以外,多数国家还是以疏忽责任原则或违反担保责任原则作为处理产品责任案件的诉讼依据。

(三) 我国产品质量法的建立与发展

新中国建立以来颁布了一系列有关产品质量监督管理的法律法规。如 1950 年 1 月,东北人民政府工业部作出《关于保证产品质量,建立严格检查制度的决定》;1951 年,中央人民政府颁发了《兵工总局组织条例》,要求各局、各区和各工厂都要建立质量检验机构;从 1954 年起,中央、地区为了进一步加强质量管理,逐步进行了标准化和计量等各项技术基础工作;到 1957 年,全国各企业已经建立起从生产准备到成品出厂的一整套技术检验监督制度,有力地保证了产品质量的提高。①从 1978 年开始,我国就推行全面质量管理,产品质量的立法工作得到了进一步的重视。十年内颁发了数十个与质量有关的法律法规,如《工业产品质量责任条例》、《中华人民共和国计量法》及其实施细则、《中华人民共和

---

① 参见王诚若、田湘主编:《中华人民共和国产品质量法百题解答》,中国政法大学出版社 1993 年版,第 12 页。

国标准化法》及其实施细则、《部分国产家电"三包"规定》、《出口纺织品质量管理办法》、《国家产品质量监督检验测试中心管理试行办法》、《国家监督抽查产品质量的若干规定》等。在这些立法的基础上,1993年2月正式颁布并于同年9月1日实施了《中华人民共和国产品质量法》。2000年7月8日,第九届全国人大常委会第十六次会议对《产品质量法》进行了修订。这一法律的颁布和实施,标志着我国产品质量法制进入了一个新的阶段,它与市场经济的秩序建设紧密地联系了起来,为产品质量的监督管理提供了法律依据,也为消费者保护自己的合法权益提供了法律手段。

同西方国家的产品责任法不同的是,我国要建立的产品质量法制,一方面要明确生产者或销售者对其生产或销售的产品应当承担的责任,另一方面还要对生产者和销售者如何管理产品质量、国家各级部门和机构如何监督产品质量以及对衡量产品质量的基准、质量保证等一系列制度的建立和执行进行规范。我国产品质量立法不仅重视事后的处罚和产品质量责任的承担,而且更注重事前的监督管理防范。这就是为什么我国制定《产品质量法》而不制定《产品责任法》的缘故。

我国目前的产品质量管理法律法规体系以《产品质量法》为核心,同时还有许多辅助性的相关法律法规,如《民法通则》、《民事诉讼法》、《食品卫生法》、《药品管理法》、《计量法》、《标准化法》、《农产品质量安全法》等。

三、我国的产品责任归责原则

我国《产品质量法》第41条规定,因产品存在缺陷造成人身、缺陷产品以外的其他财产损害的,生产者应当承担赔偿责任。按照国内多数人的见解,这一规定贯彻了严格责任原则。

《产品质量法》第42条规定,由于销售者的过错使产品存在缺陷,造成人身、他人财产损害的,销售者应当承担赔偿责任。销售者不能指明缺陷产品的生产者,也不能指明缺陷产品的供货者的,销售者应当承担赔偿责任。第43条规定,因产品存在缺陷造成人身、他人财产损害的,受害人可以向产品的生产者要求赔偿,也可以向产品的销售者要求赔偿。属于产品的生产者的责任,产品的销售者赔偿的,产品的销售者有权向产品的生产者追偿;属于产品的销售者的责任,产品的生产者赔偿的,产品的生产者有权向产品的销售者追偿。上述规定意味着,销售者承担产品责任,应以其过错的存在为条件,但这并不是说对销售者适用一般过错责任这一归责原则,而应以疏忽原则去理解其适用的归责原则。唯有如此,才能给受害人提供应有的保护。至于生产者和销售者之间的追偿关系,由于这不是产品责任问题,因而应按一般过错责任原则确定其各自应负的责任。

因此,我国采取的是严格责任和疏忽责任相结合的双重责任原则,生产者对其生产的缺陷产品造成他人人身或财产的损害承担严格责任,而销售者则承担疏忽责任。

四、产品责任的构成要件

产品质量的构成要件,是指生产者或销售者承担产品责任的法律要件。按照各国产品责任法的规定,产品责任的构成要件因归责原则的不同而有所差异。

适用严格责任原则确定和追究产品责任时,其要件主要包括:

1. 产品有缺陷

根据大多数国家的规定,产品缺陷是指产品存在不合理的危险,这种危险在产品离开生产者或销售者之前就已经存在。① 我国《产品质量法》第46条规定:产品缺陷是指产品存在危及人身、他人财产安全的不合理危险。

产品的危险有合理与不合理之分,只有不合理的危险才可归入产品缺陷范畴。若产品本身的性质具有一定的危险性,在正常合理使用情况下不会发生危及人身、财产安全的危险,这种情况并不属于不合理危险。② 但如果因产品设计、制造等原因,导致这类产品在正常合理使用的情况下存在危及人身、财产安全的危险,或者生产者未能用警示标志或警示说明,清楚地告诉使用者使用的注意事项,未能提醒使用者对危险的预防,而导致了危及人身、财产安全的危险,则属于不合理危险。

我国《产品质量法》第46条除了将是否存在不合理危险作为判定标准外,还规定了另一标准,即国家保障人体健康和人身、财产安全的强制性标准。如果消费者因产品而受到损害时,能够证明产品不符合相应标准,也可以主张其存在缺陷,请求损害赔偿。

我国产品责任法律制度中并没有对产品缺陷作明确的分类,但一般认为分为四种:制造缺陷、设计缺陷、警示缺陷和开发缺陷。制造缺陷是产品因生产过程中出现问题,满足不了设计要求而产生的缺陷。这种缺陷一般仅涉及一件或一批产品,后果不如设计缺陷严重,但生产者仍然应当采取严格的质量保证措施避免缺陷产品的出现。设计缺陷,即因产品设计上的不合理,导致产品存在潜在危险。这类缺陷产生于设计,因此一旦发生就会影响到依该设计方案生产的所

---

① 美国1965年《侵权行为法重述(第二版)》第402条规定:"凡销售有不合理危险的缺陷产品者,应对最终使用者或消费者因此遭受的人身或财产损害承担赔偿责任。"欧洲共同体的《产品责任指令草案》中也把"产品缺陷"规定为"若产品未给人们和财产提供一个人有权期待的安全,则该产品有缺陷"。

② 例如婴儿车上有固定支架的安全栓,按说明书的指示全部扣上可保证婴儿安全,但家长没有完全将安全栓扣好导致婴儿摔伤,这就不是不合理危险所带来的损害,生产者不必承担产品责任。

有产品,发生大范围的损害事故。警示缺陷是指因产品提供者没有对产品的使用以及危险的防止作出充分的说明和警告而产生不合理危险。对此,我国《产品质量法》第 27 条第 5 款和第 28 条有明确的规定。开发缺陷又称"发展缺陷",是指依当时科学技术水平不可能发现的缺陷。为了促进科学技术的发展,激励生产者利用新技术提高生产效率,我国和世界各国产品质量法均规定,如果生产者可以证明将产品投入流通时的科学技术水平尚不能发现缺陷的存在,则不承担赔偿责任。

2. 有损害事实存在

即产品因缺陷造成了人身、缺陷产品以外的其他财产的损害。如果产品有缺陷,但并未造成人身或财产损害,或者仅造成缺陷产品本身的损害,均不构成产品责任。在这种情况下,生产者或销售者仅按法律关于产品瑕疵担保责任的有关规定,承担修理、更换、退货或者赔偿损失的责任。

3. 产品缺陷与损害后果之间有因果关系

因果关系是客观事物之间的前因后果的关联性。产品缺陷与损害后果之间有因果关系,即是说损害的结果是由产品缺陷直接导致的。在产品责任事故中,损害后果的发生往往是由多种原因导致的,因此,必须确定产品缺陷是引起损害后果的唯一原因或直接原因,这样产品责任才能成立。

适用疏忽原则确定和追究产品责任时,除具备上述三项要件外,还须具备一个要件,即生产者或销售者主观上有过错。但为了更好地保护消费者利益,各国基本上已不要求受害者承担这种过错的证明责任,而是通过"举证责任倒置"或"事实自证规则"来确定生产者或销售者过错之有无。

当上述要件都具备时,生产者和销售者应当承担产品责任,但如果存在法定免责事由,可全部或部分免除赔偿责任。各国产品责任立法对产品责任的免除都有规定。在我国,除有关民事立法确立了一些民事责任免除的一般条件外,《产品质量法》还针对产品责任的特殊性,参照各国立法,规定了免除生产者产品责任的条件。按照规定,生产者能够证明有下列情形之一的,不承担赔偿责任:(1) 未将产品投入流通;(2) 产品投入流通时,引起损害的缺陷尚不存在;(3) 将产品投入流通时的科学技术水平尚不能发现缺陷的存在。《产品质量法》未就销售者的免责条件作出规定,对此,应按民事立法的一般规定确定。

五、产品质量责任的类型

产品质量责任可分为民事责任、行政责任和刑事责任三种。民事责任的主要目的在于对受害人的补救,而行政责任和刑事责任的中心在于对施害人的惩戒,对于受害人而言并不能因此得到直接的补偿。而在产品质量事故中受害人最关心的就是如何获得补偿,挽回经济损失。由此可见民事责任是产品质量责任中的主要责任形式。

(一) 产品质量的民事责任

产品质量责任中的民事责任可分为产品瑕疵担保责任和产品缺陷损害赔偿责任两种。

产品瑕疵担保责任是指在产品买卖关系中,一方当事人为了全面履行买卖关系中所承担的义务,向对方当事人作出保证和承诺,按照这种保证和承诺,如果产品存在瑕疵,担保人应当承担由此而引起的法律后果。"缺陷"概念与"瑕疵"概念不同。"瑕疵"是合同法上的概念,是指产品质量不符合法律规定或当事人约定的质量标准。"缺陷"是产品质量法上的概念,是指对产品对使用者或消费者人身和财产安全有危害。依合同法属于瑕疵产品的并不一定会对人身财产产生危害,因而不一定属于产品质量法上的缺陷产品;在产品质量法上属于有缺陷的产品,也可能在合同法上并无瑕疵,属于质量合格产品。[①] 瑕疵担保责任为一种法定责任,属无过错责任的一种,它以买受人履行通知义务为要件。

瑕疵担保责任与狭义上的产品责任是两个不同的概念,认识两者的不同之处是正确判断当事人权利义务的前提条件。第一,责任性质不同。产品责任以产品存在缺陷且造成他人人身伤害、财产损失为要件,是一种法定的质量侵权责任。而瑕疵担保责任则以买卖合同关系的一方当事人违反约定为要件,是一种违约责任。第二,归责原则不同。产品责任的责任追究实行严格责任原则,而瑕疵担保责任是一种基于约定而产生的合同责任,因此其责任追究采取过错责任原则。第三,权利主体不同。产品责任为侵权责任,受缺陷产品侵害的人都可请求责任人进行赔偿,其主体范围不局限于买受人。而瑕疵担保责任从性质上说是违约责任,基于合同相对性原理,主张救济的只能是产品买受人。第四,免责事由不同。《产品质量法》第41条规定产品责任的免责事由有三项,而瑕疵担保责任则只有唯一的免责事由,即对产品存在使用性能的瑕疵已作出说明。第五,法律后果不同。因产品存在缺陷造成人身伤害的,责任人应当承担对人身、财产乃至精神损害的赔偿,而承担瑕疵担保责任的方式是赔偿财产损失,不包括对人身伤害和精神损害的赔偿。

按照我国《合同法》和《产品质量法》的规定,如果产品有以下情形之一的,销售者应当承担违约责任:(1) 不具备产品应当具备的使用性能而事先未作说明的;(2) 不符合在产品或者其包装上注明采用的产品标准的;(3) 不符合以产品说明、实物样品等方式表明的质量状况的。属于生产者的责任或者属于向销售者提供产品的其他销售者的责任的,销售者有权向生产者、供货者追偿。

因产品缺陷而致人身或财产受损害的赔偿主要有三种:对人身损害的赔偿、

[①] 参见《经济法律大词典》,中国财政经济出版社1992年版,第479、645—646页。

对财产损害的赔偿、对精神损害的赔偿。

（二）产品质量的行政责任

行政责任是指行政主体及行政相对人犯有一般违法行为所应承担的行政法上的责任。行政责任可分为行政处分和行政处罚两种。产品质量责任的行政责任主要是行政处罚。行政处罚是指国家行政机关依法惩戒违反行政法律规范的个人和组织的一种行政活动。我国《产品质量法》中规定：对于生产不符合人体健康、人身财产安全的国家标准、行业标准的产品的生产者，在产品中掺假、掺杂、以假乱真、以次充好，或者以不合格的产品冒充合格产品的生产者，行政处罚方式有责令停止生产和销售、没收违法生产的产品；违法者因此而获得的收入可以处以没收违法所得、罚款；对于伪造产地、伪造或冒用他人的厂名、厂址，伪造或者冒用认证标志、名优标志或检验数据等行为，可以加以责令公开更正等措施；另外，对严重违反产品质量法的生产者和销售者，还可采用吊销营业执照的处罚，这是较为严厉的处罚方式。法律规定，吊销营业执照的权力只有工商行政管理部门行使，根据违反者产品质量责任的性质和程度，可采取不同的行政处罚措施。

（三）产品质量的刑事责任

我国《产品质量法》对违反该法，并触犯刑律的严重行为还规定了应当承担的刑事责任：(1)生产不符合人体健康、人身财产安全的国家标准、行业标准的产品的生产者，在产品中掺假、掺杂、以假乱真、以次充好，或者以不合格的产品冒充合格产品的行为，性质严重构成犯罪的行为；(2)以暴力方法阻碍国家工作人员依法执行职务的；(3)国家工作人员利用职务，对明知有违反产品质量法规定、构成犯罪行为的企业事业单位或个人故意包庇使其不受追诉的行为；(4)伪造检验数据或者伪造检验结论，构成犯罪的；(5)从事产品质量监督概念的国家工作人员滥用职权、玩忽职守、徇私舞弊、构成犯罪的行为；(6)以行贿受贿或者其他非法手段推销、采购假冒、伪劣、不合格等产品的构成犯罪的行为。

六、产品责任纠纷解决

根据《产品质量法》第47条，因产品质量发生民事纠纷时，当事人可以通过协商或者调解解决。当事人不愿通过协商、调解解决或者协商、调解不成的，可以根据当事人各方的协议向仲裁机构申请仲裁；当事人各方没有达成仲裁协议或者仲裁协议无效的，可以直接向人民法院起诉。也就是说，我国产品质量民事纠纷的解决办法主要有和解、调解、仲裁和诉讼四种。

产品责任诉讼是指法律和当事人在其他诉讼参与人的配合下为解决产品责任纠纷所进行的全部活动。《产品质量法》参照世界多数国家的立法例，对产品责任的诉讼时效作了明确规定。按照规定，因产品存在缺陷造成损害要求赔偿的诉讼时效期间为两年,自当事人知道或者应当知道其权益受到侵害时起计算。同时,为了体现公平原则,平衡产品的生产者和消费者之间的利益,《产品质量法》又规定:因产品存在缺陷造成损害要求赔偿的请求权,在造成损害的产品交付最初消费者满十年丧失;但是,尚未超过明示的安全使用期的除外。

七、产品责任保险

产品责任保险是指保险人与投保人之间达成协议,由保险人承保生产者或者销售者因产品缺陷致使第三人人身伤亡和财产损失所应当承担的产品责任的一种保险制度。产品责任保险的产生和发展与各国产品责任法的实施有密切的联系,它始于19世纪末20世纪初,最初的产品责任保险主要适于一些与人体健康直接相关的产品。近代以来,随着产品日益丰富和现代化的程度不断提高,因产品使用而发生的事故也急剧增加,各国的产品责任法逐步用严格责任取代了疏忽责任,从而加重了生产者、销售者的产品质量责任。为了转嫁风险,生产者和销售者采用了投保责任险的方式。当代产品责任保险在美国、日本和西欧等经济发达国家保险市场上占有重要地位,我国的产品责任保险产生于1980年,随着市场经济的发展,其范围不断扩大。

产品责任保险合同是产品责任的关键,它以被保险人应当承担的民事赔偿责任为保险标的,投保人可以是一切可能对产品事故承担赔偿责任的人。被保险人除了投保人以外,还可以是由投保人提出并经保险人同意的其他有关各方责任主体。产品责任保险合同中的产品责任一般包括两项内容:一项是在保险期限内,被保险人生产、销售、修理、加工的产品在使用或者消费中因产品缺陷造成他人人身或财产的损害依法应承担的赔偿责任,保险人在约定的赔偿限额内予以赔偿;另一项是被保险人为解决产品责任事故而支付的仲裁费、诉讼费以及其他合理费用由保险人承担。产品责任保险合同中明确承保的地区和方式、赔偿限额、保险期限等事项,并通常对以下事项规定除外责任:(1)被保险人根据合同或者协议所应承担的合同责任,保险人不承担赔偿责任;(2)被保险人所有、照管或者控制的财产造成的损害,保险人不承担赔偿责任;(3)被保险人违法生产、出售的产品造成他人人身或者财产损失的损害赔偿,保险人不承担赔偿责任;(4)被保险人本身的损失以及被保险人因回收有缺陷的产品而造成的损害赔偿责任,保险人不承担赔偿责任。

> **思考题**

1. 简述"产品"这一概念的内涵与外延。
2. 简述我国中央与地方产品质量监督管理部门的职能与分工。
3. 简述产品质量检查的重点产品以及检查方式。

4. 简述产品瑕疵责任与产品缺陷责任的区别。
5. 产品责任的构成要件有哪些？

案例分析

　　个体驾驶员张某从某县农用汽车改装厂（下称"汽改厂"）购得轻型客车一辆。三个月后，当张某驾驶客车时，突然"嘣"的一声巨响，左前轮胎炸裂，由于重心偏离导致车辆方向失控，客车撞上在路边正常骑自行车的退休工人陆某，致陆当场死亡。该区交警大队立即赶到现场勘察，初步认定该起交通事故非驾驶人员的违章行为或外力所致，而是因左前轮胎有质量缺陷，车辆在行驶中轮胎突然炸裂，导致方向失控而造成。

　　陆某的妻子舒某将张某告上了法庭，要求赔偿死亡补偿费、丧葬费、火化费等共计62902元。法院对此案进行了调解，达成由张某一次性赔偿舒某45000元的调解协议。赔款当场兑现。赔偿后，张某认为这起交通事故的真正"祸首"是爆破轮胎，遂将汽改厂告上了法院。

　　由法院委托的质量技术监督检测研究院作出鉴定报告，认为该左前轮外胎因制造质量缺陷，导致车辆在行驶中早期爆破。法院接到鉴定报告后，依照原告方的申请，追加某轮胎生产厂（下称"轮胎厂"）为本案的共同被告。

　　第一被告汽改厂在法庭上辩称，本案中存在质量缺陷的产品是汽车轮胎，根据产品质量法的规定，应由轮胎的制造商即第二被告承担赔偿责任。

　　第二被告轮胎厂辩称，爆破的轮胎是存在质量缺陷，但原告在使用轮胎过程中肯定存有过错，外力的作用也是轮胎爆破的原因之一，另外，不排除其他企业冒充其公司的轮胎的可能，故其不应承担全部的过错责任。

　　问题：
1. 两被告是否应承担产品责任？
2. 两被告的责任应如何分担？

第十一章 产品召回法律制度

【学习要点】
1. 了解产品召回制度的性质
2. 掌握产品召回法律关系的主体、客体和内容
3. 了解产品召回制度的程序
4. 掌握我国汽车召回有关法律制度

第一节 产品召回制度的性质和功能

一、产品召回制度的性质

从产品召回法律关系的分析看,产品召回法律关系不同于平等主体之间的合同法律关系和产品责任法律关系。它建立在保护社会弱者和维持社会整体效率的思想基础上,由民商时代的政府消极干预到现代市场经济下国家(政府和司法)对市场主体(企业)产品生产、销售等私活动的积极干预,借助行政权力强制企业收回缺陷产品等市场行为,来保障消费者和社会公众免于缺陷产品的危害,保障现代后工业社会的实质公平和效率。因此,产品召回法律制度的产生和发展体现了现代法律的进化,体现了国家积极干预色彩下的经济法法律关系。

从产品召回制度的性质看,产品召回制度是消费者保护制度。各国的消费者保护法一般主要包括消费者保护一般法和消费者保护特别法两个层次。消费者保护一般法规定消费者的基本权利、经营者的基本义务以及国家消费者保护政策等,它在消费者保护法律体系中处于主导地位,如我国的《消费者权益保护法》、日本的《消费者保护基本法》。消费者保护特别法规定社会经济生活某一方面消费者所享有的权利和经营者的义务,它是消费者保护一般法在特殊经济和社会领域的实现。它主要包括了产品质量消费者保护、信贷消费者保护、反欺诈消费者保护、格式合同消费者保护、隐私消费者保护、电子商务消费者保护等方面,如英国的《消费者信用法》、日本的《食品卫生法》、我国的《广告法》等。产品召回制度是为了保障产品消费领域的消费者安全权而设立的特殊消费者保护制度,因此,它属于产品质量消费者保护特别法。从各国(地区)立法看,也将召回制度规定于消费者保护法中,如美国《消费者产品安全法》(Consumer Product Safety Act, CPSA)、《儿童安全保护法》(Child Safety Protection Act, CSPA)、我国《上海市消费者保护条例》等。

二、产品召回制度的功能

产品召回制度作为一项消费者保护法律制度,除了保护消费者权益之外,它还具有多重的社会经济功能。

第一,规范企业产品生产。产品召回制度属于产品质量法的一部分,它促使厂商提高产品质量,增强产品质量意识。产品质量法律制度应该规范产品生产过程的各个阶段,包括从设计定型、材料选取、加工生产、投入流通、消费者使用以及发生产品侵权以后的产品责任承担等,体现厂商在各个阶段以及发生产品责任所要承担的义务和责任。① 厂商之所以要实施召回,是因为其生产、销售或进口的产品没有达到国家强制性标准或企业标准,或者存在着可能危及消费者人身、财产安全的缺陷,这往往是由产品的设计、加工制造、材料的选用错误而造成,对这些产品实施召回,体现了国家对厂商产品生产活动的干预。

第二,产品召回制度具有规范市场竞争秩序的功能,可以促使市场竞争秩序的完善。企业在市场上的竞争往往通过其产品生产、销售等行为表现出来,一些企业为了在竞争中取得优势,简化生产环节,降低生产成本,采用低质原材料,生产伪劣产品,扰乱市场竞争秩序。同时,一些具有垄断优势地位的企业,往往凭借自己在相关市场的独占性地位,迫使消费者接受不合格产品和低质量服务,损害消费者利益。召回制度的实施,可以遏制这些经营者反竞争的行为。因此,从某种程度上讲,召回制度兼有维护市场竞争秩序的功能,而成为广义竞争法的一部分。

第三,产品召回制度还有产业调节的功能,可以优化一些产业的内部结构。我国经济一直以粗放型生产为主,企业数量多、规模小、技术落后、重复建设严重,这种不合理的产业结构亟待改变。而缺陷产品的召回要求厂商付出巨大的召回成本,甚至会使一些中小企业发生破产。所以,可以借助产品召回这个制度性工具施压于不合理的产业结构,促进产业结构合理化。以我国汽车行业为例,我国汽车产业结构不合理,汽车质量低于发达国家质量水平,通过实施召回制度,按照"优胜劣汰"的原则淘汰低技术汽车企业,实现汽车工业的集约化,以摆脱中国汽车长期"幼稚"的帽子。

---

① 对于产品质量法的性质,有学者认为它是"一种规制市场秩序以及保护产品用户和消费者的基本法规范"。(李昌麒:《经济法学》,中国政法大学出版社1999年版,第443页。)笔者认为,产品质量法仍属于消费者保护法的范畴。

第四,产品召回制度兼有环境保护之功能。对排放量超标的汽车[①]、对不可循环的有害原料制作的产品等实施产品召回,可以净化大气空气,保持洁净的生活环境,并实现资源的循环利用,节省自然资源,实现人类的可持续发展,因此,产品召回制度是循环法制的重要组成部分。

第五,产品召回制度也可以作为消费者保护的技术性贸易壁垒。我国加入WTO后,大量国外产品涌入国内,良莠掺杂,利用产品召回这一制度,能够设置技术性贸易壁垒,抵御国外劣质产品对我国市场的倾销和涌入。同时,这些产品召回制度的辅助功能的实现,最终又殊途同归,有助于本国消费者的保护。

第二节 产品召回制度中的法律关系

一、产品召回法律关系中的客体——缺陷产品

产品召回制度不同于以往的消费者保护制度,其最大的特点在于体现了消费者保护法律制度从传统的产品责任法以责任主体为规制对象,追究主体的民事责任,转向了产品召回制度以责任客体(即产品)对消费者有无安全上的危险为规范规制的重点。因此,在产品召回法律关系中,客体是法律关系的重心,也是整个产品召回制度的重心,我们对产品召回制度的介绍从产品开始。

(一)产品

产品召回制度的"产品"概念是在产品责任法的基础上发展起来。[②] 它是指市场上提供和销售的、满足人们各种消费欲望的,并经过加工制作的各种实物。产品召回制度中的"产品"概念虽然源于产品责任法上的"产品"概念,但是它的范围又不同于后者。从召回制度的实践来看,召回产品制度上的"产品"应该符合以下特征:第一,产品应该仅限于有形物品,一些国家把电、磁场等也作为产品,但是无形产品不属于产品召回制度上的产品;第二,产品具有较长的有效期或使用期,因为产品召回需要一定的周期,如果产品的有效期或者使用期较短,在产品的有效期或者使用期短于产品召回周期的情况下,产品召回不具有可行

[①] 美国汽车召回制度把排放量超标的汽车作为汽车召回的对象,而我国国家质量技术监督总局也公布了《缺陷汽车产品召回管理规定(草案)》,但没有把排放量超标的汽车作为汽车召回的范围,这不能不说是该规定的不足之处。

[②] 由于我国《产品质量法》已经规定"产品"的概念,所以为了区别产品召回制度上的"产品"与《产品质量法》上的"产品",笔者建议今后在制定我国产品召回制度时宜将产品召回制度上的"产品"规定为"消费品",以显示两者区别。本书仍沿用"产品"的概念。

性;①第三,产品可以分为普通产品和特殊产品,分别适用不同的产品召回程序。②此外,不动产、血液等一般不是产品责任法上产品的范围,能否作为召回的对象,理论上还有待探讨。

（二）产品缺陷

产品召回制度上的"缺陷"定义和产品责任法上的"缺陷"基本相同。从美国《消费者产品安全法》第15条规定看,产品缺陷表现为:(1)产品不符合强制安全性标准或者制造商自愿采用的安全质量标准;(2)产品中存在可能造成严重性产品危害的缺陷;(3)产品会给消费者带来严重受伤甚至死亡的不合理危险。与产品责任法所不同的,产品召回制度上的缺陷应该是系统性的缺陷,即某一批次的产品存在着相同的缺陷。产品缺陷可能是发生在个别产品上,也可能发生在一定数量产品上;同类产品出现的缺陷可能相同,也可能不相同。只有在某一批次一定数量的产品上出现相同的缺陷,法律上才有强制召回的必要。个别产品的缺陷完全可以通过消费警示等其他方式对消费者进行救济,而不需要制造商付出巨大成本实施召回,否则不符合经济学上效益的要求。从国外一些做法看,如果产品的使用可能会对环境造成污染并超过一定标准,也可能会被认为是产品存在缺陷,例如在一些国家的汽车召回制度中,排放量严重超标的汽车被认为是缺陷汽车。

（三）产品危害

工业社会科技不断进步,提高了人们的生活水平,但是由于人们滥用科学技术,引发了一系列的灾难,如辐射危害、噪声危害等。产品危害(Product Hazard)也是其中之一,它指存在缺陷的产品侵害消费者、产品使用者或者社会公众,而造成大量消费者、产品使用者和社会公众人身安全、健康受到直接和间接威胁或者损害的危险和灾难。美国《消费者产品安全法》将"实质性的产品危害"(Substantial Product Hazard)定义为:(1)违反现行的消费品安全法规而对公众安全造成实质性的危险,或者(2)由于产品存在缺陷而对公众安全造成实质性的危险。③产品召回制度的目的在于防止产品危害的发生,所以确认和判断产品危害对保护消费者有着重要的积极意义。但是,从各国实践看,产品危害的认定往往从产品缺陷出发。产品存在缺陷是引发产品危害的前提条件。

从各国实践看,判断产品缺陷的标准包括客观标准和主观标准。客观标准

---

① 在产品的有效期或者使用期明显短于产品召回周期的情况下,对这些产品厂商可以采用产品缺陷警示等方法,告知消费者采取必要措施,防止产品危害的发生。

② 食品、药品、化妆品、医疗器械、汽车等由于对消费者的安全而言意义更为重要,所以这些产品在产品召回程序、产品缺陷警示、召回期间等方面比普通产品召回有更严格的要求或限制。

③ See Consumer Product Safety Act, Sec.15.

即判断产品质量数据是否符合国家强制性标准或者厂商自愿采用的安全质量标准。① 主观标准即从主观上指判断产品是否存在危及消费者安全的缺陷,往往需要综合考虑产品的效用、产品设计的功能、产品可能引起消费者伤害的症状、产品的瑕疵、产品使用者的人群特征和可能受伤的风险概率、以往同类产品状况等因素。② 如果厂商的同一产品因为相同的原因多次造成消费者伤害,厂商要承担证明该产品不存在产品缺陷的举证责任。实践中,各国往往采用主观标准和客观标准相结合的方法确定产品是否存在缺陷。

二、产品召回法律关系中的主体

产品召回法律关系的主体,即在缺陷产品召回过程中,依法享有权利(力)和履行义务的主体,包括产品召回的监管者、产品召回的提起者、产品召回的协助者以及产品召回的参与者。

(一) 产品召回的监管者

产品召回的监管者即承担监督和管理市场产品质量和厂商缺陷产品召回行为职责,当厂商不召回缺陷产品时,指令厂商召回缺陷产品的政府机关。从国外的实践看,监管者的职责往往是由与消费者安全事务相关的行政部门承担。在实践中,各国对产品召回的监管模式通常采取统一监管和分散监管相结合的模式,即由中央消费者安全事务部门统一监管普通产品的召回,而对于如药品、食品、汽车等少量特殊产品的召回则由行业主管部门监管。我国《缺陷汽车产品召回管理规定》规定,国家质量监督检验检疫总局负责全国缺陷汽车召回的组织和管理工作。

(二) 产品召回的实施者

产品召回实施者是承担缺陷产品召回责任的厂商,通常是制造商和进口商。根据"就危险源之开启或使之持续者,须采取必要的可期待之保护他人措施"的原则,③制造商和进口商理应承担产品召回责任。在产品的"生产—销售—消费"链条中,与缺陷产品发生关系的经营者包括制造商、进口商、批发商、零售商等。制造商制造了缺陷产品,它们甚至还可能是产品的研发者,位于"生产—销售—消费"链条的首位。制造商通过生产消费品的行为获取利润,并把缺陷产品带入流通领域和消费领域,从而危及消费者安全和健康,因此,制造商首先要对缺陷产品承担召回责任。此外,进口商也是产品召回的实施者。缺陷产品出

---

① 根据我国《产品质量法》第46条的规定,产品有保障人体健康和人身、财产安全的国家标准、行业标准的,如果产品不符合该标准的,就可以认定产品存在缺陷。
② See CPSA, Ⅱ. Identifying a Defect, from Recall Handbook U.S.A, May 1999.
③ 转引自郭丽珍:《论制造人之产品召回与警告责任》,载苏永钦等:《总则·债编——民法七十年之回顾与展望纪念论文集(一)》,中国政法大学出版社2002年版,第200—201页。

口到其他国家,由于法律的属地性管辖原则,进口国政府要求他国的制造商承担产品召回责任往往存在制度上和实践上的困难,所以,当居于国外的产品制造商不主动提起产品召回时,进口国为了更有效地实施产品召回和保护本国消费者,直接指令该产品的本国进口商或代理商实施召回,故进口商或者代理商是产品召回的连带责任主体。

(三) 消费者

缺陷产品召回的目的是保护消费者免受缺陷产品的侵害,或者保护自然环境。为此,消费者在发现产品存在缺陷时,可以建议厂商提起产品召回,在产品实施产品召回过程中,可以要求厂商对其产品进行修理、更换和退货。

(四) 产品召回中的协助者

销售商、租赁商是制造商和消费者的中介和渠道,尽管它们不是产品召回责任的承担者,但是与制造商一样,它们在发现产品存在缺陷时,负有向消费者保护机关报告的义务,并且,当制造商提起产品召回以后,销售商、租赁商作为产品召回的协助者,应当配合、协助制造商、进口商进行产品缺陷警示和实施缺陷产品召回。我国《缺陷汽车产品召回管理规定》第17条规定:销售商、租赁商、修理商应当向制造商和主管部门报告所发现的汽车产品可能存在的缺陷的相关信息,配合主管部门进行的相关调查,提供调查需要的有关资料,并配合制造商进行缺陷汽车产品的召回。

此外,产品召回的其他参与者还包括公布产品召回信息的新闻媒体、对产品召回进行监督的消费者团体以及对缺陷产品进行检验鉴定的中立的权威产品质量鉴定机构。

三、产品召回法律关系中的内容——权力(利)与义务

(一) 消费者的权利

在产品召回制度中,与消费者基本权利相关的主要有消费者的安全权、知情权、公平交易权、求偿权等。消费者在发现市场销售或者使用中的产品存在可能危及人身、财产安全的缺陷时,得以向厂商提出批评和意见,要求厂商公布该产品的安全质量方面的数据,并对该产品的质量进行检验、鉴定,并有权获悉产品检验的真实结果;如果产品确实存在缺陷,得请求厂商召回缺陷产品。消费者也可以向政府部门反映,检举厂商违反产品安全质量方面强制性法规的行为,要求政府部门履行监督和管理市场和企业生产的职责,对市场上的产品进行检验、抽查;对于存在缺陷的产品,得请求政府部门指令厂商召回。消费者还可以向消费者团体反映,要求消费者团体向政府反映。产品在需要召回的情况下,如果消费者请求厂商召回而厂商不主动召回的,消费者可以请求政府部门指令其召回,或者向法院提起诉讼,请求法院判令厂商召回缺陷产品。

在厂商公布产品缺陷警示和召回信息时，消费者有权要求厂商通过各种途径向其告知有关产品缺陷和召回的充分信息；当厂商对缺陷产品进行退货回购、修理、更换时，消费者有权要求厂商支付由此产生的合理费用；当厂商实施的产品召回行为不符合法律法规的规定或者不符合产品召回的目的时，消费者可以向厂商提出批评，也可以向政府部门、消费者团体投诉、检举。

值得一提的是，产品召回制度与以往消费者保护制度不同，消费者在享有权利的同时，应履行积极保护自己利益的义务。[①] 消费者应关注政府和有关媒体发布的缺陷产品警示；在发现自己购买或使用的产品可能存在缺陷以后，应尽快地通过网络、电话等检索该产品是否属于已经或即将召回的产品的范围，或者尽快地通知厂商、政府或消费者保护团体；当消费者知悉自己购买或使用的产品的召回信息后，应积极地与召回的厂商取得联系，并积极配合厂商对该产品进行更换、修理和退货。

（二）厂商的产品召回义务

从各国产品召回实践看，厂商的召回义务包括停止缺陷产品生产销售义务、产品缺陷报告义务、制订召回计划义务、产品缺陷警示和公布召回信息义务、进行修理更换、修理或退货的义务以及召回总结的义务等。厂商从消费者的利益出发，充分、切实地履行召回义务是消费者权利能否得到保障的关键。厂商的这些义务贯穿于产品召回程序之中，义务的充分履行也就构成了完整的产品召回程序。[②]

1. 厂商的产品缺陷报告义务

厂商、销售商等在根据消费者投诉或者自行发现自己生产或者销售的产品存在不符合安全质量标准或者可能造成消费者伤害、死亡的情况下，就必须在规

[①] 民法上将该义务称为"不真正义务"。在法律上，当事人不负有不损害自己权利的义务，但如其损害了自己的权利，不免要承担由此而遭致的损失。参见张俊浩主编：《民法学原理》，中国政法大学出版社2000年版，第661—662页。

[②] 以美国为例，传统的普通产品召回程序为：厂商报告产品缺陷→政府评估产品危害→厂商制订召回计划→产品缺陷警示和公布召回信息→厂商实施修理、更换和退货→厂商召回总结等。传统召回程序由于程序复杂、周期长，实施效果不甚理想，为了改变状况，美国消费者安全委员会于1995年8月推出召回指引程序（Pilot Program），后来又扩大了该程序的适用范围。指引程序取消了传统召回程序中大多数情况下政府预先评估环节，以鼓励厂商主动实施召回。指引程序取得极大成功，在开始6个月内厂商发起产品召回57起，召回缺陷产品350万件；至1997年5月止，厂商共发起产品召回140起，召回产品1290万件；厂商实施召回计划的时间也缩短为14个工作日，缺陷产品召回率由原来的30%上升到60%，极大降低了消费者受到缺陷产品侵害的可能性。1997年5月，指引程序作为一项产品召回简易程序（Fast Track Program）固定下来。

定时期内向政府有关部门报告;①我国《消费者权益保护法》也规定了厂商等经营者的产品缺陷报告义务,但是在实践中并未得到很好的执行。②厂商只有在其所掌握的产品信息和资料能够合理断定产品不存在缺陷时,才不需要履行报告义务;如果其掌握的信息和资料不能够充分断定其产品不存在缺陷,厂商必须履行报告义务。

2. 制订召回计划的义务

政府在接受厂商的缺陷产品报告后,经过检验,如果确定产品存在缺陷的,厂商就应当制订产品召回计划,并在规定期间内将该计划交政府部门审查。召回计划内容应详细周全,范围应涵盖从厂商到消费者整个销售链的各方面,包括召回信息公布、产品回收、召回记录制作和保存等各环节。同时,厂商应当采取与计划相关的措施,如停止缺陷产品生产和外销、通知零售商停止销售该产品、准备足够产品或零件以替换和修理缺陷产品、估算产品召回成本等。

3. 产品缺陷警示和召回信息公布的义务

产品缺陷警示和召回信息公布是召回过程中厂商的重要义务,厂商必须及时、充分、真实、准确地向消费者公布产品缺陷和实施产品召回的信息,这样才能保障消费者的召回信息知情权,也有利于消费者及时地对使用中的缺陷产品采取必要措施,并积极配合厂商实施召回。厂商发布产品缺陷警示和召回信息的形式包括:与政府部门联合发布公告;通过企业网站发布信息;设置免费电话或者传真号码供消费者询问;向可能使用该产品的消费者邮寄相关资料;在全国性报刊和电台电视台等媒体上发布公告等。警示和公告的内容必须详尽,要求包括召回厂商名称,缺陷产品具体情况(产品名称、结构、序列号、产品照片或者简图等),产品缺陷具体状况及危害,由产品危害导致的已伤亡人数,产品的主要销售商、销售时间和销售区域,消费者应采取的措施等。

4. 进行修理更换、修理或退货的义务

厂商在实施产品缺陷警示和公布召回信息后,就应当立即按照召回计划对流通、消费领域的缺陷产品进行更换、修理和退货。为此,厂商应当任命召回协调人,由其专门领导和协调企业各部门实施召回,处理企业和政府、消费者之间的关系。厂商在对缺陷产品实施修理、更换、退货过程中,必须对召回产品进行

---

① 美国《消费者产品安全法》第37条要求厂商等在确定产品存在不符合质量安全标准、可能造成消费者伤害或死亡等缺陷后的24小时内向消费品安全委员会报告,并就同类产品的产品责任案件事发三起后,在最后一案结案30日内向消费品安全委员会报告;《儿童安全保护法》第102条则要求厂商、批发商、零售商等在知情后的24小时内向消费品安全委员会报告由其生产、销售、进口的气球、玩具等产品所导致的儿童窒息事件。

② 我国《消费者权益保护法》第18条亦规定了厂商的报告义务:"经营者发现其提供的商品或者服务存在严重缺陷,即使正确使用商品或者接受服务仍然可能对人身、财产安全造成危害的,应当立即向有关行政部门报告和告知消费者,并采取防止危害发生的措施。"但我国厂商并未真正完全履行报告义务。

登记,并对登记数据进行统计,测算产品的回收比例,评判产品召回的效果,以便进一步采取措施,降低消费者面临的产品危害。对无法修复的回收产品,厂商应当在政府部门的监督下销毁。

5. 总结和保存召回记录的义务

当厂商已经采取一切合理有效的措施回收、处理缺陷产品,达到召回计划所设定的目标时,经过政府有关部门的批准,终止召回程序。厂商应当根据召回记录对召回进行总结,并向政府部门提交总结报告,避免和减少同类事件的再次发生。

(三) 政府在产品召回监管中的职责

在产品召回中,政府扮演着极其主要的角色,对厂商履行产品召回义务(责任)进行监督和管理。政府的一般职责在产品召回中主要体现在以下几个方面:

第一,政府对厂商的产品缺陷报告进行登记和备案,对相关情况进行调查和核实,并把可能存在缺陷的产品交由权威质量鉴定部门进行检验鉴定,根据鉴定结果对产品可能引起的产品危害进行评估,以便决定厂商将要采取的产品召回措施,以尽可能地减少缺陷产品给消费者造成的实际损害。

第二,政府应对厂商制订的召回计划进行审查,根据产品危害情况提出修改意见,并对厂商即将公布的产品缺陷警示和召回信息资料的真实性、准确性、充分性进行审查。

第三,政府应配合厂商进行产品缺陷警示,在政府网站上定期发布产品缺陷警示和召回信息。

第四,政府对厂商的修理、更换的退货等行为进行监督和管理,对于厂商不符合法律法规和消费者利益的召回行为进行纠正。

第五,厂商不主动提起产品召回的,政府依据消费者的投诉或者质量监督检验部门的抽查结果等,在确定产品存在缺陷情况下,指令厂商实施召回,并依法对该厂商进行处罚。

第六,在召回过程中,当厂商与销售商、消费者发生纠纷并提交政府要求解决时,政府依法对其进行调解和裁判。

此外,销售商等产品召回协助者应当依法积极协助制造商、进口商等进行产品缺陷警示、产品召回信息公告、停止缺陷产品销售、实施退货维修等召回行为。新闻媒体应当及时如实地发布产品缺陷警示和产品召回信息公告,不得借此进行虚假宣传、诋毁等不正当竞争行为。产品质量检验鉴定机构应当依照法定程序,接受政府部门或者厂商的委托,采取先进的检验方法和手段,对产品质量进行科学的鉴定。

第三节 产品召回程序

一、产品召回程序概述

召回程序是指生产商、进口商或者经销商对其所生产、进口、经销的产品,因存在或可能存在危害消费者健康、安全的缺陷,并已达到法律所规定的召回的标准时,在主管部门的监督下对产品召回所应遵循的程序。

召回的程序分为主动召回程序和指令召回程序。主动召回是指产品的生产商、进口商或者经销商在获悉其生产、进口或者经销的产品存在可能危害消费者健康、安全的缺陷时,依法向政府部门报告,主动及时地通知消费者,并从市场和消费者手中收回问题产品,予以更换、赔偿,以消除缺陷产品危害风险的制度。指令召回是指政府相关主管部门获悉产品的生产商、进口商或者经销商所生产、进口或经销的产品存在可能危害消费者健康、安全的缺陷时,指令产品的生产商、进口商或者经销商及时通知消费者,并从市场和消费者手中收回问题产品,予以更换、赔偿,以消除缺陷产品危害风险的制度。无论哪一种召回都是在主管部门的监督下进行的,虽然两种不同的召回发起的原因有所不同,但概括而言,都包括缺陷产品发现、主管机关立案调查(即风险评估)、通知企业召回、企业制订召回计划、企业实施召回计划、召回总结等不同阶段。

二、产品主动召回程序

产品主动召回的主体广泛,既包括产品的制造商,也包括产品的进口商及经销商,但承担召回义务的主要是制造商,进口商和销售商的义务主要是配合制造商实施召回计划。随着市场竞争愈发激烈,企业越来越重视自身的信誉,为了避免诉讼的风险,维护自身商誉,企业往往在被指令召回之前尽力消除潜在的缺陷并自行宣布召回。因此现行的发达国家所实施的召回大部分是主动召回,指令召回的比例很小。需要说明的是,有一些企业出于让消费者更加满意以加强消费者对其所经营的品牌的信任度和忠诚度的考虑,即使产品仅有一些小瑕疵,并无安全隐患,并未达到法定的召回要求,也自行宣布召回。这种召回在更大意义上是一种产品的收回,其程序相对简单,往往只要向政府部门备案即可。

(一)缺陷产品的发现

缺陷产品的发现是实施召回的前提条件。可能是企业自身发现,也有可能是主管机关发现后通知企业。从实践经验看,由于市场竞争的激烈和严格的立法约束,大部分产品都是通过主动召回的方式进行的。因此制造商往往通过其试验、检测、售后信息收集系统和性能质量评估系统,获取缺陷产品的相关信息。

通常制造商获得缺陷产品的信息的途径包括消费者投诉和企业调查。

（二）通知主管机关

实行召回制度的国家都设有专门的主管机关负责管理召回事宜。由于产品召回关系到公共利益和消费者的人身安全，召回法律关系不仅包含私法上的法律关系而且包含公法上的法律关系，因此主管机关对召回实施有进行监督的职责，包括制定召回标准、判断是否需要召回、帮助企业制订召回计划、监督企业公布召回信息等。因此政府必须对企业与召回相关的信息充分了解。故很多国家规定，企业如发现缺陷产品可能导致召回时，有义务通知或报告主管部门，这种通知义务实际上是一种事先的报告义务。

美国的召回报告制度在世界各国相关法律中最为完善，其报告制度已经形成了以《消费者产品安全法》第15节为基础，以各个具体的法律规范的规定为补充的完整的体系。根据《消费者产品安全法》第15节的一般性规定，生产商、进口商、批发商或者零售商掌握的信息达到法定要求的，必须在24小时内报告消费者安全委员会。消费者安全委员会是主管除汽车、食品等有特殊法调整的产品之外的其他产品的主管机关。《消费者产品安全法》第37条则规定了产品诉讼信息的报告义务。

（三）风险评估

企业向主管部门提交报告，并不表示一定召回产品，是否属于需要召回的缺陷产品，还需要召回主管机关进行分析、判断，确认产品是否存在缺陷，如果存在缺陷，还须对该缺陷可能造成的风险的等级进行评估再决定是否进行召回。一般召回主管机关下设评估机构，该评估机构由有资质的专业技术人员构成，也可以委托社会上的权威机构评估。如日本对车辆是否符合安全标准是由国土交通省检察官负责，由指定的维修厂完成检验工作的。

构成召回的缺陷标准一般认为应是对人身安全和财产安全构成实质性危险。具体对于实质性危险的认定因国家、因行业不同而有差异，各国一般在法律中都有明确的规定。如汽车产品的召回，一般是涉及安全和环保问题，即与国家安全和排放法规不一致以及涉及严重安全问题时，才需要召回。由于汽车是召回的主要产品，各国都通过立法规定了一系列的安全标准和法规。

（四）制订召回计划

主管部门的评估报告如果认定产品存在缺陷并应当召回，企业一方面应立即停止该产品的生产、进口或销售，通知零售商从货柜上撤下该产品；另一方面根据产品的缺陷等级、进入市场的方式、销售的区域，以及流通中的数量和已经销售的数量等，制订缺陷产品的召回计划。召回计划的制订是实施召回的关键步骤，对召回实施起着提纲挈领的作用。一个完善的召回计划能对召回的顺利实施起到事半功倍的效果。因此各国或者通过法律对企业制订召回计划的内容和程序进行了强制规定,或者通过主管部门对企业颁布指导性的意见。

三、产品指令召回程序

指令召回一般是在生产商、进口商或者经销商没有及时发现产品存在安全隐患,而产品已经构成对消费者的实质性危险或者发现了产品缺陷为逃避责任而没有及时采取召回措施时,行政主管部门采取的强制性的行政措施。如前所述,在召回法律关系中,召回主管部门最主要的是履行监督的职责,指令召回便是该职责的最主要体现。

(一) 缺陷产品的发现

如前所述,企业为了维护自身的声誉,避免诉讼的危险,对产品的安全问题越来越重视,很多企业都建立了自己的试验、检测、售后信息收集系统和性能质量评估系统。一旦发现产品存在安全问题,应向政府主管部门报告。由于行政主管部门的精力和行政成本的限制,不可能对所有企业的情况都了如指掌,因此企业主动、及时报告其产品的缺陷信息是主管部门了解缺陷产品信息的重要来源。为了避免企业为逃避责任而知情不报,很多国家都通过法律将其规定为一项强制性的义务。如果企业不履行该报告义务,不仅可能要承担高额的罚款,而且可能承担刑事责任。如美国国会通过了一项新的交通安全法案,规定汽车和轮胎制造商必须在5天之内向国家公路交通安全管理局报告产品召回事件,包括海外的召回事件;对隐瞒不报并继续生产已造成人员伤亡的制造商追究刑事责任,最高刑期由原来的5年增加到15年。①

各国虽然都规定了严格的企业发现产品缺陷信息时的事先报告制度,但不可避免企业由于担心巨额的召回费用以及召回会影响企业形象而故意隐瞒不报的情况。如2000年,日本三菱汽车工业国内公司隐瞒客户投诉长达30年的丑闻被曝光,在日本引起极大的轰动。据有关数据显示,三菱汽车公司故意隐匿不报的缺陷车辆共计81万辆,其中因违反国土交通省安全基准而须免费召回和维修的就达62万辆。因此,主管部门往往也会自行通过各种途径了解产品信息。消费者投诉是主管部门了解信息是收集产品信息的一个重要途径。各国主管机关都设立各种途径方便消费者及时反映产品信息,鼓励消费者监督和查询,如开通免费电话、建立专业的网站等。

美国建立了强有力的政府管理机构的汽车召回网站。汽车消费者如果发现某一型号的汽车存在安全隐患,可以按照程序提交"汽车缺陷"的申请,申请表可以在网上下载。此外,消费者还可以通过拨打免费的机动车安全热线电话或通过电子邮件向国家公路交通安全管理局投诉。国家公路交通安全管理局在收

---

① 参见《"以人为本"——美国、法国、日本如何看汽车召回》,载《经济参考报》2002年11月18日。

到对同一种车型相当数量的投诉后便会启动相关调查,在汽车技术专家分析研究后,排除偶然因素和消费者使用不当等因素,确定是否构成汽车召回的必要条件。

(二) 风险评估

主管部门通过企业的报告或者消费者的投诉了解到产品的缺陷信息后,也必须启动风险评估程序,该程序和企业主动召回时向主管部门报告后进行的风险评估程序基本相同。

(三) 通知召回

经过风险评估程序之后,如果有必要进行召回,主管部门则通知制造商准备召回事宜,制造商将着手制订召回计划,实施召回,具体程序和企业主动召回基本相同。如果企业没有主动召回,主管部门将强制企业实施召回。根据美国加州法律,如果在一定车型车内发现一定数量车辆或发动机存在与排放有关的故障或与所适应的排放标准不一致,而制造公司未主动自行召回,法律执行部门可以"命令召回"。如果企业对召回命令不予执行,将可能被处以行政处罚,甚至被提起诉讼。加拿大《食品监察署法》规定,接到了产品召回命令的通知,但违反召回命令的人,可被处以5万加元以下的罚金或6个月以下的监禁或二者并罚。日本国土交通省对指令召回的汽车召回制造商不执行召回指令的,先进行劝告,如再不执行,便向社会公开,同时可处以2亿日元的罚款。韩国对汽车制造商不执行召回命令的,可终止其销售权,并处以10亿韩元的罚款。[①]

第四节 我国产品召回制度建设

一、我国建立产品召回制度的必要性

由于我国市场经济发育尚未成熟,市场经济法律体系尚未完善,一些经营者思想不端正,非法生产伪劣产品,再加上地方保护、行政监督管理不严等原因,使得我国的消费者保护面临严峻的考验。尽管我国已制定了一系列法律,但是实践中仍显不足,其原因主要表现在事后性和个别性两个方面。例如,《产品责任法》对消费者的保护主要体现在产品责任上,要求经营者承担赔偿责任是以消费者损害发生为前提的,这就意味着它不能积极地防范侵害。而且,消费者请求厂商承担违约责任或产品责任,仅仅限于排除对消费者个人安全的妨碍,而不能使消费者群体脱离缺陷产品的危险。要弥补我国消费者保护制度上的缺陷,使产品使用者和社会公众都脱离缺陷产品侵害的风险,防范损害于未然,就必须引

---

① 参见贺开铭:《日韩汽车召回及三包制度考察报告》,载《中国汽车报》2003年2月11日。

入预防性法律——产品召回制度,使之与事后救济的产品责任法律相结合,共同保护消费者的利益,克服法律的滞后性。

产品召回制度不但是消费者保护制度,而且是产品质量法律制度的必要组成部分。西方发达国家的产品质量法以产品责任立法为主,质量保障通过企业自律、内部建立质量保证体系、社会中介机构质量认证和社会监督等完成。我国则表现为建立全面的产品质量管理制度,国家制定质量标准,规范企业产品设计、生产、检验各个阶段,但是当产品投入市场以后,往往仅能依靠工商、技监等部门对市场上产品的抽查,无法杜绝大量缺陷产品对消费者的侵害。产品召回制度可以弥补产品流通、消费环节的制度空缺,而且通过增加厂商对缺陷产品的后续观察义务,必然可以促使厂商在制造生产阶段提高产品品质,从而实现提高产品质量和保护消费者权益的良性循环。

此外,我国在加入世贸组织的新形势下,要想赢得市场,就应尽快熟悉国际市场的游戏规则,产品召回制度必须尽快建立,才能与国际接轨。同时,我国开放市场后,大量国外产品涌入国内,产品召回制度可以作为消费者保护的技术性贸易壁垒,抵御国外劣质产品对我国市场的倾销和涌入。

二、我国产品召回制度的立法现状

我国产品召回制度的起步较晚,在过去很长一段时间里没有任何针对产品召回的专门立法,只有一些关于召回或类似于召回举措的零星规定。① 在 2003 年 1 月 1 日开始实施的《上海市消费者权益保护条例》中我国首次规定了产品召回制度,但是该条例的效力仅及于上海市,强制召回的范围狭窄。无法可依不仅使得许多本该召回的产品被隐瞒、拖延,也导致了国外汽车厂家常以"中国无相关法律"为由实行内外有别的召回方案。② 消费者正当的人身和财产权受到严重损害而无从得到保护,正常的市场环境和社会经济秩序也受到不应有的扰动和冲击,建立产品召回制度的需要十分迫切。2004 年 10 月 1 日,国家质量监督检验检疫总局、国家发展和改革委员会、海关总署、商务部联合发布的《缺陷汽车产品召回管理规定》正式施行,③该规定以汽车业为突破口填补了我国产品召回制度的立法空白,进一步完善了我国产品质量法律制度。

---

① 如 1993 年颁布的《消费者权益保护法》第 18 条第 2 款规定:"经营者发现提供的商品或者服务存在严重缺陷,即使正确使用商品或者接受服务,仍然可能对人身、财产安全造成危害,应当立即向有关行政部门报告和告知消费者,并采取防治危害发生的措施。"

② 日本本田公司 2002 年 5 月曾宣布在全球范围内召回二百多万辆汽车,但在我国召回汽车时却遭遇了"不知道找什么部门,不知道找谁,也不知道依据什么法律"的尴尬。

③ 在该规定正式实施之前,国家质量监督检验检疫总局先后发布了四个实施细则,即《缺陷汽车产品召回信息系统管理办法》、《缺陷汽车产品召回专家库建立与管理办法》、《缺陷汽车产品调查和认定实施办法》和《缺陷汽车产品检测与实验监督管理办法》。

三、专项产品召回

（一）汽车召回制度

《缺陷汽车产品召回管理规定》开宗明义规定了立法宗旨，即加强对缺陷汽车产品召回事项的管理，消除缺陷汽车产品对使用者及公众人身、财产安全造成的不合理危险，维护公共安全、公众利益和社会经济秩序。它适用于在中华人民共和国境内生产、进口、销售、租赁、修理汽车产品的制造商、进口商、销售商、租赁商、修理商。

产品召回法律关系的客体是能够引起产品危害的缺陷产品，这就使得对"缺陷"的界定尤为重要。根据《缺陷汽车产品召回管理规定》，"缺陷，是指由于设计、制造等方面的原因而在某一批次、型号或类别的汽车产品中普遍存在的具有同一性的危及人身、财产安全的不合理危险"。符合以下三个条件的汽车应予召回：(1) 经检验机构检验安全性能存在不符合有关汽车安全的国家标准、行业标准的；(2) 因缺陷已给车主或他人造成人身或财产损害的；(3) 虽未造成车主或他人人身或财产损害，但经检测、实验和论证，在特定条件下缺陷仍可能引发人身或财产损害的。

汽车召回的主管部门为国家质量监督检验检疫总局，负责全国缺陷汽车召回的组织和管理工作。国家发展和改革委员会、商务部、海关总署等在各自职责范围内配合主管部门工作。各省、自治区、直辖市质量技术监督部门和各直属检验检疫机构负责组织本行政区域内缺陷汽车召回的监督工作。

关于汽车召回的方式，《缺陷汽车产品召回管理规定》采取的是制造商主动召回和主管部门指令召回两种管理程序。当制造商自行发现，或者通过企业内部的信息系统，或者通过销售商、修理商和车主等相关各方关于其汽车产品缺陷的报告和投诉，或者通过主管部门的有关通知等方式获知缺陷存在时，可以将召回计划在主管部门备案后，按照主动召回程序实施缺陷汽车产品召回。如果制造商在获知缺陷存在而未主动召回或者制造商有隐瞒产品缺陷、以不当方式处理产品缺陷，或者制造商未将召回计划向主管部门备案即进行召回，主管部门就会要求制造商按照指令召回管理程序的规定召回缺陷汽车产品。可以看出，指令召回是建立在制造商不主动召回的基础上的。

《缺陷汽车产品召回管理规定》还明确了经营者即销售商、进口商、租赁商、修理商和相关任何单位的义务，以及经营者对汽车产品缺陷的报告、主管部门的调查和确认程序等。

《缺陷汽车产品召回管理规定》不仅规定了汽车产品召回过程中的消费者权利、厂商义务和政府职责等实体性规范，还包括了产品召回的程序性规范，它创立了一个新的模式，标志着我国缺陷产品召回制度的建立，具有划时代的意义。但《缺陷汽车产品召回管理规定》没有涉及环保问题,还存在不足之处。

(二)食品召回制度

食品召回制度,是指食品的生产商、进口商或者经销商在获悉其生产、进口或经销的食品可能危害消费者生命健康安全时,依法向政府职能部门报告,或者政府职能部门发现市场上存在可能危害消费者生命健康安全的食品时,责令有关生产商、进口商或经销商采取措施,发布通知,从市场上或消费者手中收回问题食品,消除存在的危害风险的制度。

1.《食品召回管理规定》的宗旨、适用对象

《食品召回管理规定》的立法宗旨是加强食品安全监管,避免和减少不安全食品的危害,保护消费者的身体健康和生命安全。该规定覆盖了全国数量庞大的食品行业和企业,涵盖生产和销售领域。但是,进出口食品有其自身的特殊性,首先适用国家质检总局的特殊规范,仅当特殊规范无相关内容时才适用《食品召回管理规定》。在地域范围方面,《食品召回管理规定》适用于在中国境内生产、销售的食品的召回及其监督管理活动。

2. 食品召回的主体

食品生产者是预防和消除不安全食品的责任主体,不仅要依法承担危险食品的调查、评估义务,而且在确定为不安全食品时要主动依不同级别召回食品,以及接到质检机构责令召回通知后,依法履行召回义务并做好记录、报告等工作。召回的监管主体由国家质检总局和省、自治区和直辖市质量技术监督部门承担。国家质检总局在职权范围内统一组织、协调全国食品召回的监督管理工作,省、自治区和直辖市质量技术监督部门在本行政区域内依法组织开展食品召回的监督管理工作。召回不安全食品是项系统工程,单靠企业或者政府的力量难以有效实施该制度,因此,每一个相关的单位和人员都是召回的协助主体。[①]食品召回的根本的出发点和落脚点都是保护消费者的权益,因此消费者是食品召回最根本的受益者。

3. 食品召回的程序

首先,进行食品安全危害调查和食品安全危害评估。其次,根据食品安全危害的严重程度,确定召回级别。《食品召回管理规定》将食品召回级别分为三级,并根据召回级别对食品召回的具体行动作时限要求,以迅速有效地实现召回目的。第三,实施召回。召回分为企业主动召回和责令召回两种。主动召回是指当确认食品属于应当召回的不安全食品范畴时,食品生产者应当立即停止生

---

① 具体表现为:收到生产者召回通知后,销售者应当立即停止销售,与消费者一同积极主动配合企业召回的执行。在日常生活中,各级单位和个人应发挥监督作用,如果发现存在不安全食品的隐患,应积极向各级质量技术监督部门投诉或举报,食品生产者不仅不得以任何手段限制,而且应当积极配合消费者的监督行为。受理投诉或举报的部门应当及时调查处理并为举报人保密。

产和销售不安全食品,并向社会发布召回有关信息。除企业主动召回外,国家质检总局可责令食品生产者召回不安全食品。第四,召回评估和监督。在召回过程中,食品生产者应当保存召回记录,主要内容包括食品召回的批次、数量、比例、原因、结果等。食品生产者所在地的省级质监部门应当组织专家委员会对召回总结报告进行审查,对召回效果进行评估,并书面通知食品生产者审查结论;责令召回的,应当上报国家质检总局备案。食品生产者所在地的省级以上质监部门审查认为召回未达到预期效果的,通知食品生产者继续或再次进行食品召回。

(三)药品医疗器械产品召回制度

所谓医疗产品召回,是指对那些投放市场的医疗产品(如药品和医疗器械),发现存在危及或者可能危及消费者生命健康安全的情况时,生产商、进口商、经销商依法向政府有关部门报告,召回已投放市场的产品进行相应的处理,或者政府有关监管当局发现市场上存在有质量问题的产品时,强制生产商、进口商、经销商召回的制度。

《药品召回管理办法》(以下简称《办法》)对药品的召回作了详细规定。这是专门针对单一产品的部门规章,是对《国务院关于加强食品等产品安全监督管理的特别规定》中不安全产品召回概括性规定的细化。

1. 《办法》的宗旨和适用范围

《办法》的宗旨是加强药品安全监管,保障公众用药安全。它适用于在中华人民共和国境内销售的药品的召回及其监督管理,适用主体有药品生产企业(包括进口药品的境外制药厂商)、药品经营企业、使用单位。

2. 《办法》对药品召回条件的规定

《办法》界定了"安全隐患"的概念。安全隐患是指由于研发、生产等原因可能使药品具有的危及人体健康和生命安全的不合理危险。而"召回"则指药品生产企业(包括进口药品的境外制药厂商)、药品经营企业、使用单位按照规定的程序收回已上市销售的存在安全隐患的药品。

3. 召回的主体

药品召回的主体包括召回责任主体、协助主体以及监督管理主体。责任主体是实施药品召回的主要主体,也是召回制度得以实施的重要主体。召回责任主体主要是药品生产企业,它不仅要按照规定建立和完善药品召回制度,收集药品安全的相关信息,而且要对可能具有安全隐患的药品进行调查、评估,召回存在安全隐患的药品。协助主体是药品经营企业、使用单位,它们应当协助药品生产企业履行召回义务,按照召回计划的要求及时传达、反馈药品召回信息,控制和收回存在安全隐患的药品。监管主体为国家食品药品监督管理局及召回药品的生产企业所在地省、自治区、直辖市药品监督管理部门。

4. 药品召回的程序

首先,应当进行药品安全隐患的调查与药品安全隐患的评估,判定药品是否属于存在安全隐患。其次,根据药品安全隐患的严重程度确定召回等级。《办法》将药品召回分为三级:一级是指对使用该药品可能引起严重的健康危害;二级是指使用该药品可能引起暂时的或者可逆的健康危害;三级是指使用该药品一般不会引起健康危害,但由于其他原因需要收回。药品生产企业应当根据召回分级与药品销售和使用情况,科学设计药品召回计划并组织实施。再次,实施召回。召回分为企业主动召回和责令召回两种。药品生产企业对可能存在安全隐患的药品按照要求进行调查评估后,发现药品存在安全隐患的,应当决定召回。这是企业主动召回。除了企业主动召回外,药品监督管理部门可责令药品生产企业召回药品。药品监督管理部门经过调查评估,认为存在安全隐患,药品生产企业应当召回药品而未主动召回的,应当责令药品生产企业召回药品。药品生产企业在收到责令召回通知书后,应当通知药品经营企业和使用单位,制定、提交召回计划,并组织实施。最后,进行召回评估和监督。药品生产企业在召回完成后,应当对召回效果进行评价,向所在地省、自治区、直辖市药品监督管理部门提交药品召回总结报告。省、自治区、直辖市药品监督管理部门应当自收到总结报告之日起10日内对报告进行审查,并对召回效果进行评价,必要时组织专家进行审查和评价。审查和评价结论应当以书面形式通知药品生产企业。

(四)化妆品、儿童玩具产品召回制度

1. 化妆品产品召回

化妆品多为化学物质的混合,这些混合体与皮肤接触之后是否会产生不良反应难以估计,更有一些不法者利用消费者急切改变形象的心理,在化妆品中掺入有毒有害物质,达到短期美白、皮肤收缩等效果,从而吸引消费者购买。存在质量问题的化妆品一旦与皮肤亲密接触,轻则过敏、感染,重则有害物质渗入体内,造成严重的疾病,其危害性不亚于假冒伪劣的药品与食品。我国早在1989年就出台了《化妆品卫生监督条例》,1991年又颁布了《化妆品卫生监督条例实施细则》,它们在化妆品市场的监督管理中起到了一定的作用。但由于国家对化妆品监管的法律法规尚不健全,重视程度不够,缺乏一部更高位阶的法律做后盾,对化妆品监管的力度大打折扣。加之《化妆品卫生监督条例》是1989年出台的,其实施细则也是在1991年出台,时间较早,长期得不到修订,使得实践中不断出现的新问题不能得到有效的规范。另外,上述条例中明确规定化妆品卫生监督的执法主体为卫生行政部门,目前,尽管部分省市已经由药监局接手了此项监管任务,但在实践工作中与卫生行政部门还有很多衔接的部分,这就出现基层药监系统的化妆品监管部门存在多个上级领导单位的局面,从而使得工作不能有效地开展,这些都是体制上亟待解决的问题。① 随着《国务院关于加强食品等产品安全监督管理的特别规定》颁布实施,我国化妆品召回从此有章可循,但是由于它仅原则性地规定所有有安全隐患的产品都应当召回,具体的召回条件、实施主体、召回程序等都没有规定,还需要逐步完善立法。因此必须提高对对化妆品监管的重视程度,加强相关立法,完善现有法规,同时尽快理顺化妆品监管职能部门的相互关系,以更有效地保护消费者权益。

2. 儿童玩具召回概述

国家质量监督检验检疫总局在 2007 年 8 月 31 日正式颁布《儿童玩具召回管理规定》,全面规定了儿童玩具召回制度。(1) 召回的适用对象。儿童玩具召回的适用对象是存在安全隐患的儿童玩具。判断儿童玩具是否存在缺陷的依据有:设计、生产或提供过程中产生缺陷,或由于使用说明、警告说明错误导致存在缺陷;不符合国家产品质量安全标准或法律、法规规定的技术要求,或者具有危及人体健康和人身安全的不合理危险,如机械伤害、火焰烧伤、电击伤害、溺水伤害、污染伤害以及噪声伤害。(2) 召回的主体。生产者是玩具召回的第一责任主体,对其生产的儿童玩具质量安全负责。召回的监督管理主体为国家质检总局和省、自治区和直辖市质量技术监督部门。召回缺陷玩具是项系统工程,单靠企业或者政府的力量难以有效地实现,所以召回的协助主体为缺陷玩具所涉及的所有当事人。(3) 召回程序。首先,生产企业、监管部门、经销商、消费者等收集儿童玩具缺陷信息。其次,生产企业和行政管理部门对缺陷信息进行调查及对缺陷进行风险评估("严重"、"中等"和"轻微"三个风险等级),并根据风险等级采取相应召回措施。再次,实施召回。召回分为企业主动召回和责令召回两种。当确认儿童玩具存在缺陷时,生产者应当立即停止生产销售存在缺陷的儿童玩具,依法向社会公布有关儿童玩具缺陷等信息,通知销售者等经营者停止销售存在缺陷的儿童玩具,通知消费者停止消费存在缺陷的儿童玩具,并实施主动召回。当确认儿童玩具存在缺陷,而生产者应当主动召回但未召回时,或者当国家监督抽查中发现生产者生产的儿童玩具存在安全隐患,可能对人体健康和生命安全造成损害时,国家质检总局应当向生产者发出责令召回通知或公告,并通知其所在地的省级质量技术监督部门,依法采取相应措施。

思考题

1. 什么是产品缺陷?
2. 产品召回中,召回产品的企业要承担哪些义务?
3. 产品主动召回与指令召回程序的区别有哪些?

---

① 参见文魁、朱珠:《化妆品监管初探》,载《首都医药》2005 年第 23 期。

第十一章 产品召回法律制度

案例分析

日产(中国)投资有限公司向国家质量监督检验检疫总局递交召回报告,决定从2005年11月11日起,召回在2005年5月11日至2005年8月5日期间生产的型号为V42的贵士(QUEST)MPV车辆。

召回车存在的缺陷是由日产汽车北美的生产厂商检查发现的,即车内中间部、第二排两个独立座椅靠背的侧护板形状和座椅后部的靠背地毯的安装不合适,可能导致在一手拉动调节座椅靠背时,座椅内侧的靠背侧护板和靠背地毯处出现缝隙,此时如果另一手从这个缝隙触摸到座椅靠背铰链的可动部分,手指可能被夹伤。

日产汽车将为相关车主无偿更换改进型的座椅靠背侧护板和座椅靠背地毯,避免在操作靠背调节拉杆时座椅靠背地毯浮起,将手指进入缝隙被夹的可能性降至最低。

问题:
1. 日产汽车公司应如何处理被召回车辆?
2. 日产汽车公司召回汽车应履行哪些程序?